파테르라이프50
(πάτερ LIFE 50)

저자 **김 석 원**

파테르라이프50
(πάτερ LIFE 50)

*거룩한 하나님 나라
우리 아버지 원하시는 삶*

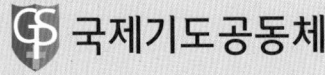
국제기도공동체

파테르라이프50(πάτερ LIFE 50) 교재 제목의 의미

(The Life God our Father desires)

　헬라어 마태복음 주기도 첫 단어는 "파테르(πάτερ)"라는 단어로 기록 되어 있고 〈아버지〉라는 뜻이다. 하나님 아버지와 동일하시고 하나님이신 예수님께서 주신 주기도를 통해 우리가 드리는 기도를 받으시는 분이 하나님 아버지이시고 기도를 응답해 주시는 분 이시기 때문이다. "라이프(Life)"는 우리말로 삶이다. 주기도로 기도를 가르쳐주신 예수님의 삶을 본받아 사는것이 주기도로 기도드리는 자의 삶이다. 50이란 숫자는 예수님께서 승천하신 후 50일째 되는 날로 교회력으로 오순절(五旬節)다. 이날 성령이 강림 하시므로 초대교회가 탄생 되었다. 〈파테르라이프50〉이라고 제목에 "50"이란 숫자를 넣은 이유는 예수님 승천이후 오순절에 있었던 성령강림을 기념하기 위함이다. 성령강림이후에도 제자들의 기도는 예수님께서 가르쳐주신 기도를 드렸을 것이다. 이러한 역사적인 사건을 통하여 주기도가 이방선교에 최초의 도구가 되었을 가능성을 암시해준다. 기독교 초기역사를 기록한 디다케(Didache)에 의하면 주기도는 1세기 초대교회 예배가운데 도입 되었고 의식적 기도로서 하루에 세 번씩 암송되었다고 기록하고 있다. 주기도문을 초대교회의 하나님 나라의 부흥을 위해 사도들이 적용한것처럼 이 시대에도 이러한 부흥이 회복되고 계속되어지는 주기도 운동을 일으키는데 목적과 의미를 가지고 〈파테르라이프50〉이라고 제목을 정해 보았다.

# 파테르라이프50(πάτερ LIFE 50) 교재의 구성

주기도문은 "너희는 이렇게 기도하라" 시작하여 "기도의 대상"과 "여섯 간구"와 〈송영〉으로 구분할 수 있다. 본인이 저술한 주기도문 소책자에서는 "송영"을 하나님 나라 확장을 위한 독특한 의미를 담고있는 "권세" "영광" "영원" "아멘" 순서로 추가해서 11과로 편집했지만 본서인 〈파테르라이프50〉에서는 서문인 〈너희는 이렇게 기도하라〉추가해서 12과로 정리하였다. 12과를 각과마다 3회씩 사용하도록 나누어서 36장으로 구분하였고 각장마다 번호가 있다. 본교재는 개인의 경건의 시간이나 어느 모임이든지(주일학교, 새신자반, 가정모임, 직장 신우회모임, 주기도문 아카데미, 각종 크리스천들의모임...) 해당이 되는 장에서 형편과 시간에 따라 1-2회로 나누어 사용하도록 정리하였다. 각장마다 다섯 단계로 세분하여 구체적으로 주기도문을 통해 하나님의 아버지의 자녀의 삶을 훈련할 수 있게 했다. 본 교재는 이미 출판된 저자의 저서인 주기도문에 관련된 4권의 책에서 인용하였으므로 함께 사용하시면 도움이 될 것이다.

첫째 : 각 간구를 통하여 배우는 세미나(내가 기도할 이유, 기도신학)
둘째 : 삶속에 적용하기 위한 워크샵(Workshop)(주기도문은 내 삶의 축복)
셋째 : 주기도운동위한 4PMT(소책자)을 통한 적용훈련
  〈회개, 성령충만(은사, 열매), 지상명령성취(전도, 선교), 헌신〉
넷째 : "하하하 하나님 땡큐운동"(소책자, 주기문은 내 삶의 축복)을 통한 적용훈련
  "항상 기뻐하라(하하하), 쉬지 말고 기도하라(하나님), 범사에 감사하라(땡큐)"
다섯째 : 매주〈주기도운동 영적일기쓰기〉로 점검한다.

참고 : 본교재 ❶장 ❷장 파테르라이프50 "너희는 기도할 때 이렇게 하라" 강의부터 시작되는 본 교재의 전체적으로 교재 사용법을 파악해야 한다.
  본 교재 1장과 2장을 2-3회 정도 읽으면 마지막 36장 까지 학습내용이 연속적으로 반복적으로 연관되어 있는 것을 배우게 된다. 본 교재는 주기도문 아카데미 부록이 없어도 사용할 수 있지만 함께 사용하면 더욱 효과적이 될 것이다.

들어가는 말

저를 미남(美男)이라 부를 때가 있습니다(미국에서 온 남자, 주기도문 때문에 미친 남자). 사도 바울은 주기도문을 주신 주님으로부터 다메섹 도상에서 부름 받고 주님의 복음을 전하면서 주님 때문에 미친 사람(미남)처럼(사도행전 26:24) 취급받았습니다.

저는 구원의 복음을 받아 예수님을 믿었던 날부터 저를 사랑해 주신 주님 때문에 주기도를 사랑했고 또 사랑하며 살고 있고, 죽는 날까지 주기도를 사랑하고 찬양하며 천국에 갈 것입니다. 저는 한국에 와서 주기도를 주신 주님 때문에 주기도를 사랑하는 많은 하나님의 자녀들을 만나게 되었습니다.

한국 최초의 선교사인 칼 귀츨라프가(1832년) 고대도에 머물면서 중국어 주기도문을 한글로 번역 한 것이 최초의 한글 성경 번역의 효시가 되었고 선교의 도구로 남긴 업적을 알게 되었습니다(굿모닝 귀츨라프 : 오현기 저). 또한 한국 초기의 선교사님들은 주기도문을 모범적 기도로 제일 먼저 가르쳤을 것이며 신자들은 기도의 모범으로 순종하며 기도하며 삶을 살았을 것입니다. 또한 한국 교회는 주기도문을 예배 모범으로 순서에 담아 기도하거나 찬양을 했을 것입니다. 이러한 역사적인 전통은 한국 교회의 아름다운 유산이었음에 감사를 드립니다.

저는 65세로 미국의 모든 사역을 은퇴하고 홀로 한국에 나왔습니다. 2015년 3월 1일 첫날부터 6개월 동안 하나님의 나라 부흥을 위한 주기도운동 사역을 준비하며 사명을 잘 감당하도록 기도 했습니다. 사명을 확신하고 주기도운동 확장을 위해 헌신하기로 결심한 후 하나님께서는 여호와 이레로 많은 분들과 많은 일들을 예비하셨음을 알게 되었습니다. 그 예비하심의 하나가 제 아내를 대구 동일교회 프로이데 아카데미 교장으로 자리를 마련해 주신 것입니다. 주님의 크신 은혜를 감사하고 찬양할 뿐 입니다. 이번에 새로운 책자를 쓸 수 있게 된 것도 이러한 하나님의 은혜로 예비하심이라 믿고 감사를 드립니다.

한국에 도착한 이후 대전에 정착하였고 대전 기독타임스 대표 오종영 목사님을 만나 비전을 나눌 수 있게 되었습니다. 그 후 주기도 아카데미나 세미나로 초청해 주셔서 친숙하게 된 대전노회(합동)의 목사님들 대전홀리클럽과 크리스천 리더스그룹의 목사님들, 장로님들, 주기도 일일 부흥회에 강사로 초청해 주셨던 여러 교회 담임 목사님들과 장로님들이 계셨습니다.

대구에서는 대구 동일교회를 비롯해서 이러한 일들이 여러 교회와 기독교 단체들에서 계속 일어나고 있습니다. 그 외에도 전국적으로 일일이 다 열거하지 못하여 아쉬움이 남습니다.

추천서를 써주신 귀하신 분들의 강력한 추천 때문에 본 저서가 세상에 빛을 볼 수 있게 되었음을 감사드립니다. 추천서를 써 주신 귀한 분들은 이미 주기도문 아카데미 훈련 및 세미나를 개인적으로 그룹으로 혹은 교회에서 실시하였거나 진행하고 있습니다.

따라서 추천서는 본서가 나오기까지 실제적으로 주기도문 아카데미를 실시하여 열매를 맺은 검증의 결과라고 보아도 될 것 입니다. 이러한 검증의 결과를 통하여 본서는 그 빛을 보게 되었고, 또한 본 저서가 하나님 나라 부흥이 주기도문운동으로 세워져 나가는 승법번식(Multiplication)에 효과적인 접목이 될 것으로 기대해 봅니다.

본 저서의 편집을 위해 수고하신 분들을 지면상 다 언급 할 수 없지만 국제기도공동체 세계 주기도 운동연합의 임 역원과 각 지부장들과 대구 동일교회와 주기도문 아카데미를 수료하신 모든 분들께 감사를 드립니다. 또한 이름 없이 빛도 없이 조언해 준 아내에게 감사한 마음을 가집니다.

본 교재를 통해 하나님의 나라 백성들의 삶이 변화되고 바른 "주기도문 기도운동"과 함께 "주기도문 아카데미"(The Lord's Prayer Global Academy= LPGA)

가 〈파테르 라이프 50〉 교재를 통하여 지구촌 곳곳에 수 만개가 세워지는 부흥이 십자가에서 우리 죄를 위해 죽으시고 부활 승천하신 주님께서 다시 오실 날까지 계속되어, 나라와 권세와 영광을 아버지 하나님께 영원히 올려 드리는 교재가 되기를 기도드립니다.

하나님 나라 부흥은 주기도운동으로!!
주기도를 사랑하는 모든 분(주사모)들께 이 교재를 드리며
2019년 1월 1일
김석원 목사

추천서

감사드리는 것은 본서를 위해 목사님 교수님 선교사님들께서 다양하게 추천서를 보내어 주셨습니다. 형식적인 추천서가 아닌 마음과 마음으로 통하고 그리스도인의 삶이 주기도문안에서 오랫동안 만난 추천인들이기에 귀하다고 여겨집니다. 뿐만 아니라 한분 한분들의 추천서를 읽는 동안 본서를 이해하는데 도움이 될 것을 기대합니다.

김상복 목사(할렐루야교회 원로목사, 횃불트리니티신대원대학교 명예총장)

좋은 신앙생활하기 위해서 많은 지식이 반드시 필요한 것은 아닙니다. 현대 신학자들이나 목사들은 엄청난 지식을 갖고 있지만 신학과 신앙에 있어서 성경의 가르침과는 거리가 먼 것들을 흔히 볼 수 있습니다. 많이 아는 것보다 작은 것 하나라도 지켜 행하는 것이 더 중요합니다. 성경의 진리성은 지켜 행해 보아야(마태 28:20), 즉 행동화해 보아야 참된 진리란 것을 확실히 알 수 있습니다. 성경은 알기 위해서 있는 것이 아니고 살기 위해서 있는 것입니다. 성경을 실천할 때 하나님의 성령으로 쓰여 졌다는 것을 알아가면서 감탄합니다. 성경은 점점 더 재미가 있고 더 알고 싶고 더 생활화해보고 싶어 집니다.

김석원 목사님의 이번 저서도 예수님께서 가르쳐 주신 기도의 모델을 우리 생활 속에서 심화하려는 노력입니다. 주기도문 하나 속에 신앙생활의 모든 것이 들어 있습니다. 하나님의 뜻이 하늘에서 이루어지는 것처럼 이 땅에서도 그분의 뜻을 우리가 분명해 나 자신부터 시작해서 내 가족, 내 직장, 내 교회, 우리 사회, 국가, 민족, 인류에게서 이루어지길 꾸준히 기도하고 행동화해가면 그 이상 무엇이 더 필요하겠습니까? "너희는 먼저 그의 나라와 그의 의를 구하라 그리하면 이 모든 것을 너희에게 더 하시리라"(마태 6:33). 김석원 목사님의 『파테르라이프50』저서와 세미나를 통해 주님의 기도가 우리 모두의 삶이 되기를 바랍니다.

김장교 목사 (대구 서성로교회 담임)

1980년 말 청년 사역을 하면서 무거운 아젠다가 있었습니다. 그것은 기도의 관한 문제였습니다. 교회의 현장을 보면 분명히 기도의 무릎이 있는 교회 이여야 합니다. 융성할 정도의 기도가 있는데 아픔이 있습니다. 그것은 바른 신학의 기초로 한 진정한 기도의 신학이 없다는 겁니다. 그런 고민을 하고 있는 중 주기도문을 공부하게 되었습니다. 그런 중 기도의 신학의 보고를 찾게 된 것이 주기도문을 통한 김석원 목사님의 저서 〈기도의 신학〉이었습니다. 주기도문을 통하여 기도의 신학을 알게 되었고, 가르치게 되었습니다. 주기도문을 중심으로 한 기도에 관한 신학적이고 실제적인 기도를 말씀하고 있었기 때문입니다. 그런 기도의 신학적 초석 위에 한 걸음 더 나아가 김석원 목사님의 주기도문 아카데미 기도의 훈련을 통하여 교회론과 선교론을 세워가는 교회 현장에서 성령 충만한 삶을 이끄는 주기도문 운동을 통한 기도 운동의 지침서로『파테르라이프50』이기에 목회적 사역에 정말 필요한 훈련에 강력 추천을 합니다.

강영안 (미국 칼빈신학교 철학신학 교수)

가장 좋은 삶은 내가 기도하는 대로 사는 삶이고 가장 좋은 기도는 내가 사는 대로 하는 기도일 것이다. 주기도만큼 우리에게 기도와 삶이 하나로 이어짐을 분명하게 가르쳐 주는 기도문은 없다. 김석원 목사님의 이 귀한 책은 주기도를 가지고 기도하고 주기도대로 삶을 사는 방법을 우리에게 가르쳐 준다. 많은 분들이 이 책을 함께 읽고 공부하고 실제로 연습하여 이 땅에서 성도로 부르심의 은혜를 깊이 깨달아 기도하는 대로 삶을 살아가기를 소망한다. 40년 넘게 떨어져 살아온 옛 친구의 삶의 이야기를 행간에서 읽을 수 있게 된 것은 나에게는 작은 기쁨이었다. 혼자서 읽거나 청장년들의 그룹 스터디나 토론, 또는 구역 성경 공부 교재로도 훌륭하게 쓰일 수 있는 책이라 믿고 진심으로 추천한다.

남태섭 목사(대구서부교회 담임, 대구교사협대표회장, 총신대학교운영이사장역임)

본서의 저자 김석원 목사는 제가 섬기는 대구서부교회에 연초 특별집회에 초청을 받아 베스트의 삶의 제목으로 설교한 적이 있습니다. 영어로 BEST는 최고란 뜻인데 각 단어의 첫 글자를 인용한 것인데 B는 성경(Bible), E는(Ethics), S는(Spirit), T는(Tradition) 전통이라 했습니다. 오직 성경으로 바른 성경적인 삶, 바른 윤리를 실천하는 삶, 바른 성령 충만한 삶, 사도들이 헌신적으로 주기도문을 가르쳤고 실천했던 삶을 저자는 『파테르라이프50』저서에 담고 개혁주의 신학에 입각한 주기도 신학을 삶에 실천하기를 역설하는 점에서 최고(BEST)의 저서라 여겨집니다. 한국 교회에 바른 기도인 주기도 운동을 통해 하나님 나라의 부흥이 일어나도록 이 저서가 한국교회와 세계복음화에 쓰임 받기를 소망하며 강력히 추천합니다.

박성민목사 (한국 대학생 선교회 대표)

주기도문은 예수 그리스도 사역의 에센스를 농축하고 있다. 하나님의 나라를 이루기 위해 오셨고, 하나님의 뜻을 이루는 것이 양식이라 말씀하심에는 주님의 열정과 관심이 어디에 있는지를 알게 만든다. 그런 면에서 주기도문은 단순히 주님께서 가르쳐 주신 기도 이상이며, 그의 제자들의 최우선 관심대상이 무엇이어야 함을 제시하고 있다. 미국에서 공부하던 때 담임목사님으로 섬겼던 이 책의 저자는 주기도문이 담고 있는 그런 소중함을 일찍이 발견했기에 오랫동안 열정을 가지고 연구하며 그 열매로 사역을 해왔다. 그 임상을 통해 얻는 노하우가 담겨 있는 이 책은 성도들을 세워가며 하나님께서 기뻐하시는 열매를 맺는 곳으로 인도할 것이라 믿어 의심치 않는다.

박근상 목사 (신석장로교회 담임, 대전지역 교회연합회 회장역임)

주기도는 예수님이 선포하신 하나님 나라를 위한 기도문이다. 주를 따르는 제자들이 참여해야 할 하나님 나라의 운동을 요약하고 있다. 주기도문은 하나님이 나라의 공동 선언문과 같은 것이다. 주기도문을 따라 기도하고 그렇게 삶으로 하나님 나라의 운동이 시작된다. 주기도문은 예수 그리스도로 말미암아 이 땅에 이미 임한 하나님 나라의 번성을 위한 강력한 기도이기에 모든 신자의 기도요, 사명자의 기도이다. 무슨 기도를 할지 모른다면 일단 주기도문을 하라. 주기도문에 나타난 하나님의 나라는 일상을 떠나 또 다른 세상으로 들어가는 것이 아니라 일상 생활 속에서 하나님의 통치를 경험하는 기도이다. 하나님의 나라는 하나님의 주권이 전적으로 미치는 그곳이다. 존 칼빈은 주기도는 우리에게 주신 기도의 모범으로 문구를 따라 하라는 것이 아니라 그 내용에 초점을 맞추어야 한다고 했다. 밤새도록 내 마음대로 기도하다가 주기도로 끝을 맺는다면 의미가 없다. 김석원 목사님은 주기도문에 붙들린 하나님의 종이시다. 미국 생활을 접으시고 한국에 돌아오신 이유도 주기도 때문이다. 무엇보다도 주기도문이 회개, 성령충만, 전도, 헌신으로 이어지도록 구체적인 적용을 구체적이고 탁월하게 제시하고 계시다. 그리고 매일 주기도문의 삶을 점검하도록 돕고 있다. 『파테르라이프50』은 주기도문을 구체적으로 적용하고 있다. 이 책을 통하여 이 땅의 교회와 신자들에게 본서가 소망하는 사도행전적인 부흥이 임하기를 기도한다.

박성근 목사 (남가주 새누리교회 담임0)

    기도가 어느 때보다 절실한 이때에 주기도 운동이 전개되고 있는 것은 너무나 감사할 일입니다. 이번에 김석원 목사님이 출간하신 『파테르라이프50』은 주기도문의 삶을 지속적으로 실천할 수 있도록 만든 훈련용 교재입니다. 성서적, 신학적 내용이 깊을 뿐 아니라, 적용과 훈련 지침들이 구제적이고 체계적입니다. 특히 예화들과 적용에 대한 제안들이 마음에 와 닿습니다. 제자훈련 교재나 기도훈련 교재로 어느 연령층에나 유용하리라고 믿습니다.
    사실상 기도는 교리라기보다 삶입니다. 단순한 도식이라기 보다 생명입니다. 더구나 예수님께서 친히 가르쳐 주신 "주기도문"은 크리스챤 삶의 모든 영역을 포괄하고 있습니다. 그 속에 담긴 삶의 원리만 제대로 붙든다면 우리의 영성은 건강해질 수밖에 없습니다.
    이런 의미에서, 〈주기도문 아카데미〉에 이어서 이 책은 건강한 영성으로의 회귀를 갈망하는 한국 교회에 새로운 도전과 희망을 던질 수 있다고 믿습니다. 김석원 목사님의 사역 위에 하나님의 축복과 성령충만함이 더욱 넘치시길 기도합니다.

박태동 목사(농촌교회와 함께하는 선교한알 대표)

    구원받은 하나님의 자녀에게 주신 최고 최대의 특권은 기도라고 생각합니다.
    구원받고 바로 천국가는 것도 아니고 괴로움과 죄 많고 사탄이 역사하는 세상을 살아가는 성도들이 실족하지 않고 승리의 삶을 살도록 기도의 특권을 주셔서 "내 이름으로 아버지께 무엇이든지 구하라 하셨습니다". 예수님께서는 기도의 중요성을 말씀하시고, 응답이 있음을 약속하시고, 기도의 모범을 보이시고 기도를 가르쳐 주셨습니다. 주님께서 가르치신 기도는 모든 기도의 모범이며 반드시 우리가 기도해야 할 내용이 포함되어 있음을 잘 알고 있습니다.
    주기도문 강해서도 여러 권 읽어 보았고 또 목회현장에서 여러 번 강해를 하기도 했습니다.

그러면서 특별한 강조나 적용에는 늘 미비했으며 주기도문은 고작 새벽 기도 후나 수요 예배 후 예배를 마감하며 드리는 정도였습니다. 목회를 마감하고 농촌교회 목회자를 섬기는 사역을 하면서 하루 종일 김석원 목사님의 "주기도문 아카데미" 강의를 들으면서 주기도문에 대한 태도가 달라지게 되었습니다. 저뿐만 아니라 참석한 50여 명의 목회자들이 다 같은 은혜를 체험하고 주기도문을 통하여 성령님의 역사와 전도, 감사의 생활로 이어진 목회에 새로운 변화가 나타남을 간증하는 목회자들을 계속 만나게 되었습니다.

이번에 출판하는 『파테르라이프50』은 지금까지 주기도문 아카데미의 내용에 적용 부분을 더욱 보충한 것으로 누구나 활용하기에 편리하게 구성되었음을 보면서 많은 목회자는 물론 평신도들까지 꼭 필요하다고 생각되며 이에 기쁨으로 추천합니다.

신예찬 목사 (태국선교사)

제가 저자 김석원 목사님을 대표로 모시고 '국제기도공동체(주기도문 운동)'의 사무총장을 지내며 주기도문 운동의 확산을 위해 '주기도문 아카데미'의 활성화를 이루어 가면서 느낀 바가 큽니다. 저 역시 형식적이고 주문 외우듯이 주기도문을 해오다가 '주기도문 아카데미'를 통해 왜 김석원 목사님께서 남은 생애를 오직 주기도문 운동에 전력하시는 지를 이해할 수 있게 되었을 뿐만 아니라, 저 역시 같은 마음을 품고 얼마 전 태국선교사로 파송을 받으며 '해외 사무총장'이라는 직책을 가지게 되었습니다.

주님께서 제자들에게 이렇게 기도하라며 가르쳐 주신 '주기도문 운동'이야말로 이 시대 세계 도처에서 점점 위축되어 가거나 정체 현상을 보이고 있는 우리 기독교를 다시 일으켜 세울 수 있는 분명한 길임을 확신할 수가 있습니다.

저자 김석원 목사님은 하나님께서 주신 귀한 지혜 및 지식 그리고 체험으로 주기도문에 관한 여러 책을 편찬하신 것은 정말로 하나님의 크신 은혜라고 평소에 생각해 오다 금번 출판하게 된 『파테르라이프50』은 가르치는 자나 배우는 자가 매년마다 1년 내내 주기도문에 대한 분명한 의미를 깨달을 수 있는 너무나 귀한 책이라고 생각합니다.

정말 기독교 회복운동을 위한 하나님의 은혜 중에 은혜임을 깨닫습니다.

그러기에 저뿐 아니라 모든 해외 선교사님들이 세계 도처에서 이 책을 통해 주기도문 확산운동을 일으키며 기독교 회복운동의 마중물이 될 수 있음을 확신합니다.

이 책을 편찬하기까지 저자인 김석원 목사님께서 얼마나 많은 고통과 인내가 있으셨는지 제가 너무나도 잘 알고 있기에 이 책의 출판을 그 누구보다도 기뻐하며 저자의 노고에 깊은 감사를 표하며 적극 추천하는 바입니다.

오현기목사 (대구 동일교회 담임, 백석대학교수역임)

주기도문의 권위자 김석원 목사님과는 다년간 칼 귀츨라프라는 한국 최초의 개신교 선교사를 매개로 하여 함께 사역해 왔습니다. 칼 귀츨라프 선교사는 주기도문을 1832년 7월 30일 최초로 한글로 번역하신 분이시기 때문에, 주기도문은 한국에 하나님이 최초로 가르쳐 주신 기도문이 되었습니다. 이것은 선교 역사적 의미가 크다고 하겠습니다. 그런 의미에서 한 평생을 주기도문 연구에 매진하신 김석원 목사님이 『파테르라이프50』을 출간하신다는 소식은 매주 한 번씩 주님이 가르쳐 주신 기도문을 직접 대할 수 있다는 점에서 참으로 의미가 큽니다. 바른 기도운동이 절실한 상황 속에서 성격적 기도운동과 실천이 무엇인지 그 모델을 제공하고 있어 한국교회에 무한한 유익이 될 줄로 믿고 강력히 추천하는 바입니다.

유재일 목사 (알라스카열린문교회담임, 미주한인예수교장로회 제41대 총회장역임)

"한 생애의 열매이다. 이 책을 통해서 주님께서 그토록 원하셨던 기도의 열매가 개인의 삶과, 가정, 교회, 세계적으로 확산해 갈 것을 기대하며 기꺼이 추천하고 싶다." 열매는 아름답고 탐스럽다. 이 책은 김석원 박사께서 한 생애를 학적으로 연구하고 현장 체험 속에서 맺어진 열매이다. 미국 유학 생활 속에서 주기도문을 연구하여 '기도신학'으로 학위를 받았고 목회 현장 속에서 "주기도문은 내 삶의 축복이다" 저서에 풍성하게 담은 체험담과 그 영력이 이제는 국제기도 공동체로 확산해 가는 것을 보면서 참으로 아름답고 경의로움을 표하지 않을 수 없다. 이것은 성령께서 그와 함께 하신 증거일 것이다.

아울러, 이번에 발행되는 이 책은 계속 증보에 증보를 거듭하여 주님께서 그토록 원하셨던 노력과 헌신이 독자들의 삶과 가정, 교회, 세계적으로 확산되어 열매를 맺을 것을 기대하며 기쁘게 추천하고자 한다.

이영훈목사 (여의도순복음교회 담임, 기독교대한하나님의성회총회장)

그리스도인으로 살아가면서 우리에게 주어진 가장 중요한 책임은 이 땅에 하나님의 뜻이 이루어지도록 기도하며 살아가는 것입니다. 그러나 오늘날 기도의 본질을 제대로 이해하지 못한 그리스도인들은 하나님의 뜻을 이루기보다 자기의 뜻을 이루기 위해 힘써 기도합니다. 이러한 잘못된 기도들로 인하여 한국교회는 병들었고, 세상을 변화시키지 못하는 교회로서 오히려 세상의 질타의 대상이 되었습니다. 이러한 시기에 올바른 기도의 방향을 제시해주는 김석원 목사님의 저서 『파테르라이프50』이 출간된 것을 매우 기쁘게 생각합니다. 하나님의 뜻을 이루는 기도는 예수님이 제자들에게 알려주신 주기도문에 잘 나타나 있습니다. 우리는 기도할 때 맹목적이거나 자기의 유익만을 구하는 기도가 아니라 주기도문을 통해 예수님이 가르쳐주신 대로 하나님의 뜻을 구하는 기도를 해야 합니다. 주기도문은 단지 예배 때마다 외우는 습관적인 기도가 아니라 우리의 삶을 변화시키고 세상을 변화시키는 기도가 되어야 합니다. 김석원 목사님의 저서 『파테르라이프50』은 기도에 관한 탁월한 영적 지침서로서 예수님이 가르쳐주신 기도를 통해 기도가 메마른 성도와 영적 능력을 잃어버린 교회에 올바른 기도의 안내자가 될 것입니다. 이 책을 읽는 모든 분이 다시금 올바른 기도를 회복하고 하나님 나라의 참된 백성으로 승리하는 삶을 살게 되시길 간절히 바랍니다.

이종승 목사 (창원 임마누엘 교회담임, 백석 대신 39대 총회장역임)

주님께서 가르쳐 주신 "주기도"는 예수님을 구주로 믿는 구원받은 성도들이 자기가 있는 곳에 하나님의 이름이 높아지시고 하나님의 나라가 이루어져 주님의 영광이 나타나기를 사모하며 믿음으로 기도하고 실천하면 반드시 이루어지는 주님의 놀라우신 약속입니다.
그런데 이렇게 소중한 "주기도"가 아무 의미도 모르고 성도들이 주문처럼 외고만 있을 때 김석원 목사님께서 사명으로 귀한 책을 출판하시고 올바른 주기도 운동을 펼치시니 감사합니다. 김석원 목사님의 사역 위에 주님의 능력의 손이 함께 하시기를 축복하며 본서를 강력히 추천합니다.

이승헌목사(삼성성결교회담임)

성삼교회 담임으로 부임하여 김석원 목사님과 인연을 자주 가지게 되었습니다. 본 교회서는 주일 주기도문 아카데미 1일 부흥회 강사로 초청하였고, 대전 홀리클럽의 매주 화요일 새벽 모임에서 협력하여 국제기도공동체 주기도 운동 대전 지역 창립예배를, 성결교단 대전 남동부지역 남녀 전도회 연합 모임을 본 교회에서 가질 수 있는 축복된 기회를 주셨습니다.
저에게는 VIP로 참 귀한 은혜를 나누어 주셨고 주기도문 아카데미를 통해 바른 기도운동에 대한 도전을 주셨습니다. 그동안 주기도문은 많은 그리스도인들의 관념에 머물러 있었고 주문처럼 외워졌습니다. 『파테르라이프50』은 주기도문을 삶으로 깨어나게 하고, 생활에 적용할 수 있도록 안내하고 있으며, 그리스도인들에게 세상을 이길 수 있는 힘을 얻게 하고, 세상을 변화시킬 수 있는 그리스도의 군사로 훈련시키는 탁월한 교재입니다. 지난 30여 년 동안 기도를 연구해 오신 김석원 목사님의 탁월한 기도 영성이 『파테르라이프50』을 통하여 우리를 영적 전쟁의 승리자로 세워줄 것을 믿으며 본서를 추천합니다.

이환봉 교수(고신대학교 명예교수)

김석원 목사님은 자신의 목회와 신학을 통해 주기도문의 한 우물을 깊게 파고 맑은 생수를 길어서 교회의 영적 삶을 새롭게 회복하고 풍요하게 해 오신 기도학 전문가이시다. 『파테르라이프50』은 그의 교회를 위한 목양적 사랑과 학문적 헌신이 잘 요약된 훌륭한 주기도문 학습교재이다
하나님께서 교회에 주신 은혜의 방편인 기도의 회복을 위한 목사님의 주기도운동에 세계의 모든 교회들이 열심히 참여하기를 간절히 소망하며 추천합니다.

오정호 목사(대전새로남교회 담임 /CAL-NET(제자훈련목회자협의회 이사장)

기도신학자이신 김석원 목사님께서 또 한 번의 축복된 작품을 독자들의 손에 올려 주셨습니다. 김 목사님께서는 성도들의 역동적인 기도생활을 위하여 지난번『주기도문 아카데미』를 독자

들에게 선물해주신 후에 후속편 심화학습과정인 『파테르라이프50』로 인도하십니다.

한국교회 성도들의 기본기가 단단해지고 그리스도인의 정체성이 확실하도록 도와주는 기도생활의 야전교범(Field Manual)인 본서를 기쁜 마음으로 추천합니다.

오종영 목사(기독타임즈 대표)

미국에서 고국을 방문하셨을 때 목사님은 대전에서 처음 저를 찾아오셨습니다. 그리고 제 손에 쥐어주셨던 선물이 '1달러의 기적'과 '주기도문은 내 삶의 축복이다'는 책이었습니다.

그리곤 이 책들을 중심으로 향후 사역의 방향과 비전을 말씀해 주셨지요. 그 후속으로 이루어진 것 "주기도문 아카데미"와 "하하하 하나님 땡큐"라는 훈련서를 이곳에서 펴내신 후 주기도문을 통해 훈련, 양육, 삶의 태도를 바꾸어 하나님 나라가 이 땅 위에 이루어지기를 소망하는 간절한 마음을 보여주셨습니다. 오직 이 소중한 사역을 펼치시기 위해 수 십 년간 씨를 뿌리고 땀을 흘리셨던 올랜도 에서의 안정된 기반을 포기하시고 조국 대한민국을 국제기도공동체 기도운동의 발원지로 선포하신 후 이제는 뿌리를 내리고 본격적인 사역을 하시는 모습에 존경과 감사를 표하고 싶습니다. 이번에 출간하신 『파테르라이프50』이 한국교회가 다시 한번 초대공동체의 충만함을 회복하고 현재적인 하나님 나라가 이 땅 위에 이루어지는 소중한 마중물이 될 줄로 믿으며 본서를 추천합니다.

오병권 장로 (대전예술의전당 관장)

할렐루야! 하나님께서 귀히 쓰시는 김석원 목사님께서 주기도문을 심도있게 알려주는 교재 『파테르라이프50』을 출판하게 되심을 진심으로 축하드립니다. 대전의 크리스찬 조찬 기도 모임에서 어마어마한 열정으로 "주기도문"을 설교하시는 김석원 목사님을 뵙게 되었습니다. 그런데 목사님의 설교 모습 속에서 음악을 전공한 저의 눈에 지나친 열정 때문에 작곡가들이 가끔 범하는 실수같은 우려가 느껴져서 이를 말씀드렸는데 이 이야기가 목사님께 큰 자극이 되셨던 것 같습니다. 이전과 이후 늘 하나님과 동행하시며 기적을 이루시는 목사님의 모든 행보가 하나님의 역사라고 믿습니다. 아무쪼록 이 교재가 주님께서 창조하신 우리 인간들에게 주님과 소통하며 다가갈 수 있는 귀한 안내 지도가 되기를 기도합니다. 다시 한번 『파테르라이프50』의 출판을 축하드립니다.

한충기 목사(애틀란타 늘푸른장로교회 담임, 한국 SFC 회장 역임)

성도들에게 올바른 기도의 삶을 가이드하기 위해 주기도에 관한 자료를 찾다가 수많은 설교집과 가이드북 중에서 김석원 목사님의 저서가 제게 가장 큰 임팩트를 주었습니다. 가장 큰 이유는 개혁주의적인 기도신학에 기초한 운동이라는 표현 때문이었는데, 대학생 시절에 전국학생

신앙운동(SFC, Student For Christ)에서 훈련을 받았던 적이 있어서 주기도「운동」의 의미와 비전이 마음에 확 와 닿았기 때문입니다. 즉각 연락을 드려 목사님으로부터 주기도운동에 대한 확신 넘치는 소개를 받고 저희 교회 역시 주기도운동에 동참하기로 결정했습니다.

그리고 저희 교회에 두 번의 주기도 1일 부흥회에서 전하신 말씀은 저와 성도들의 마음에 큰 울림을 주셨습니다. 그래서 소개해 주신 운동을 위한 간단한 도구인「주기도문으로 기도하기」카드(소책자)는 온 성도들이 소장하여 매일 그 카드를 따라 기도하고 있습니다. 이제 더 강력한 실제적인 주기도운동의 가이드북을 출판케 되므로 이 도서를 따라 훈련할 때, 주기도가 우리 몸에 습관화 곧「운동」이 되어 가정과 교회와 이 땅에 강력한 하나님 나라의 영향력이 일어날 것을 확신하기에, 『파테르라이프50』을 기쁜 마음으로 추천합니다.

황용대 목사(대구성삼교회담임, 한국기독교 장로회 99대 증경 총회장역임)

영혼의 불씨, 주기도문 아카데미!! 미국에서 사역하시던 김석원 목사님이 은퇴 이후에 "주기도문 아카데미"로 주기도운동의 세계화를 위해 사명 보따리를 가지고 고국의 땅을 밟았다. 미국 국제 CCC 본부에서 교수로 선교사 양성 프로그램을 가르치던 승법 번식의 원리(전도, 육성, 파송 : WIN,BUILD SEND)를 주기도문에 접목하여 하나님 나라의 청지기를 양육하고 바른 크리스천을 세우는 영적훈련을 할 수 있게 만들었다고 본다. 복음이 큰 물이 바다 넘침처럼 온 세상에 퍼지기를 소망하며 열정을 지피시는 모습은 독특하시다. 사도바울을 닮은 김 목사님은 말과 생각들이 잠든 영혼을 깨우시는 특별한 은사가 있는 듯하다. 비슷한 연배이니 친구 되어 손 잡고 함께 노후를 보람을 나누며 같이 가자고 약속하였다. 우리 교회에서 오후 예배시간 기회 있을 때마다 강의 하셨고 나는 가장 앞자리에서 제자가 되기로 작정하고 열심히 강의를 들으며 배워가고 있다. 예배 마침기도 정도로 가볍게만 암송하던 내 영혼이 깊어지고 뜨거워짐을 느낀다. 본서의 시범 교재를 통해서 주기도문 속에 6개 간구를 회개, 성령충만, 지상명령, 헌신의 실천을 적용해야 함을 깨닫고 결단하며 복음전파의 사명을 갖게 하는 교재의 탁월함을 경험한다. 전교인들이 주기도문 정신으로 무장되는 교회는 어떤 모습이 될까! 꿈같은 일들이 나타날 것을 기대해 본다. 한국 아니 전 세계교회가 하나님 나라의 부흥이 주기도운동을 통해 불길처럼 일어나게 되기를 소망하며 기쁜 마음으로 추천한다.

한기홍 목사 (미주 은혜 한인교회 담임)

본서의 저자이신 김석원 목사님은 이민 목회자로 선교사들을 가르치는 신학교 교수로 30여 년간 사역하시고 은퇴를 하셨습니다. 신학적으로 성경적으로 기도에 대하여 많은 연구를 하셨을 뿐만 아니라 기도를 통하여 많은 기도응답을 받은 경험(일 달러의 기적 플러스)을 토대로 주기도의 삶을 실천하며 사역을 하셨고 주기도운동을 일으키고자 하는 간절한 비전을 가지신 분입니다. 이번에 출판되는『파테르라이프50』은 바른 기도신학과 바른 크리스천의 삶이 모범이 되어 이 저서가 엄청난 열매가 맺힐 것을 기대하며 강력히 추천하는 바입니다.

목차

파테르라이프50(πάτερ LIFE 50)교재 제목의 의미 ... 004
파테르라이프 50(πάτερ LIFE 50)교재의 구성 ... 005
들어가는 말 ... 006
추천서 ... 010

파테르라이프50 교과과정(Syllabus) ... 022
파테르라이프50 입학서약서 ... 025
파테르라이프50 사명선언문(Mission Statement) ... 028

❶❷ "너희는 기도할 때에 이렇게 하라" (마태복음 6:9) ... 031
① "너희는 기도할 때에 이렇게 하라"를 열어주는 메시지
② 삶의 적용을 위한 워크샵(Workshop) :
　기도는 하나님 아버지와의 대화 | 마음의 왕좌 점검
③ "하나님 나라 부흥"은 〈주기도운동〉으로 〈회개, 성령충만, 지상명령 성취, 헌신〉을 적용
④ 하하하 하나님 땡큐 운동으로(데살로니가전서 5:16-19을 적용)　⑤ 영적성장 점검표

❸❹❺❻ 〈기도의 대상〉 "하늘에 계신 우리 아버지" (마태복음 6:9) ... 051
① 주기도문〈기도의 대상〉 "하늘에 계신 우리 아버지"를 열어주는 메시지
② 삶의 적용을 위한 워크샵(Workshop) : 천하보다 귀한 영혼 | 아름다운 자연
　만물 | 우리라는 공동체 | 예배자는 축복의 통로
③ "하나님 나라 부흥"은 〈주기도운동〉으로 〈회개, 성령충만, 지상명령 성취, 헌신〉을 적용
④ 하하하 하나님 땡큐 운동으로(데살로니가전서 5:16-19을 적용)　⑤ 영적성장 점검표

❼❽❾ 〈첫 번째 간구〉 이름이 거룩히 여김을 받으시오며 (마태복음 6:9) ... 083
① 주기도문〈첫 번째 간구〉 "이름이 거룩히 여김을 받으시오며"를 열어주는 메시지
② 삶의 적용을 위한 워크샵(Workshop) : 내 이름 하나님의 이름 | 하나님과 예수님의

　　이름을 높일 때 | 형식적이고 외식적인 기도"
③ "하나님 나라 부흥"은 〈주기도운동〉으로 〈회개, 성령충만, 지상명령 성취, 헌신〉을 적용
④ 하하하 하나님 땡큐 운동으로(데살로니가전서 5:16-19을 적용)　⑤ 영적성장 점검표

⑩⑪⑫ 〈두 번째 간구〉 나라가 임하옵시며 (마태복음 6:10) ──────── 107
① 주기도문 〈두번째간구〉 "나라가 임하옵시며"를 열어주는 메시지
② 삶의 적용을 위한 워크샵 (Workshop) :
　　재림신앙 | 노방전도, 단기선교 | 간음 하지말라(제 7계명)
③ "하나님 나라 부흥"은 〈주기도운동〉으로 〈회개, 성령충만, 지상명령 성취, 헌신〉을 적용
④ 하하하 하나님 땡큐 운동으로(데살로니가전서 5:16-19을 적용)　⑤ 영적성장 점검표

⑬⑭⑮ 〈세 번째 간구〉 뜻이 하늘에서 이루어진것 같이 땅에서도 이루어지이다. (마태복음 6:10) ── 131
① 주기도문 〈세번째간구〉 "뜻이 하늘에서 이루어진 것 같이 땅에서도…"를 열어주는 메시지
② 삶의 적용을 위한 워크샵 (Workshop) :
　　하나님의 뜻을 분별하는 방법 | 기도와 지상명령 | 숙명론, 운명론
③ "하나님 나라 부흥"은 〈주기도운동〉으로 〈회개, 성령충만, 지상명령 성취, 헌신〉을 적용
④ 하하하 하나님 땡큐 운동으로(데살로니가전서 5:16-19을 적용)　⑤ 영적성장 점검표

⑯⑰⑱ 〈네 번째 간구〉 오늘 우리에게 일용할 양식을 주시옵고 (마태복음 6:11) ──── 155
① 주기도문 〈네 번째간구〉 "오늘 우리에게 일용할 양식을 주시옵고"를 열어주는 메시지
② 삶의 적용을 위한 워크샵 (Workshop) :
　　식전감사(食前感謝) | 돈이냐 하나님이냐 | 통상적인 일용할 양식
③ "하나님 나라 부흥"은 〈주기도운동〉으로 〈회개, 성령충만, 지상명령 성취, 헌신〉을 적용
④ 하하하 하나님 땡큐 운동으로(데살로니가전서 5:16-19을 적용)　⑤ 영적성장 점검표

⑲⑳㉑ 〈다섯 번째 간구〉우리가 우리에게 죄 지은자를 사하여 준 것 같이 우리죄를 사하여 주시옵고
　　 (용서) (마태복음 6:12) ──────────────────────── 179
① 주기도문 〈다섯 번째 간구〉 "우리가 우리에게 죄 지은자를 사하여 준 것 같이 우리 죄를
　　사하여 주시옵고(용서)"를 열어주는 메시지

② 삶의 적용을 위한 워크샵 (Workshop) :
　아버지를 용서한 그리스도인 | 나 자신을 절대로 용서 못한다 | 먼저 용서하라고
③ "하나님 나라 부흥"은 〈주기도운동〉으로 〈회개, 성령충만, 지상명령 성취, 헌신〉을 적
④ 하하하 하나님 땡큐 운동으로(데살로니가전서 5:16-19을 적용)　⑤ 영적성장 점검표

㉒㉓㉔ 〈여섯 번째 간구〉 우리를 시험에 들게 하지 마옵시고 다만 악에서 구하시옵소서) (시험과 악) (마태복음 6:13) ——— 205

① 주기도문〈여섯 번째 간구〉"우리를 시험에 들게 하지 마옵시고 다만 악에서 구하시옵소
　(시험과 악)"를 열어주는 메시지
② 삶의 적용을 위한 워크샵 (Workshop) :
　교회생활 가운데 시험이 들었을 때 | 나의 약점과 유혹 | 정직한 십일조
③ "하나님 나라 부흥"은 〈주기도운동〉으로 〈회개, 성령충만, 지상명령 성취, 헌신〉을 적용
④ 하하하 하나님 땡큐 운동으로(데살로니가전서 5:16-19을 적용)　⑤ 영적성장 점검표

㉕㉖㉗ 〈권세〉나라와 권세와 영광이 아버지께 영원히 있사옵나이다. 아멘 (마태복음 6:13) ——— 229

① 송영〈권세〉라는 말씀이 열어주는주는 메시지
② 삶의 적용을 위한 워크샵 (Workshop) :
　세속 문화속에 중독없는 사회 | 운명론, 점성술, 사주팔자, 점치는 것, 손금 보는 것,
　마술, 접신, 사탄숭배 | 악한 마귀의 정죄
③ "하나님 나라 부흥"은 〈주기도운동〉으로 〈회개, 성령충만, 지상명령 성취, 헌신〉을 적용
④ 하하하 하나님 땡큐 운동으로(데살로니가전서 5:16-19을 적용)　⑤ 영적성장 점검표

㉘㉙㉚ 〈영광〉나라와 권세와 영광이 아버지께 영원히 있사옵나이다. 아멘 (마태복음 6:13) ——— 253

① 송영〈영광〉이라는 말씀이 열어주는 주는 메시지
② 삶의 적용을 위한 워크샵 (Workshop) :
　모든 것을 하나님의 영광을 위해하라 | 자존감과 유혹의 관계 | 도박과 복권
③ "하나님 나라 부흥"은 〈주기도운동〉으로 〈회개, 성령충만, 지상명령 성취, 헌신〉을 적용
④ 하하하 하나님 땡큐 운동으로(데살로니가전서 5:16-19을 적용)　⑤ 영적성장 점검표

㉛㉜㉝ 〈영원〉나라와 권세와 영광이 아버지께 영원히 있사옵나이다. 아멘 (마태복음 6:13) —— 277
① 송영〈영원〉이라는 말씀이 열어주는 주는 메시지
② 삶의 적용을 위한 워크샵 (Workshop) :
　숙명론, 운명론과 영원하신 하나님의 뜻 | 악보에 담은 헨델의 오라토리오 | 기도교, 바른기도
③ "하나님 나라 부흥"은 〈주기도운동〉으로 〈회개, 성령충만, 지상명령 성취, 헌신〉을 적용
④ 하하하 하나님 땡큐 운동으로 (데살로니가전서 5:16-19을 적용)　⑤ 영적성장 점검표

㉞㉟㊱ 〈아멘〉 나라와 권세와 영광이 아버지께 영원히 있사옵나이다. 아멘 (마태복음 6:13) —— 301
① 송영〈아멘〉이라는 말씀이 열어주는 주는 메시지
② 삶의 적용을 위한 워크샵 (Workshop) :
　재림신앙, 아멘, 주, 예수여 어서 오시옵소서, 마라나타 | 도적질하지 말라(제8계명)
　하나님의 것을 아멘(진실)으로 드려라 | 땅에서는 아멘으로 믿어 구원, 하늘에서는 영생"
③ "하나님 나라 부흥"은 〈주기도운동〉으로 〈회개, 성령충만, 지상명령 성취, 헌신〉을 적용
④ 하하하 하나님 땡큐 운동으로 (데살로니가전서 5:16-19을 적용)　⑤ 영적성장 점검표

부록 ——————————————————————————— 327

파테르라이프50 교과과정(Syllabus)

1. 목적과 내용 : 파테르라이프50 교과과정

주기도와 전도(The Lord's Prayer and Evangelism=WIN)
주기도와 양육(The Lord's Prayer and Discipleship=BUILD)
주기도와 리더십(The Lord's Prayer and Leadership=SEND)을 세우는데 그 목적을 둔다. 주기도문 교육과 실천적 훈련을 쉽게 전수할 수 있는 개념(Easy Transferable Concept : ETC)과 승법번식(Multiplication 디모데후서 2:2)을 적용하여 교회의 일꾼으로 양육하며 해외 선교사로서도 자질을 준비하도록 가르치고 훈련한다. 수료증을 받은 이수자는 승법번식의 원리에 의해 지역에서 가르칠 수 있는 교수가 될 수 있으며 행정적인 Instructor가 될 수 있고 지역 Director 혹은 Coordinator로써 함께하며 세계 주기도문 기도운동 연합의 리더가 된다.

2. 파테르라이프50 구성 요소

주기도문 기도신학 아카데미 교장 : 예수님
주기도문 기도신학 아카데미 교재 : 성경, 주기도문
주기도문 기도신학 아카데미 학생 : 하나님 나라 백성(자녀)
주기도문 기도신학 아카데미 교실 : 교회, 가정, 각계각층, 온세계

3. 파테르라이프50 과정
파테르라이프50 나눔 3/7 과정

매일 3회	30분	3시간	3일	3주	3개월	3년
주기도문 말씀묵상	주기도문 부흥회	지도자 세미나	교회및기관 수양회	아카데미1 자격증수여	아카데미2 학점교류	선교사파송

매일 3회 / 주기도문 말씀묵상 : 하루 세 번씩 주기도로 기도(마틴 루터) 각자가 주기도문 기도하기 소책자를 사용하여 기도한다.

30분 / 주기도문 부흥회 : 개교회가 특별 부흥회(헌신예배)로 강사를 초청하며 실시할 수 있다.

3시간 / 지도자세미나 : 세미나를 개최하여 평일이나 주일 오후 예배 시 교회 재직 훈련이나 교회학교 교사 및 지도자들 중심으로 실시할 수 있다.(혹은 3주 1시간씩)

3일 / 교회 및 기관 수양회 : 수련회나 교회에서 주기도문 기도운동을 시작하려 할 때 주일 오후 시간마다 집중적으로 주기도문 말씀으로 훈련한다.

3주 / 자격증 : 12-13시간 수업을 받으면 가르칠 수 있는 자격증을 받을 수있고 지역 교회에서 혹은 해외 단기 선교사로 나가서 가르칠 수 있다.

3개월 / 선교사 : 기도운동을 효과적으로 성취하기 위해서 주기도문 각 간구를 중심으로 36강의로 구성하였으며 36주 동안 강의 2시간과 실천 2시간으로 한다.

3년 : 3개월 주기도문 아카데미 선교사 훈련을 받으면 주기도문 아카데미 단기 선교사로 해외에 파송되는 기회를 가질 수 있다.

4. 파테르라이프50 교재

웨스트민스터 요리문답의 주기도문 99문에서 107문까지를 성서 신학 및 조직신학적 내용을 근거로 저술한 기도신학 〈내가 기도할 이유〉와 〈주기도문은 내 삶의 축복이다〉와 주기도문 기도하기 4PMT(4피엠티) 소책자를 통하여 학습하게 된다.

주기도문과 바른 기도신학의 틀 안에서 바른 조직신학을 세우며 무분별한 영적 은사주의를 분별하며 종교다원주의, 영성다원주의를 배격하며 영적 이단들을 분별하여 지역교회의 지도자로 또는 해외선교사로서의 신학적인 훈련과 영적 자질을 구비하게 한다.

5. 수료증
파테르라라이프50 교재의 36장을 36주 이상으로 과정을 이수한 자에게 수여한다. 서명은 학장, Director, Coordinator, Instructor, 담임목사, 이사장, 실행 이사 중 한 명이 담당한다.

6. 특별과정 – 해외연수 – 년 1회
세계적인 영적 지도자로서 비전을 가질 수 있도록 36장 전 과정을 마친 졸업생에게 참가 자격을 우선으로 한다. 해외 연수 과정 경비는 각자가 부담하며 여행 경비는 장소 상황에 따른다.

7. 특기 사항
1) 저자에게 강의를 요청 시에 개 교회나 기독교단체(학교, 신우회, 회사, 기독실업인회 등)의 모임 형편에 따라 할 수 있다.
   강의는 수요일, 금요일, 주일을 제외한 36주 과정이다(저자를 통해서 주기도문 부흥회나 강의를 원 할 때는 교회의 담임목사의 주관 아래 실시되는 경우는 예외가 된다).
2) 36강의 과정을 이수한 졸업생은 수료증을 받으며 담임목사님의 허락하에 섬기는 교회에서 교과과정에 따라 가르칠 수 있을 것이다.
3) 전 과정 이수자들은 교회별로나 혹은 연합으로 모여 국제 기도공동체의 주기도문을 주제로 한 라이브 행사(Live Activity)도 실행한다(예: 회개 기도운동, 성령충만한 삶을 통한 증거와 간증, 전도, 헌신, 사회악 근절을 위한 캠페인, 나라를 위한 기도회… 등).

입학 서약서

주기도문 아카데미
파테프라이프50

본인은 하나님 나라 확장과 하나님의 자녀로서 하나님께 영광 돌려 드리는 삶을 위해 파테르라이프50 주기도문 아카데미 파테르라이프50 과정에 입학하게 된 것을 진심으로 감사드립니다.

주기도문 아카데미 파테르라이프50 전 과정을 가르치는 교수와 함께 성실히 마쳐 주기도문의 기도가 내 삶 속에서 실천되어지길 하나님과 사람 앞에 약속하며 서명합니다.

20 년 월 일

이름: (직분:)

파테르라이프50 교재사용법

* 참고도서 : 성경, 찬송가, 내가 기도할 이유(김석원 저), 주기도문 아카데미(김석원 저)
주기도문은 내 삶의 축복(김석원 저), 주기도문으로 기도하기 소책자 4PMT(김석원 저)

1. **강의시간 :** 제1강부터 36강의까지 첫째 : 메시지, 둘째 삶의 적용을 위한 워크샵(Workshop)을 셋째 : 하나님 나라 부흥은 주기도운동으로 넷째 : 하나님 나라 부흥은 하하하 하나님 땡큐 운동으로 (데살로니가전서 5:16-19을 적용), 다섯째 영적 점검표를 포함하여 매번 2시간 동안에 진행할 수 있다. 형편에 따라서 1시간씩 2회로 나누어 실시할 수도 있다.

2. **시작하면서 :** 인도자는 각 강의 시작에 제시한 주기도문 간구를 읽고 기도로 시작한다. 각 강의에서 제시한 찬송을 부르고 성경을 읽고 필요하다면 간단한 해석을 할 수 있다. 각 간구 강의 시작에 찬송과 함께 제공한 요절 성경 구절을 외우며 다음 시간에 서로 암송할 수 있다.

3. **묵상하기 :** 인도자와 함께 읽은 후 충분한 이해를 가지고 강의(세미나)를 진행한다.

4. ① **각장마다 각 간구에 따라 메시지를 제시하고 있다.**
   그룹 전체가 인도자의 인도에 따라 문제를 풀어가며 답을 한다.
   참고도서 : "내가 기도할 이유"(김석원 저)

5. ② **삶의 적용을 위한 워크샵 (Workshop)**은 주기도문의 실천적 적용으로 각장마다 각 간구에 따라 다른 주제들을 가지고 삶에 적용을 제시하고 있으며 예화를 읽거나 지도자가 이야기 형태로 설명한 후 각자 의견을 나누며 삶에 적용부분을 찾고 기도한다.
   참고도서 : "주기도문은 내 삶의 축복"(김석원 저)

6. ③ **"하나님나라 부흥"은〈주기도운동〉**으로〈회개, 성령충만, 지상명령성취, 헌신〉을 적용한다.

실천적으로 네 가지 내용을 각장 간구마다 담아서 매주일 반복적으로 연상법을 적용하여 훈련하여 청지기직의 삶을 살며 바른 크리스천의 삶을 주기도를 통해 실천하게 한다.

주기도문으로 기도하기 4PMT 소책자를 사용하여 기도하도록 한다

7. ④ **하하하 하나님 땡큐 운동으로** (데살로니가전서 5:16-19을 적용)

하하하 하나님 땡큐 방법 기도(항상 기뻐하라, 쉬지 말고 기도하라, 범사에 감사하라) 참석자 중에서 돌아가며 읽는 동안 함께 기도한다.

⑤ **영적성장 점검표**

결단하는 시간이다. 주기도문 기도하기 소책자 4PMT를 각자 및 간구별로 기도하며 읽는다. 기도문 매일 영적 점검표를 사용하여 주기도문을 통한 삶을 점검한다.

1) **회개 :** 매일 회개할 부분은 회개하며 혼자만 알 수 있도록 회개의 내용을 기록한다.
2) **지상명령 :** 전도대상자의 이름을 기록하고 기도하며 매주 혹은 일주 단위로 해외 선교지 지명을 적고 기도한다(기도로 선교).
3) **성령충만 :** 성령의 은사와 성령 충만의 열매를 맺도록 노력한 하루의 삶을 간단히 기록한다.
4) **헌신 :** 사도행전의 신자들처럼 주기도문 각 간구에 합당한 삶을 사는 크리스천으로 헌신한다.

사명선언문(Mission Statement)
국제기도공동체 (GPS)
세계 주기도문 아카데미 연합(LPGA)
세계 주기도문 기도운동 연합(LPG24-365)

하나 우리의 목적은 하나님 나라의 주인이신 하나님께 영광과 기쁨을 드린다.

둘 우리의 목표는 하나님 중심, 성경 중심, 교회 중심의 삶을 실천한다.

셋 우리의 기도의 대상은 창조주 하나님이시며 예수님을 우리의 구주와 하나님으로 믿는다.

넷 내주(內住)하시는 성령 하나님을 통하여 성령충만한 삶을 위해 성령의 열매를 맺혀가는 삶을 노력하며 주님의 지상 명령 성취를 통하여 하나님 나라 백성의 삶을 실천한다.

다섯 우리는 하나님의 영감으로 기록된 성경 66권을 하나님의 말씀으로 믿고 신뢰한다.

여섯 주기도문을 가르쳐주신 예수 그리스도께서 구주와 하나님 되심을 믿으며 동정녀 탄생, 십자가의 구속과, 부활, 승천과 재림하실 것을 믿으며 믿는 자들의 부활의 소망과 영생과 천국이 있음을 믿고 고백한다.

일곱 우리는 주기도문 기도운동을 통하여 하나님 나라 백성으로 바른 삶을 실천한다.

여덟 우리는 주님이 머리 되신 교회의 각 지체로서 개 교회 신자가 되고 소속 교회를 모범적으로 섬기는 것을 우선으로 한다.

아홉 우리는 복음으로 하나 되는 대한민국의 비전을 세우는데 앞장선다.

열 우리는 사회악 근절을 위해 노력하며 사랑과 봉사와 섬김을 위해 노력한다.

1 파테르라이프50

하나님의 자녀는 어떻게 살아야 합니까?

주기도문 "너희는 기도할 때에 이렇게 하라" 1-1
When your pray, say :

찬송부르기 : 주기도문(멜롯작곡), 그날이 도적 같이, 좋은 일이 있으리라
성경읽기 : 마태복음 6:9-13, 누가복음 11:1-4
묵상하기 : 성경의 중심주제는 하나님 나라이고 하나님 나라 부흥은 주기도운동을 통해서 세워져 갈 수 있다. 하나님 나라 자녀의 삶을 어떻게 주기도로 실천할 것 인가?

첫째 : "너희는 기도할 때에 이렇게 하라"를 열어주는 메시지

주기도문의 서문은 "너희는 이렇게 기도하라"로 시작한다.

우리 주 예수님은 이 말씀 가운데서 그의 제자들과 우리에게 기도의 지침을 보여 주셨다. 단순하게 탁상공론에 그치는 이론이 아니다. (Thomas Watson) 그리스도께서 이 말씀을 하셨을 때는 주님은 그분의 개인적인 체험까지 내포해서 말씀하셨던 것으로 실천강령과 같은 의미를 안겨 준다. "너희는 이렇게 기도하라"는 말씀에 대해 토마스 왓슨은 그의 저서 「The Lord's Prayer」에서 주기도문을 통하여 "기도의 규칙과 모범을 삼으라"라고 했다. 이어서 "우리는 이 규칙에 의해 우리의 기도를 점검해 볼 필요가 있다.(We ought to examine our prayer by this rule)" 라고 칼빈의 말을 인용하고 있다.

예수님께서는 "너희는 이 말씀대로 기도하라"고 말씀하시지 않고 "이렇게 하라"라고 말씀하신다. 말하자면, 너희의 모든 간구는 주기도문에 들어 있는 내용과 일치하여 살라고 강조하신 것이다.

주기도문이 기록된 성경 비교

마태복음 6:9-13	누가복음 11:1-4
(마 6:9) 하늘에 계신 우리 아버지여 이름이 거룩히 여김을 받으시오며 (마 6:10) 나라가 임하오시며 뜻이 하늘에서 이루어진 것 같이 땅에서도 이루어지이다 (마 6:11) 오늘 우리에게 일용할 양식을 주시옵고 (마 6:12) 우리가 우리에게 죄 지은 자를 사하여 준 것 같이 우리 죄를 사하여 주시옵고 (마 6:13) 우리를 시험에 들게 하지 마옵시고 다만 악에서 구하시옵소서 (대개) 나라와 권세와 영광이 아버지께 영원히 있사옵나이다 아멘	예수께서 한 곳에서 기도하시고 마치시매 제자 중 하나가 여짜오되 주여 요한이 자기 제자들에게 기도를 가르친 것과 같이 우리에게도 가르쳐 주옵소서 (눅 11:2) 예수께서 이르시되 너희는 기도할 때에 이렇게 하라 아버지여 이름이 거룩히 여김을 받으시오며 나라가 임하시오며 (눅 11:3) 우리에게 날마다 일용할 양식을 주시옵고 (눅 11:4) 우리가 우리에게 죄 지은 모든 사람을 용서하오니 우리 죄도 사하여 주시옵고 우리를 시험에 들게 하지 마시옵소서 하라

보기	① 본질적인 ② 마태복음 6:9~13 ③ 서문 ④ 하나님의 것 ⑤ 인간의 필요한 것 ⑥ 제자 ⑦ 의무 ⑧ 기도산맥의 정상 ⑨ 하나님의 아들 ⑩ 기도의 입술
1	1) 주기도문은 신약 성경에 두 가지 다른 형태로 기록되고 있지만 그 내용에 있어서 전혀 (　　) 차이점은 전혀 없다. 주기도문은 (　　　)에는 긴 본문 형태의 주기도문이 기록되어 있고, 누가복음 11:2~4절에는 짧은 형태의 주기도문이 기록되어 있다.
2	2) 주기도문의 내용 구분은 기도의 서문과 대상과 송영을 제외하고는 크게 두 부분으로 구분할 수 있는데 각 부분은 다시 세 가지 요 소로 나눌 수 있다. (1) 기도의 (　　) : 하늘에 계신 우리 아버지
3	(2) (　　　)을 구하는 내용 (첫째 간구부터 셋째 간구까지) : 이름이 거룩히 여김을 받으시오며, 나라가 임(臨)하옵시며 뜻이 하늘에서 이루어진 것 같이 땅에서도 이루어지이다 (마태복음 6:9~10)

4	(3) ( )을 구하는 내용 (넷째 간구부터 여섯째 간구 까지) : 오늘날 우리에게 일용할 양식을 주시옵고 우리가 우리에게 죄지은 자를 사(赦)하여 준 것같이 우리 죄를 사하여 주시옵고 우리를 시험에 들게 하지 마옵시고 다만 악에서 구하시옵소서 (마태복음 6:11~13)
5	송영 '나라와 권세와 영광이 아버지께 영원히 있사옵나이다' 아멘 (마태복음 6:13)
6	"너희는 기도할 때에 이렇게 하라" 다시 말해 우리는 주님의 말씀을 한 공식으로서 사용해야 한다. 그렇다면 기도할 때 주기도문을 기도의 본보기로서 끊임없이 사용하는 것이 예수님의 ( )된 ( )이다. "너희는 이렇게 기도하라"는 서문은 기도중의 기도(Prayer of Prayer)인 ( )의 자리로 우리를 인도하는 문에 들어서게 한다. ( )의 입술로 나온 주기도의 서문은 인간의 음성이 아니라 하나님의 음성으로서 주기도문을 드리는 자들의 ( )에 담아야 한다.

둘째 : 삶의 적용을 위한 워크샵(Workshop)
"기도는 하나님 아버지와의 대화"란 예화로 실천적 삶에 적용

    1997년 다니엘이 고등학교를 졸업후 캘리포니아 공대에 입학한 아들과 함께 로스엔젤레스로 갔다. 캘리포니아 공대의 캠퍼스가 아담하고 정겨웠고 아들이 대학생활을 이곳에서 할 것이라는 기대 때문에 캠퍼스 안을 돌아보면서 학업의 성공을 기도했다.

집에 오기 전 학교 캠퍼스에서 아빠가 아들과 약속 하나를 꼭 지켜주면 고맙겠다고 했다. 아들은 무슨 약속이냐고 물었다. 정말 지켜 주기를 간절히 원했다. 그것은 매일 아빠한테 전화해주기를 바라는 것이었다. 그때 아들은 어려운 일도 아니라 여겼는지 "아빠 매일 전화하는 약속 꼭 지킬거예요."라고 했다. 그리고 돌아와서 우리는 기다렸다.

올랜도 시간으로 저녁 9시였다. 핸드폰 벨이 울렸고 핸드폰에는 아들 다니엘(Daniel)의 이름이 찍혔다. 첫 번 전화가 왔다. 얼마나 반가웠는지 모른다. 전화를 받으니 들려오는 첫 음성이 "아빠"였다.

그 순간 나는 '아들'하고 답했다. 아빠와 아들의 관계가 통화하면서 확인이 되었다. 그 이후 대학원을 가서도 아들은 매일 저녁 9시에 시간을 맞추어 전화를 했다.

아들이 결혼을 하게 되었다. 대학교 입학 때와 똑같이 결혼 후에도 매일 안부 전화할 수 있기를 바랐다. 아들은 결혼 후에도 매일 전화하는 약속을 지켰다. 아들이 결혼 후 행복하고 재미있게 살아가는 모습을 보면서 하나님 아버지께 감사했다.

결혼 후 몇 개월이 지난 어느 날 저녁 역시 아들한테 기다리던 시간 전화가 왔다. 전화번호에 아들 이름 다니엘(Daniel)이 찍혔다. 아들한테 전화 왔다고 반가워서 '아들' 하고 불렀다.

그랬더니 전화기에서 '딸이에요' 하고 답하는 것이었다. 우리는 딸이 없다. 그런데 '딸'이라 해서 깜짝 놀래기도 했지만 순간적으로 며느리가 딸 없는 우리 집에 '딸'이라고 애교스럽게 전화한 것을 알고 얼마나 사랑스럽고 예뻤는지 모른다.

우리 부부는 손을 잡고 "우리 자녀들이 엄마 아빠를 매일 생각하고 전화하고 대화해주는 것처럼 하나님 아버지께 기도 드립니다" 하고 기도했다. 하늘에 계신 하나님이 우리들의 아버지이심을 확인하며 기도를 하게해 주셔서 감사를 드렸다. 시편 20:1-9, 로마서 8:15-16, 요한복음 14:16

1. "너희는 이렇게 기도하라 하신"라는 말씀 기도를 통해 하나님 아버지께 기도가 대화하듯 "아빠 도와주세요, 아빠 내 마음이 힘들어"요 하면서 회복되기를 원하는 마음으로 간절하게 기도를 해 본 경험이 있는가?

2. 기도는 하늘에 계신 하나님 아버지와의 대화입니다. 우리의 부모님이나 어른들과 대화를 생각해 봅시다. 이 분들과 가치있는 대화를 나누기 위해서 필요한 조건들은 무엇일까? 하나님 아버지와 기도로 의미있는 대화 같은 기도를 하기 위해서 필요한 것들은 무엇이 있는가? 우리의 기도와 삶의 태도는 어떻습니까? 개선해야 할 점은 무엇일까?

셋째 : "하나님 나라 부흥"은 〈주기도운동〉으로
"회개, 지상명령, 성령충만, 헌신"의 4PMT 삶을 포함한다.

〈주기도운동〉은 "회개 지상명령성취, 성령충만, 헌신"의 삶을 포함하고 있고 실제로 적용되는 기도문은 주기도의 〈기도의 대상〉부터 주기도 기도하기 소책자에서 사용하여 기도 할 수 있다. 다음은 구체적인 적용을 설명하고 있다.

도표 사용 설명과 예문 (주기도문 기도하기 소책자 25쪽 참조)
주기도문 기도운동은 예수님께서 가르쳐주신 하나님의 말씀으로 **말씀기도**(히브리서 4:12)하는 것이고, 예수님께서 우리들을 사랑하신 것 같이 우리도 서로 사랑하라 **새계명**(요한복음 13:34-35, 마태복음 22:34-40)을 날마다 내 몫의 **십자가**(마태복음 16:24-28)로 삶 속에 실천하는 것이며, **하나님 나라**(마가복음 4:26-32) 확장을 위해 하나님 나라 백성들(제자)을 위한 **승법번식**(디모데후서 2:2)운동이다.

또한 주님의 몸된 교회에 선한 청지기들을 세우고 그들의 삶을 육성해 가는 기도운동이고 주기도문 아카데미이다. 주기도문 기도운동은 4PMT(4 Prayer Movement Time)의 요소인 **회개, 지상명령**(선교, 전도), **성령충만, 헌신**을 실천하는 주기도문 기도운동이고 주기도문 아카데미이다.

앞으로 매주마다 4PMT 4요소를 각각 삶에 적용하는 훈련을 구체적으로 네 가지 영적원리의 그림을 각 칸에 넣어서 연상법으로 쉽게 접목하게 함으로 매 주기도를 통한 기도운동을 할 수 있게 된다. 그리고 네 가지 영적 그림의 적용 원리들만 〈너희는 이렇게 기도하라〉란 말씀으로 이 교재를 시작하면서 훈련하게 된다. 이렇게 같은 방법으로 일정기간 계속 반복 학습 훈련하여 주기도 동역자가 되게 하려는 것이다.

자! 이제 시작해 볼까요!! 파테르라이프50!!
하나님 나라 부흥은!! 주기도 운동으로!!

회개의 삶에 대한 4PMT 설명은 무엇인가?

주기도의 주제는 '하나님 나라'이고, 하나님 나라 백성의 자격은 하나님의 말씀대로 살지 못한 것을 회개하는 사람이어야 한다. (마태복음 4:17, 사도행전 2:38) 회개는 하나님 아버지께로 나아가는 유일한 길인 예수 그리스도의 이름으로, 기도의 대상 되시는 하나님께 드린다는 것을 4PMT 도표에서 화살표로 표현하고 있다. **(회개행전)**

*주기도 각 간구에 회개를 적용하여 기도할 수 있다! 개인과 가정, 교회, 세계 여러 나라와 국가지도자들, 핍박을 받고 있는 지역과 기독교인, 미전도종족, 한국교회와 교단, 한국의 사회악(학교폭력, 성과 성차별 폭력, 가정폭력, 언어폭력), 남북이 복음화되고 대한민국의 정치적 발전과 경제적 안정과 평화를 위한 기도를 한다.
*나의 회개기도는 어떠한가?

전도

지상 명령 성취

지상명령 성취를 위한 전도, 선교의 삶에 대한 4PMT 설명은 무엇인가?

지상명령 : 주기도의 전반부는 첫째 간구부터 셋째 간구로, 하나님의 나라가 이 땅에 성취되는 주님의 지상명령(마태복음 28:19-20)을 위한 내용을 포함하며, 도표1에서 왼쪽에 지구 그림과 확장되는 방향 표시로 표현하고 있다.**(전도행전)**

*단순하게 교회로 데려오는 전도를 실천해 본 적이 있는가? 구체적으로 어떠한가? 전도대상자와 태신자 (이름 :   )

선교

지상 명령 성취

믿지 않는 가까운 이웃부터 우리의 선교 대상임을 잊지 말자

부록〈세계선교지도〉에서 선교 대상지를 정하고 기도 한다. 혹은 담임목사님의 목회 방침에 따라 순종하면서 지원하는 선교지를 위해 기도한다. 대한민국의 평화 통일, 혹은 다른 나라들의 기도 제목을 기록하고 기도한다.

*각자 정해진 선교대상지에 가는 선교사로서 혹은 보내는 선교사로서 어떻게 하는 것이 가장 최선의 방법인가를 검토한다.

은사

성령 충만

성령충만한 삶에 대한 4PMT 설명은 무엇인가?
성령충만한 삶은 성령 은사를 실천하는 것이다.

주기도의 후반부는 넷째 간구부터 여섯째 간구로, 하나님 나라 백성들의 성령충만(고린도전서 2:15-16, 갈라디아서 5:22-23, 사도행전 2:38-47)한 삶을 통해 실천될 수 있는 내용을 포함하며, '기쁨' '기도' '감사'라는 3개의 원이 곧 하나님의 뜻(데살로니가전서 5:16-19)이라는 것을 4PMT도표 에서 표현한다.**(성령행전)**

*각자의 성령의 열매를 적용한 경험을 나누어 보기로 하자.

열매

성령충만한 삶에 대한 4PMT 설명은 무엇인가?
성령충만한 삶은 성령의 열매를 실천하는 것이다.

주기도의 후반부는 넷째 간구부터 여섯째 간구로, 하나님 나라 백성들의 성령충만(고린도전서 2:15-16, 갈라디아서 5:22-23, 사도행전 2:38-47)한 삶을 통해 실천될 수 있는 내용을 포함하며, '기쁨' '기도' '감사'라는 3개의 원이 곧 하나님의 뜻(데살로니가전서 5:16-18)이라는 것을 4PMT 도표에서 표현한다. **(성령행전)**

＊각자의 성령의 열매를 적용한 경험을 나누어 보기로 하자.

헌신

헌신자의 삶에 대한 4PMT 설명은 무엇인가?

주기도문의 송영에서 '영광'이라는 단어는 하나님 나라 백성으로서의 가장 근본적인 삶의 목적을 의미한다. 나 자신이 성령이 거하는 전으로서의 교회(고린도전서 6:19)이면서 동시에 예수 그리스도를 믿는 교회 공동체의 일원으로서 주님의 몸 된 교회를 이루는 것(에베소서 4:3-12)이 하나님의 영광을 위하여 부름 받은 청지기적 사명을 감당하는 것이라고 할 수 있다. 이것을 4PMT 도표의 아래 중앙에 교회 그림으로 4피엠티 도표에서 표현하고 있다. **(헌신행전)**

＊헌신에 대한 부분은 매주일 담임 목사님의 설교를 통해서 한 주간 실천할 내용과 개인적으로 정해진 분량의 성경을 읽고 마음에 감동이 되는대로 실천한다.

＊각자의 헌신의 삶을 적용한 경험을 나누어 보기로 하자.

〈주기도운동〉은 소책자 "기도문으로 기도하기" 4PMT로 이루어간다.
기도의 대상이 되시는 〈하늘에 계신 아버지〉로 적용하여 기도하기

(예문으로 "기도의 대상")

기도의 대상이 되시는 '하늘에 계신 아버지' 앞에서 합당하게 살지 못하였음을 구체적으로 **회개**합니다. 하늘에 계신 아버지께서 나의 삶의 주인이 되셔서 매 순간 **성령충만**한 삶을 통해 성령의 열매 맺으며 살기를 결심합니다. 하늘에 계신 하나님의 자녀로 예비하신 (전도대상자 OOO 이름을 부르며) 그 영혼을 **전도**하고 하나님 아버지와 함께하는 영적인 가족으로 맞이하여 그와 함께 천국에 갈 때까지 믿음으로 삶을 나누고 하나님 아버지의 나라를 세상에 확장시켜 가도록 하나님의 아버지의 자녀로서 훈련시키며 **헌신**하게 하여 주시옵소서 주기도로 기도를 가르쳐 주신 나의 주 하나님 예수님의 이름으로 기도드립니다.

To whom we pray (The Object of our prayer)

Lord, I **repent** of my sin of not living worthy in the sight of God who is 'Our Father, Which art in Heaven' and searches every thought and action of my life.

Now I recommit my life to You, God, to live a life of **being filled with the Holy Spirit** and yielding the throne of my life to the control of God who is in heaven so that I may bear the fruit of the Holy Spirit in my life.

Help me Father God **to win** the soul whom you prepared to be your child (the name you are plan to reach with the gospel) in heaven so that we may share together the life of faith trusting the Holy Spirit in every part of our lives until we reach heaven. Help me to be a model to the person for whom I am praying and serving to reach with the gospel of Jesus Christ that it will impact and motivate him/her to be trained as a disciple of Jesus Christ so that he/she may **dedicate** his/her life to the advancement of God's kingdom.

I pray in the name of Jesus Christ who taught me how to pray through the Lord's prayer. (Amen)

생각나누기	〈하늘에 계신 아버지〉를 4PMT로 적용하며 기도하고 실천하고 있는가?

넷째 : 하나님 나라 부흥은 하하하 하나님 땡큐운동으로

〈하하하 하나님 땡큐운동〉은 데살로니가전서 5:16-19을 적용한다.

〈하하하 하나님 땡큐운동〉은 데살로니가전서 5:16-19 말씀을 각 간구에 소책자 표지에 있는 주기도문 기도운동 4PMT 적용 기도문 도표에 포함된 "**하하하 하나님 땡큐**" 방법은 데살로니가전서 5:16-18 말씀에 대한 적용이다. '항상 기뻐하라(하하하), 쉬지 말고 기도하라(하나님), 범사에 감사하라(땡큐) 이것이 그리스도 예수 안에서 너희를 향하신 하나님의 뜻이니라"이 말씀을 "하하하 하나님 땡큐"로 기억하고 적용해서 기도하면 **하나님의 뜻**을 이루는 기도와 삶을 실천할 수 있다.

주기도로 하나님께 기도하려는 그리스도인은 예수님을 나의 구주와 하나님으로 마음으로 믿고 입으로 시인하는 사람이어야 합니다. 이 사람은 마음의 왕좌에 예수님을 자신의 주인으로 모신 믿는 사람이어야 하며 성령 충만한 사람(고린도전서 2:15)이어야 한다.

성령 충만한 사람은 성령의 열매(갈라디아서 5:22)를 맺으며 살아야 한다.
참조 : 〈주기도문 기도하기〉 소책자 4PMT 도표설명 25쪽 (다음주에 계속....)

기쁨	(기도예문) 〈항상 기뻐하라〉란 말씀(데살로니가전서 5:16)을 "하나님의 뜻" 간구에 적용하여 말씀 기도 하기.

	'**하나님의 뜻**'이 하늘에서 이루어진 것 같이 땅에서도 이루어지기를 원하시는 하나님 아버지께 모든 영광을 올려 드립니다. "아바 아버지"라 부를 수 있도록 특권을 주셨고 나의 삶 속에서 아버지 하나님께서 계시는 천국에 대한 소망으로 인하여 **기쁨**으로 살아갈 수 있도록 인도해 주셨음에 감사와 영광을 드립니다. 이 세상에 사는 동안 '하나님의 뜻'을 알지 못하고 '나의 뜻'이 이루어지도록 죄와 함께 거하면서 살아왔던 부족한 저희들을 용서하여 주시옵소서. 지금 제가 하고 있는 일(구체적인 내용으로 기도)이 아버지 앞에 **기쁨**이 없사오며 '하나님의 뜻'이 아닌 '나의 뜻'을 이루려고 했다면 **회개**할 수 있게 하시며 포기할 수 있는 용기를 허락하여 주옵소서.
	   '**하나님의 뜻**'이 하늘에서 이루어진 것 같이 땅에서도 이루어지기를 원하시는 하나님, 지금 내가 하고 있는 일과 하려는 일(구체적인 내용으로 기도)이 하나님 아버지께서 **기뻐**하시는 일이라면 저에게도 말씀 안에 기쁨이 넘치게 하시며 믿음으로 구할 수 있게 하여 주시옵소서. 저의 삶의 모든 영역에서 항상 기쁨으로 구할 때 '**하나님의 뜻**'이 하늘에서 이루어진 것 같이 땅에서도 이루어지게 하심을 믿고 감사드립니다.
	   예수님의 이름으로 기도드립니다.

다섯째 : 주기도로 삶을 사는 하나님의 자녀들의 영적성장 점검표

영적성장 점검표을 통해 영적 성장을 확실하게 경험하자!!

회개 및 간구 : 매일 회개 및 간구한 기도 내용을 기록한다.
성령충만 : 매일 본 교재에서 제시한 열매와 은사 중 실천한 것을 기록한다.
지상명령(전도, 선교) : 전도한 사람의 이름이나 태신자 이름, 기도한 선교 대상지를 기록한다. 전도지를 사람에게 나누어준 명수를 기록한다.
헌신 : 기쁨, 기도, 감사 : 하나님께 영광 돌린 것을 기록한다.
〈하하하 하나님 땡큐〉 하루에 3번 이상 반복하기
성경읽기 : 구약, 신약성경을 매일 3-5장씩 읽은 곳을 기록한다.

주기도 운동 영적 일기 쓰기   20   년   월

요일	회개 및 간구	성령충만(전인격) 성령의 열매	지상명령성취 선교/전도(대상자)	헌신(실천) 기쁨, 기도, 감사	맑씀읽기 말씀요절
월					
화					
수					
목					
금					
토					
일					
평가					

*영적 점검표는 견본으로 제공하며 복사해서 계속 사용 할 수 있다.

2 파 테 르 라 이 프 50

하나님의 자녀는 어떻게 살아야 합니까?

주기도문 "너희는 기도할 때에 이렇게 하라" 1-2
When your pray, say :

찬송부르기 : 주기도문(멜롯작곡), 그날이 도적 같이, 좋은 일이 있으리라
성경읽기 : 마태복음 6:9-13, 누가복음 11:1-4
묵상하기 : 성경의 중심주제는 하나님 나라이고 하나님 나라 부흥은 주기도운동을 통해서 세워져 갈 수 있다. 하나님 나라 자녀의 삶을 어떻게 주기도로 실천할 것인가?

첫째 : "너희는 기도할 때에 이렇게 하라"를 열어주는 메시지

주기도문의 서문은 "너희는 기도할 때에 이렇게 하라"로 시작한다.

주님께서 가르쳐 주신 기도인 주기도(The Lord's Prayer)는 기도의 원형(原型, Prototype)이며 기도중의 기도라고 할 수 있다. 웨스트민스터 소요리 문답(The Westminster Shoter Catechchism은 기도로서 완벽한 본보기가 되고 있는 주기도에 대해 이렇게 현명한 교훈을 하고 있다.

"하나님 말씀 전체가 기도에 있어서 우리를 지도하기에 유익 하지만 그리스도께서 그 제자들에게 가르치신 기도 형식 즉 주기도문은 특별 한 기도의 규칙"이라고 정의 했다.

교부 터툴리안(Tertullian)은 주기도문은 "요약된 복음" (The Gospel Abbreviated)이라 칭했듯이, 하나님의 은혜의 복음, 즉 "그리스도의 영광의 복음"을 명확히 이해하면 할수록, 이 놀라운 기도를 통하여 믿는 자들은 하나님의 능력과 지혜가 되는 복음을 자랑스럽게 여기면서, 하나님의 규정하신 기도를 드리고 은혜스러운 응답을 기다리며 말로 다할 수 없는 기쁨을 누릴 수 있는 것이다. 주기도문이 주기도문이라 불렸던 것은 주님이 직접 하나님께 드린 기도여서가 아니라, 기도하는 태도와 방법 및 기도할 내용을 우리들에게 구체적이고 명확하게 가르쳐 주신 것이기 때문이다. 그러므로 그리스도인들은 기도하는 자가 따라야 할 완벽한 본보기로서, 포괄적인 기도의 지침서로서, 주기도문을 대하여야 할 것이다.

주기도문이 기록된 성경 비교

보기	① 피조물 ② 비이기적 ③ 자녀(子女) ④ 경배 ⑤ 왕 ⑥ 종 ⑦ 신뢰 ⑧ 보호자 ⑨ 회개 ⑩ 전폭적 ⑪ 승리 ⑫ 기쁨
1	창조주를 믿는( )로서의 자세 : "하늘에 계신" 창조주만이 하늘에 존재하신다는 것을 믿는 피조물로서의 진실한 신앙고백이 담겨 있기 때문이다.
2	( ) 자세 : "우리 아버지여" 복수대명사가 가르치듯이 공동체 속에 자신을 발견하려는 기원이 담겨 있기 때문이다.
3	아버지에 대한 ( )로서의 자세 : "아버지" 우리 하나님을 아버지라고 부를 때마다 우리가 자녀라는 확신을 가져야 하기 때문이다.
4	진정한 ( )의 대상자로서의 자세 : "이름이 거룩히 여김을 받으시오며" 믿는 자녀들의 예배의 대상은 거룩하신 하나님뿐이시기 때문이다.
5	하나님은 ( )이시고 우리는 그의 백성으로서의 자세 : "나라가 임하시오며" 이 기원은 백성된 우리를 다스려 주옵소서 라는 뜻이 있기 때문이다.
6	주인에게 ( )으로서의 복종의 자세 : "뜻이 하늘에서 이룬 것 같이 ……" 자신의 뜻을 내세우지 않고 주인 뜻대로 복종하려는 자세가 포함되어 있기 때문이다.
7	하나님을 삶 속에서( )하고 확신하는 자세 : "오늘 우리에게 일용할 양식을 주시옵고" 하나님께서는 우리의 필요를 항상 채우신다는 확신 속에서 삶을 살아야 하기 때문이다.
8	순례자의 인생길에( )되시는 하나님을 의지 하는 자세 : "우리를 시험에 들게 하지 마옵시고 다만 악에서 구하옵소서" 인생길 가는 동안 험한 시험이 많은 데, 천국 갈 때까지 시험에서 이기는 승리자로 살 수 있기 때문이다.
9	죄인으로( )하는 자세와 주님을 구주로 믿는 자세 : "우리가 우리에게 죄 지은 자를 사하여 준 것같이 우리 죄를 사하여 주옵시고" 기도할 때마다 나는 죄인이다. 내 모든 죄악이 주님께서 십자가에 죽으신 공로로서 사함을 받을 수 있고 주님의 이름으로 다른 사람의 죄를 용서할 수 있기 때문이다.

10	하나님을 삶에서( )으로 신뢰하는 자세 : "나라가 아버지께 영원히 있사옵나이다" 세상의 권세와 마귀의 힘은 일시적이고 최후가 있지만 하나님의 나라, 하나님 아버지께서 왕이 되시는 나라는 영원하기 때문이다.
11	하나님의 능력 안에서( )할 수 있다는 자세 : "권세가 아버지께 영원히 있사옵나이다" 하나님의 권세는 그 능력에서 영원하기 때문이다.
12	하나님께서 주시는( )의 자세 : "영광이 아버지께 영원히 있사옵나이다" 주신 기쁨은 성령의 열매이고 충만된 기쁨이며, 그 기쁨은 영원하기 때문이다.

둘째 : 삶의 적용을 위한 워크샵(Workshop)
"마음의 왕좌 점검"이란 예화로 주기도 실천적 삶에 적용

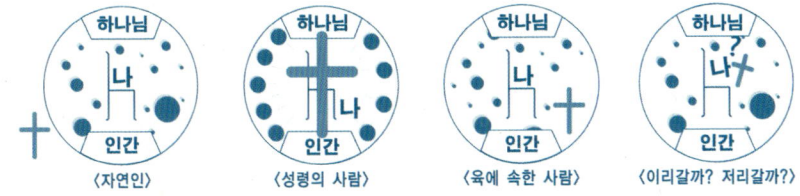

*출처: CCC 국제본부

빌이 아이의 손을 부드럽게 잡으면서 "아들아, 오늘 아침에 누가 네 삶의 주인이시지?"라고 물었다. "악마와 제가 주인이에요." 브래드가 짜증내며 대답했다. "누가 너의 왕좌에 앉으시기를 원하지?" 빌이 조용한 목소리로 물었다. "예수님이요." 브래드가 훌쩍거리며 대답했다. "그러면 기도하자꾸나." 우리는 모두 조용히 앉아 기다렸다.

드디어 브래드의 조그마한 목소리가 더듬거리며 나왔다. "사랑하는 예수님, 제 나쁜 행동을 용서해 주시고요. 이 계란 요리를 제가 좋아하도록 도와주세요." 기도를 마친 브래드는 포크를 집어 들고 먹기 시작했다. 그러더니 자기의 접시에 있는 음식을 다 먹을 때까지 포크를 내려놓지 않았다.

그 날 저녁, 가족예배 시간에 빌이 "오늘 하루의 삶에서 누가 너희들의 왕좌에 앉아 계셨지?"하고 물었다. "예수님요!" 잭이 대답했다. "예수님요! 아침 식사 때만 빼고요!" 브래드도 대답했다. 때때로 우리는 인정하고 싶지 않지만, 사실 지배하려는 욕구가 우리의 삶의 현장에서 많은 부분을 차지한다. 그리스도께서 우리의 삶과 결혼 생활을 완전히 지배하실 때, 성령님의 능력이 서로의 상이점을 극복하게 하시고 하모니를 이루며 살도록 인도해 주신다.

따라서 우리는 '왕좌 점검'이 행복한 가정생활에 절대적으로 필요한 것이라고 믿는다. 당신도 정규적으로 이것을 활용해 보기를 권한다. 우리가 발견한 것처럼 당신도 성령 안에서 서로 성장해 가는 것이 당신이 경험할 수 있는 최고의 애정 넘치는 결혼생활을 하도록 이끌어 준다는 것을 발견하게 될 것이다. 그럴 때에 부부 사이에 물질적인 청지기직에 대해서도 아주 쉽게 의견의 일치를 보게 될 것이고 또한 결혼 생활의 많은 스트레스도 줄이거나 없게 할 수 있는 것이다.
(출처 : 결혼과 부부 스트레스 빌브라잇과 보넷 지음, 김석원, 김향숙 번역, 순 출판사)
고린도전서 2:13-3:3

1. 자신이 하나님의 자녀로서의 생활 태도와 방식을 스스로 점검해 본 적이 있습니까? (마음의 왕좌를 점검하며 사는 삶과) 성령 충만한 응답받는 기도는 어떤 관계가 있으며 이를 위해 할 일은 무엇일까?

2. 하나님을 향한 나의 자세가 나태해질 때도 있을 수 있습니다. 언제 그런 일의 이유나 원인은 무엇일까?
이를 극복할 수 있는 방법은 무엇일까? 우리의 기도와 삶의 태도는 어떻습니까? 개선해야 할 점은 무엇일까?

셋째 : "하나님나라 부흥"은〈주기도운동〉으로
"회개, 지상명령, 성령충만, 헌신"의 4PMT 삶을 포함한다.

〈주기도운동〉은 "회개, 지상명령 성취, 성령충만, 헌신"의 삶을 포함하고 있고 실제로 적용되는 기도문은 주기도의 〈기도의 대상〉부터 주기도 기도하기 소책자에서 사용하여 기도 할 수 있다. 다음은 구체적인 적용을 설명하고 있다.

주기도문 기도운동은 예수님께서 가르쳐주신 하나님의 말씀으로 **말씀기도**(히브리서 4:12)하는 것이고, 예수님께서 우리들을 사랑하신 것 같이 우리도 서로 사랑하라 **새계명**(요한복음 13:34-35, 마태복음 22:34-40)을 날마다 내 몫의 **십자가**(마태복음 16:24-28)로 삶 속에 실천하는 것이며, **하나님 나라**(마가복음 4:26-32) 확장을 위해 하나님 나라 백성들(제자)을 위한 **승법번식**(디모데후서 2:2)운동이다.
또한 주님의 몸 된 교회에 선한 청지기들을 세우고 그들의 삶을 육성해 가는 기도운동이고 주기도문 아카데미 이다. 주기도문 기도운동은 4PMT(4 Prayer Movement Time)의 요소인 **회개, 지상명령(선교, 전도), 성령충만, 헌신**을 실천하는 주기도문 기도운동이고 주기도문 아카데미이다.

앞으로 매주마다 4PMT 4요소를 각각 삶에 적용하는 훈련을 구체적으로 네 가지 영적원리의 그림을 각 칸에 넣어서 연상법으로 쉽게 접목하게 함으로 매 주기도를 통한 기도운동을 할 수 있게 된다. 그리고 네 가지 영적 그림의 적용 원리들만 〈너희는 이렇게 기도하라〉란 말씀으로 이 교재를 시작하면서 훈련하게 된다. 이렇게 같은 방법으로 일정기간 계속 반복 학습 훈련하여 주기도 동역자가 되게 하려는 것이다.

자! 이제 시작해 볼까요!! 파테르라이프50!!
하나님 나라 부흥은!! 주기도 운동으로!!

〈주기도운동〉은 소책자 "기도문으로 기도하기" 4PMT로 이루어간다.

주기도 4PMT 요소인 회개와 함께 하는 삶 (회개행전)

회개(悔改)는 죄스런 생활 태도에서 탈피하여 저지른 잘못을 뉘우친 사람이, 그 잘못을 고치고 되풀이하지 않으려 노력하는 태도를 가리키는 말이다. 회개라는 말은 구약성경의 용어로는 나캄(뉘우친다)과 슈브(돌아선다)가 있고 신약성경의 용어로는 메타노이아(마음의 변화)와 에피스트로페(행동의 변화)가 있다. 회개한 사람은 죄악된 삶을 벗어버리고 성령에 의한 변화된 성령충만한 삶을 살아가는 것이다 (로마서 12장 1-2절).

* 주기도 각 간구에 회개를 적용하여 기도할 수 있다. 예를 들면 개인과 가정, 교회, 세계 여러 나라와 국가 지도자들, 핍박을 받고 있는 지역과 기독교인, 미전도종족, 한국교회와 교단, 한국의 사회악(학교 폭력, 성과 성차별 폭력, 가정 폭력, 언어 폭력) 등을 위하여 기도할 수 있다. 또한 남북이 복음화되고 대한민국의 정치적 발전과 경제적 안정과 평화를 위해 기도할 수 있다.
* 나의 회개기도는 어떠한가?

주기도 4PMT 요소인 지상명령 성취(전도)와 함께하는 삶 (전도행전)

21세기는 말세의 종말을 고하는 많은 징조들이 있다. 예수님 당시와 시도들이 복음 전하던 시기와 지금은 상상할 수 없는 인간 만능주의로 현대 바벨탑이 하나님의 진노를 쌓고 있다. 교회의 쇠퇴와 타락은 끝없이 앞이 보이지 않는다. 이 시대 믿음의 도를 전하는 복음 전도자로 삶을 주기도문 아카데미를 통해 전도자의 삶을 회복하기를 기대하며 주기도문 기도하기 4PMT 중심 실천요소 에서 지상명령 성취를 효과적으로 감당할 수 있도록 부록에서 참고하기를 바란다. (전문적인 전도 훈련을 주기적으로 교회에서는 실시할 수 있을 것

전도 / 지상명령성취

이다)
　복음을 위해 사는 삶은 전도하는 일이고 나의 시간 나의 몸을 드려 헌신하는 것이다. 어떻게 전도하면서 복음안에서 살아갈 것인가? 주기도문 아카데미를 통해 더욱 구체적으로 헌신하는 전도자의 삶을 훈련해야 한다. 복음을 위해 사는 삶은 전도하는 일이고 나의 시간 나의 몸을 드려 헌신하는 것이다. 어떻게 전도하면서 복음안에서 살아갈 것인가?

＊단순하게 교회로 데려오는 전도를 실천해 본 적이 있는가?
　구체적으로 어떠한가? 전도대상자와 태신자 (이름 :　　　　)

선교 / 지상명령성취

주기도 4PMT 요소인 지상명령 성취(전도)와 함께 하는 삶(전도행전)

〈그리스도의 영광스러운 복음〉이 땅끝까지 전파되는 일을 위해 주님이 가르쳐주신 주기도문을 바로 배우고 가르칠 때 교회와 온 세상에 바른 선교적 사명을 감당할 수 있을 것이다. 선교의 실패는 바른 기도를 실패할 때 일 것이다. 바른 기도를 위해서 바른 기도의 모범이 되는 주기도문을 선교의 현장에서 바로 가르치고 실천할 때 성공적인 선교가 되어질 것이라 확신한다. 대상지를 위해 기도 한다. 혹은 담임목사님의 목회방침대로 지원하는 선교지를 위해 기도한다. 대한민국의 평화 통일, 혹은 다른 나라들의 기도제목을 기록한다.(선교행전)

＊각자 선교 대상지의 이름을 정하고 가는 선교사 혹은 보내는 선교사 어떻게 해야 하는 하는가를 나누어 본다.
＊믿지 않는 가까운 이웃으로부터 열방은 우리의 선교대상임을 잊지 말자.

은사 / 성령충만

주기도 4PMT 요소인 성령충만(은사)와 함께 하는 삶(성령행전)
성령충만한 삶은 성령의 은사를 실천하는 것이다.

1. 은사는 선물로 각자에게 주신 것이며 그리스도의 몸인 교회를 통해 은사는 인 간의 몸처럼 작동한다. 주께서 주신 선물인 은사는 다르기 때문에 서로 경시할 수 없다. 미성숙한 신자들은 은사 때문에 싸운다(고린도전서 12:14-21).
2. 은사는 최소한 한 가지 이상 받았으며 각자 받은 재능(달란트)을 성령의 힘으로 전환시켜 영적인 선물로 사용해야 한다.
3. 은사의 근원은 삼위일체 하나님으로부터 시작된다.
　　하나님: 은사활동의 근원, 예수님: 은사를 감당케 하심, 성령님: 은사주심 그러므로 개인이 받은 바른 은사의 진단은 삼위일

체 하나님께 영광드리고 개인 신앙의 유익과 교회 공동체에 덕이 되어야 한다. 그리고 개인 신앙의 유익과 교회 공동체에 덕이 되어야 한다.

＊각자의 받은 은사를 적용한 경험을 나누어 보기로 하자.

열매

성령충만

주기도 4PMT 요소인 성령충만(은사)와 함께 하는 삶(성령행전) 성령충만한 삶은 성령의 열매를 실천하는 것이다.

주기도의 후반부는 넷째 간구부터 여섯째 간구로, 하나님 나라 백성들의 성령충만(고린도전서 2:15-16, 갈라디아서 5:22-23, 사도행전 2:38-47)한 삶을 통해 실천될 수 있는 내용을 포함하며, '기쁨' '기도' '감사'라는 3개의 원이 곧 하나님의 뜻(데살로니가전서 5:16-18)이라는 것을 도표1에서 표현하고 있다.**(성령행전)**

＊각자의 성령의 열매를 적용한 경험을 나누어 보기로 하자.

헌신

'헌신'에 대한 우리의 고정관념을 주기도문으로 조명하여 하나님의 나라 확장과 하나님께 영광의 자리로 나아가게 해야 할 것이다.

제자들은 예수님께 기도를 가르쳐 달라고 "너희는 이렇게 기도하라" 라고 말씀하셨다"이 말씀에는 헌신을 강조하는 "너희는 이렇게 살라"는 헌신자의 삶의 의미가 포함되어 있다. 주기도문을 통하여 헌신을 강조하려면, "너 자신을 죽이라. 네 자존심까지도 모두 죽여라, 네 가진 모든 것을 포기하라"라는 말을 할 것이 아니라, 주기도문에서 가르쳐 주신 "예수님의 말씀을 따르라(살아라)"라는 말씀을 삶 속에 실천해야 한다.

예수님께서 우리들을 사랑하신 것 같이 우리도 서로 사랑하라는 새 계명(요한복음 13:34-35, 마태복음 22:34-40)을 날마다 내 몫에 십자가(마태복음 16:24-28)로 십자가만 삶 속에 자랑(갈라디아서 6:14)하며 실천하는 것이며, 하나님의 나라(마가복음 4:26-32) 확장을 위해 하나님나라 백성들(제자)을 세워 나가는 승법번식 (디모데후서 2:2)을 신약교회 제자들의 헌신처럼 모범적으로 살아드리며, 또한 주님의 몸된 교회에서 선한 청지기로서 삶을 살아가는 것이 헌신의 자세이다.

＊헌신에 대한 부분은 매주일 담임 목사님의 설교를 통해서 한 주간 실천할 내용과 개인적으로 정해진 분량의 성경을 읽고 마음에 감동이 되는대로 실천한다.
＊각자의 헌신의 삶을 적용한 경험을 나누어 보기로 하자.

〈주기도운동〉은 소책자 "기도문으로 기도하기" 4PMT로 이루어간다.
기도의 대상이 되시는 〈하늘에 계신 아버지〉로 적용하여 기도하기

(예문으로 "기도의 대상")

기도의 대상이 되시는 '하늘에 계신 아버지' 앞에서 합당하게 살지 못하였음을 구체적으로 **회개**합니다. 하늘에 계신 아버지께서 나의 삶의 주인이 되셔서 매 순간 **성령충만**한 삶을 통해 성령의 열매 맺으며 살기를 결심합니다. 하늘에 계신 하나님의 자녀로 예비하신 (전도대상자 OOO 이름을 부르며) 그 영혼을 **전도**하고 하나님 아버지와 함께 하는 영적인 가족으로 맞이하여 그와 함께 천국에 갈 때까지 믿음으로 삶을 나누고 하나님 아버지의 나라를 세상에 확장시켜 가도록 하나님의 아버지의 자녀로서 훈련시키며 **헌신**하게 하여 주시옵소서 주기도로 기도를 가르쳐 주신 나의 주 하나님 이름으로 기도드립니다.

To whom we pray (The Object of our prayer)

Lord, I **repent** of my sin of not living worthy in the sight of God who is 'Our Fathe, Which art in Heaven' and searches every thought and action of my life.

Now I recommit my life to You, God, to live a life of **being filled with the Holy Spirit** and yielding the throne of my life to the control of God who is in heaven so that I may bear the fruit of the Holy Spirit in my life.

Help me Father God **to win** the soul whom you prepared to be your child (the name you are plan to reach with the gospel) in heaven so that we may share together the life of faith trusting the Holy Spirit in every part of our lives until we reach heaven. Help me to be a model to the person for whom I am praying and serving to reach with the gospel of Jesus Christ that it will impact and motivate him/her to be trained as a disciple of Jesus Christ so that he/she may **dedicate** his/her life to the advancement of God's kingdom.

I pray in the name of Jesus Christ who taught me how to pray through the Lord's prayer. (Amen)

생각나누기	〈하늘에 계신 아버지〉를 4PMT로 적용하며 기도하고 실천하고 있는가?

넷째 : 하나님 나라 부흥은 하하하 하나님 땡큐운동으로

〈하하하 하나님 땡큐운동〉은 데살로니가전서 5:16-19을 적용한다.

〈하하하 하나님 땡큐운동〉 – (계속) "하하하 하나님 땡큐" 도표의 중앙 오른쪽 성령 충만 그림에서 세 개의 원(기쁨, 기도, 감사) 안에 있는 중앙의 십자가는 마음의 주인이신 예수님을 표현하고 있으며 아홉 개의 붉은 점은 성령충만한 사람의 삶을 통한 아홉가지 **성령의 열매(사랑, 희락, 화평, 오래 참음, 자비, 양선, 충성, 온유, 절제)**를 의미한다.

십자가 밑에 있는 "하나님의 뜻"은 데살로니가전서 5:16-18 말씀에 기록되어 있다. 개인적으로나 혹은 그룹모임에서 주기도문 각 간구의 말씀을 "하하하 하나님 땡큐" 기도방법과 4PMT의 요소인 〈회개, 지상명령(전도, 선교), 성령충만, 헌신〉과 함께 기도할 수 있다. 또한 "하하하 하나님 땡큐"로 기도하고 4PMT 요소로 기도하는 것이 **생활화(의식화)**되고 익숙해지면서 천국에 갈 때까지 기도응답을 받는 삶이 될 것이다.

(김석원 목사 저서 "주기도문은 내 삶의 축복이다")

4PMT 기도	(견본) 쉬지 말고 기도하라! 란 말씀(데살니가전서 5:17)을 "하나님의 뜻" 간구에 적용하여 말씀 기도하기.
	'**하나님의 뜻**'이 하늘에서 이루어진 것 같이 땅에서도 이루어지기를 원하시는 하나님 아버지, "나의 뜻대로 마옵시고 아버지의 뜻대로 되기를 원하나이다"라는 기도를 드렸던 주님처럼 우리도 그러한 주님의 기도를 드리며 살도록 인도해 주실 것을 믿고 감사를 드립니다. 하나님 아버지께서 "**기도 쉬는 죄를 범치 말라**"하셨지만 제가 하고 있는 일(구체적인 내용으로 기도한다)에 기도가 잘 되지 않고 막히고 있습니다. 기도를 쉬는 죄를 범하지 아니하므로 저의 뜻이 아닌 하나님의 뜻을 이루게 하옵소서. '하나님의 뜻'이 하늘에서 이루어진 것 같이 땅에서도 이루어지기를 원하시는 하나님 아버지의 사랑을 입은 자녀로서 지금 제가 하고 일(구체적인 내용으로 기도한다)에 자부심을 가지고 살게 하시고 믿음으로 쉬지 않고 기도할 수 있도록 인도하시니 감사를 드립니다. 나의 삶의 구석구석에서 쉬지 않고 기도함으로 '하나님의 뜻'이 하늘에서 이루어진 것 같이 땅에서도 이루어지게 하심을 믿고 감사드립니다. 예수님 이름으로 기도드립니다.
생각나누기	"쉬지말고 기도하라"란 말씀으로 기도하여 하나님의뜻을 깨달은 체험이 있는가?

다섯째 : 주기도로 삶을 사는 하나님의 자녀들의 영적성장 점검표

영적성장 점검표를 통해 영적 성장을 확실하게 경험하자!!

회개 및 간구 : 매일 회개 및 간구한 기도 내용을 기록한다.
성령충만 : 매일 본 교재에서 제시한 열매와 은사 중 실천한 것을 기록한다.
지상명령(전도, 선교) : 전도한 사람의 이름이나 태신자 이름, 기도한 선교 대상지를 기록한다. 전도지를 사람에게 나누어준 명수를 기록한다.
헌신 : 기쁨, 기도, 감사 : 하나님께 영광 돌린 것을 기록한다.
〈하하하 하나님 땡큐〉 하루에 3번 이상 반복하기
성경읽기 : 구약, 신약성경을 매일 3-5장씩 읽은 곳을 기록한다.

주기도 운동 영적 일기 쓰기   20   년   월

요일	회개 및 간구	성령충만(전인격) 성령의 열매	지상명령성취 선교/전도(대상자)	헌신(실천) 기쁨, 기도, 감사	말씀읽기 말씀요절
월					
화					
수					
목					
금					
토					
일					
평가					

＊영적 점검표는 견본으로 제공하며 복사해서 계속 사용 할 수 있다.

3 파테르라이프50

하나님의 자녀는 어떻게 살아야 합니까?

주기도문 기도의 대상 2-1
하늘에 계신 우리 아버지 (Our father which art in heaven)
마태복음 6장 9절

찬송부르기 : 주 하나님 지으신 모든 세계(통40)79장, 아버지여 이 죄인을(통334)276장
성경읽기 : 시편 115:3, 로마서 8:14-15, 요한복음 14:1-2
묵상하기 : 하나님을 "우리 아버지"라고 삶의 고백을 드릴때 어떤 일이 일어날까요?

첫째 : "하늘에 계신 우리 아버지"를 열어주는 메시지

주기도문은 "하늘에 계신 우리 아버지"라고 그 〈기도의 대상〉으로 시작하고 있다. "하늘에 계신 우리 아버지"는 주기도문의 모든 간구의 가장 적절한 전제가 되시며 이 기도의 첫 부분이 중요하다는 사실을 입증한다. 이것은 우리에게 우리 기도의 대상이 되시는 분이 누구이신가를 로마서 8:15에 "양자(養子)의 영을 받았으므로 아바 아버지라 부르짖느니라"라는 말씀을 통해 믿는 자의 언약의 지위(Covenant office)를 유지시켜 준다.

우리가 기도하는 대상은 인격을 가지신 절대자 하나님 이시다. 하나님은 나의 아버지이기도 하지만 하나님을 아버지로 모시고 사는 우리들의 아버지 이기도 하신다. 기도는 들으시고 응답하시는 하나님께 드리는 것이다.

1. "하늘에 계신"이라는 말씀은 어떤 의미를 가지고 있는가?

	보기에서 ( )안에 맞는 단어를 찾고 합당한 성경구절을 기록하자
보기	①무한(無限) ②유한(有限) ③영원(ETERNAL) ④전능(全能)
(1)	하나님은( )하시며 ( )한 인간은 그 앞에 겸손하게 무릎 꿇고 기도해야 함을 배우게 한다.
성경	시편 90편 2절

(2)	하나님은( ) 하기 때문에 하늘의 영원한 삶에 대한 지식을 땅에서 배운다.
성경	예레미야 32장 27절
(3)	하나님의 ( )하심을 배우게 한다. 그의 주권적 권능은 창조 사역에서 나타났으며 하나님의 능력은 구원 사역에서 보여 주고 계신다.
성경	열왕기상 8장 27절

둘째 : 삶의 적용을 위한 워크샵(Workshop)
"천하보다 귀한 영혼"이란 예화로 주기도 실천적 삶에 적용

패션 컨퍼런스 메시지를 인터넷으로 듣다가 지구와 다른 큰 별들을 비교해서 설명하는 것을 흥미롭게 들었다. 즉 만약에 지구를 골프공의 크기로 비교한다면 태양은 골프공 크기의 지구보다 약 960,000배 이상 크며 지구에서 태양까지의 거리는 약 93억 마일이다. 엄청난 거리이다. 우리가 사는 지구가 하나님께서 창조하신 하늘의 거대한 별들과 비교할 때 얼마나 작은 가를 보여주며 나는 얼마나 작고 또 작은 존재인가를 말해 주는 것이다.

비례적으로 하나님께서 이 우주를 얼마나 크고 광대하게 지으셨는지를 감히 미루어 짐작해 본다. 나도 그 사랑이 너무도 놀라워서 감격하고 또 감격한다. 어떻게 하면 그 사랑을 조금이나마 감사하면서 살 수 있을까?

이 귀한 사랑을 깨닫게 해 주신 성령님의 크신 은혜에 감사를 드린다.

내가 하루라도 더 살아있는 이유는 하나님께 예배하고, 하늘에 계신 우리 아버지 하나님께 기도하라고, 또 하나님의 말씀을 사랑하고 더 읽으라고, 성령 충만한 삶을 살고, 전도하라고 살려 주신 것이니 천하보다 귀한 영혼(靈魂)들에게 전도하는 기회로 주신 것으로 믿는다.

나의 생명을 붙들어 주시는 날까지 복음을 전하기 위해서 최선을 다해야겠다는 것을 나는 내 자신에게 다시 한번 다짐한다. (출처 : 아침향기, 김향숙)

디모데후서 4:2, 골로새서 1:23, 마태복음 4:17, 디모데후서 4:18

1. "하늘에 계신"이라는 이 간구를 통해서 하나님께서 만드신 우주보다, 천하 만물보다 귀한 영혼(靈魂)들을 위해 무엇을 할 수 있는가? 기도로 준비해야 할 것들은 무엇일까?

2. 하나님께서 계신 천국(天國)의 장소성에 대하여 당신의 개인적인 생각은 무엇인가?

셋째 : 하나님 나라 부흥은 주기도운동으로 !!!

〈주기도운동〉은 "회개, 지상명령 성취, 성령충만, 헌신"의 삶을 포함한다.

회개	**회개의 기도와 함께하는 삶** (1) 하늘에 계신 아버지로 인정해드리지 못했음을 회개합니다. (2) 가정에서 아버지로 인정해 드리지 못함을 회개합니다. 　첫 번째 간구를 통해 회개를 적용하여 기도 할 수 있다. 　예를 들면 개인과 가정, 교회, 세계 여러 나라와 국가 지도자들, 핍박을 받고 있는 지역과 기독교인, 미전도종족, 한국교회와 교단, 한국의 사회악(학교 폭력, 성과 성차별 폭력, 가정 폭력, 언어 폭력) 등을 위하여 기도 할 수 있다. 또한 남북이 복음화되고 대한민국의 정치적발전과 경제적안정과 평화를 위해 기도 할 수 있다. ＊나의 회개기도는 어떠한가?
전도  지상 명령 성취	**지상명령 성취는 전도, 선교를 위한 삶** (1) 단순하게 교회로 데려오는 것도 전도하는 것이 된다. 교회 출석한 이후에는 양육이 필요하다. (예) 가족이나 친척을 미국에 이민으로 초청해서 데려왔다면 미국에서 살아가는 방법도 가르쳐 주어야 한다. 이처럼 교회로 데려온 이후에는 복음을 구체적으로 제시하고 믿는 방법도 구체적으로 가르쳐 주며 계속해서 양육하고 돌보고 신앙생활의 성장을 도와야 한다. (예) 안드레식 전도 요한복음 1:40-42 　단순하게 교회로 데려오는 전도를 실천해 본 적이 있는가 있다면 구체적으로 어떠한가? 전도한 태신자 (이름:　　　)

헌신 	**헌신자의 삶의 특징은 무엇인가?** (1) 헌신자의 삶의 특징은 그 관문에서 자신이 죄인임을 알고 회개가 가능한 사람이어야 한다. (2) 헌신자의 삶은 하나님의 나라 백성으로 회개(마태복음 4:17, 사도행전 2:28)가 가능한 사람이며 성령 충만하며 성령의 열매가 있는 사람이다(갈라디아 5:22-23). 　헌신에 대한 부분은 매주일 담임 목사님의 설교를 통해서 한주간 실천할 내용과 개인적으로 정해진 분량의 성경을 읽고 마음에 감동이 되는대로 실천한다. ＊각자의 헌신의 삶을 적용한 경험을 나누어 보기로 하자!
선교  지상 명령 성취	**믿지 않는 가까운 이웃부터 우리의 선교 대상임을 잊지 말자** 　부록23〈세계선교지도〉에서 선교 대상지를 정하고 기도 한다. 혹은 담임목사님의 목회 방침에 따라 순종하면서 지원하는 선교지를 위해 기도한다. 대한민국의 평화 통일, 혹은 다른 나라들의 기도 제목을 기록하고 기도한다. ＊각자 정해진 선교대상지에 가는 선교사로서 혹은 보내는 선교사로서 어떻게 하는 것이 가장 최선의 방법인가를 검토한다.
은사  성령 충만	**성령충만한 삶은 성령의 은사를 실천하는 것이다.** ① **성령의 은사(긍휼) 긍휼 :** (마태복음 5:7) 교회 교인을 어떻게 격려하고 도와서 그들의 책임을 다해 봉사 하도록 하며, 교회 부흥(긍휼은 팔복의 축복중 하나)은 긍휼의 은사를 가진 성도와 비례한다. 언어 사용에 직접적인 영양이 있다. 가령 괜찮아요! 저나 누구나 실수할 수 있지요! 용납 득 하며 용서하며 상대방의 부끄러움을 가리워 준다. ＊각자의 긍휼의 은사를 적용한 경험을 나누어 보자.

| 열매  성령 충만 | 성령충만한 삶은 성령의 열매를 실천하는 것이다.
① **사랑의 열매 :** 인애 (仁愛: Love) 요한일서 4:8, 고린도전서 13장
사랑은 아홉 가지 열매를 모두 포함하는 열매이다. 주기도문의 실천적인 삶은 새 계명(마태복음 22:34, 요한복음 13:34)을 지키는 정신으로 몸과 마음을 다하여 위로 하나님을 사랑하고 이웃을 내 몸처럼 사랑하는 것이 성령의 열매를 맺는 방법이다.
각자의 사랑의 열매를 적용한 경험을 나누어 보자.
＊참조 : 〈주기도문 아카데미〉
　　　부록 8, 8-1. 성령충만을 위한 성령의 은사 적용법 |

〈주기도운동〉은 소책자 "기도문으로 기도하기" 4PMT로 이루어간다.
기도의 대상이 되시는 〈하늘에 계신 아버지〉로 적용하여 기도하기

기도의 대상 되시는 〈하늘에 계신 아버지〉를 4PMT로 적용하여 기도하기

　기도의 대상이 되시는 '하늘에 계신 아버지' 앞에서 합당하게 살지 못하였음을 구체적으로 **회개**합니다. 하늘에 계신 아버지께서 나의 삶의 주인이 되셔서 매 순간 **성령충만**한 삶을 통해 성령의 열매 맺으며 살기를 결심합니다. 하늘에 계신 하나님의 자녀로 예비하신 (전도대상자 OOO 이름을 부르며) 그 영혼을 **전도**하고 하나님 아버지와 함께 하는 영적인 가족으로 맞이하여 그와 함께 천국에 갈 때까지 믿음으로 삶을 나누고 하나님 아버지의 나라를 세상에 확장시켜 가도록 하나님의 아버지의 자녀로서 훈련시키며 **헌신**하게 하여 주시옵소서 주기도로 기도를 가르쳐 주신 나의 주 하나님 이름으로 기도드립니다.

To whom we pray (The Object of our prayer)

　Lord, I **repent** of my sin of not living worthy in the sight of God who is 'Our Fathe, Which art in Heaven' and searches every thought and action of my life.
　Now I recommit my life to You, God, to live a life of **being filled with the Holy Spirit** and yielding the throne of my life to the control of God who is in heaven so that I may bear the fruit of the Holy Spirit in my life.

Help me Father God **to win** the soul whom you prepared to be your child (the name you are plan to reach with the gospel) in heaven so that we may share together the life of faith trusting the Holy Spirit in every part of our lives until we reach heaven. Help me to be a model to the person for whom I am praying and serving to reach with the gospel of Jesus Christ that it will impact and motivate him/her to be trained as a disciple of Jesus Christ so that he/she may **dedicate** his/her life to the advancement of God's kingdom.

I pray in the name of Jesus Christ who taught me how to pray through the Lord's prayer. (Amen)

〈하늘에 계신 아버지〉를
4PMT로 적용하며 기도하고 실천하고 있는가?

넷째 : 하나님 나라 부흥은 하하하 하나님 땡큐운동으로

| 기쁨 | 1. 항상 기뻐하라! 란 말씀(데살로니가전서 5:16)을 "하늘에 계신 우리 아버지"말씀 간구에 〈기쁨〉을 적용하여 기도하기. |

　　하늘에 계신 아버지를 '아바 아버지라' 부를 수 있도록 특권을 주셨고 저의 삶 속에서 **아버지 하나님**께서 계시는 천국에 대한 소망으로 인하여 기쁨으로 살아갈 수 있도록 인도해 주셨으니 감사와 영광을 드립니다. 지금 제가 하고 있는 일 (구체적인 내용으로 기도한다)을 기쁨으로 감당하지 않고 저의 욕심으로 하려는 잘못된 일이라면 **회개** 할 수 있게 하시며 포기할 수 있는 용기를 허락하여 주시옵소서.
　　하늘에 계신 아버지 지금 내가 하고 있는 일과 하려는 일(구체적인 내용으로 기도한다)에 **하나님 아버지께서 기뻐하시는 일**이라면 저에게도 말씀 안에 기쁨이 넘치게 하시며 믿음으로 구 할 수 있게 하여 주시옵소서. 나의 모든 삶(혹은 모든 영역을 위해서 기도한다)에서 항상 **기쁨**으로 구할 때 **하늘에 계신 아버지의 뜻**이 이루어지게 하심을 믿고 감사드립니다. 예수님의 이름으로 기도드립니다.

| 생각나누기 | 하나님 아버지의 자녀로서 **기쁨**을 회복하고 성령충만한 삶을 살고 있는가? |

다섯째 : 주기도로 삶을 사는 하나님의 자녀들의 영적성장 점검표

영적성장 점검표을 통해 영적 성장을 확실하게 경험하자!!

회개 및 간구 : 매일 회개 및 간구한 기도 내용을 기록한다.
성령충만 : 매일 본 교재에서 제시한 열매와 은사 중 실천한 것을 기록한다.
지상명령(전도, 선교) : 전도한 사람의 이름이나 태신자 이름, 기도한 선교 대상지를 기록한다. 전도지를 사람에게 나누어준 명수를 기록한다.
헌신 : 기쁨, 기도, 감사 : 하나님께 영광 돌린 것을 기록한다.
〈하하하 하나님 땡큐〉 하루에 3번 이상 반복하기
성경읽기 : 구약, 신약성경을 매일 3-5장씩 읽은 곳을 기록한다.

주기도 운동 영적 일기 쓰기   20   년   월

요일	회개 및 간구	성령충만(전인격) 성령의 열매	지상명령성취 선교/전도(대상자)	헌신(실천) 기쁨, 기도, 감사	말씀읽기 말씀요절
월					
화					
수					
목					
금					
토					
일					
평가					

＊영적 점검표는 견본으로 제공하며 복사해서 계속 사용 할 수 있다.

4 파테르라이프50

하나님의 자녀는 어떻게 살아야 합니까?

주기도문 기도의 대상 2-2
하늘에 계신 우리 아버지 (Our father which art in heaven)
마태복음 6장 9절

찬송부르기 : 주 하나님 지으신 모든 세계(통40)79장, 아버지여 이 죄인을(통334)276장
성경읽기 : 시편 115:3, 로마서 8:14-15, 요한복음 14:1-2
묵상하기 : 하나님을 "우리 아버지"라고 삶의 고백을 드릴때 어떤 일이 일어날까요?

첫째 : "하늘에 계신 우리 아버지"를 열어주는 메시지를 살펴보자

주기도문은 "하늘에 계신 우리 아버지"라고 그 〈기도의 대상〉으로 시작하고 있다. "하늘에 계신 우리 아버지"는 주기도문의 모든 간구의 가장 적절한 전제가 되시며 이 기도의 첫 부분이 중요하다는 사실을 입증한다. 이것은 우리에게 우리 기도의 대상이 되시는 분이 누구이신가를 로마서 8:15에 "양자(養子)의 영을 받았으므로 아바 아버지라 부르짖느니라"라는 말씀을 통해 믿는 자의 언약의 지위(Covenant office)를 유지시켜 준다.

우리가 기도하는 대상은 인격을 가지신 절대자 하나님 이시다. 하나님은 나의 아버지이기도 하지만 하나님을 아버지로 모시고 사는 우리들의 아버지 이기도 하신다. 기도는 들으시고 응답하시는 하나님께 드리는 것이다.

1. "하늘에 계신"이라는 말씀은 어떤 의미를 가지고 있는가?

	보기에서 ( )안에 맞는 단어를 찾고 합당한 성경구절을 기록하자
보기	① 전지(全知) ② 하나님의 왕국 ③ 고난 ④ 절망 ⑤ 좌절 ⑥ 눈물 ⑦ 죽음 ⑧ 영원히 ⑨ 후회 ⑩ 양심 ⑪ 만족 ⑫ 평안 ⑬ 기쁨 ⑭ 정의 ⑮ 공의 ⑰ 원형(原型 Original Pattern)

(1)	하나님은( ) 하시므로 인간은 아무것도 숨길 수 없고 우리의 은밀한 생각과 삶의 모든 짐을 알고 계심을 배운다.
성경	시편 139편 6절

(2)	하나님은 장소적으로 ( )에 존재하시며, 그곳은 신자들의 종국의 목적지이기 때문에 하나님의 자녀들에게 삶의 위로를 주고 있음을 배운다.
성경	열왕기상8장27절

(3)	① 천국에서는 ( )과 ( )과 ( )의 ( )이 없다. ② 천국에서는 ( )과 이별이 없다. ③ 천국에서는 "죄"를 ( ) 볼 수 없다. ④ 천국에서는 ( )와 ( )의 가책에서 생기는 번민은 완전히 해소된다. ⑤ 천국에서는 ( )과 ( ),( ), 풍성한 삶만이 있다. ⑥ 천국에서는 완전한 ( )와 ( )가 실현되는 곳이다.
성경	요한계시록 21장 4절

둘째 : 삶의 적용을 위한 워크샵(Workshop)

"아름다운 자연 만물" 이란 예화로 주기도 실천적 삶에 적용해 보자.

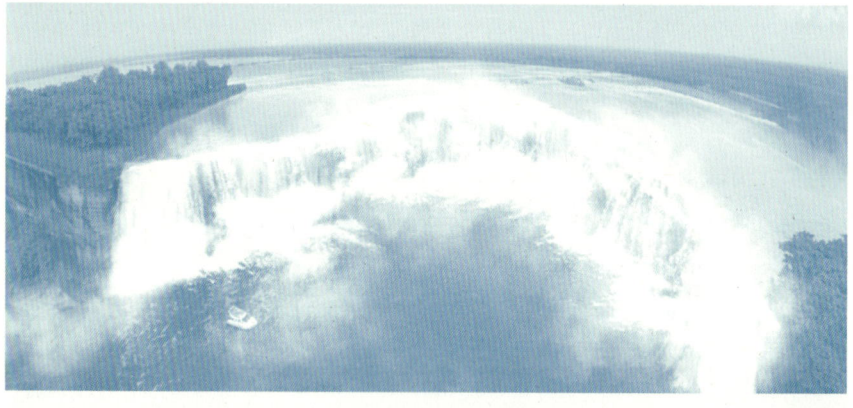

　1981년에 미국에 온후 미국 대륙 곳곳의 자연 광경에 매력과 감동을 많이 가졌다. 그것들을 보면서 하나님께서 미국을 축복하시고 이렇게 아름다운 관광 자원을 주셨음에 감사를 드렸다. 그중에 하나가 나이아가라 폭포이다. 나이아가라 폭포를 제일 처음 보았을 때는 3월경이어서 아직 날씨가 추웠고 주변이 눈과 얼음으로 덮여 있어서 그

크기와 웅장함을 제대로 볼 수 없었다.

몇 달이 지나 날씨가 풀리면 폭포에 물이 많이 흐르고 더 웅장해 보인다는 이야기를 들었다. 그래서 함께 우리 식구 셋에서 단단히 준비해서 폭포 아래 배를 타고 폭포물이 떨어지는 가까운 곳까지 가보기로 했다. 나이아가라 폭포에 도착한 후 입장권을 구입하여 배를 타자 배는 점점 폭포 가까이 가는 것이었다.

그 순간 나와 아내는 주 하나님 지으신 모든 세계 내 마음속에 그리워 볼 때 찬송이 저절로 나오는 것이었다. 그것도 큰소리로 불렀다. 옆에 있던 한 사람들이 신기한 듯 우리를 보았다. 우리는 어메이징(Amazing)을 연발했다. 옆 사람이 그렇게 좋으냐고 물었다. 그때 나는 이 나이아가라 폭포가 누구 것인 줄 아느냐고 물었다. 그 탑승객은 지체 없이 이쪽은 캐나다 쪽이고 이쪽은 미국 쪽이라 했다. 나는 우리 아버지 것이라고 대답했다.

그 탑승객은 당신의 아버지가 도대체 누구냐고 물었다. 나는 하나님 아버지라 대답하면서 그래서 나이아가라 폭포가 "우리 아버지 것"이라 했다.

그랬더니 그 탑승객이 "당신 아버지는 무지하게 부자인가 보다"라고 말했다. 그 후 잠깐 그 사람에게 그 부자 아버지를 소개하며 자부심을 가지고 복음을 전할 기회를 가졌다. 시편 19:1-6, 시편 29:1-2

1. 하나님 아버지가 가진 능력은 얼마나 될까요? 하나님을 아버지라고 부르는 데 대한 자부심을 가지고 있는가?

2. 아름다운 자연을 함께 보는 사람들을 만날 때 우리는 어떻게 했는지 각자 말해 보기로 하자. 혹은 자녀들과 함께 자연을 보면서 하나님 아버지를 알게 해주는 경험을 가졌다면 말해 보기로 하자.

셋째 : 하나님나라 부흥은 주기도운동으로 !!!

〈주기도운동〉은 "회개 지상명령 성취, 성령충만, 헌신"의 삶을 포함한다.

회개

회개의 기도와 함께하는 삶.

3. 직장에서 아버지로 인정해 드리지 못함을 회개합니다.
4. 나라의 아버지 되심을 인정해 드리지 못함을 회개합니다.
　　첫 번째 간구를 통해 회개를 적용하여 기도하자.
＊나의 회개기도는 어떠한가?

지상명령 성취는 전도, 선교와 함께하는 삶.
전도 2. 전도현장에서는 당황스러운 일이 언제든지 일어날 수 있다.

전도

지상 명령 성취

　복음을 증거 할 때에 전도자는 생각지 않은 반대와 답변하기 어려운 질문에 부딪혀 당황하게 된다. 왜냐하면 복음을 듣는 사람은 모두 다른 환경에서 자랐으며 개성이나 인격도 각각 다르기 때문이다.
　오늘처럼 다원화된 현대에서는 사람들은 대부분 해결해야 할 자신의 문제를 안고 있으며 그들 나름대로 고민하고 있다. 여기에 복음이 들어가면 전도자로서 상상치 못한 격렬한 거부 반응을 받거나 심각한 질문을 받게 된다.
　베드로전서 3:15 "너희 마음에 그리스도를 주로 삼아 거룩하게 하고 너희 속에 있는 소망에 관한 이유를 묻는 자에게는 대답할 것을 항상 예비하되 온유와 두려움으로 하고"
＊전도현장에서 당황스러운 일을 만나는 전도를 실천해 본 적이 있는가 있다면 구체적으로 어떠했는가? 전도한 태신자 (이름 :　　　)

선교

지상 명령 성취

믿지 않는 가까운 이웃으로부터 열방은 우리의 선교대상임을 잊지 말자.

　부록23 〈세계선교지도〉에서 선교 대상지를 정하고 기도한다. 혹은 담임목사님의 목회 방침에 따라 순종하면서 지원하는 선교지를 위해 기도한다. 대한민국의 평화 통일, 혹은 다른 나라들의 기도 제목을 기록하고 기도한다.
＊각자 정해진 선교대상지에 가는 선교사로서 혹은 보내는 선교사로서 어떻게 하는 것이 가장 최선의 방법인가를 검토한다.

은사

성령 충만

성령충만한 삶은 성령의 은사를 실천하는 것이다.

　② **지혜의 은사** : (로마서 12:3)　믿음의 분량대로 지혜롭게 생각하며 언어를 사용한다. 가령 "그러셨군요!" 등의 인정하는 태도로 앞으로 조심하면 되겠네요.
＊각자의 긍휼의 은사를 적용한 경험을 나누어 보기로 하자.

성령충만한 삶은 성령의 열매를 실천하는 것이다.

열매

성령
충만

② **희락의 열매** : 기쁨(喜樂 : Joy) 로마서 14:17, 데살로니가전서 1:6
주기도문의 실천적인 삶은 항상 기뻐하는 삶(데살로니가전서 5:17-18)을 사는 것이고 주님의 뜻을 이루는 삶이다. 그래서 항상 살아있는 것이 기쁨이고, 돈이 있든지 없든지, 건강하든지 않든지 어떤 상황에서도 긍정적이다. 항상 마음이 편안하고 낙관적이다. 거의 불만을 느끼지 않는다. 주기도문의 뜻에 순종하면서 많은 어려움과 고난 속에서 참된 기쁨을 누리는 것은 바로 성령의 열매를 맺는 방법이다.

✽ 각자의 희락의 열매를 적용한 경험을 나누어 보기로 하자.

헌신자의 삶의 특징은 무엇인가?

헌신

(3) 헌신자의 삶은 성령 충만한 사람으로 주님의 지상명령 성취 (마태복음 28:19-20)에 순종하며 사는 사람이다.
(4) 헌신자의 삶은 마음과 생각은 하나님의 말씀으로 흘러넘치는 사람이다. (시편 119:105) 주기도문 아카데미 부록 24번(주기도와 헌신의 관계)
　헌신에 대한 부분은 매주일 담임 목사님의 설교를 통해서 한 주간 실천할 내용과 개인적으로 정해진 분량의 성경을 읽고 마음에 감동이 되는대로 실천한다.

✽ 각자의 헌신의 삶을 적용한 경험을 나누어 보기로 하자!

〈주기도운동〉은 소책자 "기도문으로 기도하기" 4PMT로 이루어간다.
기도의 대상이 되시는 〈하늘에 계신 아버지〉로 적용하여 기도하기

기도의 대상 되시는 〈하늘에 계신 아버지〉를 4PMT로 적용하여 기도하기

　기도의 대상이 되시는 '하늘에 계신 아버지' 앞에서 합당하게 살지 못하였음을 구체적으로 **회개**합니다. 하늘에 계신 아버지께서 나의 삶의 주인이 되셔서 매 순간 **성령충만**한 삶을 통해 성령의 열매 맺으며 살기를 결심합니다. 하늘에 계신 하나님의 자녀로 예비하신 (전도대상자 ○○○ 이름을 부르며) 그 영혼을 **전도**하고 하나님 아버지와 함께하는 영적인 가족으로 맞이하여 그와 함께 천국에 갈 때까지 믿음으로 삶을 나누고 하나님 아버지의 나라를 세상에 확장시켜 가도록 하나님의 아버지의 자녀로서 훈련시키며 **헌신**하게 하여 주시옵소서 주기도로 기도를 가르쳐 주신 나의 주 하나님 이름으로 기도드 립니다.

To whom we pray (The Object of our prayer)

Lord, I **repent** of my sin of not living worthy in the sight of God who is 'Our Fathe, Which art in Heaven' and searches every thought and action of my life.

Now I recommit my life to You, God, to live a life of **being filled with the Holy Spirit** and yielding the throne of my life to the control of God who is in heaven so that I may bear the fruit of the Holy Spirit in my life.

Help me Father God **to win** the soul whom you prepared to be your child (the name you are plan to reach with the gospel) in heaven so that we may share together the life of faith trusting the Holy Spirit in every part of our lives until we reach heaven. Help me to be a model to the person for whom I am praying and serving to reach with the gospel of Jesus Christ that it will impact and motivate him/her to be trained as a disciple of Jesus Christ so that he/she may **dedicate** his/her life to the advancement of God's kingdom.

I pray in the name of Jesus Christ who taught me how to pray through the Lord's prayer. (Amen)

〈하늘에 계신 아버지〉를
4PMT로 적용하며 기도하고 실천하고 있는가?

넷째 : 하나님 나라 부흥은 하하하 하나님 땡큐운동으로

기도	쉬지 말고 기도하라!란 말씀(데살로니가전서 5:17)을 "하늘에 계신 우리 아버지" 간구에 적용하여 말씀기도하기.

하늘에 있는 영원한 집을 예비하신 '하늘에 계신 나의 아버지' 아버지의 자녀들에게 모든 풍성한 것을 예비하시고 허락해 주심을 믿고 감사를 드립니다. 하나님 아버지께 **"기도 쉬는 죄를 범치 말라"** 하셨지만 제가 하고 있는 일(구체적인 내용으로 **기도** 합니다)에 **기도**가 잘 되지 않고 막히고 있습니다. 나의 욕심으로 구하는 잘못된 일이라면 **회개** 할 수 있게 하시며 포기할 수 있는 용기를 허락하여 주옵소서.

하늘에 계신 아버지의 사랑을 입은 자녀로서 지금 내가 하고 있어 자부심을 가지고 살게 하시고 (구체적인 내용으로 기도 합니다)에 **믿음으로 쉬지 않고 기도**할 수 있도록 하시오니 감사를 드립니다. 이 모든 일에 내 마음에 확신과 성령님의 인도하심으로 **쉬지 않고 기도** 할 수있게 하여 주시옵소서. 나의 삶의 구석구석에서 **쉬지 않고 기도**함으로 하늘에 계신 아버지의 뜻이 이루어지게 하심을 믿고 감사드립니다.

생각나누기 | 하나님 아버지의 자녀로서 기도 쉬는 죄를 범치 아니하므로 성령충만한 삶을 살고 있는가?

다섯째 : 주기도로 삶을 사는 하나님의 자녀들의 영적성장 점검표
영적성장 점검표를 통해 영적 성장을 확실하게 경험하자!!

회개 및 간구 : 매일 회개 및 간구한 기도 내용을 기록한다.
성령충만 : 매일 본 교재에서 제시한 열매와 은사 중 실천한 것을 기록한다.
지상명령(전도, 선교) : 전도한 사람의 이름이나 태신자 이름, 기도한 선교 대상지를 기록한다. 전도지를 사람에게 나누어준 명수를 기록한다.
헌신 : 기쁨, 기도, 감사 : 하나님께 영광 돌린 것을 기록한다.
〈하하하 하나님 땡큐〉 하루에 3번 이상 반복하기
성경읽기 : 구약, 신약성경을 매일 3-5장씩 읽은 곳을 기록한다.

주기도 운동 영적 일기 쓰기   20   년   월

요일	회개 및 간구	성령충만(전인격) 성령의 열매	지상명령성취 선교/전도(대상자)	헌신(실천) 기쁨, 기도, 감사	말씀읽기 말씀요절
월					
화					
수					
목					
금					
토					
일					
평가					

＊영적 점검표는 견본으로 제공하며 복사해서 계속 사용 할 수 있다.

5 파테르라이프50

하나님의 자녀는 어떻게 살아야 합니까?

주기도문 기도의 대상 2-3
하늘에 계신 우리 아버지 (Our father which art in heaven)
마태복음 6장 9절

찬송부르기 : 주 하나님 지으신 모든 세계(통40)79장, 아버지여 이 죄인을(통334)276장
성경읽기 : 시편 115:3, 로마서 8:14-15, 요한복음 14:1-2
묵상하기 : 하나님을 "우리 아버지"라고 삶의 고백을 드릴때 어떤 일이 일어날까요?

첫째 : "하늘에 계신 우리 아버지"를 열어주는 메시지를 살펴보자

주기도문은 "하늘에 계신 우리 아버지"라고 그 〈기도의 대상〉으로 시작하고 있다. "하늘에 계신 우리 아버지"는 주기도문의 모든 간구의 가장 적절한 전제가 되시며 이 기도의 첫 부분이 중요하다는 사실을 입증한다. 이것은 우리에게 우리 기도의 대상이 되시는 분이 누구이신가를 로마서 8:15에 "양자(養子)의 영을 받았으므로 아바 아버지라 부르짖느니라"라는 말씀을 통해 믿는 자의 언약의 지위(Covenant office)를 유지시켜 준다.

우리가 기도하는 대상은 인격을 가지신 절대자 하나님 이시다. 하나님은 나의 아버지이기도 하지만 하나님을 아버지로 모시고 사는 우리들의 아버지 이기도 하신다. 기도는 들으시고 응답하시는 하나님께 드리는 것이다.

1. "우리 아버지에서 우리"라는 말씀은 어떤 의미를 가지고 있는가?

	보기에서( )안에 맞는 단어를 찾고 합당한 성경구절을 기록하자
보기	① 신관 ② 아버지 ③ 내주 ④ 양자 ⑤ 아바 ⑥ 연합 ⑦ 양자

(1)	2) 우리 아버지(Our Father) (1) 하나님 아버지라는 칭호는 그리스도교의 독특한(　)을 보여준다. 마틴 루터(Martin Luther)는 "우리가 하나님께 대하여 생각할 수 있는 최상의 이름은 (　)이다"라고 하였다.
성경	요한복음 10:36
(2)	2) 어떤 의미에서 하나님은 우리의 아버지가 되시는가? 첫째: 하나님은 영적으로 믿는 자의 아버지이시다. 예수님을 믿는 자들에게는 마음속에 성령이(　) 하여 계신다. 이 성령님은 우리 안에서 항상 하나님을 향하여 (　) 아버지라 부르게 하고 있다.
성경	로마서 8:14-15
(3)	둘째: 하나님은 예수 그리스도를 구주로 믿음으로써 우리의 아버지가 되게 하신다. 우리는 믿음에 의하여 그리스도와(　)된다. 예수 그리스도에게 연합되었으므로 우리는 (　)가 된 것이다.
성경	요한복음 10: 36-37

둘째 : 삶의 적용을 위한 워크샵(Workshop)
"우리라는 공동체"란 예화로 주기도 실천적 삶에 적용해 보자

    방송인 구잘이 우즈베키스탄 국적을 포기하고 한국으로 귀화한 이유를 설명했다. 한국의 '우리'라는 공동체를 강조한 표현에 감동했다는 것이다.
    그러면서 귀화한 이유에 대해 "한국은 '우리나라', '우리 엄마'라고 하는데 외국은 '내 나라', '내 엄마' 이렇다"면서 "'우리'가 공동체를 강조한 표현이라는 것을 알고 너무 감동적이었다. 나도 대한민국 사람이 되어 우리나라라고 하고 싶을 정도였다"라고 털어놨다.

결국 구잘은 한국의 우리라는 공동체 문화에 반해 귀화를 결정한 것이라 여긴다. 우리라는 말은 참 좋은 말이고 사랑스러움을 느끼게 한다. 우리 대통령, 우리 아버지, 우리 어머니, 우리 남편, 우리 아내, 우리 아들, 우리 딸, 우리 목사님, 우리 장로님, 우리 집사님 한다.

주기도문은 '우리'라는 용어를 반복적으로 사용한다. 이는 이 기도가 특정 개인의, 혹은 개인을 위한 기도가 아니라 교회로 부름 받은 공동체의 기도라는 것을 의미한다. 내 간구가 아니라 우리에 대한, 우리를 위한, 우리를 향한 기도이다. 하나님은 하늘에 우리 아버지로 계신 분이시고 아빠 하나님이시다. 그런데 그냥 아빠가 아니라 '우리' 아버지(아빠) 시다. 나만의 아버지가 아니다. 하나님은 우리 모두의 아버지이시다.

우리는 가끔 나만의 하나님으로 착각할 때가 있다. 그래서 이기적인 신앙생활을 하고 이기적인 기도를 한다. 나만 잘되면 되고, 내 가정, 내 교회, 내 사업, 내 자식만 잘 되면 된다는 식으로 기도한다. 교회는 개인주의의 집단이 아니다.

교회는 하나님을 한 아버지로 모시는 형제자매들의 공동체. 그래서 우리의 신앙 생활은 반드시 공동체성이 있어야 한다. 공동체를 위해 희생할 수 있어야 하고 공동체를 살리기 위해 헌신할 수 있어야 한다. 기도도 마찬가지다. 우리의 기도는 공동체를 살리는 기도가 되어야 한다. 우리의 기도는 교회를 위하고 이웃을 위하고 타인을 위하고 세계를 위한 기도가 되어야 한다. 왜냐하면 하나님은 '우리의 아버지'(아빠)이시기 때문이다.

창세기 1:26, 사도행전 2:42, 사도행전 6:4 "우리 공동체"라는 의미를 담은 국제 기도 공동체(Global Prayer Society= GPS Ministry)는 기도의 대상이 되시는 우리 아버지 하나님께 지구촌의 우리 모두가 함께해야 할 사역이다.

삶의 적용을 위한 워크샵을 읽고 서로의 생각을 나누자.

1. 기도와 예배의 대상이 되시는 하늘에 계신 우리 아버지라고 고백하며 '우리'라는 언어를 포함하여 기도할 때 감동받으신 경험이 있었는가? '나'라는 개인과 '우리'라는 공동체가 그리스도 안에서 함께 가치를 인정하고 서로에게 도움이 될 수 있는 성장할 수 있는 길은 무엇일까?
'나'라는 개인이 '우리'라는 교회 공동체를 위해서 할 수 있는 것들은 무엇입니까? 우리라는 교회 공동체가 나라는 개인에게 해줄 수 있는 것들은 또한 무엇인가?

2. '우리'라는 공동체를 교회안에서 세워 나가기 위해 해야 할 기도 제목은 무엇이 있을 수 있는가?

셋째 : 하나님나라 부흥은 주기도운동으로 !!!

〈주기도운동〉은 "회개 지상명령 성취, 성령충만, 헌신"의 삶을 포함한다.

회개

회개의 기도와 함께하는 삶.

7) 우리 아버지 되심을 인정해 드리지 못함을 회개합니다.
8) 필요만 채워주시는 아버지로 인식함을 회개합니다.
   기도의 대상을 통해 회개를 적용하여 기도하자.
   나의 회개기도는 어떠한가?

은사 성령충만

성령충만한 삶은 성령의 은사를 실천하는 것이다.

③ **봉사의 은사** : 봉사의 사명은 목회자를 협조하고 교회의 구제, 전도, 선교 및 여러 교회 사업에 적극성을 가지고 참여하고 상대방에게 도와드릴게요 염려마세요 하면서 앞장선다. 가령 "그러 셨군요"! 등의 인정하는 태도로 앞으로 조심하면 되겠네요.

＊각자의 봉사의 은사를 적용한 경험을 나누어 보기로 하자.

전도  지상 명령 성취

지상명령 성취는 전도, 선교와 함께하는 삶.
3. 전도할 때 부딪히는 반대 의견이나 질문의 유형들이 있다.

1) 믿지 않은 사람들의 운명에 대하여 :
   복음만 제시하고 구원의 문제는 절대 주권자 하나님께 있음을 설명하고 마무리한다.
2) 예수 믿는 것만이 하나님께 나아가는 유일한 길이냐고 물을 때 :
   복음을 전하고 하나님의 말씀 요한복음 14:6 "나는 길이요 진리요 생명이니 나로 말미암지 않고는 아버지께로 올 자가 없느니라"로 마무리한다.
3) 기적이란 믿을 수 없다고 했을 때: 자연현상 가운데나 일반적으로 보이지 않지만 일어나는 많은 기적들이 있다.
4) 선행으로 천국 갈 수 있다고 했을 때 :
   처녀는 결혼을 해야만 정상적으로 아이를 가질 수 있다.
   구원을 얻기 위해서는 반드시 예수님을 믿어야 한다.

＊전도는 쉽다 : 성령님이 하시기 때문이다. "전도는 성령님의 인도하심으로 복음만 전하고 그 결과는 하나님께 맡긴다"
전도현장에서 반대 의견으로 당황스러운 일을 만났을 때에도 전도를 해 본 경험이 있는가 있다면 구체적으로 어떠했는가?
＊전도한 태신자 (이름 :   )

선교  지상 명령 성취	**믿지 않는 가까운 이웃부터 우리의 선교 대상임을 잊지 말자.** 　　부록〈세계선교지도〉에서 선교 대상지를 정하고 기도한다. 혹은 담임목사님의 목회 방침에 따라 순종하면서 지원하는 선교지를 위해 기도한다. 대한민국의 평화 통일, 혹은 다른 나라들의 기도 제목을 기록하고 기도한다. ＊각자 정해진 선교대상지에 가는 선교사로서 혹은 보내는 선교사로서 어떻게 하는 것이 가장 최선의 방법인가를 검토한다.
열매  성령 충만	**성령충만한 삶은 성령의 열매를 실천하는 것이다.** ③ **화평의 열매** : － 평화(和平: Peace) 로마서 5:1, 고린도전서14:33 　　주기도문의 실천적인 삶은 자신과 상대방에게 피스메이커(Peace Maker)가 되는 것이다. 화평이란 말 속에는 통일성, 완전성, 쉼, 평안 그리고 안정이란 의미가 포함되어 있다. 산상수훈의 "화평케 하는 자의 복" 처럼 주기도문의 "하늘에 계신 우리 아버지"의 자녀로서의 화평함이 성령의 열매인 참된 기쁨을 누리는 것이다. ＊각자의 화평의 열매를 적용한 경험을 나누어 보기로 하자.
헌신 	**헌신자의 삶의 특징은 무엇인가?** ⑸ 헌신자는 섬김을 배우는 종으로 살려는 사람이다. 　　(마가복음 10:35-45) ⑹ 헌신은 교만한 자의 자리에서 겸손으로 살려는 사람이다. 　　(잠언 18:12) 헌신에 대한 부분은 매주일 담임 목사님의 설교를 통해서 한 주간 실천할 내용과 개인적으로 정해진 분량의 성경을 읽고 마음에 감동이 되는대로 실천한다. ＊각자의 헌신의 삶을 적용한 경험을 나누어 보기로 하자!

〈주기도운동〉은 소책자 "기도문으로 기도하기" 4 피엠티로 이루어간다.
기도의 대상이 되시는 〈하늘에 계신 아버지〉로 적용하여 기도하기

기도의 대상 되시는 〈하늘에 계신 아버지〉를 4PMT로 적용하여 기도하기

기도의 대상이 되시는 '하늘에 계신 아버지' 앞에서 합당하게 살지 못하였음을 구체적으로 **회개**합니다. 하늘에 계신 아버지께서 나의 삶의 주인이 되셔서 매 순간 **성령충만**한 삶을 통해 성령의 열매 맺으며 살기를 결심합니다. 하늘에 계신 하나님의 자녀로 예비하신 (전도대상자 OOO 이름을 부르며) 그 영혼을 **전도**하고 하나님 아버지와 함께하는 영적인 가족으로 맞이하여 그와 함께 천국에 갈 때까지 믿음으로 삶을 나누고 하나님 아버지의 나라를 세상에 확장시켜 가도록 하나님의 아버지의 자녀로서 훈련시키며 **헌신**하게 하여 주시옵소서 주기도로 기도를 가르쳐 주신 나의 주 하나님 예수님의 이름으로 기도드립니다.

To whom we pray (The Object of our prayer)

Lord, I **repent** of my sin of not living worthy in the sight of God who is 'Our Fathe, Which art in Heaven' and searches every thought and action of my life.

Now I recommit my life to You, God, to live a life of **being filled with the Holy Spirit** and yielding the throne of my life to the control of God who is in heaven so that I may bear the fruit of the Holy Spirit in my life.

Help me Father God **to win** the soul whom you prepared to be your child (the name you are plan to reach with the gospel) in heaven so that we may share together the life of faith trusting the Holy Spirit in every part of our lives until we reach heaven. Help me to be a model to the person for whom I am praying and serving to reach with the gospel of Jesus Christ that it will impact and motivate him/her to be trained as a disciple of Jesus Christ so that he/she may **dedicate** his/her life to the advancement of God's kingdom.

I pray in the name of Jesus Christ who taught me how to pray through the Lord's prayer. (Amen)

생각나누기 〈하늘에 계신 아버지〉를 4PMT로 적용하며 기도하고 실천하고 있는가?

넷째 : 하나님 나라 부흥은 하하하 하나님 땡큐운동으로!!!

감사	범사에 감사하라! 란 말씀(데살로니가전서 5:18) "하늘에 계신 우리 아버지" 간구에 적용하여 말씀 기도하기.
(기도 / 기쁨 / 감사)	예수님 안에서 양자의 영을 받게 하시고 나의 아바 아버지가 되셔서 나의 삶 속에 범사에 모든 공포와 두려움이 사라지게 하시고 하나님의 깊은 사랑을 항상 체험할 수 있게 하신 **'하늘에 계신 아버지' 감사**합니다. 　**감사**함으로 기도하면 버릴 것이 없다고 말씀하셨는데 지금 하고 있는 일(구체적인 내용으로 기도 합니다)에 매사에 불만족 스러울 때가 많고 하려고 하는 일에 말씀 안에 합당하지 못하여 넘치는 **감사**가 없습니다. 항상 **감사**한 마음으로 자족하기보다 나의 욕심으로 구하는 잘못을 회개 할 수 있게 하시며 포기할 수있는 용기를 허락하여 주옵소서. 　천국에서는 하나님 아버지를 경배하고 찬양하며 항상 **감사**만 있을 것을 확신하며 기도를 드립니다. **범사에 감사**함으로 하나님께 아뢰면 하나님 아버지께서 지각에 뛰어난 지혜와 지식으로 함께 하셔서 나의 모든 (구체적인 내용으로 기도 합니다)에 응답하여 주실 것을 **믿고 감사**를 드립니다. 　나의 삶에 구석구석에서 범사에 **감사**함으로 구할 때 하늘에 계신 아버지의 뜻이 이루어지게 하심을 믿고 **감사**드립니다. 　예수님의 이름으로 기도 드립니다. 아멘
	아버지의 자녀로서 범사에 감사함으로 성령충만한 삶을 살고있는가?

다섯째 : 주기도로 삶을 사는 하나님의 자녀들의 영적성장 점검표

영적성장 점검표을 통해 영적 성장을 확실하게 경험하자!!

회개 및 간구 : 매일 회개 및 간구한 기도 내용을 기록한다.
성령충만 : 매일 본 교재에서 제시한 열매와 은사 중 실천한 것을 기록한다.
지상명령(전도, 선교) : 전도한 사람의 이름이나 태신자 이름, 기도한 선교 대상지를 기록한다. 전도지를 사람에게 나누어준 명수를 기록한다.
헌신 : 기쁨, 기도, 감사 : 하나님께 영광 돌린 것을 기록한다.
〈하하하 하나님 땡큐〉 하루에 3번 이상 반복하기
성경읽기 : 구약, 신약성경을 매일 3-5장씩 읽은 곳을 기록한다.

주기도 운동 영적 일기 쓰기   20   년   월

요일	회개 및 간구	성령충만(전인격) 성령의 열매	지상명령성취 선교/전도(대상자)	헌신(실천) 기쁨, 기도, 감사	말씀읽기 말씀요절
월					
화					
수					
목					
금					
토					
일					
평가					

＊영적 점검표는 견본으로 제공하며 복사해서 계속 사용 할 수 있다.

6 파테르라이프50

하나님의 자녀는 어떻게 살아야 합니까?

주기도문 기도의 대상 2-4
하늘에 계신 우리 아버지 (Our father which art in heaven)
마태복음 6장 9절

찬송부르기 : 주 하나님 지으신 모든 세계(통40)79장, 아버지여 이 죄인을(통334)276장
성경읽기 : 시편 115:3, 로마서 8:14-15, 요한복음 14:1-2
묵상하기 : 하나님을 "우리 아버지"라고 삶의 고백을 드릴때 어떤 일이 일어날까요?

첫째 : "하늘에 계신 우리 아버지"를 열어주는 메시지를 살펴보자

주기도문은 "하늘에 계신 우리 아버지"라고 그 〈기도의 대상〉으로 시작하고 있다. "하늘에 계신 우리 아버지"는 주기도문의 모든 간구의 가장 적절한 전제가 되시며 이 기도의 첫 부분이 중요하다는 사실을 입증한다. 이것은 우리에게 우리 기도의 대상이 되시는 분이 누구이신가를 로마서 8:15에 "양자(養子)의 영을 받았으므로 아바 아버지라 부르짖느니라"라는 말씀을 통해 믿는 자의 언약의 지위(Covenant office)를 유지시켜 준다.

우리가 기도하는 대상은 인격을 가지신 절대자 하나님 이시다. 하나님은 나의 아버지이기도 하지만 하나님을 아버지로 모시고 사는 우리들의 아버지 이기도 하신다. 기도는 들으시고 응답하시는 하나님께 드리는 것이다.

1. "우리 아버지에서 우리"라는 말씀은 어떤 의미를 가지고 있는가?

	보기에서( )안에 맞는 단어를 찾고 합당한 성경구절을 기록하자
보기	① 공포 ② 사랑 ③ 아버지 ④ 자녀 ⑤ 소망 ⑥ 관계성 ⑦ 창조주

(1)	하나님이 우리 아버지라는 삶의 고백을 드릴 때 어떤 일이 일어나는가? 첫째 : 나의 삶 속에 모든 (　　)와 두려움이 사라진다. 둘째 : 나의 삶 속에 하나님 아버지의 크신 (　　)을 체험하게 한다.
성경	이사야 41:10
(2)	셋째 : 나의 삶이 하나님 (　　)를 본받게 된다. 넷째 : 나의 삶의 현장에서 그의 자녀 된 모든 (　　)들을 사랑하게 된다.
성경	에베소서 5:1
(3)	다섯째 : 나의 삶 속에서 아버지 하나님께서 계시는 천국에 대한 영원한 (　　)을 가지며 하나님의 말씀과 (　　)을 가지고 살아가게 된다. 여섯째 : 나의 삶 속에 성령께서는 우리를 (　　)되시는 하나님만이 아니라 아버지 되시는 하나님께로 인도한다. "하나님이 그 아들의 영을 우리 마음 가운데 보내사 아바 아버지라 부르게 하셨느니라" (갈라디아서 4장 6절) 고 하셨다. "부르게 하셨느니라" 여기서 성령은 우리가 영광스러운 천국의 소망을 가지고 고난 많은 땅에서도 열정을 가지고 기도하게 하신다. "아바 아버지" 여기에서 성령은 우리가 믿음으로 주의 기도에서 "아버지"라고 하신 기도를 하도록 도우신다.
성경	요한복음 10: 36-37

둘째 : 삶의 적용을 위한 워크샵(Workshop)
"우리라는 공동체"란 예화로 주기도 실천적 삶에 적용해 보자.

여러 웹사이트에 올랜도를 검색하면 올랜도 충현장로교회가 "공항에서 제일 가까운 교회"라고 떠오른다. 다른 나라나 미국 내에서 관광이나 컨벤션이 있어 올랜도를 방문했을 때 주일 예배를 드리기를 원하는 교인들에게 주일날 교회를 선택하도록 인도하는데 도움을 준다. 숙소에서 교회가 위치한 장소의 적절함 때문에 매주일 평균 몇 가정씩 혹은 방학철 에는 10가정 이상도 방문하여 주일 예배를 함께 드린다. 교회는 그분들에게 예배후 식사대접을 정성스럽게 한다.

저서 『일 달러의 기적 플러스』(만평을 1불에 구입) 더 구체적인 내용을 기록하고 있지만, 2001년에 교회 건축 완성 이후 삼천 명의 이상의 방문객들이 예배드리는 예배처소를 제공하게 되었다. 그들을 볼 때마다 참으로 귀하고 하나님의 복을 받으실 분들이라 여긴다. 올랜도는 일 년에 오천만 명이 이상이 방문하는 세계 최대의 관광지답게 구경할 것도 많은데 더욱이 많은 경비를 사용하여 올랜도까지 와서 주일날 주일성수 하겠다는 각오로 예배드리는 믿음이 너무나 아름답다. 더구나 우리의 기도와 예배의 대상이 되시는 "하늘에 계신 우리 아버지"께서 보실 때 얼마나 기뻐하시겠는가 생각할 때마다 올랜도 방문하는 신자들에게 적당한 장소에 예배처소를 제공할 수 있는 교회를 세워주신 하나님 우리 아버지께 감사드린다. 주일 예배에 참석하신 분들과 헤어질 때는 석별의 정도 아쉽게 나누지만 꼭 이렇게 그들을 위해 기도한다. 하나님 우리 아버지 아브라함의 예배를 받으셔서 그의 일생에 복의 근원이 되게 하셨던 것처럼 오늘 예배에 참석한 이분들에게 각자 섬기는 교회에서 예배의 모범자들이 되게 하시고, 하나님 아버지께서 다른 사람들에게 축복의 통로가 되게 하시고, 다시 땅에서 얼굴과 얼굴을 대하지 못할지라도 천국에서 만나는 그날까지 인도하여 주심을 믿고 감사드리오며 예수님의 이름으로 기도드립니다. "아멘"하며 기도한 후 소망 중에 헤어진다.

삶의 적용을 위한 워크샵을 읽고 서로의 생각을 나누자.

1) 교회가 예배를 드리는 이유는 무엇이라고 생각하는가?
예배에 성공한다는 것은 무엇을 말하는가? 삶과 함께 하나님은 우리의 예배를 받으신다는 의미는 무엇인가?

2) 주일 예배 중 주기도문 찬송(멜롯 작곡)을 부르거나 주기도 순서가 있는 교회에서 예배를 드렸을 때 자세는 어떠한가?
① 교회가 교회 예배 모범을 따르기 때문에 당연하다.
② 예배에 더 은혜가 된다.
③ 예배시간 절약을 위해 제외해도 된다.
④ 기도중에 기도이기 때문에 해야 한다.

셋째 : 하나님 나라 부흥은 주기도운동으로 !!!

〈주기도운동〉은 "회개, 지상명령 성취, 성령충만, 헌신"의 삶을 포함한다.

 회개 	**회개의 기도와 함께하는 삶.** 8. 필요만 채워주시는 아버지로 인식함을 회개합니다. 9. 급할 때만 아버지를 찾음을 회개합니다. 기도의 대상을 통해 회개를 적용하여 기도하자. 나의 회개기도는 어떠한가?

전도
 	
지상
명령
성취
	지상명령 성취는 전도, 선교와 함께하는 삶.
	4. 전도할 때 부딪히는 반대 의견을 효과적으로 다룬다.
	  1) 논쟁을 피하라.
	  2) 상대방의 말을 긍정적으로 받아 드리라.
	  3) 문제의 핵심에서 벗어난 질문은 회피하라.
	  4) 제기된 문제를 신속히 처리한 후 전도의 핵심으로 돌아가라.
	  5) 성경말씀으로 답변하도록 노력하라.
	  6) 절대 정직하라 모르는 것은 모른다고 하라.
	＊전도현장에서 반대 의견으로 당황스러운 일을 만났을 때에도 전도를 해 본 경험이 있는가 있다면 구체적으로 어떠했는가? 전도한 태신자 (이름 :)

 선교 지상 명령 성취	**믿지 않는 가까운 이웃으로부터 열방은 우리의 선교대상임을 잊지 말자.** 주기도문 아카데미 부록(도표 23번)〈세계선교지도〉에서 기도선교 대상지를 위해 기도 한다. 혹은 담임목사님의 목회방침대로 지원하는 선교지를 위해 기도한다. 대한민국의 평화 통일, 혹은 다른 나라들의 기도제목을 기록한다. ＊각자 선교 대상지의 이름을 정하고 가는 선교사 혹은 보내는 선교사 어떻게 해야 하는 하는가를 나누어 본다.

은사

성령충만한 삶은 성령의 은사를 실천하는 것이다.

④ **교육**(교사) (로마서 12:7, 엡 4:11)가르치는 자는 가르치는 일로, 가르침을 받는 자는 바른뜻을 깨닫고 삶에 적용하며 실천한다. (히브리서 13:17) "너희를 인도 하는자 들에게 순종하고 복종하라 ……(생략)… . 그렇지 않으면 너희에게 유익이 없느니라.

＊ 각자의 교육의 은사를 적용한 경험을 나누어 보기로 하자.

열매

성령충만한 삶은 성령의 열매를 실천하는 것이다.

④ **오래 참음의 열매** – 인내(忍耐 : Patience, Forbearance)
골로새서 1:11, 베드로후서 1:6 주기도문의 실천적인 삶은 고난을 당할때나 이웃으로부터 억울한 일을 당할 때 참는 것이 굴욕처럼 여겨질지라도 금방 분노를 드러내지 않고 견디는 것을 말한다. 주기도문의 "시험에 들게하지 마옵소서"라는 기도를 실천하므로 "시험을 참는 자는 복이 있느니라"는 말씀의 축복을 받으며 주기도문은 내삶의 축복이 되게 하도록 인내의 열매를 맺게 하자.

＊ 각자의 오래 참음의 열매를 적용한 경험을 나누어 보기로 하자.

헌신

헌신자의 삶의 특징은 무엇인가?

(7) 헌신은 바울처럼 "나는 항상 하나님과 사람 앞에서 양심에 거리낌이 없기를 힘쓰노라" 양심에 거리낌이 없는 삶을 사는 사람이다(사도행전 24:16). 헌신자의 삶은 하나님의 뜻을 이루기 위해 항상 기뻐하는 사람이다(데살니가전서 5:16). 주기도문 아카데미 부록 24번(주기도와 헌신의 관계)
　헌신에 대한 부분은 매주일 담임 목사님의 설교를 통해서 실천할 내용과 개인적으로 정해진 분량의 성경을 읽고 감동이 되는 부분으로 실천한다.

＊ 각자의 헌신의 삶을 적용한 경험을 나누어 보기로 하자.

〈주기도운동〉은 소책자 "기도문으로 기도하기" 4PMT로 이루어간다.
기도의 대상이 되시는 〈하늘에 계신 아버지〉로 적용하여 기도하기

기도의 대상 되시는 〈하늘에 계신 아버지〉를 4PMT로 적용하여 기도하기

기도의 대상이 되시는 '하늘에 계신 아버지' 앞에서 합당하게 살지 못하였음을 구체적으로 **회개**합니다. 하늘에 계신 아버지께서 나의 삶의 주인이 되셔서 매 순간 **성령충만**한 삶을 통해 성령의 열매 맺으며 살기를 결심합니다. 하늘에 계신 하나님의 자녀로 예비하신 (전도대상자 OOO 이름을 부르며) 그 영혼을 **전도**하고 하나님 아버지와 함께 하는 영적인 가족으로 맞이하여 그와 함께 천국에 갈 때까지 믿음으로 삶을 나누고 하나님 아버지의 나라를 세상에 확장시켜 가도록 하나님의 아버지의 자녀로서 훈련시키며 **헌신**하게 하여 주시옵소서 주기도로 기도를 가르쳐 주신 나의 주 하나님 이름으로 기도드립니다.

To whom we pray (The Object of our prayer)

Lord, I **repent** of my sin of not living worthy in the sight of God who is 'Our Fathe, Which art in Heaven' and searches every thought and action of my life.

Now I recommit my life to You, God, to live a life of **being filled with the Holy Spirit** and yielding the throne of my life to the control of God who is in heaven so that I may bear the fruit of the Holy Spirit in my life.

Help me Father God **to win** the soul whom you prepared to be your child (the name you are plan to reach with the gospel) in heaven so that we may share together the life of faith trusting the Holy Spirit in every part of our lives until we reach heaven. Help me to be a model to the person for whom I am praying and serving to reach with the gospel of Jesus Christ that it will impact and motivate him/her to be trained as a disciple of Jesus Christ so that he/she may **dedicate** his/her life to the advancement of God's kingdom.

I pray in the name of Jesus Christ who taught me how to pray through the Lord's prayer. (Amen)

생각나누기	〈하늘에 계신 아버지〉를 4PMT로 적용하며 기도하고 실천하고 있는가?

넷째 : 하나님 나라 부흥은 하하하 하나님 땡큐운동으로!!!

감사	범사에 감사하라! 란 말씀(데살로니가전서 5:18) "하늘에 계신 우리 아버지" 간구에 적용하여 말씀기도하기.
(기도/기쁨/감사)	예수님 안에서 양자의 영을 받게 하시고 나의 아바 아버지가 되셔서 나의 삶 속에 범사에 모든 공포와 두려움이 사라지게 하시고 하나님의 깊은 사랑을 항상 체험할 수 있게 하신 **'하늘에 계신 아버지'** **감사**합니다. 　　**감사**함으로 기도하면 버릴 것이 없다고 말씀하셨는데 지금 하고 있는 일(구체적인 내용으로 기도합니다)에 매사에 불만족스러울 때가 많고 하려고 하는 일에 말씀 안에 합당하지 못하여 넘치는 **감사**가 없습니다. 항상 **감사**한 마음으로 자족하기보다 나의 욕심으로 구하는 잘못을 회개 할 수 있게 하시며 포기할 수있는 용기를 허락하여 주옵소서. 　　천국에서는 하나님 아버지를 경배하고 찬양하며 항상 **감사**만 있을 것을 확신하며 기도를 드립니다. **범사에 감사**함으로 하나님께 아뢰면 하나님 아버지께서 지각에 뛰어난 지혜와 지식으로 함께 하셔서 나의 모든 (구체적인 내용으로 기도 합니다)에 응답하여 주실 것을 **믿고 감사**를 드립니다. 　　나의 삶에 구석구석에서 범사에 **감사**함으로 구할 때 하늘에 계신 아버지의 뜻이 이루어지게 하심을 믿고 **감사**드립니다. 예수님의 이름으로 기도드립니다. 아멘
	아버지의 자녀로서 범사에 감사함으로 성령충만한 삶을 살고 있는가?

다섯째 : 주기도로 삶을 사는 하나님의 자녀들의 영적성장 점검표

영적성장 점검표을 통해 영적 성장을 확실하게 경험하자!!

회개 및 간구 : 매일 회개 및 간구한 기도 내용을 기록한다.
성령충만 : 매일 본 교재에서 제시한 열매와 은사 중 실천한 것을 기록한다.
지상명령(전도, 선교) : 전도한 사람의 이름이나 태신자 이름, 기도한 선교 대상지를 기록한다. 전도지를 사람에게 나누어준 명수를 기록한다.
헌신 : 기쁨, 기도, 감사 : 하나님께 영광 돌린 것을 기록한다.
〈하하하 하나님 땡큐〉 하루에 3번 이상 반복하기
성경읽기 : 구약, 신약성경을 매일 3-5장씩 읽은 곳을 기록한다.

주기도 운동 영적 일기 쓰기   20   년   월

요일	회개 및 간구	성령충만(전인격) 성령의 열매	지상명령성취 선교/전도(대상자)	헌신(실천) 기쁨, 기도, 감사	말씀읽기 말씀요절
월					
화					
수					
목					
금					
토					
일					
평가					

＊영적 점검표는 견본으로 제공하며 복사해서 계속 사용 할 수 있다.

7 파테르라이프 50

하나님의 자녀는 어떻게 살아야 합니까?

주기도문 첫 번째 간구 3-1
이름이 거룩히 여김을 받으시오며 (Hallowed be Thy name)
마태복음 6장 9절

찬송부르기 : 슬픈 마음 있는 사람(통91장)91장, 주님의 마음을 본받는 자(통507)455장
성경읽기 : 출애굽기 20:7, 사도행전 11:26, 요한계시록 20:11~15, 전도서 7:1
묵상하기 : 하나님의 이름을 욕되게 했거나 개인적인 욕망을 위해 하나님의 이름을 이용한 적이 있나요?

첫째 : "이름이 거룩히 여김을 받으시오며"를 열어주는 메시지

주기도문의 첫째 간구(The First Petition)인 "이름이 거룩히 여김을 받으시오며"라고 간구하는 삶은 무엇(What)이며, 어떻게(How)사는 것인가 를 이해하며 이 간구를 자신의 삶에 적용하는 것이 지상명령을 위해 사는 삶이고 성령 충만한 삶인 것을 알게 한다. 이름은 인격을 말하고 그의 존재(Being)를 의미한다. 우리는 하나님의 인격이 마땅한 대우를 해야 한다. 우리가 지저분하고 우리의 인생을 더럽게 살면 하나님의 이름이 모독을 당하는 것이다. 우리의 기도나 말이나 행동이나 사역을 통하여 주님의 이름을 높여 지기를 바란다.

1. **"하나님의 이름에 대한 이해 즉 하나님의 실제와 이름과의 관계성에 대하여 어떻게 이해하고 있는가"를 나누어 보자.**

	보기에서 ( )안에 맞는 단어를 찾고 합당한 성경구절을 기록하자
보기	① 제한 ② 유명론적(唯名論的)이해 ③ 이성적구조 ④ 공존론(共存論)

(1)	제한론적(制限論的) 이해 : 하나님은 그 이름에 ( ) 되어 계신다는 사고방식이다. 즉 하나님은 그의 이름이 계신 곳에 반드시 계신다는 것이다. 이것은 "그 이름이 실재다"라는 방향으로 발전하게 되고 이름을 부름으로써 반드시 신의 임재를 끌어들이고자 하는 것이다.
성경	이사야 44:6

(2)	( ) : 하나님의 이름은 단순한 이름뿐이고 하나님의 실재와는 별개의 것으로 이해하고 있는 입장이다. 그 이름은 단순히 신의 자기 계시에 대한 인간의 반응 형식으로써 신의 이름은 신 자신의 이름이 아니고 신의 계시에 대한 인간의( ) 형식이라는 것이다.
성경	출애굽기 20:7

(3)	하나님의 그 이름과 실재는 사실상 무관하지만 이름이 있는 곳에 하나님은 계신다는 것이다. 이것을 자주적( )이라고도 할 수 있다. 그러나 성경은 기록하기를 "너는 너의 하나님 여호와의 이름을 망령되이 일컫지 말라"고 했고, 하나님의 이름을 망령되이 일컫는 자는 무엇이라 했는가? "죄 없다 하지 아니 하리라"고 했다. 하나님은 "스스로 계시는 분"이다.
성경	출애굽기 3:14

둘째 : 삶의 적용을 위한 워크샵(Workshop)
"내 이름 하나님의 이름 "이란 예화로 주기도 실천적 삶에 적용

뉴스를 통해 들려오는 그리스도인들과 여러 교회의 여러 나쁜 소문들은 추락의 끝이 어디인지 모를 정도로 하나님의 이름을 땅에 떨어뜨리고 있다. 일부 그리스도인들의 말과 행동과 삶의 모습 그리고 교회들의 메시지와 비정상적인 운영 행태 등은 점점 세상 사람들과 유사하게 맘몬주의 세속문화 패거리 문화에 망가져 가고 있고, 자기 이름을 내려고 안달하고 있는 것처럼 보여져 안타깝다.

오늘날 많은 경우에 하나님의 이름이 땅에 떨어지는 이런 받아들이기가 불편한 현실로 인하여 불신자들의 입에서 거룩하신 하나님의 이름이 망령되이 불리워지며 기독교를 욕하는 현상을 만들고 있다. 사도 바울이 디모데서에서 권면하는 내용을 우리의

현실 속에서 되새겨 보고 교훈을 얻어야 하지 않을까 생각해 본다. 아들 디모데야 내가 네게 이 교훈으로써 명하노니 전에 너를 지도한 예언을 따라 그것으로 선한 싸움을 싸우며 믿음과 착한 양심을 가지라 어떤 이들은 이 양심을 버렸고 그 믿음에 관하여는 파선하였느니라. (디모데전서 1:18-19) 하나님의 입장에서는 신앙이 있으나 선한 양심이 없어도 문제이고, 선한 양심은 있으나 신앙이 없다면 그 또한 문제가 아닌가?

그리스도인의 삶이란 하나님의 영광과 그분의 기뻐하시는 목적을 위해서 사는 것이다. 나의 성공과 성취를 위하여 하나님의 이름을 이용하면서 하나님의 이름을 잘못 사용하고 있는지 살펴보자.

1. 혹시 주님을 위해서 열심히 살았지만 나의 열심히 오히려 하나님의 영광을 가린 적이 있습니까? 원인은 무엇이었습니까?

2. 부지불식간에라도 하나님이나 예수님의 이름이 들어간 욕을 사용하지 말아야 합니다. 한 예로 영어권 사람들에게 "Oh my god!" 혹은 "Jesus"란 표현은 예배나 찬양 외의 대부분의 경우에는 좋은 뜻과 의도로 사용되지 않으며 오히려 "맙소사" 혹은 "빌어먹을"과 같은 신성 모독적 표현이나 욕설로 사용될 경우가 많습니다. 이 부분을 우리 자신뿐만 아니라 자녀들에게도 철저히 교육시키기 위하여 어떻게 해야 하겠습니까?

셋째 : 하나님 나라 부흥은 주기도운동으로 !!!

〈주기도운동〉은 "회개, 지상명령 성취, 성령충만, 헌신"의 삶을 포함한다.

회개의 기도와 함께하는 삶.

1. 아버지 이름보다 나의 이름을 먼저 높아지길 원했음을 회개합니다.
2. 나의 언행 심사가 그리스도인으로서 하나님의 이름이 거룩히 여김을 받도록 일치 하지 못한 삶을 회개합니다.

회개

첫 번째 간구를 통해 회개를 적용하여 기도할 수 있다.
예를 들면 개인과 가정, 교회, 세계 여러 나라와 국가 지도자들, 핍박을 받고 있는 지역과 기독교인, 미전도종족, 한국교회와 교단, 한국의 사회악(학교 폭력, 성과 성차별 폭력, 가정 폭력, 언어 폭력) 등을 위하여 기도할 수 있다. 또한 남북이 복음화되고 대한민국의 정치적 발전과 경제적 안정과 평화를 위해 기도할 수 있다.

✶ 나의 회개기도는 어떠한가?

전도

지상 명령 성취

지상명령 성취는 전도, 선교와 함께하는 삶.

1. 단순하게 이론적으로 알고 있는(4대 성인 정도로) 진화론적 개념으로 부르는 부름에 자녀 일수 있겠는가? 바른 지식이 "여호를 경외함의 지식의 근본임을 알려주는 "나는 길이요 진리요 생명임을 알려 고백케하여 사마리아인처럼 말하지 않을 수 없는 니고데모처럼 주님께 찾아오게 하는 성숙함으로 자기와 같은 자를 찾아가게 하는 그리고 와 보라 하는 외침을 하도록 전도 양육 파송해야 할 것입니다.

전도현장에서 반대 의견으로 당황스러운 일을 만났을 때에도 전도를 해 본 경험이 있는가 있다면 구체적으로 어떠했는가?

＊ 전도한 태신자 (이름:　　　　)

선교

지상 명령 성취

믿지 않는 가까운 이웃부터 우리의 선교 대상임을 잊지 말자.

부록〈세계선교지도〉에서 선교 대상지를 정하고 기도 한다. 혹은 담임목사님의 목회 방침에 따라 순종하면서 지원하는 선교지를 위해 기도한다. 대한민국의 평화 통일, 혹은 다른 나라들의 기도 제목을 기록하고 기도한다.

＊각자 정해진 선교대상지에 가는 선교사로서 혹은 보내는 선교사로서 어떻게 하는 것이 가장 최선의 방법인가를 검토한다.

은사

성령 충만

성령충만한 삶은 성령의 은사를 실천하는 것이다.

⑤ **권유**(권면) (요한복음 14:16) 성령님은 "보혜사(保惠師), the comforter이시다. 인격적인 상담과 격려(encouragement)로 성도 한 사람 한 사람이 영적인 원리에 의해 날마다 살아가도록 돕는 것이다.
(예문 : 이번에도 힘드셨지요. 많이 공감해요! 다음에 다시 기회를 갖도록 해요)

＊ 각자의 교육의 은사를 적용한 경험을 나누어 보기로 하자.

열매

성령충만한 삶은 성령의 열매를 실천하는 것이다.

⑤ **자비의 열매** – 자비(恩慈:kindness) 디도서 3:4, 디모데후서 2:24 자비는 남을 긍휼히 여기시는 그리스도인의 성품으로, 사람에게 친절을 베푸시는 하나님의 태도를 말한다. 자비 (Kindness)–"그러므로 너희는… 자비와 오래 참음을 옷 입고" (골로새서 3:12)

* 각자의 자비의 열매를 적용한 경험을 나누어 보기로 하자.

헌신

헌신자의 삶의 특징은 무엇인가?

(9) 헌신자의 삶은 하나님의 뜻을 이루기 위해 쉬지 않고 기도하는 사람이다(데살로니가전서 5:17-18).

(10) 헌신자의 삶은 하나님의 뜻을 이루기 위해 범사에 감사하는 사람이다.

* 헌신에 대한 부분은 매주일 담임 목사님의 설교를 통해서 한 주간 실천할 내용과 개인적으로 정해진 분량의 성경을 읽고 마음에 감동이 되는대로 실천한다.

* 각자의 헌신의 삶을 적용한 경험을 나누어 보기로 하자.

〈주기도운동〉은 소책자 "기도문으로 기도하기" 4PMT로 이루어간다.
첫 번째 간구인 "이름이 거룩히 여김을 받으시오며" 간구를 적용하여 기도하기

첫 번째 간구인 "여호와의 이름이 거룩이 여김을 받으시오며"라고 기도드리면서 여호와의 이름에 합당하게 거룩하게 살지 못하였음을 구체적으로 **회개**합니다. "내가 거룩하니 너희도 거룩 하라"(베드로전서 1:16)하신 하나님의 말씀을 따라 거룩하신 여호와의 이름에 합당하게 살기 위해 성령님의 도우심을 구하며 내 삶의 주인이 예수님 되신 것을 증거 하기 위해 성경말씀에 순종하여 매 순간 성령 충만한 삶을 살 것을 결단합니다. (말씀중심의 삶을 통해 마음의 왕좌에 주님이 주인이 되시도록) 예수님을 알지 못하여 여호와의 이름에 합당하게 거룩하게 살지 못하고 있는 (전도대상자 ㅇㅇㅇ 이름을 부르며) 그를 **전도**하여 그와 함께 여호와의 거룩한 이름에 합당한 삶을 살며 천국에

갈 때까지 성령님을 의지하는 믿음의 삶을 나누게 하여 주시옵소서. 말씀이 육신이 되어 오신 예수님께서 언제나 하나님의 말씀에 순종하시므로 써 하나님 아버지의 거룩이 여김 받게 하셨던 것처럼 나도 말씀에 순종하는 삶을 통해 아웃에게 하나님의 이름을 거룩하게 여김 받게 하시고, 기도 하며 섬기고 있는 ○○○ 에게 그리스도인의 본이 되게 하셔서, ○○○ 또한 하나님 나라를 위해 헌신하게 도와주시옵소서. 주기도로 기도를 가르쳐 주신 나의 주 하나님 예수 그리스도 이름으로 기도드립니다.

The first petition

Lord, I repent for the things I have done wrong in my actions and attitudes that are unworthy to the word of God as a Christian when I pray "Hallowed be Thy Name".

I recommit my life to You to live a holy life in obedience to the word of God ("Be holy for I am holy"(1Peter 1:16), to live a life worthy to the name of Holy Yahweh continually and asking the help of the Holy Spirit to live a spirit filled life moment by moment to prove that the owner of my life is Jesus Christ.

(Let the throne of my life be taken by Jesus through the obedience to the Word of God)

Help me to live a life sharing the faith by trusting the Holy Spirit with the person (the name of person you are planning to reach with the gospel) who is not living a life worthy of the holy name of Yahweh due to unbelief in Jesus Christ so that both of us may live a faithful life until we reach heaven.

As Jesus Christ honored the name of God when he incarnate into this world, let my life honor the name of God in obedience to the Word of God and help me to be a model to the person(you are planning to reach with the gospel) for whom I am praying and serving now so that both of us can dedicate our lives to the advancement of God's kingdom. I pray in the name of our Lord Jesus Christ who taught me how to pray through the Lord's prayer. (Amen)

I pray in the name of Jesus Christ who taught me how to pray through the Lord's prayer. (Amen)

〈이름이 거룩히 여김을 받으시오며〉간구를 4 피엠티로 적용하며 기도하고 실천하고 있는가?

넷째 : 하나님 나라 부흥은 하하하 하나님 땡큐운동으로!!!

기쁨	항상 기뻐하라! 데살로니가전서 5:16을 첫 번째 간구에 적용하여 말씀으로 기도하기
기도 기쁨 감사	영원히 계시며 저를 그 영원한 생명으로 인도하시는 거룩하신 하나님 아버지의 이름을 찬양합니다. 예수 그리스도를 이 땅에 보내시고 예수님을 통하여 영광 받으신 하나님, 저에게 그 놀라운 이름을 통하여 구원을 얻게 하시고 새 생명을 허락하시어 거룩한 삶을 살아가도록 인도하심에 감사드립니다. 이 은혜로 인하여 제가 항상 **기뻐**하며 주님을 찬양합니다. (각자의 구체적인 내용으로 기도한다) 주님의 일을 하면서 **기쁨**이 없고 저의 영광을 위한 일이라면 회개하게 하시고 포기하게 하시옵소서. 거룩하신 아버지 (각자의 구체적인 내용으로 기도한다) 오직 아버지의 영광을 위하여 하게 하시고 그리하므로 저의 모든 아픔과 슬픔과 괴로움이 변하여 기쁨이 되게 하시어 주님의 이름이 거룩히 높임을 받게 하시옵소서. 저의 모든 삶을 주님의 영광을 위하여 살게 하시어 기쁨이 끊이지 않게 하시며 거룩하신 아버지의 뜻이 이루어지도록 성령님께서 역사 해 주실 것을 믿고 감사를 드립니다. 예수님의 이름으로 기도드립니다. 아멘
생각나누기	하나님자녀로서 항상 기뻐함으로 성령충만한 삶을 살고있는가?

다섯째 : 주기도로 삶을 사는 하나님의 자녀들의 영적성장 점검표

영적성장 점검표을 통해 영적 성장을 확실하게 경험하자!!

회개 및 간구 : 매일 회개 및 간구한 기도 내용을 기록한다.
성령충만 : 매일 본 교재에서 제시한 열매와 은사 중 실천한 것을 기록한다.
지상명령(전도, 선교) : 전도한 사람의 이름이나 태신자 이름, 기도한 선교 대상지를 기록한다. 전도지를 사람에게 나누어준 명수를 기록한다.
헌신 : 기쁨, 기도, 감사 : 하나님께 영광 돌린 것을 기록한다.
〈하하하 하나님 땡큐〉 하루에 3번 이상 반복하기
성경읽기 : 구약, 신약성경을 매일 3-5장씩 읽은 곳을 기록한다.

주기도 운동 영적 일기 쓰기   20   년   월

요일	회개 및 간구	성령충만(전인격) 성령의 열매	지상명령성취 선교/전도(대상자)	헌신(실천) 기쁨, 기도, 감사	말씀읽기 말씀요절
월					
화					
수					
목					
금					
토					
일					
평가					

＊영적 점검표는 견본으로 제공하며 복사해서 계속 사용 할 수 있다.

8 파테르라이프50

하나님의 자녀는 어떻게 살아야 합니까?

주기도문 첫 번째 간구 3-2
이름이 거룩히 여김을 받으시오며 (Hallowed be Thy name)
마태복음 6장 9절

찬송부르기 : 슬픈 마음 있는 사람(통91장)91장, 주님의 마음을 본받는 자(통507)455장
성경읽기 : 출애굽기 20:7, 사도행전 11:26, 요한계시록 20:11~15, 전도서 7:1
묵상하기 : 하나님의 이름을 욕되게 했거나 개인적인 욕망을 위해 하나님의 이름을 이용한 적이 있나요?

첫째 : "이름이 거룩히 여김을 받으시오며"를 열어주는 메시지

 주기도문의 첫째 간구(The First Petition)인 "이름이 거룩히 여김을 받으시오며"라고 간구하는 삶은 무엇(What)이며, 어떻게(How)사는 것인가 를 이해하며 이 간구를 자신의 삶에 적용하는 것이 지상명령을 위해 사는 삶이고 성령 충만한 삶인 것을 알게 한다. 이름은 인격을 말하고 그의 존재(Being)를 의미한다. 우리는 하나님의 인격이 마땅한 대우를 해야 한다. 우리가 지저분하고 우리의 인생을 더럽게 살면 하나님의 이름이 모독을 당하는 것이다. 우리의 기도나 말이나 행동이나 사역을 통하여 주님의 이름을 높여 지기를 바란다.

1. "하나님의 이름에 대한 이해 즉 하나님의 실제와 이름과의 관계성에 대하여 어떻게 이해하고 있는가"를 나누어 보자.

보기에서 ( ) 안에 맞는 단어를 찾고 합당한 성경구절을 기록하자	
보기	① 엘(El) ② 위엄 ③ 권위 ④ 강한능력 ⑤ 엘로힘(Elohim) ⑥ 창조 ⑦ 섭리 ⑧ 엘 올람(El-Olam) ⑨ 영원하신하나님

(1)	(　　)은 하나님을 지시하신 단순한 명칭이다. 하나님의(　　)과 (　　)를 표현한다고 볼 수 있고 우주 위에 위엄과 권위의 대주재(大主宰)가 되신다. (　　)을 가진(Almighty) 통치자 이시다. "각각 하나님의 이름을 통해서 주시고자 하는 메시지는 무엇인가 생각해 보자.
성경	이사야 14:14

(2)	엘로힘(Elohim) : (　　)의 하나님은 강하고 유력한 자, 즉 자기를 경외의 유일한 대상으로 가르치고 세계의 창조주와 통치주로 (　　)와 (　　) 의 하나님으로 그의 일반적인 면을 지시한다. 구약성경에「하나님」이라는 명칭의 표현의 다양성은 우리가 드리는 주기도문에서 "이름이 거룩하게 하옵시며"라는 기도를 더욱 풍부하게 하는 요인이 무엇인가?
성경	민수기 24:16

(3)	엘 엘리욘(El-Elyon) : (　　)이라 불리워지는 하나님은 "지극히 높으신 하나님"(The Most High God)이라고 표현했다. "이름이 거룩하게 하옵시며"라고 기도하게 하신 주님의 기도를 드릴 때 하나님은 우리의 삶 속에서 그가 요구하시는 것을 우리가 살아 드려야 함에 생각을 나누어 보자.
성경	시편 9:2

(3)	엘 올람(El-Olam) : (　　)이라고 불리 우는 하나님에 대해서는 창 21:33에 "아브라함은 브엘세바에 에셀나무를 심고, 거기서 영생하시는 하나님 (The Everlasting God) 여호와의 이름을 불렀으며"라고 기록되었다. "엘 올람"이라 불리우는 하나님은 시작도 끝도 없으신 (　　)이 되시는 분이시다.
성경	창세기 21:33

둘째 : 삶의 적용을 위한 워크샵(Workshop)
"하나님과 예수님의 이름을 높일 때"란 예화로 주기도 실천적 삶에 적용해 보자

[다음은 김희보군의 고등학교 졸업식 때 연설문이다]
　십팔 년 전 어머니는 저를 임신한지 삼 개월 됐을 때 맹장수술을 해야 했습니다. 병원에서 의사들은 수술 때 쓰는 약들이 태아에게 나쁜 영향을 미칠 수 있다며 임신중절을 권했습니다.
　그렇지만 부모님은 잠언의 말씀 '너는 마음을 다하여 여호와를 의뢰하고 네 명철을 의지하지 말라 너는 범사에 그를 인정하라 그리하면 네 길을 지도하시리라'(잠언 3:5~6)라는 말씀을 믿고 임신중절을 하지 않기로 결정했습니다.
　하나님의 사랑과 은혜를 믿는 부모님의 신앙 때문에 오늘 제가 이 자리에 설 수 있었습니다. 성장하는 동안 부모님은 제가 자신의 힘과 판단에 의지하지 않고 하나님을 의지하면서 살도록 가르쳐 주셨습니다.
　그래서 이기적이고 복잡하며 내일을 알 수 없는 이 시대를 살아가는 여러분에게 간곡히 권하고 싶습니다. 예수 그리스도를 믿으십시오. 예수님께서는 어둠을 밝히는 새벽의 빛처럼 여러분을 평안과 축복의 길로 인도해 주십니다. 하나님의 축복이 함께 하시기를 바랍니다.
　김희보 군이 예수 그리스도의 이름을 높이고 분명히 전할 때 축하객 일부는 "할렐루야!"라며 소리쳤고 곧이어 박수와 함께 함성이 터져 나왔다. 짧은 연설이 진행되는 동안 졸업식장에서는 4번이나 박수갈채가 쏟아졌다.

　박사과정(Ph D)을 마치고 졸업식 연설문에서 "…(생략)… 저의 모든 졸업논문 심사위원 여러분들과 후원해 주신 분들께 감사를 드립니다. 또한 개인적으로 말씀드리고 싶은 것은 제가 대학원에서 공부한 것이 저로 하여금 삶을 지배하는 분자 생물학의 복잡성과 우아함에 큰 감사를 하도록 도와준 것인데, 그것이 바로 우리 인생의 주관자이신 하나님에 대한 저의 믿음을 더 강하게 해주는 역할을 했습니다. 마지막으로 오늘 축하해 주러 오신 여러분께 또한 감사를 드립니다. 하나님의 축복이 여러분과 함께 하시길 빕니다"라고 했다.
　고등학교 졸업식에서 예수 그리스도의 이름을 높이고 예수 그리스도를 믿으라고 전했고, 대학원 졸업식에서도 "하나님"의 이름을 높이며 영광을 돌린 내용이다(빌립보서 2:9~11, 요한복음 3:16) (출처: 일 달러의 기적 플러스, 순 출판사, 김석원, 최향숙 저).

1. 하나님의 이름 자체에서 우리에게 주시는 메시지는 무엇인가?
2. 하나님의 이름을 부르는 자는 어떤 의미 있는 삶을 살며 어떤 입술의 열매를 맺어야 함을 나누어보자.

셋째 : 하나님 나라 부흥은 주기도운동으로 !!!

〈주기도운동〉은 "회개, 지상명령 성취, 성령충만, 헌신"의 삶을 포함한다.

회개의 기도와 함께하는 삶.

3. 여호와의 이름을 드러내지 못함을 회개합니다.
4. 거룩하지 못함을 회개합니다.

첫째 간구를 통해 회개를 적용하여 기도하자. 나의 회개기도는 어떠한가?

지상명령 성취는 전도, 선교와 함께하는 삶.

7. 전도할 수 없다고 말할 수 없는 이유

1) 하나님의 명령이기 때문이다 1) 최후 지상 명령(마태복음 28:19-20)너희는 가서 모든 족속으로 제자를 삼아 아버지와 아들과 성령의 이름으로세례 를 주고 내가 너희에게 분부한 모든 것을 가르쳐 지키게 하라 볼지어다! 내가 세상 끝날까지 너희와 항상 함께 있으리라.
2) 바울이 디모데에게 권함 (디모데후서 4:2) 너는 말씀을 전파하라! 때를 얻든지 못 얻든지 항상 힘쓰라!
3) 전도는 일이기 때문이다.
4) 전도자에게는 상급이 있기 때문이다. (디모데후서 4:6-8) "의의 면류관"
5) 종말의 때가 가까웠기 때문이다. (디모데후서 4:3) "때가 이르리니...... 좇으리라"

전도현장에서 반대 의견으로 당황스러운 일을 만났을 때에도 전도를 해 본 경험이 있었는가 있었다면 구체적으로 어떠했는가? 전도한 태신자 (이름:)

믿지 않는 가까운 이웃부터 우리의 선교 대상임을 잊지 말자.

부록〈세계선교지도〉에서 선교 대상지를 정하고 기도 한다. 혹은 담임목사님의 목회 방침에 따라 순종하면서 지원하는 선교지를 위해 기도한다. 대한민국의 평화 통일, 혹은 다른 나라들의 기도 제목을 기록하고 기도한다.

| 지상
명령
성취 | * 각자 정해진 선교대상지에 가는 선교사로서 혹은 보내는 선교사로 서 어떻게 하는 것이 가장 최선의 방법인가를 검토한다. |

은사

성령충만

성령충만한 삶은 성령의 은사를 실천하는 것이다.

⑥ **구제**(권면) (로마서 12:7) "혹 섬기는 일이면 섬기는 일로..." "서로 돕는 은사" "남을 돕는 은사" (헬)- 조력하는 것, 자원하는 것. (베드로전서 4:11) 하나님의 공급하시는 힘으로 자원하여 즐거운 마음으로 참여한다.

* 각자 구제의 은사를 적용한 경험을 나누어 보기로 하자.

열매

성령충만

성령충만한 삶은 성령의 열매를 실천하는 것이다.

⑦ **충성의 열매** – 성실(信實/faithfulness) "맡은 자들에게 구할 것은 충성 이니라" (고린도전서 4:2) 충성은 하나님 앞에서 최선을 다하는 신앙 자세이며 신앙의 가장 중요한 요소 중 하나이다. 사도 바울이야 말로 충성된 종의 모범이라 할 수 있다(디도서 2:10).

* 각자의 충성의 열매를 적용한 경험을 나누어 보기로 하자.

헌신

헌신자의 삶의 특징은 무엇인가?

(11) 헌신자의 삶은 "하나님께서 내가 원하는 것을 주시든 안 주시든 관계없이 나는 하나님께서 원하시는 것을 하나님께 드리겠다." 라고 순종하는 사람이다(창세기 28:20-22).

(12) 헌신자의 삶은 "나의 주 하나님 되신 예수님께 내 삶의 주인이 되시도록 맡겨드리고 나의 모든 것을 더 이상 내 것으로 주장하지 않겠습니다. 나는 당신의 것입니다"라는 사람이다.

* 헌신에 대한 부분은 매주일 담임 목사님의 설교를 통해서 한 주간 실천할 내용과 개인적으로 정해진 분량의 성경을 읽고 마음에 감동이 되는대로 실천한다.
* 각자의 헌신의 삶을 적용한 경험을 나누어 보기로 하자.

〈주기도운동〉은 소책자 "기도문으로 기도하기" 4PMT로 이루어간다.
첫 번째 간구인 "이름이 거룩히 여김을 받으시오며" 간구를 적용하여 기도하기

첫 번째 간구인 "여호와의 이름이 거룩이 여김을 받으시오며"라고 기도드리면서 여호와의 이름에 합당하게 거룩하게 살지 못하였음을 구체적으로 **회개**합니다. "내가 거룩하니 너희도 거룩 하라"(베드로전서 1:16)하신 하나님의 말씀을 따라 거룩하신 여호와의 이름에 합당하게 살기 위해 성령님의 도우심을 구하며 내 삶의 주인이 예수님 되신 것을 증거 하기 위해 성경말씀에 순종하여 매순간 성령 충만한 삶을 살 것을 결단합니다. (말씀중심의 삶을 통해 마음의 왕좌에 주님이 주인이 되시도록) 예수님을 알지 못하여 여호와의 이름에 합당하게 거룩하게 살지 못하고 있는 (전도대상자 ㅇㅇㅇ 이름을 부르며) 그를 **전도**하여 그와 함께 여호와의 거룩한 이름에 합당한 삶을 살며 천국에 갈 때까지 성령님을 의지하는 믿음의 삶을 나누게 하여 주시옵소서. 말씀이 육신이 되어 오신 예수님께서 언제나 하나님의 말씀에 순종하시므로 써 하나님 아버지의 거룩이 여김 받게 하셨던 것처럼 나도 말씀에 순종하는 삶을 통해 아웃에게 하나님의 이름을 거룩하게 여김 받게 하시고, 기도 하며 섬기고 있는 ㅇㅇㅇ에게 그리스도인의 본이 되게 하셔서, ㅇㅇㅇ또한 하나님 나라를 위해 헌신하게 도와주시옵소서. 주기도로 기도를 가르쳐 주신 나의 주 하나님 예수 그리스도 이름으로 기도드립니다.

The first petition

Lord, I repent for the things I have done wrong in my actions and attitudes that are unworthy to the word of God as a Christian when I pray "Hallowed be Thy Name".

I recommit my life to You to live a holy life in obedience to the word of God ("Be holy for I am holy"(1Peter 1:16), to live a life worthy to the name of Holy Yahweh continually and asking the help of the Holy Spirit to live a spirit filled life moment by moment to prove that the owner of my life is Jesus Christ.

(Let the throne of my life be taken by Jesus through the obedience to the Word of God)

Help me to live a life sharing the faith by trusting the Holy Spirit with the person (the name of person you are planning to reach with the gospel) who is not living a life worthy of the holy name of Yahweh due to unbelief in Jesus Christ so that both of us may live a faithful life until we reach heaven.

	As Jesus Christ honored the name of God when he incarnate into this world, let my life honor the name of God in obedience to the Word of God and help me to be a model to the person(you are planning to reach with the gospel) for whom I am praying and serving now so that both of us can dedicate our lives to the advancement of God's kingdom. I pray in the name of our Lord Jesus Christ who taught me how to pray through the Lord's prayer. (Amen)
생각나누기	〈이름이 거룩히 여김을 받으시오며〉 간구를 4PMT로 적용하며 기도하고 실천하고 있는가?

넷째 : 하나님 나라 부흥은 하하하 하나님 땡큐운동으로!!!

〈주기도운동〉은 소책자 "기도문으로 기도하기" 4PMT로 이루어간다.
〈하하하 하나님 땡큐운동〉은 살전 5:16~19을 적용한다.

기도	쉬지 말고 기도하라! 데살니가전서 5:17을 첫째 간구에 적용하여 말씀으로 기도하기.
	거룩하신 아버지의 이름을 우리에게 알게 하시고 믿게 하심에 감사를 드립니다. **아버지의 거룩하신 영광**의 빛 가운데로 인도하시고 더 이상 세상의 영을 받지 않고 하나님의 영 가운데 범사에 거룩한 삶을 살도록 축복하신 아버지의 은혜에 감사드립니다. 주는 나의 창조주 하나님이시며 모든 좋은 것을 허락하셨는데 (각자의 구체적인 내용으로 기도한다) 제가 감사하지 못하며 헛된 것을 생각하므로 주님의 영광이 되지 못함을 **회개**합니다. 아버지의 영광이 아닌 헛된 것으로 만족하려 한 저를 용서하시고 오직 **아버지의 거룩하신 이름으로 감사함이 넘치게** 하여 주시옵소서. **거룩하신 주의 말씀에 감사하고 순종하여** (각자의 구체적인 내용으로 기도한다) 아버지의 영광을 위하여 살게 하심을 믿고 감사를 드립니다. 오직 주의 거룩하신 이름에 의지하며 나의 모든 삶 가운데 감사함으로 행하여 **거룩하신 아버지의 뜻이** 이루어지게 하심을 믿고 감사드립니다. 예수님의 이름으로 기도드립니다. 아멘
	아버지의 자녀로서 기도를 회복하고 성령 충만한 삶을 살고 있는가?

다섯째 : 주기도로 삶을 사는 하나님의 자녀들의 영적성장 점검표

영적성장 점검표을 통해 영적 성장을 확실하게 경험하자!!

회개 및 간구 : 매일 회개 및 간구한 기도 내용을 기록한다.
성령충만 : 매일 본 교재에서 제시한 열매와 은사 중 실천한 것을 기록한다.
지상명령(전도, 선교) : 전도한 사람의 이름이나 태신자 이름, 기도한 선교 대상지를 기록한다. 전도지를 사람에게 나누어준 명수를 기록한다.
헌신 : 기쁨, 기도, 감사 : 하나님께 영광 돌린 것을 기록한다.
〈하하하 하나님 땡큐〉 하루에 3번 이상 반복하기
성경읽기 : 구약, 신약성경을 매일 3-5장씩 읽은 곳을 기록한다.

주기도 운동 영적 일기 쓰기   20   년   월

요일	회개 및 간구	성령충만(전인격) 성령의 열매	지상명령성취 선교/전도(대상자)	헌신(실천) 기쁨, 기도, 감사	말씀읽기 말씀요절
월					
화					
수					
목					
금					
토					
일					
평가					

＊영적 점검표는 견본으로 제공하며 복사해서 계속 사용 할 수 있다.

9 파테르라이프 50

하나님의 자녀는 어떻게 살아야 합니까?

주기도문 첫 번째 간구 3-3
이름이 거룩히 여김을 받으시오며 (Hallowed be Thy name)
마태복음 6장 9절

찬송부르기 : 슬픈 마음 있는 사람(통91장)91장, 주님의 마음을 본받는 자(통507)455장
성경읽기 : 출애굽기 20:7, 사도행전 11:26, 요한계시록 20:11~15, 전도서 7:1
묵상하기 : 하나님의 이름을 욕되게 했거나 개인적인 욕망을 위해 하나님의 이름을 이용한 적이 있나요?

첫째 : "이름이 거룩히 여김을 받으시오며"를 열어주는 메시지

주기도문의 첫째 간구(The First Petition)인 "이름이 거룩히 여김을 받으시오며"라고 간구하는 삶은 무엇(What)이며, 어떻게(How)사는 것인가 를 이해하며 이 간구를 자신의 삶에 적용하는 것이 지상명령을 위해 사는 삶이고 성령 충만한 삶인 것을 알게 한다. 이름은 인격을 말하고 그의 존재(Being)를 의미한다. 우리는 하나님의 인격이 마땅한 대우를 해야 한다. 우리가 지저분하고 우리의 인생을 더럽게 살면 하나님의 이름이 모독을 당하는 것이다. 우리의 기도나 말이나 행동이나 사역을 통하여 주님의 이름을 높여 지기를 바란다.

1. "하나님의 이름에 대한 이해 즉 하나님의 실제와 이름과의 관계성에 대하여 어떻게 이해하고 있는가"를 나누어 보자.

보기	보기에서( )안에 맞는 단어를 찾고 합당한 성경구절을 기록하자
	① 이적 ② 표적 ③ 기사 ④ 구원의 능력 ⑤ 삶의 현장 ⑥ 고난 ⑦ 하나님 ⑧ 기묘자 ⑨ 모사 ⑩ 전능하신 하나님 ⑪ 영존하시는 하나님 ⑫ 평강의 왕

(1)	예수그리스도의 이름으로 기도 할 때 (　)과 (　)과 (　)가 일어난다. "예수 그리스도의 이름으로 기도 하라고 하신 예수 그리스도는 누구이신가를 생각을 나누어 보자.
성경	사도행전 4:30
(2)	예수그리스도의 이름으로 복음 전파할 때 (　　)이 나타난다. 예수 그리스도는 누구이신가? (요한복음 1:14)
성경	사도행전 4:12
(3)	예수 그리스도의 이름으로 기도 할 때 (　　)에서 (　　)도 기뻐한다. 예수 그리스도의 다른 이름들은 어떻게 표현하는가? (이사야 9장)
성경	사도행전 5:41

둘째 : 삶의 적용을 위한 워크샵(Workshop)
"형식적이고 외식적인 기도"란 예화로 주기도 실천적 삶에 적용

이단의 교리나 이단사상을 쫓는 자들 중에는 그 거짓 교리로 인하여 예수님의 이름으로 기도하지도 아니하고 예수님의 이름을 높이지도 않는다. 교주를 높이고 이단 교주의 이름으로 기도한다. 여호와의 이름을 망령되이 일컫는 자는 죄 중에서도 큰 죄를 짓는 것이다(출애굽기 20:7).

예수님 당시에 바리새인들은 회당과 거리 어귀에서 손을 들고 사람들이 쉽게 볼 수 있도록 기도했지만 이것은 사람들 앞에서 하나님을 향해, 하나님의 이름을 높여드리기 위해 손을 든 것이 아니며 외식적이고 형식적인 기도를 한 것이다.

신앙생활은 나를 높이는 것이 아니라 하나님을 높이고 하나님의 이름이 거룩히 여김을 받으시도록 살아야 하는 것이다. 기도도 마찬가지다. 우리의 기도 역시 하나님의 이름을 높이고 하나님의 이름이 거룩히 여김을 받으시도록 간구하는 것이다.

1. 형식적이고 외식적인 기도란 무엇입니까? 그리고 진실한 기도란 무엇입니까? 그 차이는 어디에 있다고 생각합니까?

2. 나의 성공과 성취를 위한 기도가 있다는 것은 나에게 미래에 대한 꿈과 희망이 있다는 점에서 매우 중요합니다. 그런데 그것과 하나님의 이름을 높이는 기도와는 어떤 상관이 있는지 설명할 수 있습니까?

3. 한 교회 전체가 집단으로 영적인 교만과 타락에 빠지게 되는 경우도 있을 수 있습니다. 그런 사례들의 원인들은 무엇이라고 생각합니까?
어떻게 그런 문제를 막을 수 있습니까?

셋째 : 하나님 나라 부흥은 주기도운동으로 !!!
〈주기도운동〉은 "회개, 지상명령 성취, 성령충만, 헌신"의 삶을 포함한다.

회개	**회개의 기도와 함께하는 삶.** 5. 하늘에만 계심으로 한정 지음을 회개합니다. 6. 나의 아버지 되심을 인정해 드리지 못함을 회개합니다. 첫째 간구를 통해 회개를 적용하여 기도하자. 나의 회개기도는 어떠한가?
전도  지상 명령 성취	**지상명령 성취는 전도, 선교와 함께하는 삶.** 8. 이렇게 전도할 수 있다. 　방법: 1) 항상 힘쓰라　　2) 범사에 오래 참으라 　　　　3) 가르침으로　　4) 경책하면서 　　　　5) 경계하면서 전하라 　디모데후서 4:2 "너는 말씀을 전파하라 때를 얻든지 못 얻든지 항상 힘쓰라 범사에 오래 참음과 가르침으로 경책하며 경계하며 권하라. 전도현장에서 반대 의견으로 당황스러운 일을 만났을 때에도 전도를 해 본 경험이 있었는가 있었다면 구체적으로 어떠했는가? * 전도한 태신자 (이름: 　　　　)
선교 지상 명령 성취	**믿지 않는 가까운 이웃부터 우리의 선교 대상임을 잊지 말자.** 부록〈세계선교지도〉에서 선교 대상지를 정하고 기도 한다. 혹은 담임목사님의 목회 방침에 따라 순종하면서 지원하는 선교지를 위해 기도한다. 대한민국의 평화 통일, 혹은 다른 나라들의 기도 제목을 기록하고 기도한다. 　* 각자 정해진 선교대상지에 가는 선교사로서 혹은 보내는 선교사로서 어떻게 하는 것이 가장 최선의 방법인가를 검토한다.

은사

성령충만한 삶은 성령의 은사를 실천하는 것이다.

⑦ **행정** – (로마서 12:8) 다스리는 은사이며 (헬)– 방향을 제시하고, 진로를 보여주고 지시하는 것. 질서있는 조직으로 좋은 본보기를 조성하여 교인 각자가 자원하는 마음으로 맡겨진 책임을 수행해야 한다. "앞으로 이렇게 도우면 될 거예요". "저도 돕겠어요" 등의 말로 협력과 소통을 이끌어 낸다.
(예: 이유를 찾고 해결 방법을 찾아보려고 한다)

* 각자 구제의 은사를 적용한 경험을 나누어 보기로 하자.

열매

성령충만한 삶은 성령의 열매를 실천하는 것이다.

⑧ **온유의 열매** – 온유(溫柔/gentleness) 마태복음 5:5, 마태복음 11:2 온유함은 하나님의 뜻에 복종하는 순종의 자세이며, 그 가르침을 잘 따라 행하는 행동을 말한다(에베소서 4:2).

* 각자의 온유의 열매를 적용한 경험을 나누어 보기로 하자.

헌신

헌신자의 삶의 특징은 무엇인가?

(13) 헌신자의 삶 이란 자기를 부인하고 십자가를 지고 주님을 좇는 사람이다(마태복음 18:21-26).

(14) 헌신자의 삶이란 하나님 앞에서 행동을 하기 전에 그 하고자 하는 행동의 동기(動機)가 무엇인지를 묻는 사람이다(마가복음 10:18).

* 헌신에 대한 부분은 매주일 담임 목사님의 설교를 통해서 한 주간 실천할 내용과 개인적으로 정해진 분량의 성경을 읽고 마음에 감동이 되는대로 실천한다.

* 각자의 헌신의 삶을 적용한 경험을 나누어 보기로 하자.

〈주기도운동〉은 소책자 "기도문으로 기도하기" 4PMT로 이루어간다.
첫 번째 간구인 "이름이 거룩히 여김을 받으시오며" 간구를 적용하여 기도하기

첫 번째 간구인 **"여호와의 이름이 거룩이 여김을 받으시오며"**라고 기도드리면서 여호와의 이름에 합당하게 거룩하게 살지 못하였음을 구체적으로 **회개**합니다. "내가 거룩하니 너희도 거룩하라"(베드로전서 1:16)하신 하나님의 말씀을 따라 거룩하신 여호와의 이름에 합당하게 살기 위해 성령님의 도우심을 구하며 내 삶의 주인이 예수님 되신 것을 증거 하기 위해 성경말씀에 순종하여 매 순간 성령 충만한 삶을 살 것을 결단합니다. (말씀중심의 삶을 통해 마음의 왕좌에 주님이 주인이 되시도록) 예수님을 알지 못하여 여호와의 이름에 합당하게 거룩하게 살지 못하고 있는 (전도대상자 ○ ○ ○ 이름을 부르며) 그를 **전도**하여 그와 함께 여호와의 거룩한 이름에 합당한 삶을 살며 천국에 갈 때까지 성령님을 의지하는 믿음의 삶을 나누게 하여 주시옵소서. 말씀이 육신이 되어 오신 예수님께서 언제나 하나님의 말씀에 순종하시므로 써 하나님 아버지의 거룩이 여김 받게 하셨던 것처럼 나도 말씀에 순종하는 삶을 통해 아웃에게 하나님의 이름을 거룩하게 여김 받게 하시고, 기도하며 섬기고 있는 ○ ○ ○에게 그리스도인의 본이 되게 하셔서, ○ ○ ○ 또한 하나님 나라를 위해 헌신하게 도와주시옵소서. 주기도로 기도를 가르쳐 주신 나의 주 하나님 예수 그리스도 이름으로 기도드립니다.

The first petition

Lord, I repent for the things I have done wrong in my actions and attitudes that are unworthy to the word of God as a Christian when I pray "Hallowed be Thy Name".

I recommit my life to You to live a holy life in obedience to the word of God ("Be holy for I am holy"(1Peter 1:16), to live a life worthy to the name of Holy Yahweh continually and asking the help of the Holy Spirit to live a spirit filled life moment by moment to prove that the owner of my life is Jesus Christ.

(Let the throne of my life be taken by Jesus through the obedience to the Word of God)

Help me to live a life sharing the faith by trusting the Holy Spirit with the person (the name of person you are planning to reach with the gospel) who is not living a life worthy of the holy name of Yahweh due to unbelief in Jesus Christ so that both of us may live a faithful life until we reach heaven.

As Jesus Christ honored the name of God when he incarnate into this world, let my life honor the name of God in obedience to the Word of God and help me to be a model to the person(you are planning to reach with the gospel) for whom I am praying and serving now so that both of us can dedicate our lives to the advancement of God's kingdom. I pray in the name of our-Lord Jesus Christ who taught me how to pray through the Lord's prayer. (Amen)

〈이름이 거룩히 여김을 받으시오며〉 간구를 4PMT로 적용하며 기도하고 실천하고 있는가?

넷째 : 하나님 나라 부흥은 하하하 하나님 땡큐운동으로!!!

〈주기도운동〉은 소책자 "기도문으로 기도하기" 4PMT로 이루어간다.
〈하하하 하나님 땡큐운동〉은 살전 5:16~19을 적용한다.

감사	범사에 감사하라! 란 말씀(데살로니가전서 5:18) "하늘에 계신 우리 아버지" 간구에 적용하여 말씀 기도하기.
	범사에 감사하라 거룩하신 아버지의 이름을 우리에게 알게 하시고 믿게 하심에 감사를 드립니다. 아버지의 거룩하신 영광의 빛 가운데로 인도하시고 더 이상 세상의 영을 받지 않고 하나님의 영 가운데 범사에 거룩한 삶을 살도록 축복하신 아버지의 은혜에 감사드립니다. 주는 나의 창조주 하나님이시며 모든 좋은 것을 허락하셨는데 (각자의 구체적인 내용으로 기도한다) 제가 감사하지 못하며 헛된 것을 생각하므로 주님의 영광이 되지 못함을 회개합니다. 아버지의 영광이 아닌 헛된 것으로 만족하려 한 저를 용서하시고 오직 아버지의 거룩하신 이름으로 감사함이 넘치게 하여 주시옵소서. 거룩하신 주의 말씀에 감사하고 순종하여 (각자의 구체적인 내용으로 기도한다) 아버지의 영광을 위하여 살게 하심을 믿고 감사를 드립니다. 오직 주의 거룩하신 이름에 의지하며 나의 모든 삶 가운데 감사함으로 행하여 거룩하신 아버지의 뜻이 이루어지게 하심을 믿고 감사드립니다. 예수님의 이름으로 기도드립니다. 아멘
생각나누기	아버지의 자녀로서 감사를 회복하고 성령 충만한 삶을 살고 있는가?

다섯째 : 주기도로 삶을 사는 하나님의 자녀들의 영적성장 점검표

영적성장 점검표을 통해 영적 성장을 확실하게 경험하자!!

회개 및 간구 : 매일 회개 및 간구한 기도 내용을 기록한다.
성령충만 : 매일 본 교재에서 제시한 열매와 은사 중 실천한 것을 기록한다.
지상명령(전도, 선교) : 전도한 사람의 이름이나 태신자 이름, 기도한 선교 대상지를 기록한다. 전도지를 사람에게 나누어준 명수를 기록한다.
헌신 : 기쁨, 기도, 감사 : 하나님께 영광 돌린 것을 기록한다.
〈하하하 하나님 땡큐〉 하루에 3번 이상 반복하기
성경읽기 : 구약, 신약성경을 매일 3-5장씩 읽은 곳을 기록한다.

주기도 운동 영적 일기 쓰기   20   년   월

요일	회개 및 간구	성령충만(전인격) 성령의 열매	지상명령성취 선교/전도(대상자)	헌신(실천) 기쁨, 기도, 감사	말씀읽기 말씀요절
월					
화					
수					
목					
금					
토					
일					
평가					

＊영적 점검표는 견본으로 제공하며 복사해서 계속 사용 할 수 있다.

10 파테르라이프50

하나님의 자녀는 어떻게 살아야 합니까?

주기도문 두 번째 간구 4-1
나라가 임하옵시며 (Thy Kingdom come)
마태복음 6장 10절

찬송부르기 : 내주의 나라와(통246)208장, 부름 받아 나선 이몸(통355)323장
성경읽기 : 로마서 14:17-18, 마태복음 4:17, 누가복음 17:20-21, 역대하 7:14
묵상하기 : 주기도문의 주제는 "하나님의 나라"입니다. 하나님 나라 백성과 세상 나라 백성들의 다른 점은 무엇이어야 한다고 생각하십니까?

첫째 : "나라가 임하옵시며"가 열어주는 메시지

    주기도문의 둘째 간구는 하나님 나라를 위한 기도이다.
    "회개하라 천국이 가까웠느니라" (마태복음 3:2)고 외치신 예수님의 전도의 초점은 하나님 나라였고 전도의 목적도 하나님 나라 건설이었다.
    유대인들은 기도문에 대하여 "하나님의 나라를 언급하지 않는 기도는 기도가 아니다"라는 말이 있는데, 주기도문의 둘째 기원은 가장 짧지만 중심적이고 포괄적인 기원이다. 그렇기 때문에 마태복음에 덧붙여진 송영에서도 하나님에 관한 세 가지 기원 중 "나라" 만은 다시 한번 결론에서 언급된다.
    예수를 믿는다는 것은 내가 다스리던 나라를 주님께 내어 드리고 왕으로 모셔 들이는 것이다. 그리고 우리는 예수님이 친히 나를 다스려 주도록 날마다 요청하는 것이다. 나를 스스로 다스려 보니 너무나 힘이 들고 혼란스러울까? 내 안에 충만한 주님의 나라가 밖으로 흘러넘치기를 바란다.

1. 하나님 나라가 임하기를 기도하는 자의 잘못된 삶과 태도 무엇인가?

	보기에서( )안에 맞는 단어를 찾고 합당한 성경구절을 기록하자
보기	① 세상적인 ② 마음 ③ 해방신학자

(1)	현대의 세속적 그리스도인들은 교회를 다니면서도 세상적인 것에만 관심을 가지고 있다. 이들의 가치관이나 관심사 등은 철저하게 세속적이다. 성경은 디모데후서 4:10 교회 생활을 하면서(　　)것에 (　　)을 두는 교인으로 세속적으로 받아들이는 세속주의자들이 있다.
성경	디모데후서 4:10
(2)	지상 천국 건설을 하나님 나라로 보는 사람(　　) 사회구원을 영혼구원보다 강조(예. 사회주의 복음, 약자의 복음)하는 혁명적 극단주의자들이 있다. 구원은 억압으로 부터의 해방(liberation)에 있다고 주장한다.
성경	골로새서 3:16
(3)	내세의 하나님의 나라만을 말하는 이들도 있다. 그들은 실제적인 하나님의 나라(천국)는 내세에 있고 착하고 선한 사람만이 죽어서 가는 곳으로 이해한다. 지상이 천국이라는 생각해 본 적이 있다면?
성경	마태복음 16:18

둘째 : 삶의 적용을 위한 워크샵(Workshop)
"재림신앙"이란 예화로 주기도 실천적 삶에 적용

　어느 날 장로님 한분이 아버지께 미국 선교사가 설교하는 전도 집회에 함께 가자고 권유하셨다. 어떻게 된 일인지 아버지는 그 장로님을 따라 집회에 참석하셨고 집에 돌아오신 뒤 교회 전도사님에게 심방까지 요청하셨다. 전도사님이 우리 집을 방문한 날 첫 예배에서 아버지는 '찬미하라 복 주신 구세주 예수'를 부르자고 했다. 이 찬송은 내가 집에 있을 때 자주 불렀던 곡이다. 불교와 샤머니즘에 젖어있었던 어머니를 기독교로 개종시키는 것은 참으로 어려웠다.

　그때 예배 인도를 위해 오신 목사님은 어머니에게 이같이 이야기하셨다.
　"예수님 믿는 사람은 예수님이 다시 오실 것을 기다리는데 예수님 오시면 믿는 사람들은 다 살아서 둥둥 떠올라갈 것입니다. 그때 어머니만 땅에서 발을 동동 구르고 계실 것입니다"

　어머니는 그 말씀에 충격을 받으신 듯했다. 사랑하는 가족이 예수님을 만나러 둥둥 떠간다는데 자신만 혼자 남아 발을 동동 구르고 영원한 이별을 한다고 하니 기가 막힐 일이었다. 밤에 잠을 자다 깰 때에도 그 말이 귓가에 뱅뱅 돌았고 결국 어머니는 교회로 발길을 옮기셨다. 그리하여 어머니를 마지막으로 모든 가족이 다 예수님을 믿게 된 것이다.

천국은 복음이 전파되는 만큼 확장된다. 어머니께서 예수님을 믿게 되심으로 말미암아 하나님 나라의 백성이 되었고 하나님의 나라가 확장되어지게 한 사람이 되었음을 감사했다.

1. 하나님 나라에 대해서 생각해 본 적이 있습니까? 하나님 나라는 어떤 모습일 것 같습니까? 나와 내 가족 그리고 이웃과 무슨 상관이 있습니까?

2. 전도와 하나님의 나라는 어떻게 연관이 됩니까?

셋째 : 하나님 나라 부흥은 주기도운동으로 !!!
〈주기도운동〉은 "회개, 지상명령 성취, 성령충만, 헌신"의 삶을 포함한다.

회개

회개의 기도와 함께하는 삶.
1. 아버지 나라가 임하길 고대하지 못함을 회개합니다.
2. 아버지 나라에 대한 기대보다 세상을 즐긴 것 회개합니다.

두 번째 간구를 통해 회개를 적용하여 기도 할 수 있다.
예를 들면 개인과 가정, 교회, 세계 여러 나라와 국가 지도자들, 핍박을 받고 있는 지역과 기독교인, 미전도종족, 한국교회와 교단, 한국의 사회악(학교 폭력, 성과 성차별 폭력, 가정 폭력, 언어 폭력) 등을 위하여 기도할 수 있다. 또한 남북이 복음화되고 대한민국의 정치적 발전과 경제적 안정과 평화를 위해 기도할 수 있다.

✽ 나의 회개기도는 어떠한가?

전도

지상 명령 성취

지상명령 성취는 전도, 선교와 함께하는 삶.
8. 이렇게 전도할 수 있다.

방법: 1) 항상 힘쓰라   2) 범사에 오래 참으라
　　　3) 가르침으로   4) 경책하면서
　　　5) 경계하면서 전하라

디모데후서 4:2 "너는 말씀을 전파하라 때를 얻든지 못 얻든지 항상 힘쓰라 범사에 오래 참음과 가르침으로 경책하며 경계하며 권하라.

전도현장에서 반대 의견으로 당황스러운 일을 만났을 때에도 전도를 해 본 경험이 있었는가 있었다면 구체적으로 어떠했는가?

✽ 전도한 태신자 (이름:　　　　　)

선교

지상 명령 성취

믿지 않는 가까운 이웃부터 우리의 선교 대상임을 잊지 말자.

부록〈세계선교지도〉에서 선교 대상지를 정하고 기도 한다. 혹은 담임목사님의 목회 방침에 따라 순종하면서 지원하는 선교지를 위해 기도한다. 대한민국의 평화 통일, 혹은 다른 나라들의 기도 제목을 기록하고 기도한다.

* 각자 정해진 선교대상지에 가는 선교사로서 혹은 보내는 선교사로서 어떻게 하는 것이 가장 최선의 방법인가를 검토한다.

은사

성령 충만

성령충만한 삶은 성령의 은사를 실천하는 것이다.

① **긍휼** – (마태복음 5:7) 교회 교인을 어떻게 격려하고 도와서 그들의 책임을 다해 봉사하도록 하며, 교회 부흥(긍휼은 팔복의 축복 중 하나)은 긍휼의 은사를 가진 성도와 비례한다. 언어 사용에 직접적인 영향이 있다. 가령 괜찮아요! 저나 누구나 실수할 수 있지요! 용납득하며 용서하며 상대방의 부끄러움을 가리워 준다.

* 각자 긍휼의 은사를 적용한 경험을 나누어 보자.

열매

성령 충만

성령충만한 삶은 성령의 열매를 실천하는 것이다.

⑧**온유의 열매** – 온유(溫柔/gentleness) 마태복음 5:5, 마태복음 11:2 온유함은 하나님의 뜻에 복종하는 순종의 자세이며, 그 가르침을 잘 따라 행하는 행동을 말한다(에베소서 4:2).

* 각자의 온유의 열매를 적용한 경험을 나누어 보기로 하자.

헌신

헌신자의 삶의 특징은 무엇인가?

(15) 헌신자의 삶은 (디모데전서 6:6 자족하는 마음이 있으면 경건은 큰 이익이 되느니라)경건한 사람으로 하나님께 드려지고 바쳐진 삶을 통해 더 이상 자신의 뜻이나 세상 흐름에 따라 살지 않고 온전히 하나님의 뜻을 좇아 사는 삶을 사는 사람이다(빌립보서 4:11). (16) 헌신자의 삶은 하나님을 경외하는 마음에, 예수님의 십자가 속죄에서 나타난 하나님의 나를 향한 사랑을 마음속 깊이 느끼는 감정이 복합되어 사는 사람이다(이사야 26:8-9).

* 헌신에 대한 부분은 매주일 담임 목사님의 설교를 통해서 한 주간 실천할 내용과 개인적으로 정해진 분량의 성경을 읽고 마음에 감동이 되는대로 실천한다.
* 각자의 헌신의 삶을 적용한 경험을 나누어 보기로 하자.

〈주기도운동〉은 소책자 "기도문으로 기도하기" 4PMT로 이루어간다.
두 번째 간구인 "나라가 임하옵시며" 간구를 적용하여 기도하기

두 번째 간구인 〈나라가 임하옵시며〉로 적용하여 기도하기

두 번째 간구인 **"하나님 아버지의 나라가 임하옵시며"**라고 기도드리면서 주기도문의 주제 "하나님 나라"자녀로서 합당하게 살지 못하였음을 구체적으로 **회개**합니다. 하나님 나라 백성으로 합당하게 살아 드리므로 매 순간 **성령충만**한 삶을 살기를 원하는 결심합니다.(마음의 왕좌에 주님이 주인이 되시도록)

하나님 나라 백성으로 합당하게 살지 못하고 있는 (전도대상자 OOO 이름을 부르며) 그를 **전도**하여 그와 함께 하나님 나라 백성으로 합당하게 살아 천국에 갈 때까지 믿음으로 삶을 나누고 하나님의 나라 백성으로서 하나님의 나라를 확장하는 삶을 실천하는 하나님 아버지의 자녀로서 훈련시키며 **헌신**하게 하여 주시옵소서. 주기도로 기도를 가르쳐 주신 나의 주 하나님 예수 그리스도 이름으로 기도드립니다.

The Second Petition

Lord, I **repent** for not living a life as a child of God worthy to the prayer that I pray "Thy kingdom come" in the Lord's prayer.

I recommit my life to You to be a person of God who is **filled with the Holy Spirit** and to live under the absolute dominion of God, separated from the world for You and to be sincere in my words and deeds because my soul belongs to You, Jesus Christ, even as I am living in this world. (Let the throne of my life be taken by the Lord Jesus through the Word by a God-centered life)

Help me to live a life continually separated from the world under the dominion of God and **reach the person** (the name you are planning to reach with the gospel) who is living unworthy to the reign of God because he/she is not knowing Jesus Christ as his/her personal Savior and Lord as of yet that both of us may share the life of true faith until we reach heaven.

Lord, through my life of obedience to the dominion of God, may my identity of being God's people be proved to my neighbors and the person (the name you are planning to reach with the gospel) for whom I am praying and serving. May I be a model to

	others so that he/she also may **commit** his/her life to the kingdom of God. I pray in the name of Jesus Christ who taught me how to pray through the Lord's prayer. (Amen)
	〈나라가 임하옵시며〉 간구를 4PMT로 적용하며 기도하고 실천하고 있는가?

넷째 : 하나님 나라 부흥은 하하하 하나님 땡큐운동으로!!!

기쁨	항상 기뻐하라! 데살로니가전서 5:16을 〈나라가 임하오시며〉라는 두 번째 간구에 적용하여 말씀으로 기도하기
	**1. 항상 기뻐하라** 　우리를 통하여 주님의 나라를 이 땅에 이루고 계시는 하나님, 작고 보잘것없는 저를 사용하여 주시며 인도하여 주심에 감사합니다. 이 땅에서 살아가면서 여러 근심과 걱정에 잠겨 이미 주님께서 주의 나라를 이루신 사실을 기뻐하며 승리의 담대함을 갖고 나아가지 못한 것(구체적인 내용으로 기도한다)이 있었다면 그런 저의 약함을 긍휼히 여겨주시고 용서하여 주옵소서. 모든 만물의 주관자 되시며 통치자 되신 주님, 지금 제가 구상하며 시간과 노력을 쏟으려 하는 일들이 (구체적인 내용으로 기도한다) 주님의 뜻에 합한 일인지 알 수 있도록 분별력을 허락하시어 멈추든지 나아가든지 확신과 기쁨을 가지고 살아갈 수 있도록 하여주시옵소서. 모든 일들이 주님의 통치아래에 있음을 고백드리며 저의 마음과 생각, 행동들도 주관하여 주셔서 항상 기쁨과 평안을 주실 것을 믿고 감사합니다. 예수님의 이름으로 기도드립니다.
생각나누기	아버지의 자녀로서 기쁨을 회복하고 성령충만한 삶을 살고 있는가?

다섯째 : 주기도로 삶을 사는 하나님의 자녀들의 영적성장 점검표

영적성장 점검표을 통해 영적 성장을 확실하게 경험하자!!

회개 및 간구 : 매일 회개 및 간구한 기도 내용을 기록한다.
성령충만 : 매일 본 교재에서 제시한 열매와 은사 중 실천한 것을 기록한다.
지상명령(전도, 선교) : 전도한 사람의 이름이나 태신자 이름, 기도한 선교 대상지를 기록한다. 전도지를 사람에게 나누어준 명수를 기록한다.
헌신 : 기쁨, 기도, 감사 : 하나님께 영광 돌린 것을 기록한다.
〈하하하 하나님 땡큐〉 하루에 3번 이상 반복하기
성경읽기 : 구약, 신약성경을 매일 3-5장씩 읽은 곳을 기록한다.

주기도 운동 영적 일기 쓰기 20   년   월

요일	회개 및 간구	성령충만(전인격) 성령의 열매	지상명령성취 선교/전도(대상자)	헌신(실천) 기쁨, 기도, 감사	말씀읽기 말씀요절
월					
화					
수					
목					
금					
토					
일					
평가					

＊영적 점검표는 견본으로 제공하며 복사해서 계속 사용 할 수 있다.

11 파테르라이프 50

하나님의 자녀는 어떻게 살아야 합니까?

주기도문 두 번째 간구 4-2
나라가 임하옵시며 (Thy Kingdom come)
마태복음 6장 10절

찬송부르기 : 내주의 나라와(통246)208장, 부름 받아 나선 이몸(통355)323장
성경읽기 : 로마서 14:17-18, 마태복음 4:17, 누가복음 17:20-21, 역대하 7:14
묵상하기 : 주기도문의 주제는 "하나님의 나라"입니다. 하나님 나라 백성과 세상 나라 백성들의 다른 점은 무엇이어야 한다고 생각하십니까?

첫째 : "나라가 임하옵시며"가 열어주는 메시지

주기도문의 둘째 간구는 하나님 나라를 위한 기도이다.
"회개하라 천국이 가까왔느니라"(마 3 : 2)고 외치신 예수님의 전도의 초점은 하나님 나라였고 전도의 목적도 하나님 나라 건설이었다.
　유대인들은 기도문에 대하여 "하나님의 나라를 언급하지 않는 기도는 기도가 아니다"라는 말이 있는데, 주기도문의 둘째 기원은 가장 짧지만 중심적이고 포괄적인 기원이다. 그렇기 때문에 마태복음에 덧붙여진 송영에서도 하나님에 관한 세 가지 기원 중 "나라" 만은 다시 한번 결론에서 언급된다.
　예수를 믿는다는 것은 내가 다스리던 나라를 주님께 내어 드리고 왕으로 모셔 들이는 것이다. 그리고 우리는 예수님이 친히 나를 다스려 주도록 날마다 요청하는 것이다. 나를 스스로 다스려 보니 너무나 힘이 들고 혼란스러울까? 내 안에 충만한 주님의 나라가 밖으로 흘러넘치기를 바란다.

1. 하나님의 나라는 어떻게 이루어지는가?

보기에서 (　) 안에 맞는 단어를 찾고 합당한 성경구절을 기록하자		
보기	① 심령 ② 복 ③ 천국 ④ 지점 ⑤ 본점 ⑥ 중생한자 ⑦ 확장 ⑧ 교회	

(1)	"(　　) 가난한자는 (　　)이 있나니 (　　) 저희 것임이요 하나님의 나라는 그 나라의 주인이신 예수님을 나의 구주와 하나님으로 영접한 개인의 마음에서부터 시작된다." 내 마음은(　　)이고 천국은(　　)이다.	
성경	로마서 10:9~17	
(2)	(　　) 자들의 선교사역을 통해서 (　　)되어간다. (1) 국내선교　(2) 해외선교	
성경	마태복음 28:19~20	
(3)	하나님의 나라는 (　　)를 통해서 확장된다. 하나님의 나라의 의미 나에게 주는 메시지를 나누어 보자. 나라가 주는 개념은 하나님이 통치 다스림이 있다. 그 다스림에 어떻게 반응하겠는가?	
성경	마태복음 28:19~20	

둘째 : 삶의 적용을 위한 워크샵(Workshop)
"노방전도, 단기선교" 란 예화로 주기도 실천적 삶에 적용

"London Bridge" 단기선교 사역으로 갔을 때 일어난 일이다. 하이드 파크에서 의자에 앉아 있는 영국인에게 전도하려고 대화를 시작했는데 "만약 당신이 내 옆에 앉아 하나님에 대하여 나에게 말한다면 지금 이 자리에서 일어나 다른 곳으로 가겠다"라고 전도지를 받기를 거절한 사람이 있었던 생각이 났다.

역시 영국 런던 중심가에서 전도할 때이다.

길을 지나가는 모슬렘들을 대상으로 그들이 읽을 수 있는 신약성경과 예수 영화 DVD를 나누어 주었다.
"하디아 메자니아"(아람어의 뜻: 이것은 공짜입니다.)라고 하면서 지나가는 아람 사람들에게 계속 나누어 주었다. 그런데 한 번은 함께 가던 사람이 전도지 팻케지를 받아 땅바닥에 내 팽게 쳤다. 그리고 시뻘건 눈알을 부릅뜨고 쳐다보며 "너 죽을래?" 하는 것이었다. 그리고 나를 붙잡고 노려보며 지옥에나 가라 했다.

영국이라는 기독교 나라가 모슬렘 나라가 되어가는 듯한 안타까움을 느끼고 그 뒤로 영국이라는 나라에 "하나님의 나라가" 임하여 다시 하나님을 제일로 섬기는 나라로 회복되기를 기도하며 주기도문의 이 간구로 기도 했다.

그런데 더욱 마음이 아픈 때가 있었다. 내 아내가 전도지를 나누어 줄 때였다. 영국과 프랑스에서는 아내가 스마일 전도지나 예수 영화 DVD를 주면 펄쩍뛰며 안받는 사람들이 있는 것을 알았지만, 한국에서 온 한국인을 다른 나라에서 만났을 때 인상을 쓰면서 노골적으로 나오는 사람을 보면서 아내가 당황하는 모습도 보며 안타깝기도 했다.

한국의 젊은이들 중에 그런 사람들이 있다는 말은 들었지만 직접 만나보니 너무 마음이 아프고 안타까웠다. 한국의 영적인 기후(Spiritual Climate)가 나쁘게 변하고 있는 그 일면을 보고 함께 마음이 아팠다.

1) 전도와 하나님의 나라가 이 땅에 임하게 하는 것과 어떻게 연관 지어서 생각할 수 있습니까? 전도를 위해서 내가 준비해야 하는 것들은 무엇이라고 생각합니까?

2) 자녀들을 단기 선교에 참여하도록 격려하거나 가족들이 함께 단기 선교에 참여하는 경험이 있다면 그 예를 나누어 봅시다. 앞으로 그러한 경험을 가지기 위해 자녀들에게 어떻게 기도하며 양육할 것입니까?

셋째 : 하나님 나라 부흥은 주기도운동으로 !!!

〈주기도운동〉은 "회개, 지상명령 성취, 성령충만, 헌신"의 삶을 포함한다.

회개 	**회개의 기도와 함께하는 삶.** 3. 아버지 나라에 대한 소망을 적게 둔거 회개합니다. 4. 이 땅에서 아버지 나라되게 살지 못함을 회개합니다. * 두 번째 간구를 통해 회개를 적용하여 기도하자. 나의 회개기도는 어떠한가?
전도  지상 명령 성취	**지상명령 성취는 전도, 선교와 함께하는 삶.** **9. 전도는 언제까지 해야 하는가? 세상 끝날까지 해야 한다.** 세상 끝 날은 언제인가? 그날을 소망하며 증거자의 삶에 대해 점검하자. (마태복음 24:14) 이 천국 복음이 모든 민족에게 증거 되기 위하여 온 세상에 전파되리니 그제야 끝이 오리라. 전도현장에서 반대 의견으로 당황스러운 일을 만났을 때에도 전도를 해 본 경험이 있었는가 있었다면 구체적으로 어떠했는가? * 전도한 태신자 (이름:)

선교  지상 명령 성취	**믿지 않는 가까운 이웃부터 우리의 선교 대상임을 잊지 말자.** 부록〈세계선교지도〉에서 선교 대상지를 정하고 기도 한다. 혹은 담임목사님의 목회 방침에 따라 순종하면서 지원하는 선교지를 위해 기도한다. 대한민국의 평화 통일, 혹은 다른 나라들의 기도 제목을 기록하고 기도한다. * 각자 정해진 선교대상지에 가는 선교사로서 혹은 보내는 선교사로서 어떻게 하는 것이 가장 최선의 방법인가를 검토한다.
은사  성령 충만	**성령충만한 삶은 성령의 은사를 실천하는 것이다.** ② **지혜** – (로마서 12:3) 믿음의 분량대로 지혜롭게 생각하며 언어를 사용한다. * 각자 긍휼의 은사를 적용한 경험을 나누어 보자.
열매  성령 충만	**성령충만한 삶은 성령의 열매를 실천하는 것이다.** ⑨ **절제의 열매** – 절제(節制/self-control) 베드로후서 1:6, 로마서 8:5 믿는 자가 성령의 은혜에 사로잡혀 자신을 조절(Self Control)하는 것을 의미한다. * 각자의 온유의 열매를 적용한 경험을 나누어 보기로 하자.
헌신 헌신	**헌신자의 삶의 특징은 무엇인가?** (17) 헌신자의 삶은 자신을 하나님께서 기뻐하시는 "너희 몸을 하나님이 기뻐하시는 거룩한 산제사로 드리며"말씀처럼 몸은 우리의 육체만을 의미하는 것이 아니라 우리 전부를 의미하며, 우리의 마음과 뜻을 따라 행하는 도구로서의 몸을 의미를 실천하며 사는 사람이다. (로마서 12:1, 데살로니가전서 5:23, 고린도전서 6:19-20) (18) 헌신자의 삶은 주기도문의 "하늘에 계신 아버지"를 기도의 대상으로 믿고 기도 함으로 기도의 능력을 체험하는 사람이다(마태복음 6:9). * 헌신에 대한 부분은 매주일 담임 목사님의 설교를 통해서 한 주간 실천할 내용과 개인적으로 정해진 분량의 성경을 읽고 마음에 감동이 되는대로 실천한다. * 각자의 헌신의 삶을 적용한 경험을 나누어 보기로 하자.

〈주기도운동〉은 소책자 "기도문으로 기도하기" 4PMT로 이루어간다.
두 번째 간구인 "나라가 임하옵시며" 간구를 적용하여 기도하기

두 번째 간구인 〈나라가 임하옵시며〉로 적용하여 기도하기

두 번째 간구인 **"하나님 아버지의 나라가 임하옵시며"**라고 기도 드리면서 주기도문의 주제 "하나님 나라" 자녀로서 합당하게 살지 못하였음을 구체적으로 **회개**합니다. 하나님 나라 백성으로 합당하게 살아 드리므로 매 순간 **성령충만**한 삶을 살기를 원하는 결심합니다.(마음의 왕좌에 주님이 주인이 되시도록)

하나님 나라 백성으로 합당하게 살지 못하고 있는 (전도대상자 OOO 이름을 부르며) 그를 **전도**하여 그와 함께 하나님 나라 백성으로 합당하게 살아 천국에 갈 때까지 믿음으로 삶을 나누고 하나님의 나라 백성으로서 하나님의 나라를 확장하는 삶을 실천하는 하나님 아버지의 자녀로서 훈련시키며 **헌신**하게 하여 주시옵소서. 주기도로 기도를 가르쳐 주신 나의 주 하나님 예수 그리스도 이름으로 기도드립니다.

The Second Petition

Lord, I **repent** for not living a life as a child of God worthy to the prayer that I pray "Thy kingdom come" in the Lord's prayer.

I recommit my life to You to be a person of God who is **filled with the Holy Spirit** and to live under the absolute dominion of God, separated from the world for You and to be sincere in my words and deeds because my soul belongs to You, Jesus Christ, even as I am living in this world. (Let the throne of my life be taken by the Lord Jesus through the Word by a God-centered life)

Help me to live a life continually separated from the world under the dominion of God and **reach the person** (the name you are planning to reach with the gospel) who is living unworthy to the reign of God because he/she is not knowing Jesus Christ as his/her personal Savior and Lord as of yet that both of us may share the life of true faith until we reach heaven.

Lord, through my life of obedience to the dominion of God, may my identity of being God's people be proved to my neighbors and the person (the name you are planning to reach with the gospel) for whom I am praying and serving. May I be a model to

	others so that he/she also may **commit** his/her life to the kingdom of God. I pray in the name of Jesus Christ who taught me how to pray through the Lord's prayer. (Amen)
	〈나라가 임하옵시며〉 간구를 4PMT로 적용하며 기도하고 실천하고 있는가?

넷째 : 하나님 나라 부흥은 하하하 하나님 땡큐운동으로!!!

기도	쉬지 말고 기도하라! 데살니가전서 5:16을 〈나라가 임하오시며〉라는 두 번째 간구에 적용하여 말씀으로 기도하기
	2. 쉬지 말고 기도하라. 　우리를 하나님 나라의 백성 되게 하신 주님, 우리로 주님 앞에 온전히 설 그날을 위해 가장 좋은 길로 인도하여주고 계심을 믿고 감사를 드립니다. 하나님 아버지께서 "기도 쉬는 죄를 범치 말라"고 하셨지만 제 자신이 영원한 하나님 나라를 바라보는 것이 아닌 이 땅에서의 인생을 생각하느라(구체적인 내용으로 기도한다) 기도가 막히고 또 기도하는 것에 소원해졌음을 고백합니다. 저의 죄를 용서하여 주시고, 성령님 저를 더욱 강건케 하셔서 모든 순간과 상황에 쉬지 않고 기도하므로 주님의 천국 백성답게 주님의 빛으로 이 땅을 밝히며 살 수 있도록 하실 것을 믿고 감사를 드립니다. 하나님 아버지의 말씀대로 항상 깨어 기도할 수 있도록 제게 강한 체력과 새 힘을 허락하여 주시옵소서 예수님의 이름으로 기도드립니다.
생각나누기	아버지의 자녀로서 기도를 회복하고 성령충만한 삶을 살고 있는가?

다섯째 : 주기도로 삶을 사는 하나님의 자녀들의 영적성장 점검표

영적성장 점검표를 통해 영적 성장을 확실하게 경험하자!!

회개 및 간구 : 매일 회개 및 간구한 기도 내용을 기록한다.
성령충만 : 매일 본 교재에서 제시한 열매와 은사 중 실천한 것을 기록한다.
지상명령(전도, 선교) : 전도한 사람의 이름이나 태신자 이름, 기도한 선교 대상지를 기록한다. 전도지를 사람에게 나누어준 명수를 기록한다.
헌신 : 기쁨, 기도, 감사 : 하나님께 영광 돌린 것을 기록한다.
〈하하하 하나님 땡큐〉 하루에 3번 이상 반복하기
성경읽기 : 구약, 신약성경을 매일 3-5장씩 읽은 곳을 기록한다.

주기도 운동 영적 일기 쓰기 20 년 월

요일	회개 및 간구	성령충만(전인격) 성령의 열매	지상명령성취 선교/전도(대상자)	헌신(실천) 기쁨, 기도, 감사	말씀읽기 말씀요절
월					
화					
수					
목					
금					
토					
일					
평가					

＊영적 점검표는 견본으로 제공하며 복사해서 계속 사용 할 수 있다.

12 파테르라이프50

하나님의 자녀는 어떻게 살아야 합니까?

주기도문 두 번째 간구 4-3
나라가 임하옵시며 (Thy Kingdom come)
마태복음 6장 10절

찬송부르기 : 내주의 나라와(통246)208장, 부름 받아 나선 이몸(통355)323장
성경읽기 : 로마서 14:17-18, 마태복음 4:17, 누가복음 17:20-21, 역대하 7:14
묵상하기 : 주기도문의 주제는 "하나님의 나라"입니다. 하나님 나라 백성과 세상 나라 백성들의 다른 점은 무엇이어야 한다고 생각하십니까?

첫째 : "나라가 임하옵시며"를 열어주는 메시지

주기도문의 둘째 간구는 하나님 나라를 위한 기도이다.
"회개하라 천국이 가까왔느니라" (마 3 : 2)고 외치신 예수님의 전도의 초점은 하나님 나라였고 전도의 목적도 하나님 나라 건설이었다.
유대인들은 기도문에 대하여 "하나님의 나라를 언급하지 않는 기도는 기도가 아니다"라는 말이 있는데, 주기도문의 둘째 기원은 가장 짧지만 중심적이고 포괄적인 기원이다. 그렇기 때문에 마태복음에 덧붙여진 송영에서도 하나님에 관한 세 가지 기원 중 "나라" 만은 다시 한번 결론에서 언급된다.
예수를 믿는다는 것은 내가 다스리던 나라를 주님께 내어 드리고 왕으로 모셔 들이는 것이다. 그리고 우리는 예수님이 친히 나를 다스려 주도록 날마다 요청하는 것이다. 나를 스스로 다스려 보니 너무나 힘이 들고 혼란스러울까? 내 안에 충만한 주님의 나라가 밖으로 흘러넘치기를 바란다.

1. " 나라가 임하옵시며" 라고 기도할 수 있는 자격을 어떻게 가 질 수 있는가?

보기에서( )안에 맞는 단어를 찾고 합당한 성경구절을 기록하자
보기 ① 회개 ② 시민권 ③ 헌신적인 삶 ④ 사탄 ⑤ 은혜 ⑥영광

(1)	( ) 의해서 가능하다. 하나님 나라를 이루지 못한 우리의 잘못과 다른 사람들의 잘못을 슬퍼하며 고백해야 한다. 그러므로 "나라이 임하옵시며"라는 간구 속에 "회개"의 기도가 포함되어야 한다.	
성경	마태복음 4:17	
(2)	그 나라의 ( ) 자로써 합당한 ( )인 삶을 살아야 한다. 하나님의 나라가 세워지고 유지되도록 우리의 삶에 성화의 영향(Sanctifying Influence)을 끼치게 할 은혜(Grace)를 열심히 구해야 한다.	
성경	마태복음 6:33	
(3)	"나라가 임하옵시며"라고 두 번째 간구를 드리는 기원자의 자세를 웨스트민스터 소요리 문답으로 결론을 맺는다. 나라가 임하옵시며라 함은 ( )의 나라가 멸망하고 ( )의 나라가 흥왕하여 우리와 다른 사람으로 하여금 그리로 들어가 항상 있게 하시고 또 ( )의 나라가 속히 임하게 하옵심을 구하는 것이다.	
성경	빌립보서 3:20	

둘째 : 삶의 적용을 위한 워크샵(Workshop)
간음하지 말라(제 7계명)란 예화로 주기도 실천적 삶에 적용

요즘 세대들은 성문화에 대해 개방된 사회에서 살고 있다. 요즘의 대학생들의 의식도 예전 1980~1990년대의 세대와 비교할 수 없을 정도로 성에 대한 인식들이 많이 변화했다. 예를 들어 2000년 초에는 야동이라는 말이 많이 쓰이지 않았지만, 2010년대 초에는 야동이라는 단어를 초등학생들도 다 알고 쓰고 있다. 이 말은 우리의 성에 대한 인식도가 많이 바뀌어가고 있다는 것을 알 수 있다.

요즘 10대, 20대 들은 어릴 적부터 혼전순결이나 성교육도 제대로 되지 않은 자들에게 혼전순결만 강요하는 것은 기성세대들의 고지식한 생각으로만 보는 지경이 되었다. 십계명 7계명은 "간음하지 말라"했다.

성경에 나오는 음행이라는 말은 결혼 관계 밖에서 행해지는 특정 형태의 성적 행위를 가리키는 것이다. 하나님은 자신을 숭배하는 사람들이 음행을 멀리할 것을 기대하신다(데살로니가전서 4:3). 성경은 음행에 대해서 여러 가지로 이야기한다. 간음, 영매술, 술 취함, 우상 숭배, 살인, 도둑질과 함께 언급되는 심각한 죄다 (고린도전서 6:9-10).

1. 순결함의 정의를 말해봅시다. 순결의 조건은 무엇입니까? 성경이 가르치는 육체의 순결이 하나님의 나라 백성들에게 중요한 이유는 무엇입니까? 마음과 영의 자유로움과 순결함은 어떤 의미입니까? 육체적 순결과 어떻게 상호 보완될 수 있습니까? 또 언제 서로 대치될 수 있습니까?

2. 하나님의 나라 백성일 찌라도 성에 대하여 직접 간접으로(성폭력) 잘 관리하지 못하여 괴로워하고 상처 받은 사람이 있다면 이때 그들을 어떻게 수용하며, 기도하며, 격려할 수 있을까요?

셋째 : 하나님 나라 부흥은 주기도운동으로 !!!

〈주기도운동〉은 "회개, 지상명령 성취, 성령충만, 헌신"의 삶을 포함한다.

회개

회개의 기도와 함께하는 삶.
5. 먼저 믿은 나를 통하여 하나님 나라 보여주지 못함을 회개합니다.
6. 하나님 나라가 이 땅에 임하길 소망하지 못함을 회개합니다.

＊ 두 번째 간구를 통해 회개를 적용하여 기도하자. 나의 회개기도는 어떠한가?

전도

지상 명령 성취

지상명령 성취는 전도, 선교와 함께하는 삶.
10. 세상 끝날이 오기 전에 모습을 깨달아야 한다. (마태복음 24:6-12)

1. 미혹자가 많아진다.
   1) 여호와의 증인   2) 신흥종교들
   3) 뉴에이지 운동   4) 신천지

2. 재난이 심해진다. (마태복음 24:7)
   1) 대지의 징조들   2) 지구의 사막화
   3) 살인더위   4) 물난리(식수난의 위기)
   5) 슈퍼전염병
   3) 사랑이 식어진다.

전도현장에서 반대 의견으로 당황스러운 일을 만났을 때에도 전도를 해 본 경험이 있었는가 있었다면 구체적으로 어떠했는가? 전도한 태신자 (이름:)

**선교** 지상 명령 성취	**믿지 않는 가까운 이웃부터 우리의 선교 대상임을 잊지 말자.** 부록〈세계선교지도〉에서 선교 대상지를 정하고 기도 한다. 혹은 담임목사님의 목회 방침에 따라 순종하면서 지원하는 선교지를 위해 기도한다. 대한민국의 평화 통일, 혹은 다른 나라들의 기도 제목을 기록하고 기도한다. * 각자 정해진 선교대상지에 가는 선교사로서 혹은 보내는 선교사로서 어떻게 하는 것이 가장 최선의 방법인가를 검토한다.
**은사** 성령 충만	**성령충만한 삶은 성령의 은사를 실천하는 것이다.** ③ **봉사** – 봉사의 사명은 목회자를 협조하고 교회의 구제, 전도, 선교 및 여러 교회 사업에 적극성을 가지고 참여하고 상대방에게 도와드릴게요 염려마세요 하면서 앞장선다. * 각자 긍휼의 은사를 적용한 경험을 나누어 보자.
**열매** 성령 충만	**성령충만한 삶은 성령의 열매를 실천하는 것이다.** ① **사랑의 열매** – 인애 (仁愛: Love) 요한일서 4:8, 고린도전서 13장 사랑은 아홉 가지 열매를 모두 포함하는 열매이다. 주기도문의 실천적인 삶은 새 계명(마태복음 22:34, 요한복음 13:34)을 지키는 정신으로 몸과 마음을 다하여 위로 하나님을 사랑하고 이웃을 내 몸처럼 사랑하는 것이 성령의 열매를 아름답게 맺는 방법이다. * 각자의 온유의 열매를 적용한 경험을 나누어 보기로 하자.
헌신	**헌신자의 삶의 특징은 무엇인가?** (19) 헌신자의 삶는 주기도문의 "이름이 거룩하게 하옵시며"를 하나님의 기뻐하시는 거룩한 산제사를 통해 여호와의 이름을 거룩하게 높이며 사는 사람이다.(말라기 1:7-10) (20) 헌신자의 삶은 바울 선교사를 도와 복음전파와 교회개척에 힘쓴 아굴라와 브리스길라 부부의 삶을 사는 사람이다.(사도행전 18:1-3, 로마서 16:3-5) * 헌신에 대한 부분은 매주일 담임 목사님의 설교를 통해서 한 주간 실천할 내용과 개인적으로 정해진 분량의 성경을 읽고 마음에 감동이 되는대로 실천한다. * 각자의 헌신의 삶을 적용한 경험을 나누어 보기로 하자.

〈주기도운동〉은 소책자 "기도문으로 기도하기" 4PMT로 이루어간다.
두 번째 간구인 "나라가 임하옵시며" 간구를 적용하여 기도하기

두 번째 간구인 〈나라가 임하옵시며〉로 적용하여 기도하기

두 번째 간구인 **"하나님 아버지의 나라가 임하옵시며"**라고 기도드리면서 주기도문의 주제 "하나님 나라"자녀로서 합당하게 살지 못하였음을 구체적으로 **회개**합니다. 하나님 나라 백성으로 합당하게 살아 드림으로 매 순간 **성령충만**한 삶을 살기를 원하는 결심합니다.(마음의 왕좌에 주님이 주인이 되시도록)

하나님 나라 백성으로 합당하게 살지 못하고 있는 (전도대상자 OOO 이름을 부르며) 그를 **전도**하여 그와 함께 하나님 나라 백성으로 합당하게 살아 천국에 갈 때까지 믿음으로 삶을 나누고 하나님의 나라 백성으로서 하나님의 나라를 확장하는 삶을 실천하는 하나님 아버지의 자녀로서 훈련시키며 **헌신**하게 하여 주시옵소서. 주기도로 기도를 가르쳐 주신 나의 주 하나님 예수 그리스도 이름으로 기도드립니다.

The Second Petition

Lord, I **repent** for not living a life as a child of God worthy to the prayer that I pray "Thy kingdom come" in the Lord's prayer.

I recommit my life to You to be a person of God who is **filled with the Holy Spirit** and to live under the absolute dominion of God, separated from the world for You and to be sincere in my words and deeds because my soul belongs to You, Jesus Christ, even as I am living in this world. (Let the throne of my life be taken by the Lord Jesus through the Word by a God-centered life)

Help me to live a life continually separated from the world under the dominion of God and **reach the person** (the name you are planning to reach with the gospel) who is living unworthy to the reign of God because he/she is not knowing Jesus Christ as his/her personal Savior and Lord as of yet that both of us may share the life of true faith until we reach heaven.

Lord, through my life of obedience to the dominion of God, may my identity of being God's people be proved to my neighbors and the person (the name you are planning to reach with the gospel) for whom I am praying and serving. May I be a model to

others so that he/she also may **commit** his/her life to the kingdom of God. I pray in the name of Jesus Christ who taught me how to pray through the Lord's prayer. (Amen)

〈나라가 임하옵시며〉 간구를 4PMT로 적용하며 기도하고 실천하고 있는가?

넷째 : 하나님 나라 부흥은 하하하 하나님 땡큐운동으로!!!

| 감사 | 범사에 감사하라! 데살니가전서 5:18을 〈나라가 임하오시며〉라는 두번째 간구에 적용하여 말씀으로 기도하기 |

3. 범사에 감사하라.

 예수님이 저의 죄를 대속하여 주심으로 주님의 나라가 저이 나라 되게 하셔서 제게 안정감을 주셔서 또 제가 이 악하고 어두운 세상에 속한 자가 아닌 주님의 나라에 속한 자 되게 하시고 저를 지키시고 보호하여 주셔서 감사합니다.
 제게 주어진 모든 상황들과 생활과 주변 사람들을 주님의 선하신 뜻 가운데 허락해 주셨음에도 불구하고(구체적인 내용으로 기도한다) 기뻐하지 못하고 감사하지 못하며 사랑하지 못하였던 것을 회개합니다. 또한 제 안에 세상의 문화 속에서 세상의 것을 탐하며 구하는(구체적인 내용으로 기도한다) 마음이 있습니다. 제가 회개하고 내려놓을 수 있는 마음을 허락하여 주옵소서.
 하나님 아버지 주님의 나라가 반드시 임할 것을 믿음으로 감사드리며 기도드립니다. 주님의 크신 능력과 지혜와 사랑으로 제 기도(구체적인 내용으로 기도한다)에 응답하여 주실 것을 믿고 감사를 드립니다. 하나님 제가 매일 주님께서 허락하신 하루를 살아가며 모든 것에 감사할 수 있는 지혜와 기쁨을 허락하여 주실 줄 믿고 감사합니다. 예수님 이름으로 기도드립니다. 아멘

| 생각나누기 | 아버지의 자녀로서 감사를 회복하고 성령충만한 삶을 살고 있는가? |

다섯째 : 주기도로 삶을 사는 하나님의 자녀들의 영적성장 점검표

영적성장 점검표을 통해 영적 성장을 확실하게 경험하자!!

회개 및 간구 : 매일 회개 및 간구한 기도 내용을 기록한다.
성령충만 : 매일 본 교재에서 제시한 열매와 은사 중 실천한 것을 기록한다.
지상명령(전도, 선교) : 전도한 사람의 이름이나 태신자 이름, 기도한 선교 대상지를 기록한다. 전도지를 사람에게 나누어준 명수를 기록한다.
헌신 : 기쁨, 기도, 감사 : 하나님께 영광 돌린 것을 기록한다.
〈하하하 하나님 땡큐〉 하루에 3번 이상 반복하기
성경읽기 : 구약, 신약성경을 매일 3~5장씩 읽은 곳을 기록한다.

주기도 운동 영적 일기 쓰기 20   년   월

요일	회개 및 간구	성령충만(전인격) 성령의 열매	지상명령성취 선교/전도(대상자)	헌신(실천) 기쁨, 기도, 감사	말씀읽기 말씀요절
월					
화					
수					
목					
금					
토					
일					
평가					

＊영적 점검표는 견본으로 제공하며 복사해서 계속 사용 할 수 있다.

13 파테르라이프 50

하나님의 자녀는 어떻게 살아야 합니까?

주기도문 세 번째 간구 5-1
뜻이 하늘에서 이루어진 것 같이 땅에서도 이루어지이다
(Thy will be done, on earth as it is in heaven)
마태복음 6장 10절

찬송부르기 : 주님의 뜻을 이루소서(통217)425장, 내 주여 뜻대로 행하시옵소서(통431)549장
성경읽기 : 베드로전서 4:2, 고린도후서 7:10, 마태복음 7:21, 시편 143:10
묵상하기 : 하나님의 뜻 분별이 어렵고 삶에 혼란이 일어날 때 어떻게 해결하기를 원하는가?

첫째 : 뜻이 하늘에서 이루어진 것 같이 땅에서도 이루어지이다"가 열어 주는 메시지

세 번째 간구를 통해 하나님의 뜻이 무엇(What)인지를 배우고 하나님의 뜻을 어떻게(How) 행할 수 있는지에 대해 배우며 매 순간마다 성령 충만한 신앙생활과 지상명령 성취를 통해 뜻이 땅에서 이루어지기를 위해 헌신된 삶을 살아가게 한다. 하나님의 뜻이 이루어지기를 기도하는 것은 왕이신 하나님의 통치가 임하는 기도를 하는 것이다. 이 기도는 사람의 뜻을 하늘에서 이루기 위한 것이 아니라, **하나님의 뜻을 땅에 이루기 위한 것이다.** 기도란 내 뜻이 아버지의 뜻 앞에 굴복되어지는 과정이다.

1. 하나님의 뜻은 어떻게 이루어지는가?

	보기에서( )안에 맞는 단어를 찾고 합당한 성경구절을 기록하자
보기	① 비밀의 ② 계시된 ③ 감추어진 ④ 작정적인 ⑤ 성경책 ⑦ 계시 ⑧ 교훈적인 ⑨ 하나님 여호와께

(1)	1) 하나님의 (　　) 뜻 이것은 (　　) 뜻이고 (　　) 뜻이라 할 수 있다. 이 비밀스런 뜻은 알 수도 없는 것이고, 이것은 하나님 자신의 흉중에 간직되어 있으며, 인간도 천사도 이것을 여는 열쇠를 가지지 못한다. 이것은 감추어진(secret) 뜻이고, 작정적인 뜻이라고 할 수 있다.
성경	요한계시록 4:11

(2)	2) 하나님의 (　　) 뜻 이 뜻은 (　　)에 기록되어있다. 이것은 (　　)된 것이고 (　　) 뜻이라 할 수 있다. 이것은 계시된(Revealed)것이고 교훈적인(Preceptive) 하나님의 뜻이라고 할 수 있다. 하나님의 스스로 보시기에 좋은 대로 성경에 알려 놓으셨다.
성경	다니엘 4:35

(3)	3) 모세가 다음과 같이 이스라엘 백성에게 한 말에서 명백하게 구분하고 있다. "감추어진(scret)" 일은 우리 (　　) 속하였거니와 "나타난(revealed)" 일은 영원히 우리와 우리 자손에게 속하였나니 이는 우리에게 이 율법책의 모든 말씀을 행하게 하심이라(신 29:29) 하나님의 뜻을 두 부분으로 나누어 비밀의 뜻과 계시된 뜻을 나누게 된다.
성경	마태복음 6:33

둘째 : 삶의 적용을 위한 워크샵(Workshop)
"하나님의 뜻을 분별하는 방법"이란 예화로 주기도 실천적 적용

성도들이 많이 사용하는 말 중에 하나는 하나님의 뜻이라는 말일 것이다.
찬송하며서 "내주여 뜻대로 행하시옵소서" 하며 기도 중에도 "하늘에서 뜻이 이루어진 것처럼 땅에서 이루어지기를 원하나이다" 응답해 주신 대로 하나님의 뜻을 따르겠습니다. 하나님의 뜻을 보여 주시옵소서라고 기도 한다.
신앙생활을 하면서 무엇을 시작하려고 할 때에 과연 하나님의 뜻은 어디에 있는지, 이것이 정말 하나님께서 기뻐하시는 하나님의 뜻인지를 먼저 생각해야 한다. 그리스도인들의 생활에서는 모든 것을 정할 때 하나님의 뜻을 먼저 살펴야 합니다. 왜냐하면 성도들은 하나님의 뜻을 따라야 되는 하나님의 자녀들이기 때문이다.
아래 각각의 내용들을 검토하며 "하나님의 뜻"을 따라 사는 분별력을 배울 수 있게 되기를 바란다. 각자 자기 대답을 말하며 자기의 사례를 나누어 보기로 하자.

1. 지금까지 하려고 하는 것이 하나님을 영화롭게 하는 것인지 확인하였습니다.
   (예, 아니오)

2. 모든 사람에게 예수 그리스도의 이름으로 이 일을 당당하게 행할 수 있는가 물으면서 실행했습니다(시편 119:59-60). (예, 아니오)
   이 일로 인해 신앙이 성장되고 진보되는지 이 일로 하나님께 더 가까워졌는가를 물으면서 실행했습니다. (예, 아니오)

셋째 : 하나님 나라 부흥은 주기도운동으로 !!!

〈주기도운동〉은 "회개, 지상명령 성취, 성령충만, 헌신"의 삶을 포함한다.

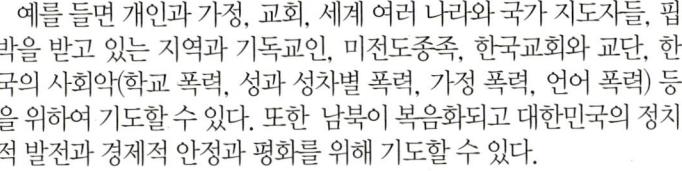

회개의 기도와 함께하는 삶.

1. 아버지 뜻대로 살지 못함을 회개합니다.
2. 아버지 뜻을 바로 알려고 하지 않음을 회개합니다.
3. 아버지 뜻보다 내 마음대로 먼저 움직임을 회개합니다.

세 번째 간구를 통해 회개를 적용하여 기도 할 수 있다.

예를 들면 개인과 가정, 교회, 세계 여러 나라와 국가 지도자들, 핍박을 받고 있는 지역과 기독교인, 미전도종족, 한국교회와 교단, 한국의 사회악(학교 폭력, 성과 성차별 폭력, 가정 폭력, 언어 폭력) 등을 위하여 기도할 수 있다. 또한 남북이 복음화되고 대한민국의 정치적 발전과 경제적 안정과 평화를 위해 기도할 수 있다.

✽ 나의 회개기도는 어떠한가?

지상명령 성취는 전도, 선교와 함께하는 삶.

11. 새시대운동(New age movement)의 특징을 알고 믿음의 도(복음)를 지켜야 한다.

새 시대의 운동은 사단의 타락(창세기 3:4-5, 이사야 14:12)과 고대 바벨론 신비주의 영향(창세기 10-11장)을 받았다. 함께 동양 사상과 철학과 종교에 뿌리를 두고 꽃은 서구 사회의 장(場)을 통해 나타난 일종의 종교와 문화의 통합적인 운동이며 세계 최고의 과학과 문화가 발전된 미국에서 그 영향이 급속도로 확산되며 세계에 보급되고 복음 전도를 막고 있다.

영지주의(gnosticism), 초자연주의(transcendentalism), 동양의

전도  지상 명령 성취	전통(oriental traditions), 윤회설(reincanation), 심령술(spiritulism), 최면술(mesmerism) 　심리학 정신 분석학(psychoanalysis) 이런 모든 통합적 요소들이 극단적 인간(자아) 중심으로 인간이 모든 것이고 모든 것을 할 수 있다고 신의 자리까지 끌어올리고 있다(He is everything을 거꾸로 Every thing is he.로 바꾸고 있다.) 　새시대운동은(new age movement)과 새 세계 질서(new world order)는 세계 단일 정부를 꿈꾸고 있는 조직이다. 이러한 계획을 실현하기 위해 문화 속에 각양 각종의 위장을 통해 침투하여 기독교 안에서 세속문화(황금만능주의, 3S= Sex, Sport, Screen)에 물들게 하여 믿음의 도(복음)에서 멀어지게 하고 있다. 이러한 현실에서 주기도문 아카데미는 그 사명을 최후승리 얻을 때까지 믿음의 도(복음)를 전해야 할 것이다. 　전도현장에서 반대 의견으로 당황스러운 일을 만났을 때에도 전도를 해 본 경험이 있었는가 있었다면 구체적으로 어떠했는가? 전도한 태신자 (이름:　　　　)
선교  지상 명령 성취	**믿지 않는 가까운 이웃부터 우리의 선교 대상임을 잊지 말자.** 부록〈세계선교지도〉에서 선교 대상지를 정하고 기도 한다. 혹은 담임목사님의 목회 방침에 따라 순종하면서 지원하는 선교지를 위해 기도한다. 대한민국의 평화 통일, 혹은 다른 나라들의 기도 제목을 기록하고 기도한다. ＊ 각자 정해진 선교대상지에 가는 선교사로서 혹은 보내는 선교사로서 어떻게 하는 것이 가장 최선의 방법인가를 검토한다.
은사  성령 충만	**성령충만한 삶은 성령의 은사를 실천하는 것이다.** ④ **교육** (교사)(로마서 12:7, 에베소서 4:11) 가르치는 자는 가르치는 일로, 가르침을 받는 자는 바른 뜻을 깨닫고 삶에 적용하며 실천한다. (히브리서 13:17) "너희를 인도 하는자 들에게 순종하고 복종하라 …… (생략)…. 그렇지 않으면 너희에게 유익이 없느니라. ＊ 각자 긍휼의 은사를 적용한 경험을 나누어 보자.

 열매	성령충만한 삶은 성령의 열매를 실천하는 것이다. ② **희락의 열매** – 기쁨(喜樂: Joy) 로마서 14:17, 데살로니가전서 1:6 주기도문의 실천적인 삶은 항상 기뻐하는 삶(데살로니가전서 5:17-18)을 사는 것이고 주님의 뜻을 이루는 삶이다. 그래서 항상 살아있는 것이 기쁨이고, 돈이 있든지 없든지, 건강하든지 않든지 어떤 상황에서도 긍정적이다. 항상 마음이 안하고 낙관적이다. 거의 불만을 느끼지 않는다. 주기도문의 뜻에 순종하면서 많은 어려움과 고난 속에서 참된 기쁨을 누리는 것은 바로 성령의 열매를 맺는 방법이다. * 각자의 온유의 열매를 적용한 경험을 나누어 보기로 하자.
헌신	**헌신자의 삶의 특징은 무엇인가?** (1) 헌신자의 삶의 관문은 죄인임을 알고 회개가 가능한 사람이어야 한다. (2) 헌신자의 삶은 하나님의 나라 백성의로 회개(마태복음 4:17, 사도행전 2:28)가 가능한 사람이며 성령 충만하며 성령의 열매가 있는 사람이다(갈라디아 5:22-23). * 헌신에 대한 부분은 매주일 담임 목사님의 설교를 통해서 한 주간 실천할 내용과 개인적으로 정해진 분량의 성경을 읽고 마음에 감동이 되는대로 실천한다. * 각자의 헌신의 삶을 적용한 경험을 나누어 보기로 하자.

〈주기도운동〉은 소책자 "기도문으로 기도하기" 4PMT로 이루어간다.
세 번째 간구인 "뜻이 하늘에서 이루어진 것 같이" 간구를 적용하여 기도하기

 세 번째 간구인 **"뜻이 하늘에서 이루어진 것 같이 땅에서도 이루어지이다"**라고 기도드리면서 "너는 말씀을 전파하라 때를 얻든지 못 얻든지 항상 힘쓰라 디모데서 4:2" 말씀대로 순종하지 못했음을 회개합니다. 하나님의 뜻에 합당하게 살아 드리므로 매 순간 성령충만한 삶을 살기를 결심합니다.(마음의 왕좌에 주님이 주인이 되시도록) 하나님의 뜻대로 합당하게 살지 못하고 있는 (전도대상자 OOO 이름을 부르며) 그를 전도하여 그와 함께 하나님의 뜻을 잘 분별하고 합당하

게 살아 천국에 갈 때까지 믿음으로 삶을 나누고 하나님의 뜻을 이루어가는 백성으로서 하나님의 뜻대로 삶을 실천하는 하나님 아버지의 자녀로서 훈련시키며 헌신하게 하여 주시옵소서. 주기도로 기도를 가르쳐 주신 나의 주 하나님 예수 그리스도 이름으로 기도드립니다.

The third petition

I repent, Lord, for not obeying the word of God which commands "Preach the Word; be prepared in season and out of season"(2 Timothy 4:2) and clearly tells that Your will for us is to preach the word of God to the ends of the earth when I pray "Thy will be done on earth as it is in heaven".

I recommit my life to You, God, to live a life of witnessing Jesus Christ through the words and deeds of my life by living a spirit filled life as the Holy Spirit convincing me that the most important part of God's will (who saved me from the sin of death) for my life is to preach the gospel of Jesus Christ. (Let the throne of my life be taken by Jesus Christ through the Word of God)

Help me be a channel of blessing to the person I am praying for and serving (insert the name), to bring salvation to him/her who is not living worthy of the will of God as he/she is not knowing Jesus Christ as his/her personal Savior and Lord. And help us to fulfill the will of God to be witnesses of the gospel in this world until we reach heaven.

Lord, please make me a child preaching the gospel, the most joyful news ever, through my life to fulfill the will of You, God, on earth, and help me be a model to the person (insert name here) for whom I am praying and serving so that he/she also may dedicate his/her life to the kingdom of God.

I pray in the name of Jesus Christ who taught me how to pray through the Lord's prayer. (Amen)

생각나누기 | 〈뜻이 하늘에서 이루어진 것 같이〉 간구를 4PMT로 적용하며 기도하고 실천하고 있는가?

넷째 : 하나님 나라 부흥은 하하하 하나님 땡큐운동으로!!!

기쁨	"항상 기뻐하라" (데살로니가전서 5:16)을 "뜻이 하늘에서 이루어진 것 같이 땅에서도 이루어지이다" 간구에 적용하여 말씀 기도하기.
	**1. 항상 기뻐하라.** 　'하나님의 뜻'이 하늘에서 이루어진 것 같이 땅에서도 이루어지기를 원하시는 하나님 아버지께 모든 영광을 올려 드립니다. "아바 아버지"라 부를 수 있도록 특권을 주셨고 나의 삶 속에서 아버지 하나님께서 계시는 천국에 대한 소망으로 인하여 기쁨으로 살아갈 수 있도록 인도해 주셨음에 감사와 영광을 드립니다. 이 세상에 사는 동안 '하나님의 뜻'을 알지 못하고 '나의 뜻'이 이루어지도록 죄와 함께 거하면서 살아왔던 부족한 저희들을 용서하여 주시옵소서. 지금 제가 하고 있는 일(구체적인 내용으로 기도한다)이 아버지 앞에 기쁨이 없사오며 '하나님의 뜻'이 아닌 '나의 뜻'을 이루려고 했다면 회개할 수 있게 하시며 포기할 수 있는 용기를 허락하여 주옵소서. 　'하나님의 뜻'이 하늘에서 이루어진 것 같이 땅에서도 이루어지기를 원하시는 하나님, 지금 내가 하고 있는 일과 하려는 일(구체적인 내용으로 기도한다)이 하나님 아버지께서 기뻐하시는 일이라면 나에게도 말씀 안에 기쁨이 넘치게 하시며 믿음으로 구할 수 있게 하여 주시옵소서. 나의 삶의 구석구석(혹은 모든 영역을 위해)에서 항상 기쁨으로 구할 때 '하나님의 뜻'이 하늘에서 이루어진 것 같이 땅에서도 이루어지게 하심을 믿고 감사드립니다. 예수님의 이름으로 기도드립니다. 아멘
	아버지의 자녀로서 기쁨 주님의 뜻을 실현 시키기위해 기쁨에 기쁨을 더해야 함을 깨닫고 성령 충만한 삶을 오직 기쁨임을 알고 "기뻐하라"고 말해 본 적은 있는지 나누어 보자.

다섯째 : 주기도로 삶을 사는 하나님의 자녀들의 영적성장 점검표

영적성장 점검표을 통해 영적 성장을 확실하게 경험하자!!

회개 및 간구 : 매일 회개 및 간구한 기도 내용을 기록한다.
성령충만 : 매일 본 교재에서 제시한 열매와 은사 중 실천한 것을 기록한다.
지상명령(전도, 선교) : 전도한 사람의 이름이나 태신자 이름, 기도한 선교 대상지를 기록한다. 전도지를 사람에게 나누어준 명수를 기록한다.
헌신 : 기쁨, 기도, 감사 : 하나님께 영광 돌린 것을 기록한다.
〈하하하 하나님 땡큐〉 하루에 3번 이상 반복하기
성경읽기 : 구약, 신약성경을 매일 3-5장씩 읽은 곳을 기록한다.

주기도 운동 영적 일기 쓰기   20   년   월

요일	회개 및 간구	성령충만(전인격) 성령의 열매	지상명령성취 선교/전도(대상자)	헌신(실천) 기쁨, 기도, 감사	맑씀읽기 말씀요절
월					
화					
수					
목					
금					
토					
일					
평가					

*영적 점검표는 견본으로 제공하며 복사해서 계속 사용 할 수 있다.

14 파테르라이프 50

하나님의 자녀는 어떻게 살아야 합니까?

주기도문 세 번째 간구 5-2
뜻이 하늘에서 이루어진 것 같이 땅에서도 이루어지이다
(Thy will be done, on earth as it is in heaven).
마태복음 6장 10절

찬송부르기 : 주님의 뜻을 이루소서(통217)425장, 내 주여 뜻대로 행하시옵소서(통431)549장
성경읽기 : 베드로전서 4:2, 고린도후서 7:10, 마태복음 7:21, 시편 143:10
묵상하기 : 하나님의 뜻 분별이 어렵고 삶에 혼란이 일어날 때 어떻게 해결하기를 원하는가?

첫째 : "뜻이 하늘에서 이루어진 것 같이 땅에서도 이루어지이다"가 열어 주는 메시지

세 번째 간구를 통해 하나님의 뜻이 무엇(What)인지를 배우고 하나님의 뜻을 어떻게(How) 행할 수 있는지에 대해 배우며 매 순간마다 성령 충만한 신앙생활과 지상명령 성취를 통해 뜻이 땅에서 이루어지기를 위해 헌신된 삶을 살아가게 한다. 하나님의 뜻이 이루어지기를 기도하는 것은 왕이신 하나님의 통치가 임하는 기도를 하는 것이다. 이 기도는 사람의 뜻을 하늘에서 이루기 위한 것이 아니라, **하나님의 뜻을 땅에 이루기 위한 것이다.** 기도란 내 뜻이 아버지의 뜻 앞에 굴복되어지는 과정이다.

1. 하나님의 뜻은 어떻게 이루어지는가?

	보기에서 ( )안에 맞는 단어를 찾고 합당한 성경구절을 기록하자
보기	① 절대주권 ② 통치권 ③ 불가항력 ④ 뜻 ⑤ 궁극적인 ⑥ 구원

(1)	하나님의 뜻은 하나님의 (　　)적이다. 최고의 권리와 (　　)을 가지고 있다. 그는 그의 피조물에 대하여 자기 뜻대로 처리하실 수 있는 최고의 권리와 통치권을 가지고 있으시다. 아무도 이것을 변경할 수도 없고, 저항할 수도 없다는 말이다. 성도의 구원도 하나님의 작정하신 뜻이라고 기록하고 있다. 성도들의 삶에서 일어나는 어떤 특별한 사건에 대해서도 하나님의 뜻 하심이 있음을 암시한다(잠언 16 : 33)	
성경	에베소서 1:11	

(2)	하나님의 뜻은 (　　)적이다. 그의 (　　)은 이루어져 왔고, 이루어지고 있고, 이루어질 것이다. 하나님의 뜻은 인간이 반대할 수는 있을지 모르지만 그러나 방해할 수는 없다.	
성경	로마서 9:19	

(3)	하나님의 뜻은 (　　)인(　　)이다. 주안에 있는 우리 에게는 영원한 영광으로 천국에서 누리는 영생이 보장되어 있다. 하나님의 뜻 앞에 겸손히 순종해본 것이 있다면 나누어 보자. 하늘의 뜻이 내 삶 속에 이루어진 주의 뜻을 고백해 보자.	
성경	요한복음 5:24	

둘째 : 삶의 적용을 위한 워크샵(Workshop)
기도와 지상명령 이란 예화로 주기도 실천적 삶에 적용

CCC국제본부에서는 매년 두 차례 모든 간사들이 모여서 하루 종일 기도하는 날이 있다. 바로 "Day of Prayer"이다.

그날은 전 세계에서 24시간 동안 기도한다고 해도 과언이 아니다. 10년 전 나는 "기도의 날"에 참석했더니 10/40 창문 지역을 기도로 불을 밝히자는 "Light the Window"라는 기도 책자를 모두에게 나누어 주었다. 그 책을 가지고 10/40 지역의 70여 나라를 위해서 집중적으로 기도했더니 하나님께서 내 마음에 "하나님의 뜻"을 이루고 싶은 꿈을 주셨다.

이것이 "하나님의 뜻"인 줄 믿사오니 주님 저를 보내 주십시오.
가서 기도하고 전도하겠습니다.

기도하기 시작 한지 5개월 정도 되었을 때부터 하나님께서는 여러 나라들을 가게 해 주셔서 그동안 30여 개 나라에 가게 되었다.

나는 올랜도에 찾아오는 수많은 사람들을 위해 기도하면서 토요일에 시간을 내어 남편과 함께 전도지를 나누어 주었는데 2013년 여름부터는 교회 간사들과 함께 올랜도 국제공항에 나가 스마일(Smile) 전도지를 나누어 주며 전도하고 있다. 비록 한번 갈 때마다 몇 사람이 약 2천 명에게 나누어 주고 있지만 하나님께서는 이런 일들을 통해서도 하나님의 나라가 확장되기를 원하시는 것이 "하나님의 뜻"이라 믿기 때문에 비록 적은 일이지만 이일을 기도하며 계속하려고 노력하고 있다.

각 도시마다 크리스천들이 공항에 나가서 일주일에 한 번 이상 전도지를 나누어 주는 일을 계속한다면 하나님께서 얼마나 기뻐하실가 생각해 본다. "하나님의 뜻이 땅에서도 이루어지기를 원하는"이 간구는 땅끝까지 복음이 전파되는 것을 원하는 기도이다. (출처: 아침향기, 크리스찬저널 김향숙 사모)

1. 왜 전도합니까? 나의 기도 목적과 전도 목표가 무엇인지 점검하자.

2. 나의 기도와 주님의 지상 명령의 성취와는 얼마나 관련이 있습니까?
주님의 지상명령 성취가 이루어지도록 구체적으로 어떻게 기도하며 전도하고 선교하고 있습니까?

＊예수 그리스도의 지상명령은 하나님의 뜻의 실천적인 과제를 나누어 생각해보자.

셋째 : 하나님 나라 부흥은 주기도운동으로!!!
〈주기도운동〉은 "회개, 지상명령 성취, 성령충만, 헌신"의 삶을 포함한다.

회개

회개의 기도와 함께하는 삶.
4. 모든 일 행하기 전에 아버지 뜻을 먼저 간구하지 못함을 회개합니다.
5. 아버지 뜻 알면서도 행하지 못함을 회개합니다.
6. 아버지께 기쁨 되기보다는 내 뜻의 기쁨을 먼저 추구함 회개합니다.
세 번째 간구를 통해 회개를 적용하여 기도하자. 나의 회개기도는 어떠한가?

지상명령 성취는 전도, 선교와 함께하는 삶.

12. "내일 지구에 종말이 온다고 해도 나는 한그루의 나무를 심겠다" 는 자세로 복음을 전하는 것과 믿음의 도(복음)를 힘써 지키기 위해 싸울 각오가 되어있는가?

전도

지상 명령 성취

1) 영적실체(spritual reality)가 존재함을 인정하고 악한 영과 싸워야 한다(에베소서 6:12). 주기도문 여섯째 간구 "다만 악에서 구하시옵소서"의 기도로 싸워 이겨야 한다.
2) 신령한 일은 신령한 것으로 분별해야 한다(고린도전서 12:3). 영분별의 은사를 구하며 종교다원주의, 영성 다원주의를 분별해야 한다.
3) 하나님께 진정한 경배의식을 드러내는 바른 말씀전파, 바른 찬양, 바른 기도.
4) 건전한 기독교 문화를 정립을 노력하며 믿음의 도(복음)를 힘껏 전하자.

전도현장에서 반대 의견으로 당황스러운 일을 만났을 때에도 전도를 해 본 경험이 있었는가 있었다면 구체적으로 어떠했는가? 전도한 태신자 (이름:)

선교

지상 명령 성취

믿지 않는 가까운 이웃부터 우리의 선교 대상임을 잊지 말자.

부록〈세계선교지도〉에서 선교 대상지를 정하고 기도한다. 혹은 담임목사님의 목회 방침에 따라 순종하면서 지원하는 선교지를 위해 기도한다. 대한민국의 평화 통일, 혹은 다른 나라들의 기도 제목을 기록하고 기도한다.

＊ 각자 정해진 선교대상지에 가는 선교사로서 혹은 보내는 선교사로서 어떻게 하는 것이 가장 최선의 방법인가를 검토한다.

은사

성령 충만

성령충만한 삶은 성령의 은사를 실천하는 것이다.

⑤ **권유**(권면) (요한복음 14:16) 성령님은 "보혜사(保惠師), the comforter 이시다. 인격적인 상담과 격려(encouragement)로 성도 한사람 한사람이 영적인 원리에 의해 날마다 살아가도록 돕는 것이다. (예 : 이번에 힘드셨지요. 공감해요! 다음에 다시 기회를 갖도록 해요)

＊ 각자 긍휼의 은사를 적용한 경험을 나누어 보자.

열매  성령 충만	**성령충만한 삶은 성령의 열매를 실천하는 것이다.** ③ **화평의 열매** - 평화(和平: Peace) 로마서 5:1, 고린도전서 14:33 　주기도문의 실천적인 삶은 자신과 상대방에게 피스메이커(Peace Maker)가 되는 것이다. 화평이란 말속에는 통일성, 완전성, 쉼, 평안 그리고 안정이란 의미가 포함되어 있다. 산상수훈의 "화평케 하는 자의 복"처럼 주기도문의 "하늘에 계신 우리 아버지"의 자녀로서의 삶에 순종함이 성령의 열매인 화평을 맺는 방법이다. ＊ 화평의 열매를 적용한 경험을 나누어 보기로 하자.
헌신 헌신	**헌신자의 삶의 특징은 무엇인가?** (3) 헌신자의 삶은 성령 충만한 사람으로 주님의 지상명령 성취(마태복음 28:19-20)에 순종하며 사람이다. (4) 헌신자의 삶은 마음과 생각은 하나님의 말씀으로 흘러넘치는 사람이다(시편 119:105). ＊ 헌신에 대한 부분은 매주일 담임 목사님의 설교를 통해서 한 주간 실천할 내용과 개인적으로 정해진 분량의 성경을 읽고 마음에 감동이 되는대로 실천한다. ＊ 각자의 헌신의 삶을 적용한 경험을 나누어 보기로 하자.

〈주기도운동〉은 소책자 "기도문으로 기도하기" 4PMT로 이루어간다.
세번째 간구인 〈뜻이 하늘에서 이루어진 것 같이 땅에서도 이루어지이다.〉로 적용하여 기도하기.

4PMT 소책자	"기도문으로 기도하기" 4PMT로
	세 번째 간구인 "뜻이 하늘에서 이루어진 것 같이 땅에서도 이루어지이다"라고 기도드리면서 "너는 말씀을 전파하라 때를 얻든지 못얻든지 항상 힘쓰라 디모데전서 4:2" 말씀대로 순종하지 못했음을 회개합니다. 하나님의 뜻에 합당하게 살아 드리므로 매순간 성령충만한 삶을 살기를 결심 합니다.(마음의 왕좌에 주님이 주인이 되시도록) 하나님의 뜻대로 합당하게 살지 못하고 있는 (전도대상자 ○○○ 이름을

부르며) 그를 전도하여 그와 함께 하나님의 뜻을 잘 분별하고 합당하게 살아 천국에 갈 때까지 믿음으로 삶을 나누고 하나님의 뜻을 이루어가는 백성으로서 하나님의 뜻대로 삶을 실천하는 하나님 아버지의 자녀로서 훈련시키며 헌신하게 하여 주시옵소서. 주기도로 기도를 가르쳐 주신 나의 주 하나님 예수 그리스도 이름으로 기도드립니다.

The third petition

I repent, Lord, for not obeying the word of God which commands "Preach the Word; be prepared in season and out of season"(2 Timothy 4:2) and clearly tells that Your will for us is to preach the word of God to the ends of the earth when I pray "Thy will be done on earth as it is in heaven".

I recommit my life to You, God, to live a life of witnessing Jesus Christ through the words and deeds of my life by living a spirit filled life as the Holy Spirit convincing me that the most important part of God's will (who saved me from the sin of death) for my life is to preach the gospel of Jesus Christ. (Let the throne of my life be taken by Jesus Christ through the Word of God)

Help me be a channel of blessing to the person I am praying for and serving (insert the name), to bring salvation to him/her who is not living worthy of the will of God as he/she is not knowing Jesus Christ as his/her personal Savior and Lord. And help us to fulfill the will of God to be witnesses of the gospel in this world until we reach heaven.

Lord, please make me a child preaching the gospel, the most joyful news ever, through my life to fulfill the will of You, God, on earth, and help me be a model to the person (insert name here) for whom I am praying and serving so that he/she also may commit his/her life to the kingdom of God.

I pray in the name of Jesus Christ who taught me how to pray through the Lord's prayer. (Amen)

생각나누기	〈뜻이 하늘에서 이루어진 것 같이〉 간구를 4PMT로 적용하며 기도하고 실천하고 있는가?

넷째 : 하나님 나라 부흥은 하하하 하나님 땡큐운동으로!!!

기도	"쉬지 말고 기도하라"(데살로니가전서 5:17)을 "뜻이 하늘에서 이루어진 것 같이 땅에서도 이루어지이다" 간구에 적용하여 말씀기도하기.
기도 기쁨 감사	**2. 쉬지 말고 기도하라.** 　하나님의 뜻이 하늘에서 이루어진 것 같이 땅에서도 이루어지기를 원하시는 하나님 아버지, "나의 뜻대로 마옵시고 아버지의 뜻대로 되기를 원 하나이다"라는 기도를 드렸던 주님처럼 우리도 그러한 주님의 기도를 드리며 살도록 인도해 주실 것을 믿고 감사를 드립니다. 하나님 아버지께서 "기도 쉬는 죄를 범치 말라" 하셨지만 제가 하고 있는 일(구체적인 내용으로 기도한다)에 기도가 잘 되지 않고 막히고 있습니다. 기도를 쉬는 죄를 범치 아니하므로 나의 뜻이 아닌 하나님의 뜻을 이루게 하옵소서. '하나님의 뜻'이 하늘에서 이루어진 것 같이 땅에서도 이루어지기를 원하시는 하나님 아버지의 사랑을 입은 자녀로서 지금 내가 하고 있는 일(구체적인 내용으로 기도한다)에 자부심을 가지고 살게 하시고 믿음으로 쉬지 않고 기도할 수 있도록 인도하시니 감사를 드립니다. 나의 삶의 구석구석에서 쉬지 않고 기도함으로 '하나님의 뜻'이 하늘에서 이루어진 것 같이 땅에서도 이루어지게 하심을 믿고 감사드립니다. 　예수님의 이름으로 기도드립니다.
	아버지의 자녀로서 기도가 주님의 뜻을 실현시키기 위해 쉬지 말고 기도해야 함을 깨닫고 성령 충만한 삶은 오직 기도임을 고백해 보자.

다섯째 : 주기도로 삶을 사는 하나님의 자녀들의 영적성장 점검표

영적성장 점검표를 통해 영적 성장을 확실하게 경험하자!!

회개 및 간구 : 매일 회개 및 간구한 기도 내용을 기록한다.
성령충만 : 매일 본 교재에서 제시한 열매와 은사 중 실천한 것을 기록한다.
지상명령(전도, 선교) : 전도한 사람의 이름이나 태신자 이름, 기도한 선교 대상지를 기록한다. 전도지를 사람에게 나누어준 명수를 기록한다.
헌신 : 기쁨, 기도, 감사 : 하나님께 영광 돌린 것을 기록한다.
〈하하하 하나님 땡큐〉 하루에 3번 이상 반복하기
성경읽기 : 구약, 신약성경을 매일 3-5장씩 읽은 곳을 기록한다.

주기도 운동 영적 일기 쓰기   20   년   월

요일	회개 및 간구	성령충만(전인격) 성령의 열매	지상명령성취 선교/전도(대상자)	헌신(실천) 기쁨, 기도, 감사	말씀읽기 말씀요절
월					
화					
수					
목					
금					
토					
일					
평가					

*영적 점검표는 견본으로 제공하며 복사해서 계속 사용 할 수 있다.

15 파테르라이프50

하나님의 자녀는 어떻게 살아야 합니까?

주기도문 세 번째 간구 5-3
뜻이 하늘에서 이루어진 것 같이 땅에서도 이루어지이다
(Thy will be done, on earth as it is in heaven)
마태복음 6장 10절

찬송부르기 : 주님의 뜻을 이루소서(통217)425장, 내 주여 뜻대로 행하시옵소서(통431)549장
성경읽기 : 베드로전서 4:2, 고린도후서 7:10, 마태복음 7:21, 시편 143:10
묵상하기 : 하나님의 뜻 분별이 어렵고 삶에 혼란이 일어날 때 어떻게 해결하기를 원하는가?

첫째 : 뜻이 하늘에서 이루어진 것 같이 땅에서도 이루어지이다"가 열어 주는 메시지

세 번째 간구를 통해 하나님의 뜻이 무엇(What)인지를 배우고 하나님의 뜻을 어떻게(How) 행할 수 있는지에 대해 배우며 매 순간마다 성령 충만한 신앙생활과 지상명령 성취를 통해 뜻이 땅에서 이루어지기를 위해 헌신된 삶을 살아가게 한다. 하나님의 뜻이 이루어지기를 기도하는 것은 왕이신 하나님의 통치가 임하는 기도를 하는 것이다. 이 기도는 사람의 뜻을 하늘에서 이루기 위한 것이 아니라, **하나님의 뜻을 땅에 이루기 위한 것이다.** 기도란 내 뜻이 아버지의 뜻 앞에 굴복되어지는 과정이다.

1. 하나님의 뜻은 어떻게 이루어지는가?

보기에서 ( )안에 맞는 단어를 찾고 합당한 성경구절을 기록하자
보기	① 예수 그리스도 ② 인간 ③ 구원 ④ 그 사명 ⑤ 십자가 ⑥ 거룩 ⑧ 범사에 감사

(1)	하나님의 뜻은 하나님의 (　　)적이다. 최고의 권리와 (　　)을 가지고 있다. 그는 그의 피조물에 대하여 자기 뜻대로 처리하실 수 있는 최고의 권리와 통치권을 가지고 있으시다. 아무도 이것을 변경할 수도 없고, 저항할 수도 없다는 말이다. 성도의 구원도 하나님의 작정하신 뜻이라고 기록하고 있다. 성도들의 삶에서 일어나는 어떤 특별한 사건에 대해서도 하나님의 뜻 하심이 있음을 암시한다(잠언 16 : 33).
성경	히브리서 10:9

(2)	하나님의 뜻은 예수 그리스도의 (　　)의 죽음과 연관되어 있다. 기도는 하나님의 뜻을 이루는 것이다. 기도의 목적은 하늘에서 인간의 뜻을 이루는 것이 아니라
성경	마태복음 26:39

(3)	하나님의 뜻과 그리스도인 우리를 통해서 이루시려는 것은 무엇인가? (　　)함과 (　　) 하나님의 뜻입니다. 하나님의 뜻이 구원을 통해서 이루시는 최종적인 방법은 무엇인가 생각을 나누어 보자.
성경	데살로니가전서 4:3

둘째 : 삶의 적용을 위한 워크샵(Workshop)
"숙명론, 운명론"이란 예화로 주기도 실천적 삶에 적용

크리스천들은 "하나님의 뜻"이란 말을 너무 자주, 너무 쉽게 함부로 쓰는 것 같다. "하나님의 뜻"을 자기 나름대로 해석하고, 자기 뜻대로 말하며, 자기 자신의 목적에 이용하는 것은 하나님의 뜻대로 살려는 사람의 태도가 아니다. 개인의 실수나 실력이 부족해서 입사 시험에 떨어졌을 때, 혹은 사고가 났을 때 자기 잘못으로 인한 교통사고도 "그게 다 하나님의 뜻인가 봅니다" "하나님의 뜻이니 별수 있나요!"라고 말하는 사람들이 있다.

자신의 실력부족을 솔직히 시인하지 아니하고 은근히 그 책임을 "하나님의 뜻"에다 끼워 맞추려고 한다. 이런 경우 크리스천들이라도 "하나님의 뜻"을 숙명론, 운명론에 결부 시킬려고 하는 의도가 많다고 본다. 모든 일이 잘 풀리고 만족스러우면 하나님의 뜻이 자신과 섬기는 교회에 큰 축복을 주셨다고 감사한다. 그런데 어떤 불행이나 뜻하지 않은 일을 만나면 "하나님의 뜻"을 책임 모면의 구실로 삼으려 한다.

1. 혹시 "하나님의 뜻"이란 말을 들으면 불편하지 않은가요?
   그 이유는 무엇이라고 생각하십니까?

2. 현재 자신의 질병이나 불행을 운명론적으로 해석하려 했던 경험이 있었는지 혹은 남용하여 나의 목적에 이용하여 "하나님의 뜻"이라고 인정했던 경험이 있었으면 무엇 때문에 그렇게 했는지 구체적으로 검토하고 바로 세워나가는 방법을 말해 보기로 합시다.

3. "하나님의 뜻"이야 라고 말할 때 어떤 생각이 나를 힘들게 하는지 생각하여 보자.

4. 하나님의 뜻 앞에 우리가 취할 행동은 무엇 인가를 우리의 생각을 나누어 보자.

셋째 : 하나님 나라 부흥은 주기도운동으로!!!

〈주기도운동〉은 "회개, 지상명령 성취, 성령충만, 헌신"의 삶을 포함한다.

회개

회개의 기도와 함께하는 삶.

7. 아버지의 뜻이 제가 사는 이곳에서 이루어지지 않음을 회개합니다.
8. 가정안에서 아버지 뜻 간구하지 않음을 회개합니다.
9. 직장안에서 아버지 뜻 간구하지 않음을 회개합니다.
10. 나라위해 아버지 뜻 간구하지 않음을 회개합니다.

세 번째 간구를 통해 회개를 적용하여 기도하자. 나의 회개기도는 어떠한가?

전도

지상명령 성취는 전도, 선교와 함께하는 삶.

13. 세상 끝날 까지 전도 할 수 있는 비결

  1) 믿음으로 사랑하고
  2) 믿음으로 성령 충만 해야 하고
  3) 최대소망이 소식인 복음을 전해주자
    (베드로전서 3:14, 열왕기하 7:3)

지상 명령 성취	전도현장에서 반대 의견으로 당황스러운 일을 만났을 때에도 전도를 해 본 경험이 있었는가 있었다면 구체적으로 어떠했는가? 전도한 태신자 (이름:)

선교  지상 명령 성취	**믿지 않는 가까운 이웃부터 우리의 선교 대상임을 잊지 말자.** 부록〈세계선교지도〉에서 선교 대상지를 정하고 기도 한다. 혹은 담임목사님의 목회 방침에 따라 순종하면서 지원하는 선교지를 위해 기도한다. 대한민국의 평화 통일, 혹은 다른 나라들의 기도 제목을 기록하고 기도한다. ＊ 각자 정해진 선교대상지에 가는 선교사로서 혹은 보내는 선교사로서 어떻게 하는 것이 가장 최선의 방법인가를 검토한다.

은사  성령 충만	**성령충만한 삶은 성령의 은사를 실천하는 것이다.** ⑥ **구제**(섬김)(로마서 12:7) "혹 섬기는 일이면 섬기는 일로…" "서로 돕는 은사" "남을 돕는 은사" (헬)– 조력하는 것, 자원하는 것. (베드로전서 4:11) 하나님의 공급하시는 힘으로 자원하여 즐거운 마음으로 참여한다. ＊ 각자 긍휼의 은사를 적용한 경험을 나누어 보자.

열매  성령 충만	**성령충만한 삶은 성령의 열매를 실천하는 것이다.** ④ **오래 참음의 열매** – 인내(忍耐:Patience, Forbearance) 　　　　　　　　골로새서 1:11, 베드로후서 1:6 　주기도문의 실천적인 삶은 고난을 당할 때나 이웃으로부터 억울한 일을 당할 때 참는 것이 굴욕처럼 여겨질지라도 금방 분노를 드러내지 않고 견디는 것을 말한다. 주기도문의 "시험에 들게 하지 마옵소서"라는 기도를 실천하므로 "시험을 참는 자는 복이 있느니라" 는 말씀의 축복을 받으며 주기도문은 내 삶의 축복이 되게 하도록 인내의 열매를 맺게 하자. ＊ 각자의 오래 참음의 열매를 적용한 경험을 나누어 보기로 하자.

 헌신	**헌신자의 삶의 특징은 무엇인가?** (5) 헌신자는 섬김을 배우는 종으로 살려는 사람이다(마가복음 10:35-45). (6) 헌신은 교만한 자의 자리에서 겸손으로 살려는 사람이다(잠언 18:12). ＊ 헌신에 대한 부분은 매주일 담임 목사님의 설교를 통해서 한주간 실천할 내용과 개인적으로 정해진 분량의 성경을 읽고 마음에 감동이 되는대로 실천한다. ＊ 각자의 헌신의 삶을 적용한 경험을 나누어 보기로 하자.

〈주기도운동〉은 소책자 "기도문으로 기도하기" 4PMT로 이루어간다.
세 번째 간구인 〈뜻이 하늘에서 이루어진 것 같이 땅에서도 이루어지이다.〉로 적용하여 기도하기.

4PMT 소책자	**"기도문으로 기도하기" 4PMT로**
	세 번째 간구인 "뜻이 하늘에서 이루어진 것 같이 땅에서도 이루어지이다"라고 기도드리면서 "너는 말씀을 전파하라 때를 얻든지 못 얻든지 항상 힘쓰라 디모데전서 4:2" 말씀대로 순종하지 못했음을 **회개**합니다. 하나님의 뜻에 합당하게 살아 드리므로 매 순간 **성령충만**한 삶을 살기를 결심합니다. (마음의 왕좌에 주님이 주인이 되시도록) 하나님의 뜻대로 합당하게 살지 못하고 있는 (전도대상자 ○○○ 이름을 부르며) 그를 **전도**하여 그와 함께 하나님의 뜻을 잘 분별하고 합당하게 살아 천국에 갈 때까지 믿음으로 삶을 나누고 하나님의 뜻을 이루어가는 백성으로서 하나님의 뜻대로 삶을 실천하는 하나님 아버지의 자녀로서 훈련시키며 **헌신**하게 하여 주시옵소서. 주기도로 기도를 가르쳐 주신 나의 주 하나님 예수 그리스도 이름으로 기도드립니다. **The third petition** 　I repent, Lord, for not obeying the word of God which commands "Preach the Word; be prepared in season and out of season"(2 Timothy 4:2) and clearly tells that Your will for us is to

preach the word of God to the ends of the earth when I pray "Thy will be done on earth as it is in heaven".

I recommit my life to You, God, to live a life of witnessing Jesus Christ through the words and deeds of my life by living a spirit filled life as the Holy Spirit convincing me that the most important part of God's will (who saved me from the sin of death) for my life is to preach the gospel of Jesus Christ. (Let the throne of my life be taken by Jesus Christ through the Word of God)

Help me be a channel of blessing to the person I am praying for and serving (insert the name), to bring salvation to him/her who is not living worthy of the will of God as he/she is not knowing Jesus Christ as his/her personal Savior and Lord. And help us to fulfill the will of God to be witnesses of the gospel in this world until we reach heaven.

Lord, please make me a child preaching the gospel, the most joyful news ever, through my life to fulfill the will of You, God, on earth, and help me be a model to the person (insert name here) for whom I am praying and serving so that he/she also may commit his/her life to the kingdom of God.

I pray in the name of Jesus Christ who taught me how to pray through the Lord's prayer. (Amen)

생각나누기	〈뜻이 하늘에서 이루어진 것 같이〉 간구를 4PMT로 적용하며 기도하고 실천하고 있는가?

넷째 : 하나님 나라 부흥은 하하하 하나님 땡큐운동으로!!!

감사	"범사에 감사하라" (데살로니가전서 5:18)을 "뜻이 하늘에서 이루어진 것 같이 땅에서도 이루어지이다" 간구에 적용하여 말씀기도하기.

3. 범사에 감사하라.

'하나님의 뜻'이 하늘에서 이루어진 것 같이 땅에서도 이루어지기를 원하시는 하나님 아버지께 모든 영광을 올려 드립니다. "아바 아버지"라 부를 수 있도록 특권을 주셨고 나의 삶 속에서 아버지 하나님께서 계시는 천국에 대한 소망으로 인하여 기쁨으로 살아갈 수 있도록 인도해 주셨음에 감사와 영광을 드립니다. 이 세상에 사는 동안

'하나님의 뜻'을 알지 못하고 '나의 뜻'이 이루어지도록 죄와 함께 거하면서 살아왔던 부족한 저희들을 용서하여 주시옵소서. 지금 제가 하고 있는 일(구체적인 내용으로 기도한다)이 아버지 앞에 기쁨이 없사오며 '하나님의 뜻'이 아닌 '나의 뜻'을 이루려고 했다면 회개할 수 있게 하시며 포기할 수 있는 용기를 허락하여 주옵소서.

'하나님의 뜻'이 하늘에서 이루어진 것 같이 땅에서도 이루어지기를 원하시는 하나님, 지금 내가 하고 있는 일과 하려는 일(구체적인 내용으로 기도한다)이 하나님 아버지께서 기뻐하시는 일이라면 나에게도 말씀 안에 기쁨이 넘치게 하시며 믿음으로 구할 수 있게 하여 주시옵소서. 나의 삶의 구석구석(혹은 모든 영역을 위해)에서 항상 기쁨으로 구할 때 '하나님의 뜻'이 하늘에서 이루어진 것 같이 땅에서도 이루어지게 하심을 믿고 감사드립니다.

아버지의 자녀로서 기도가 주님의 뜻을 실현시키기 위해 범사에 감사하며 기도해야 함을 깨닫고 성령 충만한 삶은 오직 기도임을 고백해 보자.

다섯째 : 주기도로 삶을 사는 하나님의 자녀들의 영적성장 점검표

영적성장 점검표을 통해 영적 성장을 확실하게 경험하자!!

회개 및 간구 : 매일 회개 및 간구한 기도 내용을 기록한다.
성령충만 : 매일 본 교재에서 제시한 열매와 은사 중 실천한 것을 기록한다.
지상명령(전도, 선교) : 전도한 사람의 이름이나 태신자 이름, 기도한 선교 대상지를 기록한다. 전도지를 사람에게 나누어준 명수를 기록한다.
헌신 : 기쁨, 기도, 감사 : 하나님께 영광 돌린 것을 기록한다.
〈하하하 하나님 땡큐〉 하루에 3번 이상 반복하기
성경읽기 : 구약, 신약성경을 매일 3-5장씩 읽은 곳을 기록한다.

주기도 운동 영적 일기 쓰기   20   년   월

요일	회개 및 간구	성령충만(전인격) 성령의 열매	지상명령성취 선교/전도(대상자)	헌신(실천) 기쁨, 기도, 감사	말씀읽기 말씀요절
월					
화					
수					
목					
금					
토					
일					
평가					

＊영적 점검표는 견본으로 제공하며 복사해서 계속 사용 할 수 있다.

16 파테르라이프50

하나님의 자녀는 어떻게 살아야 합니까?

주기도문 네 번째간구 일용할 양식 6-1
오늘 우리에게 일용할 양식을 주시옵고
Give us today our daily bread.(Our father which art in heaven)
마태복음 6장 9절

찬송부르기 : 주여 복을 주시기를(통481)362장, 귀하신 주여(통490)433장
성경읽기 : 잠언 30:7-9, 출애굽기 16:4, 요한복음 4:34 ; 6:27, 38, 말라기 3:7-12
묵상하기 : 일용할 양식에 대하여 개인적으로, 가정적으로, 사회적으로 어떻게 적용하며 살기를 원하는가?

첫째 : "오늘 우리에게 일용할 양식을 주시옵고"를 열어주는 메시지

주기도문 후반부가 시작되는 넷째 간구(중간기도: Interim prayer)를 통 하여 육신에 필요한 의식주의 모든 것, 하나님께서 보시기에 우리에게 유익한(은사, 재능) 모든 것, 일용할 양식으로 주시기를 원하시는 여러 가지 좋은 것이 무엇(What)인지를 깨닫고 받아서 그 축복을 누리도록 배운다.

이 청원을 통하여 모든 일상생활의 기도에도 현세적 관심사가 영적 관심사에 종속되어야 한다는 필요성이 성령 충만한 삶으로부터 나온다는 것을 전제하면서 어떻게 (How) 기도하며 살아야 할 것인가를 배운다.

주기도문을 두 부분으로 나누면 전반부에서는 "하나님의 나라" 청원이 강조되며 하나님 나라가 지상명령 성취를 통하여 이루어지는 간구이다. 후반부에서는 "우리 자신을 위한 청원"이 강조되며 성령 충만한 삶을 통하여 이루어지는 간구들이다. 주기도문 전반부에서 예수님께서는 하나님 나라 확장을 위해 천국이 가까웠다고 선포하셨다.

이것은 첫 번째 간구에서부터 세 번째 간구까지 "하나님의 이름, 하나님의 나라, 하

나님의 뜻"이라고 표현되었다. 주기도문 후반부에서는 예수님께서 성령 충만하여 사역을 감당하셨다. 이것이 네 번째 간구부터 여섯째 간구까지 "우리의 양식, 우리의 죄 용서, 우리의 시험"이라고 표현되었다. 우리 자신들을 위한 청원들은 성령 충만한 삶을 통해서만이 이루어질 수 있는 간구들이다. 기도의 황금문은 누가 열 수 있으며 기도의 황금문 안에서 누가 축복을 받을 수 있는가? 성령 충만한 사람이다. "오늘날 일용할 양식"을 구하는 자의 삶은 어떻게 살아야 하는가? 지금은 일용한 양식 때문에 걱정을 하는 사람이 많지가 않다. 나의 노동의 대가이기도 하지만 주님이 주시는 것임을 인정하고 주님을 더 의지하게 될 때에 삶의 모든 영역에서도 주기도문의 삶을 살 수가 있다.

1. "오늘 우리에게 일용할 양식을 주시옵고"는 어떻게 이루어지는가?

	보기에서 ( )안에 맞는 단어를 찾고 합당한 성경구절을 기록하자
보기	① 오늘날 ② 날마다 ③ 하나님의 섭리 ④ 괴로움

(1)	헬라어로 기록된 신약성경 마태의 주기도에는 ('오늘날')을 "세메론"(σημερον : 오늘, today)이란 부사를 사용했고, 누가의 주기도에는 (눅 11:3) "카세메란"(καθημεραν : 날마다, each day)이란 단어를 사용하고 있다. "날마다"(each day 또는 every day)는, 사실상 "오늘"(today)의 반복으로 볼 수 있다. 그래서 "( )"와 "오늘날"이란 오늘 하루의 삶을 의미한다.
성경	누가복음 11:3

(2)	하나님은 우리가 필요한 모든 만나를「오늘」내려 주셨다. 만일 우리가 오늘 먹을 빵이 있다면 장래를 위하여 "( )를 불신하지 말자"라는 말을 들었을 것이다.
성경	출애굽기 16:13

(3)	주기도문의 네 번째 간구와 함께 접목시켜 주시는 말씀인 "내일 일을 위해 염려하지 말라, 내일 일은 내일 염려할 것이요, 한 날 ( )은 그 날에 족하니라."는 말씀을 기억해야 할 것이다.
성경	마태복음 6:34

둘째 : 삶의 적용을 위한 워크샵(Workshop)
"식전감사(食前感謝)"이란 예화로 주기도 실천적 삶에 적용

식전감사(食前感謝)
위 그림을 보면서 각자 의견을 말하며 대화의 문을 열어 봅시다.

밀레의 "만종"이다. 이 그림은 저녁때 일손을 놓고 종소리가 들려올 때 밭 가운데서 고개 숙여 기도하는 한 부부의 모습이다.
엔스트롬(Enstrom 미국)의 작품인 노인과 식탁의 기도-일명 "조지 뮬러의 기도"라는 이 그림은 검소한 식탁 위에 빵(bread)과 국(soup)이 놓여있고 덥수룩한 흰 수염의 노인이 작업복 그대로 식사 전에 빵과 성경을 앞에 두고 두 손을 모아 이마에 대고 식전감사(食前感謝)의 모습을 그린 기도하는 경건한 모습이다(로마서 1:21, 골로새서 3:17).

1. 당신이 가진 감사의 조건은 어떤 것들입니까?
   먹는 것에 대한 감사 하고 있는가? 중요한 이유는 무엇입니까?

2. 위 그림을 통하여 혹은 식전(食前)에 기도하는 모습을 보면서 각자의 느낌을 말해 봅시다. 각자가 일용할 양식을 위해 간절하게 기도한 때가 있었습니까?

셋째 : 하나님 나라 부흥은 주기도운동으로!!!
〈주기도운동〉은 "회개, 지상명령 성취, 성령충만, 헌신"의 삶을 포함한다.

회개

회개의 기도와 함께하는 삶.
1. 일용할 양식 주심을 감사하지 못함을 회개합니다.
2. 더 많은 것을 요구함을 회개합니다.
3. 주신 양식 나누지 못함을 회개합니다.

네 번째 간구를 통해 회개를 적용하여 기도 할 수 있다.

회개

예를 들면 개인과 가정, 교회, 세계 여러 나라와 국가 지도자들, 핍박을 받고 있는 지역과 기독교인, 미전도종족, 한국교회와 교단, 한국의 사회악(학교 폭력, 성과 성차별 폭력, 가정 폭력, 언어 폭력) 등을 위하여 기도할 수 있다. 또한 남북이 복음화되고 대한민국의 정치적 발전과 경제적 안정과 평화를 위해 기도할 수 있다.

✽ 나의 회개기도는 어떠한가?

전도 / 지상명령 성취

지상명령 성취는 전도, 선교를 위한 삶.

1. 단순하게 교회로 데려오는 것도 전도하는 것이 된다.
교회 출석한 이후에는 양육이 필요하다. (예) 가족이나 친척을 미국에 이민으로 초청해서 데려왔다면 미국에서 살아가는 방법도 가르쳐 주어야 한다. 이처럼 교회로 데려온 이후에는 복음을 구체적으로 제시하고 믿는 방법도 구체적으로 가르쳐 주며 계속해서 양육하고 돌보고 신앙생활의 성장을 도와야 한다.

(예) 안드레식 전도 요한복음 1:40-42

✽ 단순하게 교회로 데려오는 전도를 실천해 본 적이 있는가 있다면 구체적으로 어떠한가? 전도한 태신자 (이름:)

선교 / 지상명령 성취

믿지 않는 가까운 이웃부터 우리의 선교 대상임을 잊지 말자.

부록〈세계선교지도〉에서 선교 대상지를 정하고 기도 한다. 혹은 담임목사님의 목회 방침에 따라 순종하면서 지원하는 선교지를 위해 기도한다. 대한민국의 평화 통일, 혹은 다른 나라들의 기도 제목을 기록하고 기도한다.

✽ 각자 정해진 선교대상지에 가는 선교사로서 혹은 보내는 선교사로서 어떻게 하는 것이 가장 최선의 방법인가를 검토한다.

은사

성령충만한 삶은 성령의 은사를 실천하는 것이다.

⑦ **행정**(로마서 12:8) 다스리는 은사이며 (헬)- 방향을 제시하고, 진로를 보여주고 지시하는 것. 질서 있는 조직으로 좋은 본보기를 조성하여 교인 각자가 자원하는 마음으로 맡겨진 책임을 수행해야 한다. "앞으로 이렇게 도우면 될 거예요."

| 성령
충만 | "저도 돕겠어요" 등의 말로 협력과 소통을 이끌어 낸다.
(예: 이유를 찾고 해결 방법을 찾아보려고 한다.)
＊ 각자 긍휼의 은사를 적용한 경험을 나누어 보자. |

| 열매

성령
충만 | **성령충만한 삶은 성령의 열매를 실천하는 것이다.**
⑤ **자비의 열매** – 자비(慈: kindness) 디도서 3:4, 디모데후서 2:24
자비는 남을 긍휼히 여기시는 그리스도인의 성품으로, 사람에게 친절을 베푸시는 하나님의 태도를 말한다. 자비 (Kindness) – "그러므로 너희는… 자비와 오래 참음을 옷 입고"(골로새서 3:12)
＊ 각자의 자비의 열매를 적용한 경험을 나누어 보자. |

| 헌신
✝
헌신 | **헌신자의 삶의 특징은 무엇인가?**
(7) 헌신은 바울처럼 "나는 항상 하나님과 사람 앞에서 양심에 거리낌이 없기를 힘쓰노라" 양심에 거리낌이 없는 삶을 사는 사람이다(사도행전 24:16).
(8) 헌신자의 삶은 하나님의 뜻을 이루기 위해 항상 기뻐하는 사람이다(데살로니가전서 5:16).
＊ 헌신에 대한 부분은 매주일 담임 목사님의 설교를 통해서 한 주간 실천할 내용과 개인적으로 정해진 분량의 성경을 읽고 마음에 감동이 되는대로 실천한다.
＊ 각자의 헌신의 삶을 적용한 경험을 나누어 보기로 하자. |

〈주기도운동〉은 소책자 "기도문으로 기도하기" 4PMT로 이루어간다.
네 번째 간구인〈오늘날 우리에게 일용할 양식을 주옵시고〉로 적용하여 기도하기

네 번째 간구인 "오늘날 우리에게 일용할 양식을 주옵시고"라고 기도드리면서 주여! 성령님의 지혜로 나에게 매일 필요한 일용할 양식의 기준을 알게 하셨지만 지금까지 내 욕심으로 인해 남의 일용할 양식을 빼앗은 죄를 **회개**합니다. 앞으로 매일 "하나 더 일용할 양식(another daily bread)"을 주시도록 기도하게 하시고, 하나 더 허락하신 "일용할 양식"을 기쁨과 감사함으로 이웃을 위해 섬기며 나누는 **성령충만**한 삶을 살아가도록 결심하게 하여 주시옵소서. (마음

의 왕좌에 주님이 주인이 되시도록) 주여! 영혼의 양식을 먹지 못해 영원히 죽게 되는 사람들을 더욱 불쌍히 여기며 (전도대상자 OOO 이름을 부르며) 그를 **전도**하여 그와 함께 영혼의 양식을 먹으며 천국에 갈 때까지 믿음으로 삶을 실천하는 하나님 아버지의 자녀로서 훈련시키며 **헌신**하게 하여 주시옵소서. 주기도로 기도를 가르쳐 주신 나의 주 하나님 예수그리스도 이름으로 기도드립니다.

The fourth petition

Lord, I repent of my sins. When I pray, "give us this day our daily bread," You teach me what it means to have the boundaries of the daily bread through the wisdom of the Holy Spirit, but I did not give thanks fully to You for what You have provided for me. Instead I took credit for what You have provided and intended for me to share with others, and in my selfish desires I even exploited the daily bread of others.

I recommit my life to pray to You Lord properly for daily bread from now on and to pray for 'another daily bread' and to live a Spirit filled life of service for my neighbors by sharing that 'another daily bread' which You provide me with a joyful and thankful heart.

(Let the throne of my life be taken by Jesus Christ through the Word of God) Lord, make me a person who has more mercy on those people dying without the spiritual food, and help me to share the gospel of Jesus Christ with him/her (insert name here) so that both of us may meditate on the Word, our spiritual daily bread. Help us to be your authentic beloved children who are obeying your Word until we go to heaven, and let me be a model to the one whom I am praying for and serving so that he/she may also commit his/her life to You and to Your kingdom.

I pray in the name of Jesus Christ who taught me how to pray through the Lord's prayer. (Amen)

네 번째 간구를 4PMT로 적용하며 기도하고 실천하고 있는가?

넷째 : 하나님 나라 부흥은 하하하 하나님 땡큐운동으로!!!

기쁨	〈항상 기뻐하라〉란 말씀(데살로니가전서 5:16)을 "오늘 우리에게 일용할 양식을 주옵시고" 말씀 간구에 〈기쁨〉을 적용하여 기도하기.
기도 기쁨 감사	**1. 항상 기뻐하라!** 　오늘도 나의 삶에 일용할 양식을 내려 주시어 영육간의 필요를 채우시는 하나님 아버지께 감사와 영광을 드립니다. 제가 가진 모든 것이 하나님께로부터 온 것을 인정하지 못하고 지금 제가 하고 있는(구체적인 내용으로 기도한다)에 대해서 아버지 앞에 기쁨이 없사오며 나의 욕심으로 하려는 잘못된 일이라면 회개할 수 있게 하시며 포기할 수 있는 용기를 허락하여 주옵소서. 　매일 우리의 생명에 필요한 양식과 즐거움을 허락하시는 하나님을 찬양합니다. 먹든지 마시든지 무엇을 하든지 주님의 영광을 위하여 하라 하신 주님, 지금 제가 하고 있는 일과 하려는 일(구체적인 내용으로 기도한다)에 하나님 아버지께서 기뻐하시는 일이라면 나에게도 말씀 안에 기쁨이 넘치게 하시며 믿음으로 구 할수 있게 하여 주시옵소서. 나의 삶의 구석구석(혹은 모든 영역을 위해 기도한다)에서 항상 기쁨으로 구할 때 공급자 되시는 아버지의 뜻이 이루어지게 하심을 믿고 감사드립니다.
	하나님 아버지의 자녀로서 기쁨을 회복하고 성령충만한 삶을 살고 있는가?

다섯째 : 주기도로 삶을 사는 하나님의 자녀들의 영적성장 점검표

영적성장 점검표를 통해 영적 성장을 확실하게 경험하자!!

회개 및 간구 : 매일 회개 및 간구한 기도 내용을 기록한다.
성령충만 : 매일 본 교재에서 제시한 열매와 은사 중 실천한 것을 기록한다.
지상명령(전도, 선교) : 전도한 사람의 이름이나 태신자 이름, 기도한 선교 대상지를 기록한다. 전도지를 사람에게 나누어준 명수를 기록한다.
헌신 : 기쁨, 기도, 감사 : 하나님께 영광 돌린 것을 기록한다.
〈하하하 하나님 땡큐〉 하루에 3번 이상 반복하기
성경읽기 : 구약, 신약성경을 매일 3-5장씩 읽은 곳을 기록한다.

주기도 운동 영적 일기 쓰기   20   년   월

요일	회개 및 간구	성령충만(전인격) 성령의 열매	지상명령성취 선교/전도(대상자)	헌신(실천) 기쁨, 기도, 감사	말씀읽기 말씀요절
월					
화					
수					
목					
금					
토					
일					
평가					

＊영적 점검표는 견본으로 제공하며 복사해서 계속 사용 할 수 있다.

17 파테르라이프 50

하나님의 자녀는 어떻게 살아야 합니까?

주기도문 네 번째간구 일용할 양식 6-2
오늘 우리에게 일용할 양식을 주시옵고
Give us today our daily bread.(Our father which art in heaven)
마태복음 6장 9절

찬송부르기 : 주여 복을 주시기를(통481)362장, 귀하신 주여(통490)433장
성경읽기 : 잠언 30:7-9, 출애굽기 16:4, 요한복음 4:34 ; 6:27, 38, 말라기 3:7-12
묵상하기 : 일용할 양식에 대하여 개인적으로, 가정적으로, 사회적으로 어떻게 적용하며 살기를 원하는가?

첫째 : "오늘 우리에게 일용할 양식을 주시옵고"를 열어주는 메시지

주기도문 후반부가 시작되는 넷째 간구(중간기도 : Interim prayer)를 통하여 육신에 필요한 의식주의 모든 것, 하나님께서 보시기에 우리에게 유익한(은사, 재능) 모든 것, 일용할 양식으로 주시기를 원하시는 여러 가지 좋은 것이 무엇(What)인지를 깨닫고 받아서 그 축복을 누리도록 배운다.

이 청원을 통하여 모든 일상생활의 기도에도 현세적 관심사가 영적 관심사에 종속되어야 한다는 필요성이 성령 충만한 삶으로부터 나온다는 것을 전제하면서 어떻게(How) 기도하며 살아야 할 것인가를 배운다.

주기도문을 두 부분으로 나누면 전반부에서는 "하나님의 나라" 청원이 강조되며 하나님 나라가 지상명령 성취를 통하여 이루어지는 간구이다. 후반부에서는 "우리 자신을 위한 청원"이 강조되며 성령 충만한 삶을 통하여 이루어지는 간구들이다. 주기도문 전반부에서 예수님께서는 하나님 나라 확장을 위해 천국이 가까웠다고 선포하셨다.

이것은 첫 번째 간구에서 부터 세 번째 간구까지 "하나님의 이름, 하나님의 나라, 하나님의 뜻"이라고 표현되었다. 주기도문 후반부에서는 예수님께서는 성령 충만하여 사

역을 감당하셨다. 이것이 네 번째 간구부터 여섯째 간구까지 "우리의 양식, 우리의 죄용서, 우리의 시험"이라고 표현되었다. 우리 자신들을 위한 청원들은 성령 충만한 삶을 통해서만이 이루어질 수 있는 간구들이다. 기도의 황금문은 누가 열 수 있으며 기도의 황금문안에서 누가 축복을 받을 수 있는가? 성령 충만한 사람이다. "오늘날 일용할 양식"을 구하는 자의 삶은 어떻게 살아야 하는가? 지금은 일용한 양식 때문에 걱정을 하는 사람이 많지가 않다. 나의 노동의 대가이기도 하지만 주님이 주시는 것임을 인정하고 주님을 더 의지하게 될 때에 삶의 모든 영역에서도 주기도문의 삶을 살 수가 있다.

1. "우리"라는 말씀은 어떤의미를 가지고 있는가?

	보기에서( )안에 맞는 단어를 찾고 합당한 성경구절을 기록하자
보기	① 단수 인칭대명사 ② 비이기적인 ③ 우리 ④ 우리

(1)	주기도문 서론에서 밝힌 바 있지만 주기도문에서는 복수대명사 즉 "우리"라고 기록되어 있을 뿐이지 ( )는 발견할 수 없다
성경	마태복음 6:9-13

(2)	우리의 기도는 대부분 이기적인 "나는", "나를", "나의"를 가지고 주님께 나오지만 주기도의 기도는 ( ) 기도를 드리게 한다
성경	누가복음 11:3

(3)	예수님은 ( )를 위해 사셨고 「( )」를 위해 마지막 십자가상에서 「주여 저들을 용서하옵소서」(저들은 우리도 포함된다.)라고 기도 하셨다.
성경	사도행전 4:29

둘째 : 삶의 적용을 위한 워크샵(Workshop)
"돈이냐 하나님이냐"란 예화로 주기도 실천적 삶에 적용

누가복음 18장에서 한 부자 청년이 주님을 만난 후 원했던 것이 무엇이었는가? 영생을 얻기 위해 주님을 만났다. 그러나 주님을 만난 후 물질 때문에 주님의 초청을 거절했다.

누가복음 19장에서 부자였던 삭개오라는 사람은 주님을 만난 후 주님의 초청을 받아들였다. 두 사람이 똑같이 주님을 만났지만 주님을 초청한 삭개오만이 총체적으로 삶이 바뀌었다. 부자는 '심히 근심했다'고 성경에 기록한다. 돈(물질 만능)을 선택한 결과는 걱정과 근심이었다. 그러나 삭개오는 '주여 보시옵소서 내 소유의 절반을 가난한 자들에게 주겠사오며 만일 누구의 것을 속여 빼앗은 일이 있으면 네 갑절이나 갚겠나이다(눅 19:8)'라고 고백했다.

결과적으로 삭개오에게 주어진 것은 무엇인가? "오늘 구원이 이 집에 이르렀으니 이 사람도 아브라함의 자손임이로다"(눅 19:9)라고 기록하고 있다.

1. "돈이냐 하나님이냐"라는 경우를 통해 일용할 양식을 구하는 기도와 상관관계를 생각하며 우리 마음의 자세는 어떠한가를 이야기해 봅시다.
   당신은 지금 가지고 있는 부의 정도에 만족하십니까?
   얼마나 많은 부를 가지고 싶습니까?

2. 다음에 지적하는 각각의 경우들을 검토하고 어떤 마음의 자세를 가지고 기도하며 일용할 양식을 구하는 삶을 어떻게 실천하며 살 것인지 이야기해 봅시다 (1)이제 나는 집과 재산들을 어떤 식으로든지 처분해서 마련한 돈을 일용할 양식이 필요한 이들에게 나누어 줄 것을 계획하고 있습니까?

＊돈을 모으고 재산을 쌓는 이유는 무엇입니까?
＊내가 정당하게 일을 해서 재산을 늘리는 것이 일용할 양식을 구하는 것과는 어떤 연결점이 있을까요?

셋째 : 하나님 나라 부흥은 주기도운동으로!!!
〈주기도운동〉은 "회개, 지상명령 성취, 성령충만, 헌신"의 삶을 포함한다.

회개의 기도와 함께하는 삶.
4. 일용할 양식 주신 분이 하나님이심을 드러내지 못함을 회개합니다.
5. 공급자이시고 주관자이신 하나님 의지하지 못함을 회개합니다.
6. 주시는 분도 거두시는 분도 아버지 이심을 인정해드리지 못함을 회개합니다.

네 번째 간구를 통해 회개를 적용 하여 기도해 보자.
＊ 나의 회개기도는 어떠한가?

지상명령 성취는 전도, 선교를 위한 삶.

2. 전도현장에서는 당황스러운 일이 언제든지 일어날 수 있다.

복음을 증거 할 때에 전도자는 생각지 않는 반대와 답변하기 어려운 질문에 부딪혀 당황하게 된다. 왜냐하면 복음을 듣는 사람은 모두 다른 환경에서 자랐으며 개성이나 인격도 각각 다르기 때문이다.

오늘처럼 다원화된 복잡한 현대에서는 그들은 한결 같이 해결해야 할 자신의 문제를 안고 있으며 그들 나름대로 고민하고 있다. 여기에 복음이 들어가면 전도자로서 상상히 못한 격렬한 거부 반응을 받거나 심각한 질문을 받게 된다.

베드로전서 3:15 "너희 마음에 그리스도를 주로 삼아 거룩하게 하고 너희 속에 있는 소망에 관한 이유를 묻는 자에게는 대답할 것을 항상 예비하되 온유와 두려움으로 하고"

전도
지상
명령
성취

＊ 단순하게 교회로 데려오는 전도를 실천해 본 적이 있는가 있다면 구체적으로 어떠한가? 전도한 태신자 (이름:)

선교
지상
명령
성취

믿지 않는 가까운 이웃부터 우리의 선교 대상임을 잊지 말자.

부록〈세계선교지도〉에서 선교대상지를 정하고 기도 한다. 혹은 담임 목사님의 목회 방침에 따라 순종하면서 지원하는 선교지를 위해 기도한다. 대한민국의 평화 통일, 혹은 다른 나라들의 기도 제목을 기록하고 기도한다.

＊ 각자 정해진 선교대상지에 가는 선교사로서 혹은 보내는 선교사로서 어떻게 하는 것이 가장 최선의 방법인가를 검토한다.

은사

성령충만한 삶은 성령의 은사를 실천하는 것이다.

1. 긍휼 : (마태복음 5:7) 교회 교인을 어떻게 격려하고 도와서 그들의 책임을 다해 봉사하도록하며, 교회 부흥(긍휼은 팔복의 축복 중 하나)은 긍휼의 은사를 가진 성도와 비례한다. 언어 사용에 직접적인 영양이 있다. 가령 괜찮아요! 저나 누구나 실수할 수 있지요! 납득하며 용서하며 상대방의 부끄러움을 가리워 준다.

＊ 각자 긍휼의 은사를 적용한 경험을 나누어 보자.

성령충만한 삶은 성령의 열매를 실천하는 것이다.

⑥ **양선의 열매** – 착함(良善/goodness) 에베소서 5:9, 로마서 15:14
양선은 가장 고귀한, 도덕적이고 윤리적인 가치관들을 대표하는 말이다. 즉 삯이나 보상의 기대 없이 선한 마음으로 이웃에게 사랑을 실천함으로 하나님을 기쁘시게 하는 것을 말한다. 양선(Goodness) "바나바는 착한 사람이요 성령과 믿음이 충만한 사람이라" (사도행전 11:24).

＊ 각자의 자비의 열매를 적용한 경험을 나누어 보자.

헌신자의 삶의 특징은 무엇인가?

(9) 헌신자의 삶은 하나님의 뜻을 이루기 위해 쉬지 않고 기도하는 사람이다(데살니가전서 5:17).
(10) 헌신자의 삶은 하나님의 뜻을 이루기 위해 범사에 감사하는 사람이다(데살로니가전서 5:18).

＊ 헌신에 대한 부분은 매주일 담임 목사님의 설교를 통해서 한 주간 실천할 내용과 개인적으로 정해진 분량의 성경을 읽고 마음에 감동이 되는대로 실천한다.
＊ 각자의 헌신의 삶을 적용한 경험을 나누어 보기로 하자.

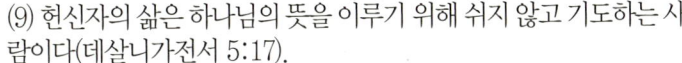
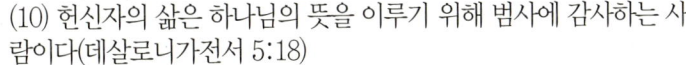

네 번째 간구인 "오늘날 우리에게 일용할 양식을 주옵시고"라고 기도드리면서 주여! 성령님의 지혜로 나에게 매일 필요한 일용할 양식의 기준을 알게 하셨지만 지금까지 내 욕심으로 인해 남의 일용할 양식을 빼앗은 죄를 회개합니다. 앞으로 매일 "하나 더 일용할 양식 (another daily bread)"을 주시도록 기도하게 하시고, 하나 더 허락하신 "일용할 양식"을 기쁨과 감사함으로 이웃을 위해 섬기며 나누는 성령충만한 삶을 살아가도록 결심하게 하여 주시옵소서 (마음의 왕좌에 주님이 주인이 되시도록) 주여! 영혼의 양식을 먹지 못해 영원히

죽게 되는 사람들을 더욱 불쌍히 여기며 (전도대상자 OOO 이름을 부르며) 그를 전도하여 그와 함께 영혼의 양식을 먹으며 천국에 갈 때까지 믿음으로 삶을 실천하는 하나님 아버지의 자녀로서 훈련시키며 헌신하게 하여 주시옵소서. 주기도로 기도를 가르쳐 주신 나의 주 하나님 예수그리스도 이름으로 기도드립니다.

The fourth petition

Lord, I repent of my sins. When I pray, "give us this day our daily bread," You teach me what it means to have the boundaries of the daily bread through the wisdom of the Holy Spirit, but I did not give thanks fully to You for what You have provided for me. Instead I took credit for what You have provided and intended for me to share with others, and in my selfish desires I even exploited the daily bread of others.

I recommit my life to pray to You Lord properly for daily bread from now on and to pray for 'another daily bread' and to live a Spirit filled life of service for my neighbors by sharing that 'another daily bread' which You provide me with a joyful and thankful heart.

(Let the throne of my life be taken by Jesus Christ through the Word of God) Lord, make me a person who has more mercy on those people dying without the spiritual food, and help me to share the gospel of Jesus Christ with him/her (insert name here) so that both of us may meditate on the Word, our spiritual daily bread. Help us to be your authentic beloved children who are obeying your Word until we go to heaven, and let me be a model to the one whom I am praying for and serving so that he/she may also commit his/her life to You and to Your kingdom.

I pray in the name of Jesus Christ who taught me how to pray through the Lord's prayer. (Amen)

생각나누기 네 번째 간구를 4PMT로 적용하며 기도하고 실천하고 있는가?

넷째 : 하나님 나라 부흥은 하하하 하나님 땡큐운동으로!!!

기도	2. 쉬지 말고 기도하라! 란 말씀(데살로니가전서 5:17)을 "오늘 우리에게 일용할 양식을 주시옵고" 말씀 간구에 〈기도〉을 적용하여 기도하기.
기도 기름 · 감사	**2. 쉬지 말고 기도하라.** 　오늘도 일용할 양식을 허락하심으로 나의 생명을 연장시켜 주시며 여호와 하나님의 살아계심을 체험케 하시는 주님의 인도하심을 감사합니다. 하나님 아버지께서 "기도 쉬는 죄를 범치 말라"하셨지만 제가 하고 있는 일(구체적인 내용으로 기도한다)에 기도가 잘 되지 않고 막히고 있습니다. 나의 욕심으로 구하는 잘못된 일이라면 회개할 수 있게 하시며 포기할 수 있는 용기를 허락하여 주옵소서. 　날마다 지극히 작은 부분까지도 가장 좋은 것으로 인도하여 주시는 하나님 사랑을 입은 자녀로서 지금 내가하고 있는 것에 자부심을 느끼며 살게하시고 (구체적인 내용으로 기도한다)에 믿음으로 쉬지 않고 기도할 수 있도록 해 주셔서 감사를 드립니다. 　이 모든 일에 내 마음에 확신과 성령님의 인도하심으로 쉬지 않고 기도할 수 있게하여 주시옵소서. 　나의 삶의 모든 영역을 통하여 주께서 허락하신 이웃과 세계의 필요를 위하여 기도할 수 있는 마음을 허락하여 주시며 삶으로 열매 맺을 수 있도록 인도하여 주심을 믿고 감사를 드립니다. 예수님의 이름으로 기도드립니다.
	하나님 아버지의 자녀로서 기도를 통하여 성령충만한 삶을 살고 있는가?

다섯째 : 주기도로 삶을 사는 하나님의 자녀들의 영적성장 점검표
영적성장 점검표을 통해 영적 성장을 확실하게 경험하자!!

회개 및 간구 : 매일 회개 및 간구한 기도 내용을 기록한다.
성령충만 : 매일 본 교재에서 제시한 열매와 은사 중 실천한 것을 기록한다.
지상명령(전도, 선교) : 전도한 사람의 이름이나 태신자 이름, 기도한 선교 대상지를 기록한다. 전도지를 사람에게 나누어준 명수를 기록한다.
헌신 : 기쁨, 기도, 감사 : 하나님께 영광 돌린 것을 기록한다.
〈하하하 하나님 땡큐〉 하루에 3번 이상 반복하기
성경읽기 : 구약, 신약성경을 매일 3-5장씩 읽은 곳을 기록한다.

주기도 운동 영적 일기 쓰기   20   년   월

요일	회개 및 간구	성령충만(전인격) 성령의 열매	지상명령성취 선교/전도(대상자)	헌신(실천) 기쁨, 기도, 감사	말씀읽기 말씀요절
월					
화					
수					
목					
금					
토					
일					
평가					

＊영적 점검표는 견본으로 제공하며 복사해서 계속 사용 할 수 있다.

18 파테르라이프50

하나님의 자녀는 어떻게 살아야 합니까?

주기도문 네 번째간구 일용할 양식 6-3
오늘 우리에게 일용할 양식을 주시옵고
Give us today our daily bread.(Our father which art in heaven)
마태복음 6장 9절

찬송부르기 : 주여 복을 주시기를(통481)362장, 귀하신 주여(통490)433장
성경읽기 : 잠언 30:7-9, 출애굽기 16:4, 요한복음 4:34 ; 6:27, 38, 말라기 3:7-12
묵상하기 : 일용할 양식에 대하여 개인적으로, 가정적으로, 사회적으로 어떻게 적용하며 살기를 원하는가?

첫째 : "오늘 우리에게 일용할 양식을 주시옵고"를 열어주는 메시지

주기도문 후반부가 시작되는 넷째 간구(중간기도: Interim prayer)를 통하여 육신에 필요한 의식주의 모든 것, 하나님께서 보시기에 우리에게 유익한(은사, 재능) 모든 것, 일용할 양식으로 주시기를 원하시는 여러 가지 좋은 것이 무엇(What)인지를 깨닫고 받아서 그 축복을 누리도록 배운다.

이 청원을 통하여 모든 일상생활의 기도에도 현세적 관심사가 영적 관심사에 종속되어야 한다는 필요성이 성령 충만한 삶으로부터 나온다는 것을 전제하면서 어떻게(How) 기도하며 살아야 할 것인가를 배운다.

주기도문을 두 부분으로 나누면 전반부에서는 "하나님의 나라" 청원이 강조되며 하나님 나라가 지상명령 성취를 통하여 이루어지는 간구이다. 후반부에서는 "우리 자신을 위한 청원"이 강조되며 성령 충만한 삶을 통하여 이루어지는 간구들이다. 주기도문 전반부에서 예수님께서는 하나님 나라 확장을 위해 천국이 가까웠다고 선포하셨다.

이것은 첫 번째 간구에서부터 세 번째 간구까지 "하나님의 이름, 하나님의 나라, 하나님의 뜻"이라고 표현되었다. 주기도문 후반부에서는 예수님께서는 성령 충만하여 사

역을 감당하셨다. 이것이 네 번째 간구부터 여섯째 간구까지 "우리의 양식, 우리의 죄 용서, 우리의 시험"이라고 표현되었다. 우리 자신들을 위한 청원들은 성령 충만한 삶을 통해서만이 이루어질 수 있는 간구들이다. 기도의 황금문은 누가 열수 있으며 기도의 황금문안에서 누가 축복을 받을 수 있는가? 성령 충만한 사람이다. "오늘날 일용할 양식"을 구하는 자의 삶은 어떻게 살아야 하는가? 지금은 일용한 양식 때문에 걱정을 하는 사람이 많지가 않다. 나의 노동의 대가이기도 하지만 주님이 주시는 것임을 인정하고 주님을 더 의지하게 될 때에 삶의 모든 영역에서도 주기도문의 삶을 살 수가 있다.

1. "일용할 양식(Daily Bread)"이란 말씀은 어떤의미를 가지고 있는가?

보기	보기에서( )안에 맞는 단어를 찾고 합당한 성경구절을 기록하자
	① 육적 ② 성만찬 ③ 하나님 나라 ④ 생명의 떡
(1)	첫째: 육신에 필요한 ( ) 양식이란 것이다. 둘째: 일용할 양식을 예수님의 ( )으로 해석하기도 한다.
성경	요한복음 6:33-35
(2)	셋째:( )의 떡으로 해석하기도 했다.
성경	누가복음 14:15
(3)	넷째: 예수 그리스도는 "( )"으로 해석했다.
성경	요한복음 6:35

둘째 : 삶의 적용을 위한 워크샵(Workshop)
"통상적인 일용할양식"이란 예화로 실천적 삶에 적용

1. 우리는 통상적으로 "일용할 양식"을 구하면서 또한 "하나님! 이달은 이 정도의 수입이 필요합니다. 오늘은 얼마의 돈이 필요합니다."
"하나님! 아이들 영어학원, 피아노 학원, 과외 등을 시키려면 이 정도의 돈이 필요함니다."
"하나님! 직장을 주세요."
"하나님! 오늘도 사업이 잘되게 하셔서 대박이 터지는 날이 되게 해 주세요." 등등 일상생활에서 "일용할 양식을 주옵소서"라는 기도를 할 것이다.

통상적인 "일용할 양식"을 구하는 삶은 도대체 어디까지일까? 구체적으로 이야기합시다.
저축은 괜찮다던데 얼마까지 저축하는 것이 적당할까요?
가족에게 필요한 아파트와 자가용을 구하는 것은 괜찮을까요?
괜찮다면 몇 평짜리 아파트가 적당할까요?
자동차는 우리 식구에 어느 정도가 합리적일까요?
하루 생활비를 어느 정도까지가 적당할까요? 이번 학기 아이들 등록금을 어떻게 할까요?
겨우 하루 세끼 입에 풀칠하는 정도의 수준으로 살면 되는 것일까요?
백만장자가 되어도 그 재산이 전부 일용할 양식으로 해석될 수 있는가요?
한 달에 백만 원만 벌어도 분에 넘치는 소유가 될 수 있을까요? 출애굽기 16:4

1. 각자의 형편에 따라 통상적인 일용할 양식의 기준을 적어 보기로 합시다. 그리고 각자 일용할 양식 얻기를 기도하면서 일용할 양식을 어떻게 구체적으로 사용해야 하는지 정해 보기로 합시다.

2. 날마다 주시는 일용할 양식을 필요한 양보다 하나 더 받게 된다면 어떻게 사용하기를 원하십니까?

셋째 : 하나님 나라 부흥은 주기도운동으로!!!
〈주기도운동〉은 "회개, 지상명령 성취, 성령충만, 헌신"의 삶을 포함한다.

회개 	**회개의 기도와 함께하는 삶.** 7. 우리에게 주신 것을 나만을 위해 악용함을 회개합니다. 8. 우리공동체를 돌아보지 못함을 회개합니다. 9. 나보다 우리를 바라보지 못함을 회개합니다. 네 번째 간구를 통해 회개를 적용하여 기도해 보자. ✱ 나의 회개기도는 어떠한가?

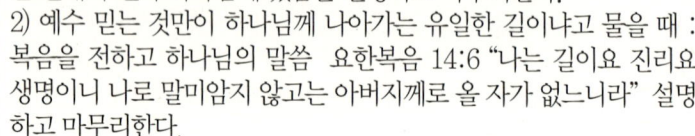

지상명령 성취는 전도, 선교를 위한 삶.

3. 전도할 때 부딪히는 반대 의견이나 질문의 유형들이 있다.
1) 믿지 않은 사람들의 운명에 대하여 : 복음만 제시하고 구원의 문제는 절대 주권자 하나님께 있음을 설명하고 마무리한다.
2) 예수 믿는 것만이 하나님께 나아가는 유일한 길이냐고 물을 때 : 복음을 전하고 하나님의 말씀 요한복음 14:6 "나는 길이요 진리요 생명이니 나로 말미암지 않고는 아버지께로 올 자가 없느니라" 설명하고 마무리한다.
3) 기적이란 믿을 수 없다고 했을 때 :
자연 현상가운데나 일반적으로 보이지 않지만 일어나는 많은 기적들이 있다.
4) 선행으로 천국 갈 수 있다고 했을때 :
처녀는 결혼을 해야만 정상적으로 아이를 가질 수 있다.
구원을 얻기 위해서는 믿는 자의 행위가 따른다.

* 전도는 쉽다: 성령님이 하시기 때문이다.
* 단순하게 교회로 데려오는 전도를 실천해 본 적이 있는가 있다면 구체적으로 어떠한가? 전도한 태신자 (이름:)

선교

지상 명령 성취

믿지 않는 가까운 이웃부터 우리의 선교 대상임을 잊지 말자.

부록〈세계선교지도〉에서 선교 대상지를 정하고 기도 한다. 혹은 담임목사님의 목회 방침에 따라 순종하면서 지원하는 선교지를 위해 기도한다. 대한민국의 평화 통일, 혹은 다른 나라들의 기도 제목을 기록하고 기도한다.

* 각자 정해진 선교대상지에 가는 선교사로서 혹은 보내는 선교사로서 어떻게 하는 것이 가장 최선의 방법인가를 검토한다.

은사

성령충만한 삶은 성령의 은사를 실천하는 것이다.

2. 지혜: (로마서 12:3) 믿음의 분량대로 지혜롭게 생각하며 언어를 사용한다.
가령 "그러셨군요"! 등의 인정하는 태도로 앞으로 조심하면 되겠네요.

* 각자 긍휼의 은사를 적용한 경험을 나누어 보자.

| 열매 | 성령충만한 삶은 성령의 열매를 실천하는 것이다. |

⑦ **충성의 열매** – 성실(信實/faithfulness) "맡은 자들에게 구할 것은 충성이니라" (고린도전서 4:2) 충성은 하나님 앞에서 최선을 다하는 신앙 자세이며 신앙의 가장 중요한 요소 중 하나이다. 사도 바울이야 말로 충성된 종의 모범이라 할 수 있다(디도서 2:10).

＊ 각자의 자비의 열매를 적용한 경험을 나누어 보자.

헌신자의 삶의 특징은 무엇인가?

(11) 헌신자의 삶은 "하나님께서 내가 원하는 것을 주시든 안 주시든 관계없이 나는 하나님께서 원하시는 것을 하나님께 드리겠다."라고 순종하는 사람이다(창세기 28:20-22).

(12) 헌신자의 삶은 "나의 주 하나님 되신 예수님께 내 삶의 주인이 되시도록 맡겨드리고 나의 모든 것을 더 이상 내 것으로 주장하지 않겠습니다. 나는 당신의 것입니다"라는 사람이다.

＊ 헌신에 대한 부분은 매주일 담임 목사님의 설교를 통해서 한 주간 실천할 내용과 개인적으로 정해진 분량의 성경을 읽고 마음에 감동이 되는대로 실천한다.
＊ 각자의 헌신의 삶을 적용한 경험을 나누어 보기로 하자.

〈주기도운동〉은 소책자 "기도문으로 기도하기" 4PMT로 이루어간다.
네 번째 간구인〈오늘날 우리에게 일용할 양식을 주옵시고〉로 적용하여 기도하기

〈오늘날 우리에게 일용할 양식을 주옵시고〉로 적용하여 기도하기.

네 번째 간구인 "오늘날 우리에게 일용할 양식을 주옵시고"라고 기도드리면서 주여! 성령님의 지혜로 나에게 매일 필요한 일용할 양식의 기준을 알게 하셨지만 지금까지 내 욕심으로 인해 남의 일용할 양식을 빼앗은 죄를 회개합니다. 앞으로 매일 "하나 더 일용할 양식 (another daily bread)"을 주시도록 기도하게 하시고, 하나 더 허락하신 "일용할 양식"을 기쁨과 감사함으로 이웃을 위해 섬기며 나누는

성령충만한 삶을 살아가도록 결심하게 하여 주시옵소서 (마음의 왕좌에 주님이 주인이 되시도록) 주여! 영혼의 양식을 먹지 못해 영원히 죽게 되는 사람들을 더욱 불쌍히 여기며 (전도대상자 OOO 이름을 부르며) 그를 전도하여 그와 함께 영혼의 양식을 먹으며 천국에 갈 때까지 믿음으로 삶을 실천하는 하나님 아버지의 자녀로서 훈련시키며 헌신하게 하여 주시옵소서. 주기도로 기도를 가르쳐 주신 나의 주 하나님 예수 그리스도 이름으로 기도드립니다.

11 The fourth petition

Lord, I repent of my sins. When I pray, "give us this day our daily bread," You teach me what it means to have the boundaries of the daily bread through the wisdom of the Holy Spirit, but I did not give thanks fully to You for what You have provided for me. Instead I took credit for what You have provided and intended for me to share with others, and in my selfish desires I even exploited the daily bread of others.

I recommit my life to pray to You Lord properly for daily bread from now on and to pray for 'another daily bread' and to live a Spirit filled life of service for my neighbors by sharing that 'another daily bread' which You provide me with a joyful and thankful heart.

(Let the throne of my life be taken by Jesus Christ through the Word of God) Lord, make me a person who has more mercy on those people dying without the spiritual food, and help me to share the gospel of Jesus Christ with him/her (insert name here) so that both of us may meditate on the Word, our spiritual daily bread. Help us to be your authentic beloved children who are obeying your Word until we go to heaven, and let me be a model to the one whom I am praying for and serving so that he/she may also commit his/her life to You and to Your kingdom.

I pray in the name of Jesus Christ who taught me how to pray through the Lord's prayer. (Amen)

생각나누기	주기도문 네번째간구 4PMT로 적용하며 기도하고 실천하고 있는가?

넷째 : 하나님 나라 부흥은 하하하 하나님 땡큐운동으로!!!

감사	3. 범사에 감사하라! 란 말씀(데살로니가전서 5:18)을 "오늘 우리에게 일용할 양식을 주옵시고"말씀 간구에 〈감사〉을 적용하여 기도하기.
	**3. 범사에 감사하라!** 　나를 지으셨기에 나보다 나를 더 잘 아시는 주님께서 날마다 나에게 가장 선한 것으로 인도하여 주심을 감사합니다. 영육의 갈급함 가운데서 나를 채우시며 이 땅에서 천국을 맛보며 살도록 축복해 주셔서 감사합니다. 　감사함으로 기도하면 버릴 것이 없다고 말씀하셨는데 지금 하고 있는 일(구체적인 내용으로 기도한다)에 매사에 불만족스러울 때가 많고 하려고 하는 일에 대해서 말씀 안에 합당하지 못하여 넘치는 감사가 없습니다. 항상 감사한 마음으로 자족하기보다 나의 욕심으로 구하는 잘못을 회개할 수 있게 하시며 포기할 수 있는 용기를 허락하여 주옵소서. 　참된 생명을 허락하시며 영원한 나라를 허락하여 주신 하나님 감사합니다. 천국에서는 하나님 아버지를 경배하고 찬양하며 항상 감사만 있을 것을 확신하며 기도를 드립니다. 범사에 감사함으로 하나님께 아뢰면 하나님 아버지께서 우리에게 필요한 의식주를 비롯하여 주님의 영광을 위하여 살아가는데 필요한 모든 것(구체적인 내용으로 기도한다)에 응답하여 주실 것을 믿고 감사를 드립니다. 나의 삶에 구석구석에서 범사에 감사함으로 구할 때 모든 것의 근원되시는 하나님께서 우리 삶에 일용할 양식을 주신 줄 믿고 감사드립니다. 예수님의 이름으로 기도드립니다.
	하나님 아버지의 자녀로서 감사을 회복하고 성령충만한 삶을 살고 있는가?

다섯째 : 주기도로 삶을 사는 하나님의 자녀들의 영적성장 점검표

영적성장 점검표을 통해 영적 성장을 확실하게 경험하자!!

회개 및 간구 : 매일 회개 및 간구한 기도 내용을 기록한다.
성령충만 : 매일 본 교재에서 제시한 열매와 은사 중 실천한 것을 기록한다.
지상명령(전도, 선교) : 전도한 사람의 이름이나 태신자 이름, 기도한 선교 대상지를 기록한다. 전도지를 사람에게 나누어준 명수를 기록한다.
헌신 : 기쁨, 기도, 감사 : 하나님께 영광 돌린 것을 기록한다.
〈하하하 하나님 땡큐〉 하루에 3번 이상 반복하기
성경읽기 : 구약, 신약성경을 매일 3-5장씩 읽은 곳을 기록한다.

주기도 운동 영적 일기 쓰기   20   년   월

요일	회개 및 간구	성령충만(전인격) 성령의 열매	지상명령성취 선교/전도(대상자)	헌신(실천) 기쁨, 기도, 감사	말씀읽기 말씀요절
월					
화					
수					
목					
금					
토					
일					
평가					

*영적 점검표는 견본으로 제공하며 복사해서 계속 사용 할 수 있다.

19 파 테 르 라 이 프 5 0

하나님의 자녀는 어떻게 살아야 합니까?

주기도문 다섯 번째 간구(용서) 7-1
우리가 우리에게 죄 지은자를 사하여 준 것 같이 우리죄를 사하여 주시옵고
Forgive us our debts, as we forgiven our debtors.
마태복음 6장 12절

찬송부르기 : 주 하나님 지으신 모든 세계(통40)79장, 아버지여 이 죄인을(통334)276장
성경읽기 : 시편 115:3, 로마서 8:14-15, 요한복음 14:1-2
묵상하기 : 하나님을 "우리 아버지"라고 삶의 고백을 드릴 때 어떤 일이 일어날까요?

첫째 : "우리가 우리에게 죄 지은 자를 사하여 준 것 같이 우리 죄를 사하여 주시옵고"를 열어주는 메시지

죄를 용서하여 달라는 기도를 매일 해야 하는 이유가 무엇(What)인지 알게 되며, 이 기도의 출발이고, 신앙생활 성화의 기초이고, 일용할 양식(Daily Bread)을 매일 구하듯 일용할 용서(Daily Forgiveness)도 어떻게(How) 매일 구해야 함을 알게 함으로 성령 충만한 삶을 살게 한다. 우리는 이 세상을 살아가기 위해서는 매일매일 필요한 것들을 공급받아야 하듯이, 마찬가지로, 우리가 주님의 나라에 들어가기 위해서는 매 순간 용서의 은총을 받아야 한다. 죄 용서함을 받은 하나님의 자녀들이지만 그럼에도 불구하고 오늘도 죄와 싸워야 하는 존재들이다.

1. "죄의 용서"에 대한 말씀은 어떤의미를 가지고 있는가?

보기	보기에서(　　)안에 맞는 단어를 찾고 합당한 성경구절을 기록하자 ① 왕의특권 ② 바다 ③ 구름 ④ 회심(Conversion) ⑤ 죄책 ⑥ 기억 ⑦ 회개

(1)	오직 하나님만이 죄를 용서하는 것은 만왕의 (　　)이시다. "오직 하나님 한 분 외에는 누가 능히 죄를 사하겠느냐"죄의 용서란 죄악을 제거하는(take away) 것이다. 죄의 용서란 지은 죄과를 말소해 버리는(blot it out) 것이다. 죄를 용서 한다는 것은 이것을 덮어주는(to cover it) 것이다. 죄를 용서한다는 것은 하나님이 우리의 죄를 깊은 (　　) 속으로 던져 넣는다(to cost into)는 뜻이다. 죄를 용서한다는 것은 하나님이 우리의 죄들을 (　　)처럼 흩어지게(Scatter) 하신다는 것이다.
성경	마가복음 2:7
(2)	회개의 첫 번째 요소는 통회(Contrition)이다. 회개의 두 번째 요소는 고백(Confession)이다. 회개의 세 번째 요소는 (　　　)이다. 죄의 용서가 있기 전에 우리 편에서 하나님을 믿는 태도가 선행되어야 한다. 죄의 용서는 성령에 의하여 위임된 용서이다.
성경	누가복음 24:47
(3)	죄의 용서를 통해서 하나님은 (　)과 형벌을 면제하신다. 죄의 용서 후에는 하나님께서 더 이상 나의 죄를 (　　)하지 않으신다. 죄의 용서는 죄의 분량과 대, 소에 관여치 않는다. 죄의 용서 가운데 용서받지 못하는 죄들(Unpardonable Sins)이 있다. 죄 용서받음에 있어서 미래의 죄는 그것들을 (　)할 때 까지는 현실적으로 용서 받는 것은 아니다.
성경	마태복음 12:31

둘째 : 삶의 적용을 위한 워크샵(Workshop)
"아버지를 용서한 그리스도인"이란 예화로 주기도 실천적에 적용

어렸을 때 나는 아버지와의 관계에서 오랫동안 아버지를 싫어했다. 내가 아버지를 미워하고 싫어하게 된 충분한 이유가 있었다. 어렸을 때부터 엄마가 예수님 믿고 교회에 다닌다는 이유로 아버지께서는 엄마를 많이 괴롭히셨다. 엄마는 심한 말들로 학대(verbal abuse)를 당하셨다. 심한 행동들로 학대(physical abuse)를 당하셨다. 한방에 같이 있는 것도 싫었고 한 상에서 밥을 먹는 것도 싫었다. 엄마한테 야단맞으면서도 나는 아버지를 싫어했다.

서울에서 숙명여대에 다닐 때 어느 토요일 오후, 내가 자취하던 효창동 2층 집 내 방에서 주일날 가르칠 교재를 준비하고 있었다. 마침 그 주일의 성경공부 내용이 '주기도문'이었다.

공과 책과 성경을 펴놓고 준비를 하는데 주기도문 중에 있는 '우리가 우리에게 죄 지은 자를 사하여 준 것 같이 우리 죄를 사하여 주옵시고…'의 부분이 눈에 크게 들어왔다. 그리고 마치 목에 가시가 걸린 것처럼 불편하고 공과 준비를 더 할 수가 없었다.

공과 책과 성경을 펴 놓은 채… 내 마음속에서 미워하는 내 아버지를 진심으로 용서하지도 않고 있으면서 천진난만한 내 반 5학년 학생들에게 주기도문의 그 내용을 가르칠 수가 없었다.

시간이 얼마나 흘렀을까. 내 마음에 성령께서 강하게 역사하시면서 내가 아버지를 진심으로 용서해야 된다는 강한 도전을 주셨다.

그날 밤 결국 나는 하나님께 무릎을 꿇고 기도했다. 비록 우리 아버지는 자신이 한 일들 때문에 우리에게 많은 상처를 주었고, 또 그런 일들을 잘못했다고 용서해 달라고 하지도 않으셨지만 모두 다 용서한다고 하나님께 기도했다. 그리고 지금까지의 나의 죄를 또한 회개하였다. 눈물 콧물이 범벅이 된 상황이었지만 신기한 것은 내 마음이 너무나 편안해졌다는 사실이었다! 무엇인가 크고 무거운 짐이 내 등에서 딱 떨어져 나가는 기분이었고 주안에서 진정한 사죄의 은총과 자유함을 느꼈다.

그 이후에도 우리 아버지는 엄마를 핍박하셨고 많은 잘못을 하셨지만 그 날 이후로 나는 아버지를 계속 용서할 수 있었고 진심으로 아버지를 위해서 기도하게 되었다. 그것은 정말 하나님의 크신 사랑이었다. 엄마는 끊임없이 아버지를 용서하시면서 사셨다.

나는 지금도 그 날 그 토요일의 경험을 소중하게 생각하며 내 삶의 현장에서 용서하기 어려운 사람들을 용서하면 살려고 노력하고 있다. 하나님께서 나를 용서해 주신 것이 기적이고 내가 다른 사람들을 용서할 수 있도록 성령님의 능력을 계속 부어주시는 것이 기적이다. (올랜도 충현교회 김향숙 사모 간증)

위의 경우가 당신 자신의 경험과 꼭 같지 않더라도 용서하는 것은 매일마다 그리스도인의 삶에서 필요한 것입니다(시편 109:17-19).

1. 당신의 내적인 부분을 봅시다. 당신이 용서하지 않은 것이 당신의 삶에 어떤 영향을 주고 있는지 생각해 본 적이 있습니까? 용서하지 못하기 때문에 내가 이익을 본 것은 무엇입니까? 내가 손해를 본 것은 무엇입니까?

용서하고는 싶은데 가로막는 장애물이 있었다면 용기를 내어 그 경험을 나누어 봅시다. 장애물을 제거하기 위해서 어떻게 노력하였습니까? 성령 충만한 삶을 통해서 용서할 수 있습니까?

(예/아니오) 당신이 생각하는 답의 이유는 무엇입니까?

2-1. 다른 사람을 용서해 본 적이 있습니까? 용서한 이후의 당신의 마음은 어떻게 변했습니까? 당신의 삶은 어떻게 변했습니까?
   (1) 무조건 용서했으니 다시는 잘못 한일을 기억하지 않았습니다.
   (2) 그래도 가끔은 화가 치밀 때가 있습니다.
   (3) 나의 용서는 개인적인 것이고, 죄의 대가(인과응보)는 따로 받아야
       한다고 생각하고 있습니다.

2-2 내가 용서하는 이유는?
   (1) 마음이 가벼워질 것 같아서
   (2) 공평하신 하나님이라면 벌을 주실 것 같아서
   (3) 무조건 그런 생각이 들어서
   (4) 세상의 법의 기준도 따라야 할 것 같아서

셋째 : 하나님 나라 부흥은 주기도운동으로!!!
〈주기도운동〉은 "회개, 지상명령 성취, 성령충만, 헌신"의 삶을 포함한다.

회개의 기도와 함께하는 삶.

1. 나의 죄를 회개합니다.
2. 죄짓고 온전한 회개하지 못함을 회개합니다.
3. 죄에 대하여 무감각함을 회개합니다.

다섯 번째 간구를 통해 회개를 적용하여 기도 할 수 있다.
예를 들면 개인과 가정, 교회, 세계 여러 나라와 국가 지도자들, 핍박을 받고 있는 지역과 기독교인, 미전도종족, 한국교회와 교단, 한국의

	사회악(학교 폭력, 성과 성차별 폭력, 가정 폭력, 언어 폭력) 등을 위하여 기도할 수 있다. 또한 남북이 복음화되고 대한민국의 정치적 발전과 경제적 안정과 평화를 위해 기도할 수 있다. ✶ 나의 회개기도는 어떠한가?
전도  지상 명령 성취	**지상명령 성취는 전도, 선교를 위한 삶.** **4. 전도할 때 부딪히는 반대 의견을 효과적으로 다룬다.** 1) 논쟁을 피하라. 2) 상대방의 말을 긍정적으로 받아 드리라. 3) 문제의 핵심에서 벗어난 질문은 회피하라. 4) 제기된 문제를 신속히 처리한 후 전도의 핵심으로 돌아가라. 5) 성경말씀으로 답변하도록 노력하라. 6) 절대 정직하라 모르는 것은 모른다고 하라. ✶ 단순하게 교회로 데려오는 전도를 실천해 본 적이 있는가 있다면 구체적으로 어떠한가? 전도한 태신자 (이름:)
선교  지상 명령 성취	**믿지 않는 가까운 이웃부터 우리의 선교 대상임을 잊지 말자.** 부록〈세계선교지도〉에서 선교 대상지를 정하고 기도 한다. 혹은 담임목사님의 목회 방침에 따라 순종하면서 지원하는 선교지를 위해 기도한다. 대한민국의 평화 통일, 혹은 다른 나라들의 기도 제목을 기록하고 기도한다. ✶ 각자 정해진 선교대상지에 가는 선교사로서 혹은 보내는 선교사로서 어떻게 하는 것이 가장 최선의 방법인가를 검토한다.
은사	**성령충만한 삶은 성령의 은사를 실천하는 것이다.** **3. 봉사** : 봉사의 사명은 목회자를 협조하고 교회의 구제, 전도, 선교 및 여러 교회 사업에 적극성을 가지고 참여하고 상대방에게 도와드릴게요 염려 마세요 하면서 앞장선다. ✶ 각자 긍휼의 은사를 적용한 경험을 나누어 보자.

열매 성령 충만	성령충만한 삶은 성령의 열매를 실천하는 것이다. ⑧ **온유의 열매** – 온유(溫柔/gentleness) 마태복음 5:5, 마태복음 11:2 온유함은 하나님의 뜻에 복종하는 순종의 자세이며, 그 가르침을 잘 따라 행하는 행동을 말한다(에베소서 4:2). ＊ 각자의 자비의 열매를 적용한 경험을 나누어 보자.
헌신 	**헌신자의 삶의 특징은 무엇인가?** (13) 헌신자의 삶 이란 자기를 부인하고 십자가를 지고 주님을 좇는 사람이다(마태복음 18:21-26). (14) 헌신자의 삶이란 하나님 앞에서 행동을 하기 전에 그 하고자 하는 행동의 동기(動機)가 무엇인지를 묻는 사람이다(마가복음 10:18). ＊ 헌신에 대한 부분은 매주일 담임 목사님의 설교를 통해서 한 주간 실천할 내용과 개인적으로 정해진 분량의 성경을 읽고 마음에 감동이 되는대로 실천한다. ＊ 각자의 헌신의 삶을 적용한 경험을 나누어 보기로 하자.

〈주기도운동〉은 소책자 "기도문으로 기도하기" 4PMT로 이루어간다.
〈우리가 우리에게 죄 지은 자를 사하여 준 것 같이 우리 죄를 사하여 주옵시고〉로
적용하여 기도하기

	**〈우리가 우리에게 죄 지은 자를 사하여 준 것 같이〉로 적용하여 기도하기.** 다섯 번째 간구대로 "우리가 우리에게 죄지은 자를 사하여 준것 같이 우리 죄를 사하여 주옵시고"라고 기도드립니다. 주여! 주님께서 나 같은 죄인을 용서하시기 위해 십자가 지셨음을 감사드립니다. 주여! 다른 사람을 먼저 용서할 수 없었던 자신을 회개합니다. 내가 먼저 용서를 실천함으로 주님께서 나의 삶의 주인이 되셔서 매순간 성령충만한 삶을 살기를 결심하며 헌신합니다. 주여! 예수님의 보혈의 피로 용서 받아야 할(전도대상자 ○○○ 이름을 부르며) 예수님을 믿고 죄사함받도록 그 영혼을 전도하게 하시고 하나님의 용서를 받은 영적인 가족으로 맞이하여 그와 함께 천국에 갈 때까지 믿음으로 삶을 나

누고 우리 죄를 용서해주신 주님의 삶을 실천하는 하나님 아버지의 자녀로서 훈련시키며 헌신하게 하여 주시옵소서. 주기도로 기도를 가르쳐 주신 나의 주 하나님 예수그리스도 이름으로 기도드립니다.

Lord, I pray that you may "Forgive us our trespasses, as we forgive them that trespass against us." Lord, thank you for dying on the cross to forgive a sinner like me. I repent my sin of not forgiving those who sinned against me though You forgave me unconditionally.

Make me a person who practices forgiveness moment by moment when others sin against me as one forgiven freely by you, God, and please lead me to witness that you are the Lord of my life as I live a Spirit filled life moment by moment. Lord, help me to reach the one (insert the name) who should be forgiven by the blood of Jesus Christ so that he/she would be adopted as your spiritual child. Help us to live the life of faith in Christ until we go to heaven. And lead me to be a model to the one I am planning to share the gospel with so that he/she will also dedicate his/her life to You and Your kingdom. I pray in the name of Jesus Christ who taught me how to pray through the Lord's prayer.(Amen)

〈다섯 번째간구 〉를 4PMT로 적용하며 기도하고 실천하고 있는가?

넷째 : 하나님 나라 부흥은 하하하 하나님 땡큐운동으로!!!

| 기쁨 | 1. 항상 기뻐하라! 란 말씀(데살로니가전서 5:16)을 "우리가 우리에게 죄 지은 자를 사하여 준 것 같이 우리 죄를 사하여 주옵시고" 말씀 간구에 〈기쁨〉을 적용하여 기도하기. |

예수 그리스도의 보혈을 통해 우리의 모든 죄를 용서하신 하나님 아버지께 모든 영광을 올려 드립니다. 하나님 아버지의 용서가 없이는 한순간도 살아갈 수가 없는데 하나님의 용서를 통하여 하나님의 놀라운 사랑과 은혜를 체험하게 하시고 하나님의 자녀임을 확신하며 기쁨으로 살아갈 수 있도록 인도해 주셨으니 감사와 영광을 드립니다. 그러나 주님께서 저희 죄를 용서하여 주셨는데 교만하여 다른 사람을 먼저 용서하지 못하였던 저희들을 용서하여 주시옵소서. 지금

제가 용서하지 못하고 있는 일(구체적인 내용으로 기도한다)이 아버지 앞에 기쁨이 없사오며 다른 사람을 먼저 용서할 수 없었던 것을 회개할 수 있게 하시며 다시는 그러한 잘못을 행하지 않도록 용기를 허락하여 주옵소서.

    예수 그리스도의 보혈을 통해 우리의 모든 죄를 용서하신 하나님, 지금 내가 다른 사람을 용서하려는 일(구체적인 내용으로 기도한다)이 하나님 아버지께서 기뻐하시는 일이니 나에게도 말씀 안에 기쁨이 넘치게 하시며 믿음으로 구할 수 있게 하여 주시옵소서. 나의 삶의 구석구석(혹은 모든 영역을 위해 기도한다)에서 항상 기쁨으로 구할 때 우리의 모든 죄를 용서하신 하나님의 뜻이 이루어지게 하실 줄 믿고 감사드립니다.

생각나누기	하나님 아버지의 자녀로서 **기쁨**을 회복하고 성령충만한 삶을 살고 있는가?

다섯째 : 주기도로 삶을 사는 하나님의 자녀들의 영적성장 점검표

영적성장 점검표을 통해 영적 성장을 확실하게 경험하자!!

회개 및 간구 : 매일 회개 및 간구한 기도 내용을 기록한다.
성령충만 : 매일 본 교재에서 제시한 열매와 은사 중 실천한 것을 기록한다.
지상명령(전도, 선교) : 전도한 사람의 이름이나 태신자 이름, 기도한 선교 대상지를 기록한다. 전도지를 사람에게 나누어준 명수를 기록한다.
헌신 : 기쁨, 기도, 감사 : 하나님께 영광 돌린 것을 기록한다.
〈하하하 하나님 땡큐〉 하루에 3번 이상 반복하기
성경읽기 : 구약, 신약성경을 매일 3-5장씩 읽은 곳을 기록한다.

| 주기도 운동 영적 일기 쓰기   20   년   월 |

요일	회개 및 간구	성령충만(전인격) 성령의 열매	지상명령성취 선교/전도(대상자)	헌신(실천) 기쁨, 기도, 감사	말씀읽기 말씀요절
월					
화					
수					
목					
금					
토					
일					
평가					

＊영적 점검표는 견본으로 제공하며 복사해서 계속 사용 할 수 있다.

20 파테르라이프50

하나님의 자녀는 어떻게 살아야 합니까?

주기도문 다섯 번째 간구(용서) 7-2
우리가 우리에게 죄 지은자를 사하여 준 것 같이 우리죄를 사하여 주시옵고
Forgive us our debts, as we forgiven our debtors.
마태복음 6장 12절

찬송부르기 : 주 하나님 지으신 모든 세계(통40)79장, 아버지여 이 죄인을(통334)276장
성경읽기 : 시편 115:3, 로마서 8:14-15, 요한복음 14:1-2
묵상하기 : 하나님을 "우리 아버지"라고 삶의 고백을 드릴 때 어떤 일이 일어날까요?

첫째 : "우리가 우리에게 죄 지은 자를 사하여 준 것 같이 우리 죄를 사하여 주시옵고"를 열어주는 메시지

죄를 용서하여 달라는 기도를 매일 해야 하는 이유가 무엇(What)인지 알게 되며, 이 기도의 출발이고, 신앙생활 성화의 기초이고, 일용할 양식(Daily Bread)을 매일 구하듯 일용할 용서(Daily Forgiveness)도 어떻게(How) 매일 구해야 함을 알게 함으로 성령 충만한 삶을 살게 한다. 우리는 이 세상을 살아가기 위해서는 매일매일 필요한 것들을 공급받아야 하듯이, 마찬가지로, 우리가 주님의 나라에 들어가기 위해서는 매 순간 용서의 은총을 받아야 한다. 죄 용서함을 받은 하나님의 자녀들이지만 그럼에도 불구하고 오늘도 죄와 싸워야 하는 존재들이다.

1. "죄의 용서"에 대한 말씀은 어떤의미를 가지고 있는가?

보기에서( )안에 맞는 단어를 찾고 합당한 성경구절을 기록하자
보기 ①성화 ②용서의 범위 ③ 생활에 손해 ④ 용서 ⑤ 확신 ⑥ 절망

(1)	1) 죄를 용서하여 달라는 기도는 모든 기도의 출발이고 신앙생활 (　)의 기초이고, 일용할 양식(Daily Bread)을 매일 구하듯 일용할 용서(Daily Forgiveness)도 매일 구하여야 하기 때문이다 2) 죄의 용서는 적은 것에서부터 아무리 큰 죄라도 범죄의 내용에 관계없이 (　) 안에 두셔서 용서해 주시기 때문이다.
성경	시편 109:17-18

(2)	3) 그리스도인이 용서를 하지 않고 계속 저주하는 생활을 할 때 자신의 건강과 (　)를 가져오기 때문이다. 4) 도무지 용서할 수 없는 대상 일지라도 우리는 반드시 (　)해야 할 책임을 가지고 있기 때문이다.
성경	로마서 8:39

(3)	왜 죄 용서를 구하지 않는가. 죄 용서가 절대적이고 필수적임에도 불구하고 죄 용서를 구하지 않고 있음은 무슨 까닭일까? 1) 죄 용서에 대한 (　)(Assurance)의 부족 때문이다. 2) 사람들은 (　)(despair)에 빠져서 용서를 구하려고 하지 않는다.
성경	요한일서 4:20

둘째 : 삶의 적용을 위한 워크샵(Workshop)
"나 자신을 절대로 용서 못한다"란 예화로 주기도 실천적에 적용

하나님은 나를 절대로 용서하지 않으실 거야! 내가 저지른 엄청난 실수를 너는 몰라. 내가 어떻게 그런 끔찍한 일을 저질렀지? 난 도저히 나를 이해도 못하고 용서할 수도 없어! 절대로 날 용서 못한단 말이야! 나 자신 스스로 용서하지 못한 이런 내면의 고통스러운 고백을 누가 들어줄 수 있단 말이야! 위의 경우에서 당신 자신의 경험과 꼭 같지 않더라도 먼저 용서하는 것이 그리스도인의 풍성한 삶을 사는 것이 라면 다음과 같은 내용을 나누어 볼 수 있을 것입니다(요한일서 1:7-9).

1. 자신의 잘못을 용서하지 못하는 이유는 무엇입니까?
   내가 나를 용서하지 못해서 격는 어려움과 고통은 무엇입니까?
   자기 자신을 용서하기 위해서 필요한 것은 무엇입니까? 극복할 수 있는 방법은 무엇입니까?

2. 내가 내 자신을 용서함으로 얻는 이익은 어떤 모습인지 각 자의 생각과 경험을 나누어 봅시다. 용서를 위한 기도와 성령충만함의 실제 모습은 어떤 것인지 각자의 생각과 경험을 나누어 봅시다.

셋째 : 하나님 나라 부흥은 주기도운동으로!!!

〈주기도운동〉은 "회개, 지상명령 성취, 성령충만, 헌신"의 삶을 포함한다.

회개 	회개의 기도와 함께하는 삶. 4. 같은 죄를 계속 반복함을 회개합니다. 5. 입술로만 회개한 것 회개합니다 6. 내 죄를 사하여 주심을 믿지 못함을 회개합니다. * 다섯 번째 간구를 통해 회개를 적용하여 기도하자. * 나의 회개기도는 어떠한가?
전도  지상 명령 성취	지상명령 성취는 전도, 선교를 위한 삶. 5. 전도의 장애물들 1) 준비부족 2) 두려움 3) 불신가족의 방해 4) 사단의 역사 5) 박해(이방종교, 현대문화와 환경) 6) 성격 7) 외모(옷차림 단정, 입안의 냄새 제거) 전도현장에서 반대 의견으로 당황스러운 일을 만났을 때에도 전도를 해 본 경험이 있는가 있다면 구체적으로 어떠했는가? 전도한 태신자 (이름:)
선교	믿지 않는 가까운 이웃부터 우리의 선교 대상임을 잊지 말자. 　　부록〈세계선교지도〉에서 선교 대상지를 정하고 기도 한다. 혹은 담임목사님의 목회 방침에 따라 순종하면서 지원하는 선교지를 위해 기도한다. 대한민국의 평화 통일, 혹은 다른 나라들의 기도 제목

| 지상
명령
성취 | 을 기록하고 기도한다.
* 각자 정해진 선교대상지에 가는 선교사로서 혹은 보내는 선교사로서 어떻게 하는 것이 가장 최선의 방법인가를 검토한다. |

은사

성령충만한 삶은 성령의 은사를 실천하는 것이다.

4. 교육 : (교사)(로마서 12:7, 엡 4:11) 가르치는 자는 가르치는 일로, 가르침을 받는 자는 바른 뜻을 깨닫고 삶에 적용하며 실천한다. (히브리서 13:17) "너희를 인도하는자 들에게 순종하고 복종하라……(생략)… . 그렇지 않으면 너희에게 유익이 없느니라.

* 각자 긍휼의 은사를 적용한 경험을 나누어 보자.

열매

성령
충만

성령충만한 삶은 성령의 열매를 실천하는 것이다.

⑨ **절제의 열매** – 절제(節制/self-control) 베드로후서 1:6, 로마서 8:5 믿는 자가 성령의 은혜에 사로잡혀 자신을 조절(Self Control)하는 것을 의미한다.

* 각자의 자비의 열매를 적용한 경험을 나누어 보자.

헌신

헌신자의 삶의 특징은 무엇인가?

(15) 헌신자의 삶은 (디모데전서 6:6 자족하는 마음이 있으면 경건은 큰 이익이 되느니라) 경건한 사람으로 하나님께 드려지고 바쳐진 삶을 통해 더 이상 자신의 뜻이나 세상 흐름에 따라 살지 않고 온전히 하나님의 뜻을 좇아 사는 삶을 사는 사람이다(빌립보서 4:11). (16) 헌신자의 삶은 하나님을 경외하는 마음에, 예수님의 십자가 속죄에서 나타난 하나님의 나를 향한 사랑을 마음속 깊이 느끼는 감정이 복합되어 사는 사람이다(이사야 26:8-9).

* 헌신에 대한 부분은 매주일 담임 목사님의 설교를 통해서 한 주간 실천할 내용과 개인적으로 정해진 분량의 성경을 읽고 마음에 감동이 되는대로 실천한다.

* 각자의 헌신의 삶을 적용한 경험을 나누어 보기로 하자.

〈주기도운동〉은 소책자 "기도문으로 기도하기" 4PMT로 이루어간다.
〈우리가 우리에게 죄 지은 자를 사하여 준 것 같이 우리 죄를 사하여 주옵시고〉
로 적용하여 기도하기

〈우리가 우리에게 죄 지은 자를 사하여 준 것 같이 우리 죄를 사하여 주옵시고〉를 4PMT로 적용하여 기도하기

다섯 번째 간구대로 "우리가 우리에게 죄지은 자를 사하여 준것 같이 우리죄를 사하여 주옵시고"라고 기도 드립니다. 주여! 주님께서 나 같은 죄인을 용서하시기 위해 십자가 지셨음을 감사드립니다. 주여! 다른 사람을 먼저 용서 할 수 없었던 자신을 회개합니다. 내가 먼저 용서를 실천함으로 주님께서 나의 삶의 주인이 되셔서 매 순간 성령충만한 삶을 살기를 결심하며 헌신합니다. 주여! 예수님의 보혈의 피로 용서받아야 할(전도대상자 OOO 이름을 부르며) 예수님을 믿고 죄사함받도록 그 영혼을 전도하게 하시고 하나님의 용서를 받은 영적인 가족으로 맞이하여 그와 함께 천국에 갈 때까지 믿음으로 삶을 나누고 우리 죄를 용서해주신 주님의 삶을 실천하는 하나님 아버지의 자녀로서 훈련시키며 헌신하게 하여 주시옵소서. 주기도로 기도를 가르쳐 주신 나의 주 하나님 예수그리스도 이름으로 기도드립니다.

Lord, I pray that you may "Forgive us our trespasses, as we forgive them that trespass against us." Lord, thank you for dying on the cross to forgive a sinner like me. I repent my sin of not forgiving those who sinned against me though You forgave me unconditionally.

Make me a person who practices forgiveness moment by moment when others sin against me as one forgiven freely by you, God, and please lead me to witness that you are the Lord of my life as I live a Spirit filled life moment by moment. Lord, help me to reach the one (insert the name) who should be forgiven by the blood of Jesus Christ so that he/she would be adopted as your spiritual child. Help us to live the life of faith in Christ until we go to heaven. And lead me to be a model to the one I am planning to share the gospel with so that he/she will also dedicate his/her life to You and Your kingdom. I pray in the name of Jesus Christ who taught me how to pray through the Lord's prayer.(Amen)

〈다섯 번째 간구〉를 4PMT로 적용하며 기도하고 실천하고 있는가?

넷째 : 하나님 나라 부흥은 하하하 하나님 땡큐운동으로!!!

기도	쉬지 말고 기도하라! 란 말씀(데살로니가전서 5:17)을 "우리가 우리에게 죄 지은 자를 사하여 준 것 같이 우리 죄를 사하여 주옵시고"간구에 적용하여 말씀 기도하기.
	예수 그리스도의 보혈을 통해 우리의 모든 죄를 용서하신 하나님 아버지! 　우리를 이미 용서하신 하나님의 용서를 통하여 우리가 용서할 수 없었던 사람을 용서함으로써 하나님의 사랑을 회복하며 성령 충만한 삶을 살게 하심을 믿고 감사드립니다. 그러나 "끊임없이 용서를 연습하라"고 가르쳐주신 주님의 가르침을 무시하고 자신의 감정과 상황, 환경을 핑계로 남을 용서하지 않았던 저희들을 용서하여 주시옵소서. 하나님 아버지께서 "기도 쉬는 죄를 범치 말라"하셨지만 제가 용서하지 못하고 있는 일(구체적인 내용으로 기도한다)로 인해 기도가 잘 되지 않고 막히고 있습니다. 다른 사람을 용서하지 못했던 것을 회개할 수 있게 하시며 포기할 수 있는 용기를 허락하여 주옵소서. 　예수 그리스도의 보혈을 통해 우리의 모든 죄를 용서하신 하나님 아버지! 　하나님 아버지의 사랑을 입은 자녀로서 지금 내가 다른 사람을 용서하고 있는 일(구체적인 내용으로 기도한다)에 자부심을 가지고 살게 하시고 믿음으로 쉬지 않고 우리 죄를 용서하여 달라고 매일 기도할 수 있도록 인도하시니 감사를 드립니다. 나의 삶의 구석구석에서 쉬지 않고 기도함으로 우리의 모든 죄를 용서하신 하나님의 뜻이 이루어지게 하실 줄 믿고 감사드립니다.
생각나누기	하나님 아버지의 자녀로서 기도 쉬는 죄를 범치 아니하므로 성령충만한 삶을 살고 있는가?

다섯째 : 주기도로 삶을 사는 하나님의 자녀들의 영적성장 점검표

영적성장 점검표을 통해 영적 성장을 확실하게 경험하자!!

회개 및 간구 : 매일 회개 및 간구한 기도 내용을 기록한다.
성령충만 : 매일 본 교재에서 제시한 열매와 은사 중 실천한 것을 기록한다.
지상명령(전도, 선교) : 전도한 사람의 이름이나 태신자 이름, 기도한 선교 대상지를 기록한다. 전도지를 사람에게 나누어준 명수를 기록한다.
헌신 : 기쁨, 기도, 감사 : 하나님께 영광 돌린 것을 기록한다.
〈하하하 하나님 땡큐〉하루에 3번 이상 반복하기
성경읽기 : 구약, 신약성경을 매일 3-5장씩 읽은 곳을 기록한다.

주기도 운동 영적 일기 쓰기   20   년   월

요일	회개 및 간구	성령충만(전인격) 성령의 열매	지상명령성취 선교/전도(대상자)	헌신(실천) 기쁨, 기도, 감사	말씀읽기 말씀요절
월					
화					
수					
목					
금					
토					
일					
평가					

＊영적 점검표는 견본으로 제공하며 복사해서 계속 사용 할 수 있다.

21 파테르라이프50

하나님의 자녀는 어떻게 살아야 합니까?

주기도문 다섯번째 간구(용서) 7-3
우리가 우리에게 죄 지은자를 사하여 준 것 같이 우리죄를 사하여 주시옵고
Forgive us our debts, as we forgiven our debtors.
마태복음 6장 12절

찬송부르기 : 주 하나님 지으신 모든 세계(통40)79장, 아버지여 이 죄인을(통334)276장
성경읽기 : 시편 115:3, 로마서 8:14-15, 요한복음 14:1-2
묵상하기 : 하나님을 "우리 아버지"라고 삶의 고백을 드릴 때 어떤 일이 일어날까요?

첫째 : "우리가 우리에게 죄 지은 자를 사하여 준 것 같이 우리 죄를 사하여 주시옵고"를 열어주는 메시지

죄를 용서하여 달라는 기도를 매일 해야 하는 이유가 무엇(What)인지 알게 되며, 이 기도의 출발이고, 신앙생활 성화의 기초이고, 일용할 양식(Daily Bread)을 매일 구하듯 일용할 용서(Daily Forgiveness)도 어떻게(How) 매일 구해야 함을 알게 함으로 성령 충만한 삶을 살게 한다. 우리는 이 세상을 살아가기 위해서는 매일매일 필요한 것들을 공급받아야 하듯이, 마찬가지로, 우리가 주님의 나라에 들어가기 위해서는 매 순간 용서의 은총을 받아야 한다. 죄 용서함을 받은 하나님의 자녀들이지만 그럼에도 불구하고 오늘도 죄와 싸워야 하는 존재들이다.

1. "죄 지은 자를 사하여 준 것 같이"란 말씀은 어떤의미를 가지고 있는가?

	보기에서 ( )안에 맞는 단어를 찾고 합당한 성경구절을 기록하자
보기	①진실 ② 믿음 ③ 가시 돋힌 ④ 용서의 문 ⑤ 잊어 ⑥ 생활화 ⑦ 언어는 빛

(1)	1) 끊임없는 용서를 해야 한다. 2) (　)된 마음으로 용서해야 한다. 3) 완전한 용서를 해야 한다. 4) 용서를 구할 때 우리의 언어는 빛 가운데서 숨김이 없는 정직함으로 해야 한다. 9) 용서는 (　)으로 사랑을 시작할 때부터 가능해진다.
성경	마태복음 18:35

(2)	5) 무조건 용서해야 한다. 6) (　) 용서는 용서가 아니다. 7) 상대방을 진심으로「이해」해 주려는 태도를 통하여 (　)을 열어야 한다. 8) 용서는 용서한 후 용서할 수 없었던 모든 사실을 (　) 버려야 한다.
성경	잠언 29:20

(3)	10) 용서를 베푸는 삶을 (　)(습관화) 해야 한다. 11) 용서를 구할 때 우리의 (　) 가운데서 숨김이 없는 정직함으로 해야 한다.
성경	로마서 1:17

둘째 : 삶의 적용을 위한 워크샵(Workshop)
"먼저 용서하라고"란 예화로 주기도 실천적 삶에 적용해 보자

　나보고 먼저 용서하라고! 흥^^ 그가 나에게 어떻게 했는지 알고서 그러는 거야! 제대로 알지도 못하면 가만히 있어 이번 일은 죽었으면 죽었지 절대로 내가 먼저 용서하지 않을 거야. 죽으면 죽었지 절대 못해!! 절대 못한단 말이야!!!
　위의 경우가 당신 자신의 경험과 꼭 같지 않더라도 먼저 용서하는 것이 그리스도인으로써 풍성한 삶을 사는 것이라면 다음과 같은 내용을 나누어 볼 수 있을 것입니다. 고린도후서 2:7-10.

1. 용서가 온전히 성립하기 위한 조건은 무엇이라고 생각합니까?

2. 먼저 용서하려 했지만 용서받아야 할 사람이 용서받기를 원치 않았을 때 혹은 용서를 거부당했을 때 당신의 느낌은 어떻것 같습니까?
　(1) 모욕감
　(2) 별로 다른 느낌이 없었습니다.

(3) 분노
(4) 인내심을 가지고 끝까지 용서할 마음의 용기를 달라고 기도했습니다.

3. 상대가 나의 용서를 받을 준비가 되어 있지 않았거나 거부하더라도 내가 일방적으로 용서한다고 선포해야 할 이유가 있을까요?
(예/아니오) 그 이유는 무엇입니까?

셋째 : 하나님 나라 부흥은 주기도운동으로!!!

〈주기도운동〉은 "회개, 지상명령 성취, 성령충만, 헌신"의 삶을 포함한다.

회개	**회개의 기도와 함께하는 삶.** 7. 우리에게 잘못한 사람을 용서하지 못한 것 회개합니다 8. 미움의 마음이 말끔히 회개하지 못함을 회개합니다 9. 내 죄보다 남의 죄를 더 정죄한 것 회개합니다 10. 사하여 주시는 분이 하나님이심을 인정해 드리지 못함을 다섯 번째 간구를 통해 회개를 적용하여 기도하자. ✱ 나의 회개기도는 어떠한가?
전도  지상 명령 성취	**지상명령 성취는 전도, 선교를 위한 삶.** 6. 전도하지 않는(못하는) 이유들 (자신에게 묻는다) 　1 자신이 없어서　　　　2) 말이 안 나와서 　3) 끈기가 없어서　　　　4) 용기가 없어서 　5) 대상자가 없어서　　　6) 바빠서 　7) 예수 믿는 자만 상대하기 때문 7) 목사신분노출을 꺼려해서 　8) 교회 형편 때문에 전도현장에서 반대 의견으로 당황스러운 일을 만났을 때에도 전도를 해 본 경험이 있는가 있다면 구체적으로 어떠했는가? 전도한 태신자 (이름:　　　)
선교 	**믿지 않는 가까운 이웃부터 우리의 선교 대상임을 잊지 말자.** 　　부록〈세계선교지도〉에서 선교 대상지를 정하고 기도 한다. 혹은 담임목사님의 목회 방침에 따라 순종하면서 지원하는 선교지를 위해 기도한다. 대한민국의 평화 통일, 혹은 다른 나라들의 기도 제목

지상 명령 성취

을 기록하고 기도한다.

* 각자 정해진 선교대상지에 가는 선교사로서 혹은 보내는 선교사로서 어떻게 하는 것이 가장 최선의 방법인가를 검토한다.

은사

성령충만한 삶은 성령의 은사를 실천하는 것이다.

5. **권유**(권면) (요한복음 14:16) 성령님은 "보혜사(保惠師), the comforter 이시다. 인격적인 상담과 격려(encouragement)로 성도 한 사람 한 사람이 영적인 원리에 의해 날마다 살아가도록 돕는 것이다.(예: 이번에 힘드셨지요. 공감해요! 다음에 다시 기회를 갖도록 해요)

* 각자 권유의 은사를 적용한 경험을 나누어 보기로 하자.

열매

성령 충만

성령충만한 삶은 성령의 열매를 실천하는 것이다.

① **사랑의 열매**– 인애 (仁愛: Love) 요한일서 4:8, 고린도전서 13장 사랑은 아홉 가지 열매를 모두 포함하는 열매이다. 주기도문의 실천적인 삶은 새 계명(마태복음 22:34, 요한복음 13:34)을 지키는 정신으로 몸과 마음을 다하여 위로 하나님을 사랑하고 이웃을 내 몸처럼 사랑하는 것이 성령의 열매를 아름답게 맺는 방법이다.

* 각자의 사랑의 열매를 적용한 경험을 나누어 보기로 하자.

헌신

헌신자의 삶의 특징은 무엇인가?

(17) 헌신자의 삶은 자신을 하나님께서 기뻐하시는 "너희 몸을 하나님이 기뻐하시는 거룩한 산제사로 드리며" 말씀처럼 몸은 우리의 육체만을 의미하는 것이 아니라 우리 전부를 의미하며, 우리의 마음과 뜻을 따라 행하는 도구로서의 몸을 의미를 실천하며 사는 사람이다(로마서 12:1, 데살로니가전서 5:23, 고린도전서 6:19-20).

(18) 헌신자의 삶은 주기도문의 "하늘에 계신 아버지"를 기도의 대상으로 믿고 기도함으로 기도의 능력을 체험하는 사람이다(마태복음 6:9).

* 헌신에 대한 부분은 매주일 담임 목사님의 설교를 통해서 한 주간 실천할 내용과 개인적으로 정해진 분량의 성경을 읽고 마음에 감동이 되는대로 실천한다.

* 각자의 헌신의 삶을 적용한 경험을 나누어 보기로 하자.

〈주기도운동〉은 소책자 "기도문으로 기도하기" 4PMT로 이루어간다.
〈우리가 우리에게 죄 지은 자를 사하여 준 것 같이 우리 죄를 사하여 주옵시고〉로 적용하여 기도하기

> **〈우리가 우리에게 죄 지은 자를 사하여 준 것 같이 우리 죄를 사하여 주옵시고〉를 4PMT로 적용하여 기도하기**
>
> 다섯 번째 간구대로 "우리가 우리에게 죄지은 자를 사하여 준것 같이 우리 죄를 사하여 주옵시고"라고 기도드립니다. 주여! 주님께서 나 같은 죄인을 용서하시기 위해 십자가 지셨음을 감사드립니다. 주여! 다른 사람을 먼저 용서할 수 없었던 자신을 회개합니다. 내가 먼저 용서를 실천함으로 주님께서 나의 삶의 주인이 되셔서 매 순간 성령충만한 삶을 살기를 결심하며 헌신합니다. 주여! 예수님의 보혈의 피로 용서받아야 할(전도대상자 OOO 이름을 부르며) 예수님을 믿고 죄사함받도록 그 영혼을 전도하게 하시고 하나님의 용서를 받은 영적인 가족으로 맞이하여 그와 함께 천국에 갈 때까지 믿음으로 삶을 나누고 우리 죄를 용서해주신 주님의 삶을 실천하는 하나님 아버지의 자녀로서 훈련시키며 헌신하게 하여 주시옵소서. 주기도로 기도를 가르쳐 주신 나의 주 하나님 예수그리스도 이름으로 기도드립니다.
>
>
>
> Lord, I pray that you may "Forgive us our trespasses, as we forgive them that trespass against us." Lord, thank you for dying on the cross to forgive a sinner like me. I repent my sin of not forgiving those who sinned against me though You forgave me unconditionally.
>
> Make me a person who practices forgiveness moment by moment when others sin against me as one forgiven freely by you, God, and please lead me to witness that you are the Lord of my life as I live a Spirit filled life moment by moment. Lord, help me to reach the one (insert the name) who should be forgiven by the blood of Jesus Christ so that he/she would be adopted as your spiritual child. Help us to live the life of faith in Christ until we go to heaven. And lead me to be a model to the one I am planning to share the gospel with so that he/she will also dedicate his/her life to You and Your kingdom. I pray in the name of Jesus Christ who taught me how to pray through the Lord's prayer.(Amen)

〈여섯번째 간구〉를 4PMT로 적용하며 기도하고 실천하고 있는가?

넷째 : 하나님 나라 부흥은 하하하 하나님 땡큐운동으로!!!

감사	범사에 감사하라! 란 말씀(데살로니가전서 5:18) "우리가 우리에게 죄 지은 자를 사하여 준 것 같이 우리 죄를 사하여 주옵시고" 간구에 적용하여 말씀 기도하기.
	예수 그리스도의 보혈을 통해 우리의 모든 죄를 용서하신 하나님 아버지! 하나님의 용서로 인하여 매일 기쁨으로 살게 하시고 하나님의 용서를 실천함으로 이웃을 사랑하며 영적으로 허물어진 관계가 회복되게 하심을 믿고 감사드립니다. 모든 일에 감사함으로 기도하면 버릴 것이 없다고 말씀하셨는데 하나님께 모든 죄를 용서받은 사실을 감사하지 못했던 저희들의 죄를 용서하여 주시옵소서. 지금 제가 용서하지 못하고 있는 일(구체적인 내용으로 기도한다)로 인해 매사에 불만족스러울 때가 많고 말씀 안에 합당하지 못하여 넘치는 감사가 없습니다. 남을 용서하지 않았던 죄악 된 마음을 회개할 수 있게 하시며 포기할 수 있는 용기를 허락하여 주옵소서. 주님의 십자가의 사랑과 용서를 통하여 다른 사람을 용서하고 사랑하여 삶 속에서 성령의 열매가 맺혀지는 성령 충만한 사람이 되게 하심을 믿고 감사드립니다. 범사에 감사함으로 하나님께 아뢰면 하나님 아버지께서 지각에 뛰어난 지혜와 지식으로 함께 하셔서 내가 다른 사람을 용서하려는 일(구체적인 내용으로 기도한다)에 응답하여 주실 것을 믿고 감사드립니다. 나의 삶에 구석구석에서 범사에 감사함으로 구할 때 우리의 모든 죄를 용서하신 하나님의 뜻이 이루어지게 하실 줄 믿고 감사를 드립니다. 예수님의 이름으로 기도 드립니다.
생각나누기	아버지의 자녀로서 범사에 감사함으로 성령충만한 삶을 살고있는가?

다섯째 : 주기도로 삶을 사는 하나님의 자녀들의 영적성장 점검표

영적성장 점검표를 통해 영적 성장을 확실하게 경험하자!!

회개 및 간구 : 매일 회개 및 간구한 기도 내용을 기록한다.
성령충만 : 매일 본 교재에서 제시한 열매와 은사 중 실천한 것을 기록한다.
지상명령(전도, 선교) : 전도한 사람의 이름이나 태신자 이름, 기도한 선교 대상지를 기록한다. 전도지를 사람에게 나누어준 명수를 기록한다.
헌신 : 기쁨, 기도, 감사 : 하나님께 영광 돌린 것을 기록한다.
〈하하하 하나님 땡큐〉 하루에 3번 이상 반복하기
성경읽기 : 구약, 신약성경을 매일 3-5장씩 읽은 곳을 기록한다.

주기도 운동 영적 일기 쓰기   20   년   월

요일	회개 및 간구	성령충만(전인격) 성령의 열매	지상명령성취 선교/전도(대상자)	헌신(실천) 기쁨, 기도, 감사	말씀읽기 말씀요절
월					
화					
수					
목					
금					
토					
일					
평가					

＊영적 점검표는 견본으로 제공하며 복사해서 계속 사용 할 수 있다.

22 파테르라이프50

하나님의 자녀는 어떻게 살아야 합니까?

주기도문 여섯째 간구(시험과 악) 8-1
우리를 시험에 들게 하지 마옵시고 다만 악에서 구하옵소서
and lead us not into temptation but deliver us from evil.
마태복음 6:13(후반부)

찬송부르기 : 내 모든 시험 무거운 짐(통363)337장, 너 시험을 당해(통395)342장
성경읽기 : 야고보서 1:2-3,12,13,14-15, 히브리서 3:13, 로마서 6:22-23,
　　　　　　히브리서 11:17, 요한복음 6:6
묵상하기 : 마귀의 유혹에도 인내하며, 시련 속에서도 승리하여 생명의 면류관을 받기를
　　　　　　원한다면 어떻게 살아야 하는가?

첫째 : "우리를 시험에 들게 하지 마옵시고 다만 악에서 구하옵소서 (마태복음 6:13)"를 열어주는 메시지

우리에게 시험(Test) 혹은 유혹(Temptation)은 무엇(What)이며 왜, 언제, 어디서, 어떻게(how) 오며 어떤 영향을 끼치는지를 바로 알고 하나님의 나라를 위해서 말씀으로 극복할 줄 아는 슬기와 지혜 그리고 적극성을 가지는 성령 충만한 리더로 세워지게 한다.

기도의 황금문은 누가 열수 있으며 기도의 황금문 안에서 누가 축복을 받을 수 있는가? 매일 양식(Daily Bread), 매일 용서(Daily Forgiveness), 매일 보호(Daily Preservation)를 구하는 사람이다. 주기도문의 마지막 여섯 번째 간구 "우리를 시험에 들게 하지 마옵시고…"를 통하여 신자로서 미래에 범할 수 있는 죄를 예방하고 현재 당할 수 있는 악에서 구원을 받는 삶을 살아야 하겠다. "세상에서 고통을 당해도 좋고 죽어도 좋사오니 다만 악에는 빠지지 않게 하여 주옵소서"라고 기도드릴 수 있는 사람이 위대하다. 시험이 없도록 해 달라는 것이 아니라, 시험이 있지만, 시험에서 이기는 자 되게 해 달라는 것이다. 우리의 힘으로는 안되기 때문이다.

**1. "우리를 시험에 들게 하지 마옵시고 다만 악에서 구하옵소서(마태복음 6:13)"
간구에서 "시험"이라는 어휘는 성경에서 어떤 의미를 가지고 있는가?**

보기에서 ( )안에 맞는 단어를 찾고 합당한 성경구절을 기록하자	
보기	①믿음 ② 유혹 ③마귀 ④정욕
(1)	(1) "하나님이 아브라함을 시험"(창 22:1) 하셨다고 할 때는 하나님께서 그의 ( )과 충실성과 신실성을 시험(Test, Examine, Prove) 하시고자 하였기 때문이다. (2) 하나님께서 우리를 시험(Test)하시는 것은 우리가 항상 깨어 성령 안에서 기도 해야 할 필요성이 있음을 가르쳐 주시기 위함이다. (3) 하나님께서 그의 자녀들을 시험받게 하시는 것은 그들이 동일한 어려움과 문제에 처해 있는 다른 사람들을 이해하고 그리고 사람들에게 적합한 언어와 행동을 나누도록 기회를 주시기 위함이다.
성경	에베소서 6:18
(2)	"시험"이란 다른 적용은 인간을 어떠한 욕심에 이끌리게 하여 악한 죄에 빠지게 하도록 ( ) 하는 데 있고, 그래서 죄의 유혹으로 "꾀인다." "악을 행하도록 유혹(Temptation) 한다"는 뜻을 포함한다. "시험"은 신약에서 여러 방면에 적용된 것을 알 수 있다. 이 어휘는 ( )의 사역과 관련해서 사용되거나 혹은 예수님을 대적하던 당시의 바리새인과 서기관 및 헤롯 당원들과 관련해서 적용시키고 있다는 것이다. 지금도 사단은 하나님의 자녀들을 유혹하는 시험을 계속하고 있다.
성경	잠언 29:20
(3)	1) 마귀가 직접 혹은 간접적으로 예수님이나, 제자들과 신자들을 시험한 경우가 있다. 2) 바리새인들과 헤롯 당원들이 예수님과 사도들, 신자들을 시험한 경우가 있다. 3) 인간이 하나님을 시험, 즉 의심이나 불신하는 경우가 있다. 4) 인간이 욕심이나 ( )으로 인해 시험을 당하는 경우가 있다
성경	로마서 1:17

둘째 : 삶의 적용을 위한 워크샵(Workshop)

"교회생활가운데 시험이 들었을때"란 예화로 주기도의 실천적 삶에 적용

우리가 흔히 교회 생활중에 시험(유혹)에 들었다고 하는 경우가 생긴다. 예수 잘 믿다가 도중에 낙심하고 방황하는 경우를 두고 말한다. 목사님이 하는 일이나 교회 안의 조직 속에서 부딪힘으로 말미암아 교회생활에 회의를 느끼고 열심을 내지 않는 그런 사람들을 놓고 시험에 들었다고 한다.

그리고 이런 사람들이 시험당한 마음으로 사람들을 만나 불평을 쏟아놓다 보면 오히려 시험에 더 깊이 빠져든다. 결국 나중에는 자신이 한 말로 인해 교회를 옮기거나 심지어 예수님을 부인하는 사태까지 벌어진다.

어떤 경우는 한두 번은 시험이 들었다가도 상담을 한 후 풀어지기도 하고 아니면 시험에 든 채로 그냥 교회만 다니는 사람도 있다. 시험에 든 사람과 함께 혹은 시험에 든 사람의 말을 듣고 극단적으로 교회를 떠나는 사람도 있다.

우리가 전도를 한다는 것은 그리 쉬운 일은 아니다. 어려운 가운데 한 사람을 교회로 인도를 했는데 교회를 잘 다니다가 시험에 들어서 교회에 나오지 않는 일들을 종종 보게 된다.

1. 내가 겪은 "시험"과 "유혹"은 언제 무슨 이유로 찾아왔습니까? 어떻게 극복하였습니까? (혹은 극복하고 있습니까)?

2. 신앙생활하던 중 사람으로 인해서 시험받은 적이 있습니까? 어떻게 극복하였습니까? 교회로 인해 시험(유혹)을 받았던 경험들이 있는가? 그 사례들을 말해보고 어떻게 해서 그것을 이길 수 있었습니까? 시험에 들어 교회를 떠나려는 분이나 이미 낙심되어 떠난 분들을 믿음을 지킬 수 있도록 인도할 수 방법은 무엇입니까?

셋째 : 하나님 나라 부흥은 주기도운동으로!!!
〈주기도운동〉은 "회개, 지상명령 성취, 성령충만, 헌신"의 삶을 포함한다.

회개의 기도와 함께하는 삶.

회개

1. 시험에 빠진 것 회개합니다.
2. 시험을 분별하지 못한 것 회개합니다.
3. 시험을 말씀으로 이기지 못한 것 회개합니다.

여섯 번째 간구를 통해 회개를 적용하여 기도 할 수 있다.
예를 들면 개인과 가정, 교회, 세계 여러 나라와 국가 지도자들, 핍박을 받고 있는 지역과 기독교인, 미전도종족, 한국교회와 교단, 한국의 사회악(학교 폭력, 성과 성차별 폭력, 가정 폭력, 언어 폭력) 등을 위하여 기도할 수 있다. 또한 남북이 복음화되고 대한민국의 정치적 발전과 경제적 안정과 평화를 위해 기도할 수 있다.

✽ 나의 회개기도는 어떠한가?

지상명령 성취는 전도, 선교를 위한 삶.

7. 전도할 수 없다고 말할 수 없는 이유

1. 하나님의 명령이기 때문이다
 1) 최후 지상 명령(마태복음 28:19-20)
    너희는 가서 모든 족속으로 제자를 삼아 아버지와 아들과 성령의 이름으로 세례를 주고 내가 너희에게 분부한 모든 것을 가르쳐 지키게 하라 볼지어다! 내가 세상 끝날까지 너희와 항상 함께 있으리라
 2) 바울이 디모데에게 권함(디모데후서 4:2).
    너는 말씀을 전파하라! 때를 얻든지 못 얻든지 항상 힘쓰라!
 3) 전도는 일이기 때문이다.
 4) 전도자에게는 상급이 있기 때문이다(디모데후서 4:6-8).
    "의의 면류관"
 5) 종말의 때가 가까웠기 때문이다(디모데후서 4:3).
    "때가 이르리니...... 좇으리라"

* 단순하게 교회로 데려오는 전도를 실천해 본 적이 있는가 있다면 구체적으로 어떠했는가? 전도한 태신자 (이름:)

전도

지상
명령
성취

선교

지상
명령
성취

믿지 않는 가까운 이웃부터 우리의 선교 대상임을 잊지 말자.

부록〈세계선교지도〉에서 선교 대상지를 정하고 기도 한다. 혹은 담임목사님의 목회 방침에 따라 순종하면서 지원하는 선교지를 위해 기도한다. 대한민국의 평화 통일, 혹은 다른 나라들의 기도 제목을 기록하고 기도한다.

* 각자 정해진 선교대상지에 가는 선교사로서 혹은 보내는 선교사로서 어떻게 하는 것이 가장 최선의 방법인가를 검토한다.

은사

성령충만한 삶은 성령의 은사를 실천하는 것이다.

① **성령의 은사 구제(섬김)** : (로마서 12:7) 혹 섬기는 일이면 섬기는 일로... "서로 돕는 은사" "남을 돕는 은사" (헬)- 조력하는 것, 자원하는 것.(베드로전서 4:11) 하나님의 공급하시는 힘으로 자원하여 즐거운 마음으로 참여한다. : (마태복음 5:7) 교회 교인을 어떻

게 격려하고 도와서 그들의 책임을 다해 봉사하도록 하며, 교회 부흥(긍휼은 팔복의 축복 중 하나)은 긍휼의 은사를 가진 성도수와 비례할 수 있다. 언어사용에 직접적인 영향이 있다. 가령 괜찮아요! 저나 누구나 실수할 수 있지요! 용납득하며 용서하며 상대방의 부끄러움을 가리워 준다.

＊ 각자의 구제(섬김)의 은사를 적용한 경험을 나누어 보자.

성령충만한 삶은 성령의 열매를 실천하는 것이다.

② **희락의 열매**– 기쁨(喜樂: Joy) 로마서 14:17, 데살로니가전서 1:6 주기도문의 실천적인 삶은 항상 기뻐하는 삶(데살로니가전서 5:17-18)을 사는 것이고 주님의 뜻을 이루는 삶이다. 그래서 항상 살아있는 것이 기쁨이고, 돈이 있든지 없든지, 건강하든지 않든지 어떤 상황에서도 긍정적이다. 항상 마음이 편안하고 낙관적이다. 거의 불만을 느끼지 않는다. 주기도문의 뜻에 순종하면서 많은 어려움과 고난 속에서 참된 기쁨을 누리는 것은 바로 성령의 열매를 맺는 방법이다.

＊ 각자의 희락의 열매를 적용한 경험을 나누어 보자.

헌신자의 삶의 특징은 무엇인가?

(19) 헌신자의 삶은 주기도문의 "이름이 거룩하게 하옵시며"를 하나님의 기뻐하시는 거룩한 산제사를 통해 여호와의 이름을 거룩하게 높이며 사는 사람이다(말라기 1:7-10).

(20) 헌신자의 삶은 바울 선교사를 도와 복음전파와 교회개척에 힘쓴 아굴라와 브리스길라 부부의 삶을 사는 사람이다(사도행전 18:1-3; 로마서 16:3-5).

＊ 헌신에 대한 부분은 매주일 담임 목사님의 설교를 통해서 한 주간 실천할 내용과 개인적으로 정해진 분량의 성경을 읽고 마음에 감동이 되는대로 실천한다.
＊ 각자의 헌신의 삶을 적용한 경험을 나누어 보기로 하자.

〈주기도운동〉은 소책자 "기도문으로 기도하기" 4PMT로 이루어간다.

여섯 번째 간구인 〈우리를 시험에 들게 하지 마옵시고 다만 악에서 구하옵시소서〉를 4PMT로 적용하여 기도하기

여섯 번째 간구대로 "우리를 시험에 들게 하지 마옵시고 다만 악에서 구하옵소서"라고 기도드립니다. 주여! 마음은 원이로대 육신이 연약하여 자주 유혹(Temptatin)에 빠져 살아왔음을 회개합니다. 하나님께서 주시는 시험(TEST)이 때로는 힘들고 어려워도 내 믿음을 연단시키시기 위함인 것을 깨닫고 유혹(Temptation)에 넘어지지 않도록 말씀으로 승리케 하시며 성령충만한 삶을 살아가도록 결심하게 하여 주시옵소서 유혹에 연약하여 하나님도 모르고 살고 있는 자들 중에 세상의 유혹으로부터 해방되어 주님께서 허락하시는 자유와 평화를 누리며 살도록 (전도대상자 OOO 이름을 부르며) 그를 전도하여 그와 함께 세상 유혹에서 항상 승리하며 천국에 갈 때까지 믿음으로 삶을 나누고 시험에서 승리하는 주님의 삶을 실천하는 하나님 아버지의 자녀로서 훈련시키며 헌신하게 하여 주시옵소서. 주기도로 기도를 가르쳐 주신 나의 주 하나님 예수 그리스도 이름으로 기도드립니다.

The sixth petition

I pray, "Lead us not into temptation but deliver us from evil." Lord! I repent that I fell into the temptation of "cravings of sinful man, the lust of his eyes and the boasting of what he has and does" (1 John 2:16) with the excuse that "the spirit is willing, but the body is weak".

Lord, help me to give thanks to you even though the tests You give me seem to be hard and difficult. Yet it is your loving handmaking my faith and my character to be more like pure gold, helping me to overcome tests by your Word through the spirit filled life so that I may not fall into temptation. Lord, I pray for those who are disconnected from You, because of their bondage to the temptations of the world which prevent them from enjoying freedom in You. And help the one I am praying for and serving to reach with the good news of Jesus to believe in you Lord so that he/she may be set free from the temptations of this world and enjoy true freedom and peace in you. Lord, may I reach him/her with Your gospel so both of us may overcome the temptations of the world by the help of the Holy Spirit, and

	may I be a model to him/her to glorify Your name by overcoming temptations so that he/she may also commit his/herlife to you and your kingdom. 　I pray in the name of Jesus Christ who taught me how to pray through the Lord's prayer. (Amen)
	〈여섯 번째 간구〉를 4PMT로 적용하며 기도하고 실천하고 있는가?

넷째 : 하나님 나라 부흥은 하하하 하나님 땡큐운동으로!!!

기쁨	항상 기뻐하라! 란 말씀(데살로니가전서 5:16)을 "우리를 시험에 들게 하지 마옵시고 다만 악에서 구하옵시옵소서" 말씀 간구에 〈기쁨〉을 적용하여 기도하기.
기도 기쁨 감사	하늘에 계신 아버지를 '아바 아버지라' 부를 수 있도록 특권을 주셨고 저의 삶 속에서 **아버지 하나님**께서 계시는 천국에 대한 소망으로 인하여 기쁨으로 살아갈 수 있도록 인도해 주셨으니 감사와 영광을 드립니다. 지금 제가 하고 있는 일(구체적인 내용으로 기도한다)을 기쁨으로 감당하지 않고 저의 욕심으로 하려는 잘못된 일이라면 **회개** 할 수 있게 하시며 포기할 수 있는 용기를 허락하여 주시옵소서 　하늘에 계신 아버지 지금 내가 하고 있는 일과 하려는 일(구체적인 내용으로 기도한다)에 **하나님 아버지께서 기뻐하시는 일**이라면 저에게도 말씀 안에 기쁨이 넘치게 하시며 믿음으로 구할 수 있게 하여 주시옵소서. 나의 모든 삶(혹은 모든 영역을 위해서 기도한다)에서 항상 **기쁨**으로 구할 때 **하늘에 계신 아버지의 뜻**이 이루어지게 하심을 믿고 감사드립니다. 예수님의 이름으로 기도드립니다.
생각나누기	하나님 아버지의 자녀로서 **기쁨**을 회복하고 성령충만한 삶을 살고 있는가?

다섯째 : 주기도로 삶을 사는 하나님의 자녀들의 영적성장 점검표

영적성장 점검표을 통해 영적 성장을 확실하게 경험하자!!

회개 및 간구 : 매일 회개 및 간구한 기도 내용을 기록한다.
성령충만 : 매일 본 교재에서 제시한 열매와 은사 중 실천한 것을 기록한다.
지상명령(전도, 선교) : 전도한 사람의 이름이나 태신자 이름, 기도한 선교 대상지를 기록한다. 전도지를 사람에게 나누어준 명수를 기록한다.
헌신 : 기쁨, 기도, 감사 : 하나님께 영광 돌린 것을 기록한다.
〈하하하 하나님 땡큐〉 하루에 3번 이상 반복하기
성경읽기 : 구약, 신약성경을 매일 3-5장씩 읽은 곳을 기록한다.

주기도 운동 영적 일기 쓰기 20   년   월

요일	회개 및 간구	성령충만(전인격) 성령의 열매	지상명령성취 선교/전도(대상자)	헌신(실천) 기쁨, 기도, 감사	말씀읽기 말씀요절
월					
화					
수					
목					
금					
토					
일					
평가					

＊영적 점검표는 견본으로 제공하며 복사해서 계속 사용 할 수 있다.

23 파테르라이프50

하나님의 자녀는 어떻게 살아야 합니까?

주기도문 여섯째 간구(시험과 악) 8-2
우리를 시험에 들게 하지 마옵시고 다만 악에서 구하시옵소서
and lead us not into temptation but deliver us from evil.
마태복음 6:13(후반부)

찬송부르기 : 내 모든 시험 무거운 짐(통363)337장, 너 시험을 당해(통395)342장
성경읽기 : 야고보서 1:2-3,12,13,14-15, 히브리서 3:13, 로마서 6:22-23, 히브리서 11:17, 요한복음 6:6
묵상하기 : 마귀의 유혹에도 인내하며, 시련 속에서도 승리하여 생명의 면류관을 받기를 원한다면 어떻게 살아야 하는가?

첫째 : "우리를 시험에 들게 하지 마옵시고 다만 악에서 구하시옵소서(마태복음 6:13)"를 열어주는 메시지

우리에게 시험(Test) 혹은 유혹(Temptation)은 무엇(What)이며 왜, 언제, 어디서, 어떻게(how) 오며 어떤 영향을 끼치는지를 바로 알고 하나님의 나라를 위해서 말씀으로 극복할 줄 아는 슬기와 지혜 그리고 적극성을 가지는 성령 충만한 리더로 세워지게 한다.

기도의 황금문은 누가 열 수 있으며 기도의 황금문 안에서 누가 축복을 받을 수 있는가? 매일 양식(Daily Bread), 매일 용서(Daily Forgiveness), 매일 보호(Daily Preservation)를 구하는 사람이다. 주기도문의 마지막 여섯 번째 간구 "우리를 시험에 들게 하지 마옵시고…"를 통하여 신자로서 미래에 범할 수 있는 죄를 예방하고 현재 당할 수 있는 악에서 구원을 받는 삶을 살아야 하겠다. "세상에서 고통을 당해도 좋고 죽어도 좋사오니 다만 악에는 빠지지 않게 하여 주옵소서"라고 기도드릴 수 있는 사람이 위대하다. 시험이 없도록 해 달라는 것이 아니라, 시험이 있지만, 시험에서 이기는 자 되게 해 달라는 것이다. 우리의 힘으로는 안되기 때문이다.

1. "우리를 시험에 들게 하지 마옵시고 다만 악에서 구하옵소서(마태복음 6:13)" 간구에서 "시험"이라는 어휘는 성경에서 어떤 의미를 가지고 있는가?

	보기에서 ( )안에 맞는 단어를 찾고 합당한 성경구절을 기록하자
보기	① 외적시험 ② 유혹 ③ 욕심 ④ 이중적인 의미

(1)	**시험(Temptation)은 어디서(Where) 오며 어떻게(How) 오는가?** 1) 외부에서 오는 ( ) 즉 유혹이 있다. 2) 내가 사랑하는 자로부터 받는 시험(유혹)이 있다. 3) 나를 사랑하는 사람으로부터 오는 시험(유혹)이 있다. 4) 나의 내부에서 오는 시험(유혹)이 있다.
성경	야고보서 1:14

(2)	**인간 내부에 약점과 강점 어느 곳에도 시험 (유혹)은 찾아온다.** 1) 어떤 사람은 시기심이 많은 것이 약점이다. 2) 어떤 사람은 게으름에 속수무책인 사람이 있다. 3) 어떤 사람은 정(Mood)에 약한 사람이 있다. 4) 어떤 사람은 ( )이 많아 탐내기를 좋아한다. 탐심은 사욕과 악한 정욕과, 모든 불의 추악, 온갖 더러운 것, 속임, 술취함, 호색, 음탕(간음) 등과 길 동무이다. 5) 어떤 사람은 명예심이 많아 명예욕 때문에 일생을 망친다.
성경	골로새서 3:5

(3)	**2) "시험"이라는 어휘는 성경에서 어떤 의미를 가지고 있는가?** 성경에서 시험(Test)이라는 말과, 시험(Temptation) 즉 유혹과는 분명하게 서로 구별 된다. 원문에는 어근이 같지만 (의미는 다르게) 적용 된다. 예레마이어스(Jeremias)는〈신약 성경에 "시험하다", (페이라죠, πειραξω)라는 동사는 38번 기록되고, "시험"(페이라스모스, πειρασμος)이라는 명사는 21회 사용되고 있다〉라고 했다. 이 "시험"이라는 어휘는 성경에 두 가지의 뜻, 즉 이중적인 의미를 가지고 적용된다. 어느 특정 어귀에서는 둘 중 어느 의미가 적용되는지를 결정하기가 쉽지 않지만 분명한 이해는 대단히 중요하다.
성경	야고보서 1:12

둘째 : 삶의 적용을 위한 워크샵(Workshop)
"나의 약점과 유혹"이란 예화로 주기도의 실천적 삶에 적용

무엇이 시험(유혹: Temptation)거리가 될까? 사단은 정확하게 알고 정확하게 약점을 공격한다. 돈에 약한 자는 돈으로, 정욕에 약한 자는 정욕으로, 명예에 약한 자에게는 명예로 유혹한다. 아담과 하와에게는 선악과, 요셉에게 있어서 보디발의 아내, 삼손에게 있어서 드릴라라는 유혹의 대상들이 있었다.

다윗은 신앙이 좋은 인물이었다. 하지만 그도 목욕하는 밧세바를 보고는 유혹에 빠졌다. 그녀와 간음하고 그녀의 남편을 암살하는 사악한 일을 행했다.

연약한 사람만이 아니라 매우 강인해 보이는 사람조차 유혹에 빠지는 일들을 우리의 삶의 현장에서 종종 목격하곤 한다. 히스기야는 기도의 응답으로 수명이 연장되었으나 바로 그 기간 동안 교만함으로 유혹에 빠졌다. "선 줄로 생각하는 자는 넘어질까 조심하라"(고전 10:12) 말씀하셨다.

1. 시험과 유혹은 언제 찾아옵니까?
   시험과 유혹에 진 때는 언제였습니까? 그리고 승리한 때는 언제였습니까?

2. 무엇이 다른 결과를 만들었다고 생각합니까? 시험과 유혹을 이겼을 때 어떤 마음이었습니까? : 지금 유혹이나 시험을 받는 중에 있다면 내가 해야 할 대처 방법은 무엇입니까 (요 16:33, 히 4:14-16, 약 1:13).

셋째 : 하나님 나라 부흥은 주기도운동으로!!!
〈주기도운동〉은 "회개, 지상명령 성취, 성령충만, 헌신"의 삶을 포함한다.

회개의 기도와 함께하는 삶.
4. 악의 도구로 사용된 것 회개합니다.
5. 악의 무리 속에 있음을 회개합니다.
6. 악의 모양이라도 버리라고 하셨는데 모양을 흉내 낸 것 회개합니다.

* 여섯 번째 간구를 통해 회개를 적용 하여 기도하자.
* 나의 회개기도는 어떠한가?

지상명령 성취는 전도, 선교를 위한 삶.

8. 이렇게 전도 할 수 있다.
방법: 1) 항상 힘쓰라   2) 범사에 오래 참으라
      3) 가르침으로   4) 경책하면서

지상 명령 성취	5) 경계하면서 전하라 디모데후서 4:2 "너는 말씀을 전파하라 때를 얻든지 못 얻든지 항상 힘쓰라 범사에 오래 참음과 가르침으로 경책하며 경계하며 권하라. * 전도현장에서 반대 의견으로 당황스러운 일을 만났을 때에도 전도를 해본 경험이 있는가 있다면 구체적으로 어떠했는가? 전도한 태신자 (이름:)

선교

지상 명령 성취

믿지 않는 가까운 이웃부터 우리의 선교 대상임을 잊지 말자.

부록〈세계선교지도〉에서 선교 대상지를 정하고 기도 한다. 혹은 담임목사님의 목회 방침에 따라 순종하면서 지원하는 선교지를 위해 기도한다. 대한민국의 평화 통일, 혹은 다른 나라들의 기도 제목을 기록하고 기도한다.

* 각자 정해진 선교대상지에 가는 선교사로서 혹은 보내는 선교사로서 어떻게 하는 것이 가장 최선의 방법인가를 검토한다.

은사

성령충만한 삶은 성령의 은사를 실천하는 것이다.

⑦ **행정** : (로마서12:8) 다스리는 은사이며 (헬)– 방향을 제시하고, 진로를 보여주고 지시하는 것. 질서 있는 조직으로 좋은 본보기를 조성하여 교인 각자가 자원하는 마음으로 맡겨진 책임을 수행해야 한다. "앞으로 이렇게 도우면 될 거예요".
"저도 돕겠어요" 등의말로 협력과 소통을 이끌어 낸다.
(예: 이유를 찾고 해결 방법을 찾아보려고 한다)

* 각자의 구제(섬김)의 은사를 적용한 경험을 나누어 보자.

열매

성령 충만

성령충만한 삶은 성령의 열매를 실천하는 것이다.

③ **화평의 열매**– 평화(和平: Peace) 로마서 5:1,고린도전서 14:33
주기도문의 실천적인 삶은 자신과 상대방에게 피스메이커(Peace Maker)가 되는 것이다. 화평이란 말속에는 통일성, 완전성, 쉼, 평안 그리고 안정이란 의미가 포함되어 있다. 산상수훈의 "화평케하는 자의 복"처럼 주기도문의 "하늘에 계신 우리 아버지"의 자녀로서의 삶에 순종함이 성령의 열매인 화평을 맺는 방법이다.

* 각자의 화평의 열매를 적용한 경험을 나누어 보기로 하자.

헌신자의 삶의 특징은 무엇인가?

1) 헌신자의 삶의 특징은 그 관문에서 자신이 죄인임을 알고 회개가 가능한 사람이어야 한다.
2) 헌신자의 삶은 하나님의 나라 백성으로 회개(마태복음 4:17, 사도행전 2:28)가 가능한 사람이며 성령 충만하며 성령의 열매가 있는 사람이다(갈라디아서 5:22-23).

* 헌신에 대한 부분은 매주일 담임 목사님의 설교를 통해서 한 주간 실천할 내용과 개인적으로 정해진 분량의 성경을 읽고 마음에 감동이 되는대로 실천한다.
* 각자의 헌신의 삶을 적용한 경험을 나누어 보기로 하자.

〈주기도운동〉은 소책자 "기도문으로 기도하기" 4PMT로 이루어간다.

여섯 번째 간구인 〈우리를 시험에 들게 하옵시고 다만 악에서 구하옵시소서〉를 4PMT로 적용하여 기도하기

여섯 번째 간구대로 "우리를 시험에 들게 하옵시고 다만 악에서 구하옵소서"라고 기도드립니다. 주여! 마음은 원이로대 육신이 연약하여 자주 유혹(Temptatin)에 빠져 살아왔음을 회개합니다. 하나님께서 주시는 시험(TEST)이 때로는 힘들고 어려워도 내 믿음을 연단시키기 위함인 것을 깨닫고 유혹(Temptation)에 넘어지지 않도록 말씀으로 승리케 하시며 성령충만한 삶을 살아가도록 결심하게 하여 주시옵소서 유혹에 연약하여 하나님도 모르고 살고 있는 자들 중에 세상의 유혹으로부터 해방되어 주님께서 허락하시는 자유와 평화를 누리며 살도록 (전도대상자 OOO 이름을 부르며) 그를 전도하여 그와 함께 세상 유혹에서 항상 승리하며 천국에 갈 때까지 믿음으로 삶을 나누고 시험에서 승리하는 주님의 삶을 실천하는 하나님 아버지의 자녀로서 훈련시키며 헌신하게 하여 주시옵소서. 주기도로 기도를 가르쳐 주신 나의 주 하나님 예수 그리스도 이름으로 기도드립니다.

The sixth petition

I pray, "Lead us not into temptation but deliver us from evil." Lord! I repent that I fell into the temptation of "cravings of sinful man, the lust of his eyes and the boasting of what he has and does" (1 John 2:16) with the excuse that "the spirit is willing, but the body is weak".

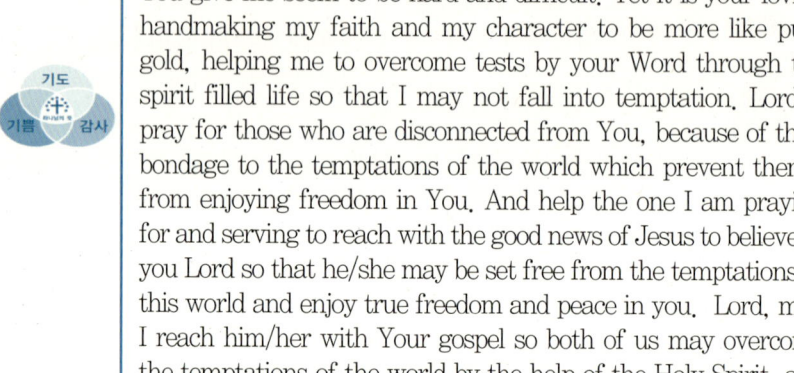

Lord, help me to give thanks to you even though the tests You give me seem to be hard and difficult. Yet it is your loving handmaking my faith and my character to be more like pure gold, helping me to overcome tests by your Word through the spirit filled life so that I may not fall into temptation. Lord, I pray for those who are disconnected from You, because of their bondage to the temptations of the world which prevent themfrom enjoying freedom in You. And help the one I am praying for and serving to reach with the good news of Jesus to believe in you Lord so that he/she may be set free from the temptations of this world and enjoy true freedom and peace in you. Lord, may I reach him/her with Your gospel so both of us may overcome the temptations of the world by the help of the Holy Spirit, and may I be a model to him/her to glorify Your name by overcoming temptations so that he/she may also commit his/herlife to you and your kingdom.

I pray in the name of Jesus Christ who taught me how to pray through the Lord's prayer. (Amen)

〈여섯번째 간구〉를 4PMT로 적용하며 기도하고 실천하고 있는가?

넷째 : 하나님 나라 부흥은 하하하 하나님 땡큐운동으로!!!

기도	쉬지 말고 기도하라! 란 말씀(데살로니가전서 5:17)을 "우리를 시험에 들게 하지 마옵시고 다만 악에서 구하시옵소서" 간구에 적용하여 말씀 기도하기.

하늘에 있는 영원한 집을 예비하신 '하늘에 계신 나의 아버지' 아버지의 자녀들에게 모든 풍성한 것을 예비하시고 허락해 주심을 믿고 감사를 드립니다. 하나님 아버지께 **"기도 쉬는 죄를 범치 말라"** 하셨지만 제가 하고 있는 일(....... 구체적인 내용으로 **기도** 합니다..) 에 **기도**가 잘 되지 않고 막히고 있습니다. 나의 욕심으로 구하는 잘못된 일이라면 **회개**할 수 있게 하시며 포기할 수 있는 용기를 허락하여 주옵소서.

하늘에 계신 아버지의 사랑을 입은 자녀로서 지금 내가 하고 있어 자부심을 가지고 살게 하시고 (....... 구체적인 내용으로 기도 합니다...)에 **믿음으로 쉬지 않고 기도**할 수 있도록 하시오니 감사를 드립니다. 이 모든 일에 내 마음에 확신과 성령님의 인도하심으로 **쉬지 않고 기도** 할 수있게 하여 주시옵소서. 나의 삶의 구석구석에서 **쉬지** 않고 기도함으로 하늘에 계신 아버지의 뜻이 이루어지게 하심을 믿고 감사드립니다.

생각나누기	하나님 아버지의 자녀로서 기도 쉬는 죄를 범치 아니하므로 성령충만한 삶을 살고 있는가?

다섯째 : 주기도로 삶을 사는 하나님의 자녀들의 영적성장 점검표

영적성장 점검표을 통해 영적 성장을 확실하게 경험하자!!

회개 및 간구 : 매일 회개 및 간구한 기도 내용을 기록한다.
성령충만 : 매일 본 교재에서 제시한 열매와 은사 중 실천한 것을 기록한다.
지상명령(전도, 선교) : 전도한 사람의 이름이나 태신자 이름, 기도한 선교 대상지를 기록한다. 전도지를 사람에게 나누어준 명수를 기록한다.
헌신 : 기쁨, 기도, 감사 : 하나님께 영광 돌린 것을 기록한다.
〈하하하 하나님 땡큐〉 하루에 3번 이상 반복하기
성경읽기 : 구약, 신약성경을 매일 3-5장씩 읽은 곳을 기록한다.

주기도 운동 영적 일기 쓰기   20   년   월

요일	회개 및 간구	성령충만(전인격) 성령의 열매	지상명령성취 선교/전도(대상자)	헌신(실천) 기쁨, 기도, 감사	말씀읽기 말씀요절
월					
화					
수					
목					
금					
토					
일					
평가					

＊영적 점검표는 견본으로 제공하며 복사해서 계속 사용 할 수 있다.

24 파테르라이프50

하나님의 자녀는 어떻게 살아야 합니까?

주기도문 여섯째 간구(시험과 악) 8-3
우리를 시험에 들게 하지 마시옵고 다만 악에서 구하시옵소서
and lead us not into temptation but deliver us from evil.
마태복음 6:13(후반부)

찬송부르기 : 내 모든 시험 무거운 짐(통363)337장, 너 시험을 당해(통395)342장
성경읽기 : 야고보서 1:2-3,12,13,14-15, 히브리서 3:13, 로마서 6:22-23,
　　　　　　히브리서 11:17, 요한복음 6:6
묵상하기 : 마귀의 유혹에도 인내하며, 시련 속에서도 승리하여 생명의 면류관을 받기를
　　　　　　원한다면 어떻게 살아야 하는가?

첫째 : "우리를 시험에 들게 하지 마옵시고 다만 악에서 구하시옵소서(마태복음 6:13)"를 열어주는 메시지

　우리에게 시험(Test) 혹은 유혹(Temptation)은 무엇(What)이며 왜, 언제, 어디서, 어떻게(how) 오며 어떤 영향을 끼치는지를 바로 알고 하나님의 나라를 위해서 말씀으로 극복할 줄 아는 슬기와 지혜 그리고 적극성을 가지는 성령 충만한 리더로 세워지게 한다.
　기도의 황금문은 누가 열수 있으며 기도의 황금문 안에서 누가 축복을 받을 수 있는가? 매일 양식(Daily Bread), 매일 용서(Daily Forgiveness), 매일 보호(Daily Preservation)를 구하는 사람이다. 주기도문의 마지막 여섯 번째 간구 "우리를 시험에 들게 하지 마옵시고…"를 통하여 신자로서 미래에 범할 수 있는 죄를 예방하고 현재 당할 수 있는 악에서 구원을 받는 삶을 살아야 하겠다. "세상에서 고통을 당해도 좋고 죽어도 좋사오니 다만 악에는 빠지지 않게 하여 주옵소서"라고 기도드릴 수 있는 사람이 위대하다. 시험이 없도록 해 달라는 것이 아니라, 시험이 있지만, 시험에서 이기는 자 되게 해 달라는 것이다. 우리의 힘으로는 안되기 때문이다.

1. "우리를 시험에 들게 하지 마옵시고 다만 악에서 구하옵소서(마태복음 6:13)" 간구에서 "시험"이라는 어휘는 성경에서 어떤 의미를 가지고 있는가?

보기에서 ( )안에 맞는 단어를 찾고 합당한 성경구절을 기록하자		
보기		① 죄의 악(THE EVIL OF SIN) ② 악한 모든 일 ③ 연약성(Total unability) ④ 이기는 자
(1)		1) 우리가 "악에서 구하옵소서"라고 간구할 때 우리는 ( )으로 부터 구출받도록 기도해야 한다 2) "다만 악에서 구하소서"라고 간구할 때 우리는 우리의 마음의 악(the evil of your heart)으로부터 또한 악한 마음(an evil heart)으로 부터 구원받도록 기도해야 한다. 3) "다만 악에서 구하옵소서"라고 간구할 때 우리는 사단의 악으로부터 즉 "악한 자"라고 불리우는 사단으로부터 구원받도록 기도해야 한다. 4) "다만 악에서 구하옵소서"라고 간구 할 때 우리는 이 간구에서 세상의 악(the evil of the world)으로부터 구원받도록 기도해야 한다.
성경		요한일서 3:4
(2)		5) "다만 악에서 구하옵소서"라고 간구할 때 우리는 이 간구에서 현세적인 악(Temporal Evil)으로 부터 구원받도록 기도해야 한다. 6) "다만 악에서 구하옵소서"라고 간구할 때 우리는 이 간구에서 ( )로 부터 구원 받도록 기도해야 한다. 7) "다만 악에서 구하옵소서"라고 간구할 때 우리는 이 간구에서 "악한 일을 하는 자"로 터 구원받도록 기도해야 한다.
성경		데살로니가후서 3 : 2
(3)		"다만 악에서 구하옵소서"와 "시험에 들게 하지 마시고" 간구에 대한 우리의 실행, 책임, 정신에 대한 태도 1) 하나님의 거룩한 말씀에 의해 우리의 성품이 형성되고 행위가 조절되고 바로 잡아질 수 있어야 한다. 2) 우리의 ( )을 내 모습 이대로 고백하고 시인할 수 있어야 한다. 때로 우리는 사단이 주는 시험(Temptation)인 줄 알면서도 끌려 들어가는, 그래서 시험인 줄 알면서도 돌아서지 못하는 연약한 인간이다. 3) 성령(Holy Spirit)의 소욕(所慾)을 따라 성령 충만한 삶을 살아야 한다. 4) 악(사단)으로 부터의 시험(유혹)에 승리하여 ( )에게 주시는 하나님의 은혜로운 상급을 바라보아야 한다.
성경		로마서 1:17

둘째 : 삶의 적용을 위한 워크샵(Workshop)
"정직한 십일조"란 예화로 주기도실천적 삶에 적용

가난한 사람이나 부요한 사람이나 물질 앞에서 도둑질이나 정직성에 대한 유혹을 받아본 적이 있을 것이다. 눈앞에 백만 달러를 가지고 달아날 기회가 있었다고 가정해보자. 가난한 사람이나 부유한 사람이나 자신의 행동이 어떻게 나타날지를 아무도 알지 못할 것이다. 가난한 사람은 시험이 없는가? 가난하기 때문에 시험이 생긴다. 부자는 부자이기 때문에 시험이 생긴다. 가난하거나 부자이거나 그리스도인들이 물질에서 정직하게 살아가는 기준은 하나님께 십일조를 드리는 생활이라 할 수 있다.

나는 아들에게 어릴 때부터 십일조에 대해 열심히 가르쳤다. 가령 새해 명절 어른들께 인사하고 세뱃돈 받으면 잔돈을 거슬러 주어 가면서도 십일조를 모으게 하고 하나님께 드리게 했다. 하나님께 감사한 마음으로 십일조를 하는 것이라 가르쳤고 앞으로 가난할 때나 부할 때나 언제든지 정직하게 십일조 생활을 하고 절대 그것을 게을리하거나 또는 도적질 해서는 안된다고 가르쳤다.

우리 그리스도인들은 돈을 매달 1000불 수입이 생길 때는 100불 십일조는 쉽게 교회에 드린다. 그런데 매달 10,000불 수입이 생겼다면 천불씩 십일조를 내기는 쉽지 않을 것이다. 수입이 점점 더 많아질수록 더 큰 유혹을 받을 받게 된다. 돈에 대한 애착과 돈을 사랑하는 마음이 커져가기 때문 일 것이다.
그리스인들이라면 돈이 있을 때나 없을 때나 보편적으로 유혹이 오게 된다. 이것이 십일조에 대한 유혹이 그것이다.

부자나 가난한 자나 그리스인들은 물질의 시험(유혹)에 들지 않도록 살아야 한다.
가난할 때나 부할 때, 하나님의 것을 하나님께 드리는 십일조로 인하여 시험(유혹)에 든 경험이 있었는가? 하나님의 말씀 말라기 3:8-9에 "사람이 어찌 하나님의 것을 도적질 하겠느냐.... (성경을 펴서 읽기)"라고 했다.
10절 "온전한 십일조를 창고에 들여..." 라고 말씀했다. 십일조를 드리는 생활을 강조했고 십일조를 드리지 않는 생활은 하나님의 것을 도적질 하는 것과 같고 정직하지 못한 삶과 같다고 했다. (참조: 율법 이전에 감사로 드린 아브라함의 십일조 창세기 14:17-24 , 십일조를 폐하지 말라고 하신 예수님: 마태복음 23:23, 야고보서 4:17)

셋째 : 하나님 나라 부흥은 주기도운동으로!!!
〈주기도운동〉은 "회개, 지상명령 성취, 성령충만, 헌신"의 삶을 포함한다.

| 회개 | 회개의 기도와 함께하는 삶 |

7) 우리 아버지 되심을 인정해 드리지 못함을 회개합니다.
8) 필요만 채워주시는 아버지로 인식함을 회개합니다.
여섯 번째 간구를 통해 회개를 적용하여 기도하자.
＊ 나의 회개기도는 어떠한가?

전도
지상 명령 성취

지상명령 성취는 전도, 선교를 위한 삶.

9. 전도는 언제까지 해야 하는가? 세상 끝날까지 해야 한다.
세상 끝 날은 언제인가?
그날을 소망하며 증거자의 삶에 대해 점검하자.
(마태복음 24:14) 이 천국 복음이 모든 민족에게 증거 되기 위하여 온 세상에 전파되리니 그제야 끝이 오리라.
＊ 전도현장에서 반대 의견으로 당황스러운 일을 만났을 때에도 전도를 해 본 경험이 있는가 있다면 구체적으로 어떠했는가? 전도한 태신자 (이름:)

선교
지상 명령 성취

믿지 않는 가까운 이웃부터 우리의 선교 대상임을 잊지 말자.

부록〈세계선교지도〉에서 선교 대상지를 정하고 기도 한다. 혹은 담임목사님의 목회 방침에 따라 순종하면서 지원하는 선교지를 위해 기도한다. 대한민국의 평화 통일, 혹은 다른 나라들의 기도 제목을 기록하고 기도한다.

＊ 각자 정해진 선교대상지에 가는 선교사로서 혹은 보내는 선교사로서 어떻게 하는 것이 가장 최선의 방법인가를 검토한다.

은사

성령충만한 삶은 성령의 은사를 실천하는 것이다.

1. 긍휼의 은사 : (마태복음 5:7) 교회 교인을 어떻게 격려하고 도와서 그들의 책임을 다해 봉사하도록 하며, 교회 부흥(긍휼은 팔복의 축복 중 하나)은 긍휼의 은사를 가진 성도와 비례한다. 언어 사용에 직접적인 영향이 있다. 가령 괜찮아요! 저나 누구나 실수할 수 있지요! 용납득하며 용서하며 상대방의 부끄러움을 가리워 준다.

＊ 각자의 구제(섬김)의 은사를 적용한 경험을 나누어 보자.

성령충만한 삶은 성령의 열매를 실천하는 것이다.

④ **오래 참음의 열매** – 인내(忍耐 : Patience, Forbearance)
　　　　　　　　　　골로새서 1:11, 베드로후서 1:6

　주기도문의 실천적인 삶은 고난을 당할 때나 이웃으로부터 억울한 일을 당할 때 참는 것이 굴욕처럼 여겨질찌라도 금방 분노를 드러내지 않고 견디는 것을 말한다. 주기도문의 "시험에 들게하지 마옵소서"라는 기도를 실천하므로 "시험을 참는 자는 복이 있느니라"는 말씀의 축복을 받으며 주기도문은 내 삶의 축복이 되게 하도록 인내의 열매를 맺게 하자.

* 각자의 오래 참음의 열매를 적용한 경험을 나누어 보기로 하자.

헌신자의 삶의 특징은 무엇인가?

(3) 헌신자의 삶은 성령 충만한 사람으로 주님의 지상명령 성취(마태복음 28:19-20)에 순종하며 사는 사람이다.
(4) 헌신자의 삶은 마음과 생각은 하나님의 말씀으로 흘러넘치는 사람이다(시편 119:105).

* 헌신에 대한 부분은 매주일 담임 목사님의 설교를 통해서 한 주간 실천할 내용과 개인적으로 정해진 분량의 성경을 읽고 마음에 감동이 되는대로 실천한다.
* 각자의 헌신의 삶을 적용한 경험을 나누어 보기로 하자.

〈주기도운동〉은 소책자 "기도문으로 기도하기" 4PMT로 이루어간다.

여섯 번째 간구인 〈우리를 시험에 들게 하지 마옵시고 다만 악에서 구하옵시소서〉를 4PMT로 적용하여 기도하기

　여섯 번째 간구대로 "우리를 시험에 들게 하지 마옵시고 다만 악에서 구하옵소서"라고 기도드립니다. 주여! 마음은 원이로대 육신이 연약하여 자주 유혹(Temptatin)에 빠져 살아왔음을 회개합니다. 하나님께서 주시는 시험(TEST)이 때로는 힘들고 어려워도 내 믿음을 연단시키시기 위함인 것을 깨닫고 유혹(Temptation)에 넘어지지 않도록 말씀으로 승리케 하시며 성령충만한 삶을 살아가도록 결심하게 하여 주시옵소서 유혹에 연약하여 하나님도 모르고 살고 있는 자들 중에 세상의 유혹으로부터 해방되어 주님께서 허락하시는 자유와 평화를 누리며 살도록 (전도대상자 OOO 이름을 부르며) 그를 전도하여 그와 함께 세상 유혹에서 항상 승리하며 천국에 갈 때까지 믿음으로 삶을 나누고 시험에서 승리하는 주님의 삶을 실천하는 하나님 아버지의 자녀로서 훈련시키며 헌신하게 하여 주시옵소서. 주기도로 기도를 가르쳐 주신 나의 주 하나님 예수 그리스도 이름으로 기도드립니다.

The sixth petition

I pray, "Lead us not into temptation but deliver us from evil." Lord! I repent that I fell into the temptation of "cravings of sinful man, the lust of his eyes and the boasting of what he has and does" (1 John 2:16) with the excuse that "the spirit is willing, but the body is weak".

Lord, help me to give thanks to you even though the tests You give me seem to be hard and difficult. Yet it is your loving hand making my faith and my character to be more like pure gold, helping me to overcome tests by your Word through the spirit filled life so that I may not fall into temptation. Lord, I pray for those who are disconnected from You, because of their bondage to the temptations of the world which prevent them from enjoying freedom in You. And help the one I am praying for and serving to reach with the good news of Jesus to believe in you Lord so that he/she may be set free from the temptations of this world and enjoy true freedom and peace in you. Lord, may I reach him/her with Your gospel so both of us may overcome the temptations of the world by the help of the Holy Spirit, and may I be a model to him/her to glorify Your name by overcoming temptations so that he/she may also dedicate his/her life to you and your kingdom.

I pray in the name of Jesus Christ who taught me how to pray through the Lord's prayer. (Amen)

〈여섯번째 간구〉를 4PMT로 적용하며 기도하고 실천하고 있는가?

넷째 : 하나님 나라 부흥은 하하하 하나님 땡큐운동으로!!!

감사	범사에 감사하라!란 말씀(데살로니가전서 5:18) "우리를 시험에 들게 하지 마옵시고 다만 악에서 구하시옵소서" 간구에 적용하여 말씀 기도하기.

    예수님 안에서 양자의 영을 받게 하시고 나의 아바 아버지가 되셔서 나의 삶 속에 범사에 모든 공포와 두려움이 사라지게 하시고 하나님의 깊은 사랑을 항상 체험할 수 있게 하신 **'하늘에 계신 아버지' 감사**합니다.

    감사함으로 기도하면 버릴 것이 없다고 말씀하셨는데 지금 하고 있는 일 (…….. 구체적인 내용으로 기도 합니다….)에 매사에 불만족스러울 때가 많고 하려고 하는 일에 말씀 안에 합당하지 못하여 넘치는 **감사**가 없습니다. 항상 **감사**한 마음으로 자족하기보다 나의 욕심으로 구하는 잘못을 회개할 수 있게 하시며 포기할 수있는 용기를 허락하여 주옵소서

    천국에서는 하나님 아버지를 경배하고 찬양하며 항상 **감사**만 있을 것을 확신하며 기도를 드립니다. **범사에 감사**함으로 하나님께 아뢰면 하나님 아버지께서 지각에 뛰어난 지혜와 지식으로 함께 하셔서 나의 모든 (…….. 구체적인 내용으로 기도 합니다…..)에 응답하여 주실 것을 **믿고 감사**를 드립니다.

    나의 삶에 구석구석에서 범사에 **감사**함으로 구할 때 하늘에 계신 아버지의 뜻이 이루어지게 하심을 믿고 **감사**드립니다.

    예수님의 이름으로 기도드립니다. 아멘

생각나누기	하나님 아버지의 자녀로서 **감사**을 회복하고 성령충만한 삶을 살고 있는가?

다섯째 : 주기도로 삶을 사는 하나님의 자녀들의 영적성장 점검표

영적성장 점검표을 통해 영적 성장을 확실하게 경험하자!!

회개 및 간구 : 매일 회개 및 간구한 기도 내용을 기록한다.
성령충만 : 매일 본 교재에서 제시한 열매와 은사 중 실천한 것을 기록한다.
지상명령(전도, 선교) : 전도한 사람의 이름이나 태신자 이름, 기도한 선교 대상지를 기록한다. 전도지를 사람에게 나누어준 명수를 기록한다.
헌신 : 기쁨, 기도, 감사 : 하나님께 영광 돌린 것을 기록한다.
〈하하하 하나님 땡큐〉 하루에 3번 이상 반복하기
성경읽기 : 구약, 신약성경을 매일 3-5장씩 읽은 곳을 기록한다.

주기도 운동 영적 일기 쓰기   20   년   월

요일	회개 및 간구	성령충만(전인격) 성령의 열매	지상명령성취 선교/전도(대상자)	헌신(실천) 기쁨, 기도, 감사	맑씀읽기 말씀요절
월					
화					
수					
목					
금					
토					
일					
평가					

＊영적 점검표는 견본으로 제공하며 복사해서 계속 사용 할 수 있다.

25 파테르라이프50

하나님의 자녀는 어떻게 살아야 합니까?

주기도문 송영(권세) 9-1
나라와 권세와 영광이 아버지께 영원히 있사옵나이다. 아멘.
(Doxology)For Thine is the kingdom, and the power, and the glory, forever. Amen.
마태복음 6:13

찬송부르기 : 빛나고 높은 보좌와 (통27)27장, 예수 우리 왕이여 38장
성경읽기 : 로마서 13:1, 마태복음 28:18-19, 마가복음 3:15, 역대상 29:11
묵상하기 : 예수님은 "나는 버릴 권세도 있고, 다시 얻을 권세도 있나니"(요한복음 10:18) 라고 말씀하셨는데 우리의 "권세(능력)"에 대하여 어떻게 생각하고 있는가?

첫째 : 송영에서 권세(權勢-Authority)를 통하여 주시는 메시지

주기도문의 셋째 청원에서 "주의 뜻이 하늘에서 이룬 것 같이"라는 간구는 송영에서 "권세가 영원히 아버지께 있사옵나이다."라는 찬양과 관련을 가지고 있다. 세상에는 큰 권세, 작은 권세, 선한 권세, 악한 권세, 유익을 끼치는 권세, 해를 끼치는 권세, 위장하는 권세(마태복음 7:23)가 있다. 세상의 모든 어두움의 권세(누가복음 22:53)이다. 세상은 더 힘이 센 자가 나타나면 덧없이 그 자리를 놓고 물러나야 한다. 그러므로 싸워서 얻은 것을 권세가 아니다. 그러므로 우리는 기도할 때나 찬양할 때나 하나님의 권세가 영원함을 고백해야 한다. 그리고 우리 모두가 그 하나님의 권세 아래 있음을 고백해야 한다.

1. 송영(권세)는 어떤 의미는 가지고 있는가?

보기에서(　　)안에 맞는 단어를 찾고 합당한 성경구절을 기록하자
보기 　　① 권세 ② 우 주적인 ③ 최고 주권자 ④ 뜻 ⑤ 사랑 ⑥ 권세

(1)	하나님은 영광중에 ( )를 가지신 분이시다. 때문에 자기가 원하시는 것은 하늘에서 이루시고 땅에서도 이루시는 분이시다. 하나님은 ( ) 권위와 권리를 가지시고, 이 권리와 권위로써 자신의 기뻐하신 뜻을 따라 만물을 다스리시고 찬양을 받으신다.
(2)	하나님은 창조와 섭리와 은혜에 있어서 (최고 주권자)이시다. "권세"라는 말씀은 하나님이 자신의 절대적 주권을 행사하시고 하늘과 땅에서 자신의 ( )을 수행하는 데에 전혀 부족함이 없음을 가리킨다
(3)	하나님의 권세는 은혜와 ( )을 목적으로 그의 공의로 그의 뜻을 성취하시는 위대하고 참된 권세이다. 그의 권세는 이스라엘 백성들을 애굽왕 바로의 거대한 세력을 물리치시고 홍해를 가르시고, 광야 40년 동안, 반석에서 생수와, 하늘에서 내리시는 만나와, 불기둥과 구름 기둥으로 인도하시며 구원하셨던 ( )이다.

둘째 : 삶의 적용을 위한 워크샵(Workshop)
"세속 문화속에 중독없는 사회"란 예화로 주기도 실천적 삶에 적용

이 세상은 들려지는 소식마다 대부분 악이요 전해지는 뉴스들마다 가슴을 섬뜩하게 한다. 하루가 멀다 하고 극악하고 파렴치한 범죄가 꼬리를 물고 일어나고 있다. 삶의 현장에 도사리고 있는 악에서 구함을 받는 것이 급선무임을 절감한다.

욕이 아니면 말을 잇지 못할 정도로 아이들의 언어가 망가져있다. 아이들에게 단말기나 PC게임을 끊고 영화나 드라마를 보지 말고 사단문화에 오염된 노래를 듣지 말라고 하면 '그럼 나보고 죽으란 말인가' 하면서 얼굴을 노려본다. 노골적인 폭력과 음란의 문화, 동성애문화가 가정을 파괴하는데 도가 지나치고 있다. 중독 없는 대한민국 만들기 운동 발대식이 2013년 12월 4일 오전 서울 여의도 국회의사당 귀빈식당에서 개최됐다. 발대식은 '행복한 시민 · 건강한 가정 · 깨끗한 사회'를 슬로건으로 내걸었다.

기독교 공공정책 협의회는 성명서에서 "우리나라 인구 5천만 명의 6.7퍼센트인 333만 명은 알코올, 인터넷 게임, 도박 및 마약 등으로 인한 외래치료가 필요한 중독자"라며 "알코올 중독 218만 명, 인터넷 게임 중독 47만 명, 도박 중독 59만 명, 마약 중독 9만 명, 그중에 입원 및 재활치료가 필요한 만성중독 군은 34만 명"이라는 통계를 제시하고 한국 교회가 중독예방과 치료문제에 적극 관심을 가질 것을 요청했다.라고 했다.

필자는 "기도신학"에서 "하나님께서 부여해주신 인간의 신성한 모든 권리를 침해하는 자들과 생명의 존엄성과 귀중성을 파괴하는 일에 참여하는 문화인, 기업인, 경제인 실업인, 과학자, 정치인 들은 모두 악한 자"라고 했다(데살로니가후서 3:2).

1. 사탄이 원하고 노리는 우리 사회의 모습은 어떤 것이라고 생각합니까? 사회에서 일어나는 악의 만연과 사탄과는 무슨 연관 관계가 있습니까?

2. 교회가 지역 사회의 악을 정화하기 위해서 해야 하는 일과 할 수 있는 노력들은 무엇입니까? 기도하는 것은 기본입니다. 기도외의 믿는자들이 교회가 지역 사회에서 할 일은 무엇입니까? 예수님의 권세를 통해서 할 일은 무엇입니까?

셋째 : 하나님 나라 부흥은 주기도운동으로!!!
〈주기도운동〉은 "회개, 지상명령 성취, 성령충만, 헌신"의 삶을 포함한다.

회개 	**회개의 기도와 함께하는 삶.** 1. 하나님의 권세를 삶 속에서 인정해 드리지 못함 회개합니다. 2. 세상을 더 높이는 마음이 있었음을 회개합니다. 3. 눈에 보이는 권세자들에게 더 마음을 둔거 회개합니다. 4. 하나님이 기적의 권세자 이심을 온전히 믿지 못함 회개합니다. 송영(권세)를 통해 회개를 적용하여 기도 할 수 있다. 예를 들면 개인과 가정, 교회, 세계 여러 나라와 국가 지도자들, 핍박을 받고 있는 지역과 기독교인, 미전도종족, 한국교회와 교단, 한국의 사회악(학교 폭력, 성과 성차별 폭력, 가정 폭력, 언어 폭력) 등을 위하여 기도할 수 있다. 또한 남북이 복음화되고 대한민국의 정치적 발전과 경제적 안정과 평화를 위해 기도할 수 있다. ✱ 나의 회개기도는 어떠한가?
전도	**지상명령 성취는 전도, 선교와 함께하는 삶.** 10. 세상 끝날이 오기 전에 모습을 깨달아야 한다.(마태복음 24:6-12) 1. 미혹자가 많아진다. 1) 여호와의 증인 2) 신흥종교들 3) 뉴에이즈 운동 4) 신천지 2. 재난이 심해진다(마태복음 24:7) 1) 대지의 징조들 2) 지구의 사막화 3) 살인더위 4) 물난리(식수난의 위기)

지상 명령 성취	5) 슈퍼전염병 3. 사랑이 식어진다. * 전도현장에서 반대 의견으로 당황스러운 일을 만났을 때에도 전도를 해 본 경험이 있는가 있다면 구체적으로 어떠했는가? 전도한 태신자 (이름:)
선교  지상 명령 성취	**믿지 않는 가까운 이웃부터 우리의 선교 대상임을 잊지 말자.** 부록〈세계선교지도〉에서 선교 대상지를 정하고 기도 한다. 혹은 담임목사님의 목회 방침에 따라 순종하면서 지원하는 선교지를 위해 기도한다. 대한민국의 평화 통일, 혹은 다른 나라들의 기도 제목을 기록하고 기도한다. * 각자 정해진 선교대상지에 가는 선교사로서 혹은 보내는 선교사로서 어떻게 하는 것이 가장 최선의 방법인가를 검토한다.
은사 	**성령충만한 삶은 성령의 은사를 실천하는 것이다.** **2. 지혜** : (로마서 12:3)믿음의 분량대로 지혜롭게 생각하며 언어를 사용한다. 가령 "그러셨군요"! 등의 인정하는 태도로 앞으로 조심하면 되겠네요. * 각자의 구제(섬김)의 은사를 적용한 경험을 나누어 보자.
열매  성령 충만	**성령충만한 삶은 성령의 열매를 실천하는 것이다.** ⑤ **자비의 열매** – 자비(恩慈:kindness) 디도서 3:4, 디모데후서 2:24 자비는 남을 긍휼히 여기시는 그리스도인의 성품으로, 사람에게 친절을 베푸시는 하나님의 태도를 말한다. 자비 (Kindness)– "그러므로 너희는... 자비와 오래 참음을 옷입고" (골로새서 3:12) * 각자의 오래 참음의 열매를 적용한 경험을 나누어 보기로 하자.
헌신	**헌신자의 삶의 특징은 무엇인가?** (5) 헌신자는 섬김을 배우는 종으로 살려는 사람이다(마가복음 10:35-45). (6) 헌신은 교만한 자의 자리에서 겸손으로 살려는 사람이다(잠언 18:12)

부록 24-2. 주기도문 기도하기 헌신과 교회
주기도문 기도하기 4PMT 에서 헌신은 교회와의 관계성을 가진다.

* 헌신에 대한 부분은 매주일 담임 목사님의 설교를 통해서 한 주간 실천할 내용과 개인적으로 정해진 분량의 성경을 읽고 마음에 감동이 되는대로 실천한다.
* 각자의 헌신의 삶을 적용한 경험을 나누어 보기로 하자.

〈주기도운동〉은 소책자 "기도문으로 기도하기" 4PMT로 이루어간다.
송영(권세)로 적용하여 기도하기

(권세) "(대개) 나라와 권세와 영광이 아버지께 영원이 있사옵나이다(아멘)"라고 기도드리면서 하나님의 자녀로서 하나님의 나라 백성의 권세를 누리며 살지 못하고 사탄의 노예가 되어 하나님의 자녀의 권세를 잃어버리고 하나님의 자녀의 권세를 누리지 못하며 살았던 것을 회개합니다. 하나님의 자녀의 권세를 회복하여 사탄의 유혹(Temptation)에 넘어지기 않도록 말씀으로 승리케 하여주셔서 성령충만한 삶을 살아가도록 결심하게 하여 주시옵소서. 하나님도 모르고 하나님의 자녀의 권세를 누리지 못하고 살고 있는 (전도대상자 OOO 이름을 부르며) 그를 전도하여 그와 함께 세상의 나라에서 하나님의 나라 천국에 갈 때까지 믿음으로 삶을 나누고 주님의 삶을 실천하는 하나님 아버지의 자녀로서 훈련시키며 헌신하게 하여 주시옵소서. 주기도로 기도를 가르쳐 주신 나의 주 하나님 예수 그리스도 이름으로 기도드립니다.

Doxology (Power)

Lord, I repent that I did not live a life worthy the power of your kingdom and for the sin of disobedience, God, though I am praying,, "For Thine is the kingdom, and the power, and the glory forever". Instead, I lived as I desired and lost the power of being God's child by following the evil things of the world like a slave to the Satan, which make me to disengage from You!
I recommit my life to You, God, to enjoy the power of child of God by obeying the Word of the Bible and being equipped fully by the Holy Spirit and truth so that I may not fall into the temptations of Satan but overcome all of them and live a Spirit filled life.
Lord, help me to win the one (insert the name) who is living

without the power of God's child because of not knowing Jesus Christ as his/her Savior and to share the Christian faith with him/her each other until both of us go to heaven. Help me to be a model of true Christianity to him/her so that he/she also may dedicate his/her life for the kingdom of God.

I pray in the name of Jesus Christ who taught me how to pray through the Lord's prayer. (Amen)

송영(권세)를 4PMT로 적용하며 기도하고 실천하고 있는가?

넷째 : 하나님 나라 부흥은 하하하 하나님 땡큐운동으로!!!

기쁨	항상 기뻐하라! 란 말씀(데살로니가전서 5:16) "송영(권세)"에 적용하여 말씀 기도하기.
기도 / 기쁨 / 감사	**항상 기뻐하라! 란 말씀(데살로니가전서 5:16) "송영(권세)"에 적용하여 말씀 기도하기 하도록** 하나님의 자녀 삼아 주셔서 감사 합니다. 세상에는 크고 작은 권세, 선하고 악한권세들이 많은데 그중에 세상의 모든 어두운 권세를 분별하여 주님께서 주시는 기쁨의 권세 아래 있음을 감사합니다. 가장 값지고 영원한 죄 사함의 권세를 누리게 하심 또한 감사드립니다. 죄 사함의 권세만으로도 어느 것 과 비교할 수 없이 항상 기뻐하는 마음 주시고 삶 속에서 다른 것 들과 비교하여 낙심되거나 연약해질 때 기쁨을 다시 회복하게 하소서. 하나님의 자녀로서의 권세를 기쁨으로 누리며 하나님을 찬양하는 오늘 되길 원하며 예수님의 이름으로 기도드립니다. 아멘
생각나누기	아버지의 자녀로서 항상 기뻐함으로 성령충만한 삶을 살고 있는가?

다섯째 : 주기도로 삶을 사는 하나님의 자녀들의 영적성장 점검표

영적성장 점검표을 통해 영적 성장을 확실하게 경험하자!!

회개 및 간구 : 매일 회개 및 간구한 기도 내용을 기록한다.
성령충만 : 매일 본 교재에서 제시한 열매와 은사 중 실천한 것을 기록한다.
지상명령(전도, 선교) : 전도한 사람의 이름이나 태신자 이름, 기도한 선교 대상지를 기록한다. 전도지를 사람에게 나누어준 명수를 기록한다.
헌신 : 기쁨, 기도, 감사 : 하나님께 영광 돌린 것을 기록한다.
〈하하하 하나님 땡큐〉 하루에 3번 이상 반복하기
성경읽기 : 구약, 신약성경을 매일 3-5장씩 읽은 곳을 기록한다.

주기도 운동 영적 일기 쓰기 20 년 월

요일	회개 및 간구	성령충만(전인격) 성령의 열매	지상명령성취 선교/전도(대상자)	헌신(실천) 기쁨, 기도, 감사	말씀읽기 말씀요절
월					
화					
수					
목					
금					
토					
일					
평가					

*영적 점검표는 견본으로 제공하며 복사해서 계속 사용 할 수 있다.

26 파테르라이프50

하나님의 자녀는 어떻게 살아야 합니까?

주기도문 송영(권세) 9-2
나라와 권세와 영광이 아버지께 영원히 있사옵나이다. 아멘
(Doxology)For Thine is the kingdom, and the power, and the glory, forever. Amen.
마태복음 6:13

찬송부르기 : 빛나고 높은 보좌와 (통27)27장, 예수 우리 왕이여 38장
성경읽기 : 로마서 13:1, 마태복음 28:18-19, 마가복음 3:15, 역대상 29:11
묵상하기 : 예수님은 "나는 버릴 권세도 있고, 다시 얻을 권세도 있나니"(요한복음 10:18)
라고 말씀하셨는데 우리의 "권세(능력)"에 대하여 어떻게 생각하고 있는가?

첫째 : 송영에서 권세(權勢-Authority)를 통하여 주시는 메시지

주기도문의 셋째 청원에서 "주의 뜻이 하늘에서 이룬 것 같이"라는 간구는 송영에서 "권세가 영원히 아버지께 있사옵나이다."라는 찬양과 관련을 가지고 있다. 세상에는 큰 권세, 작은 권세, 선한 권세, 악한 권세, 유익을 끼치는 권세, 해를 끼치는 권세, 위장하는 권세(마태복음 7:23)가 있다. 세상의 모든 어두움의 권세(누가복음 22:53)이다. 세상은 더 힘이 센 자가 나타나면 덧없이 그 자리를 놓고 물러나야 한다. 그러므로 싸워서 얻은 것을 권세가 아니다. 그러므로 우리는 기도할 때나 찬양할 때나 하나님의 권세가 영원함을 고백해야 한다. 그리고 우리 모두가 그 하나님의 권세 아래 있음을 고백해야 한다.

1. 송영(권세)는 어떤 의미는 가지고 있는가?

보기에서( )안에 맞는 단어를 찾고 합당한 성경구절을 기록하자
보기	① 권세 ② 병자 ③ 승천 ④ 심판 ⑤ 사탄 ⑥ 경계 ⑦ 선지자 ⑧ 불법 ⑨ 성령

(1)	하나님의 ( )를 가지시고, 하나님의 일을 하신 예수님께서는 "나는 버릴 권세도 있고, 다시 얻을 권세도 있나니"(요 10:18), 하늘과 세상의 모든 권세를 자유롭게 다스릴 수 있는 분이라고 설명하셨다. 그 권세로 ( )를 고치시고, 귀신도 내어 쫓으시고, 죽은 자를 살리시고, 자신이 부활의 권세에 참여하시고 ( )하시고, 다시 만왕의 왕, 만주의 주와 ( )의 왕으로, 그 권세를 가지시고 오실 것이다.
(2)	그러나 세상의 권세와 함께 ( )으로 부터 오는 권세를 ( ) 해야 한다. 마태복음 7:22에 보면 "우리가 주의 이름으로 ( ) 노릇하며 주의 이름으로 귀신을 쫓아내며 주의 이름으로 많은 권능을 행치 아니하였나이까 하리니"라고 말할 때 예수님께서는 "그때에 내가 저희에게 밝히 말하되 내가 너희를 도무지 알지 못하니 ( )을 행하는 자들아 내게서 떠나가라"고 하셨다.
(3)	오늘날 이러한 사단으로부터 오는 권세를 가지고 주님의 일을 한다고 주님의 이름으로 기적(Miracle), 능력(Power)을 행하는 사람들에게 현혹되어서는 안 될 것이다. 우리 주변에는 메스콤을 이용해서 ( )의 능력(Power)이라고 청중들과 시청자들을 매도하는 광경을 목격할 때마다 사단의 권세가 얼마나 강하게 역사하는 때인 것을 알게 된다.

둘째 : 삶의 적용을 위한 워크샵(Workshop)
"운명론, 점성술, 사주팔자, 점치는것, 손금 보는 것, 마술, 접신(사탄숭배)"이란 예로 실천적 삶에 적용

나의 이름은 김석원(金錫原)이다. 아버지께서 6.25 전쟁때 김석원 장군 부관으로 있으면서 김석원 장군처럼 되라고 지어 주신 이름이다. 그 후에 김도훈(金度勳)이라는 이름을 작명가로부터 지어 받은 후, 어머니께서는 언제나 도훈이라고 부르셨다. 왜냐하면 나의 사주팔자에 많은 사람들을 가르칠 운명이 있기 때문에 이 이름을 쓰면 대성한다는 것이었다. 세상에서 악한 자들에게로부터 보호받고 이길 수 있다는 것이었다. 중학교 때부터 사용해서 예수 믿은 후에도 사용했다. 교회에서 전도사 때도 한 1-2년 사용하다가 혼돈되기도 해서 김석원으로 쓰기로 했다. 어머니께서 작명가를 통해서 지어 주신 이름이지만 예수 믿은 후 사주팔자니 운명론이니 하는 것을 따르지 않기로 했기 때문이다. 어머니는 예수님 잘 믿으시고 지금은 천국 가셨지만 예수 믿으신 후에도 가끔 웃으시면서 목사가 된 나에게 "김목사 사주팔자에 맞춰 지은 도훈이라는 이

름을 작명가가 지어줄 때 말년에 대성한다"고 했는데 하시면서도 "지금은 예수님 믿으니까 그런 소리 하면 안 되지" 하셨다.

(갈라디아 5:20, 레위기 19:26, 신명기 18:10, 출애굽기 22:18, 살후 2:9~10).
운명론, 점성술, 사주팔자, 점치는 것, 손금 보는 것, 마술, 접신(사탄숭배) 등은 모두 악한 영들에게 관심을 기울이는 사람들의 일이다(말라기 3:5).

1. 교회가 운명론, 점성술, 사주팔자, 점치는 것, 마술, 접신등을 배척하고 멀리하는 이유가 무엇입니까? "악"이란 통계나 확률의 문제가 아니라 영적으로 다루는 문제임을 알아야 합니다. (요한복음 8:44, 잠언 17:44. 운명론이 왜 "악"으로 취급됩니까?)

2. 사탄에 대한 관심과 영향은 10대 뮤직 비디오, 악마주의와 관련된 공예품(할로윈 데이) 등으로 화려하게 포장을 하고 나타나고 있으며, 사탄 숭배자들이 점점 증가하는 추세입니다. 이러한 악의 세력의 영향에서 우리가 승리하기 위해서 무엇을 해야 합니까? 어떤 자세를 가져야 합니까? (계시록 12:9) 예수님의 권세를 통해서 할 일은 무엇입니까?

셋째 : 하나님 나라 부흥은 주기도운동으로!!!

〈주기도운동〉은 "회개, 지상명령 성취, 성령충만, 헌신"의 삶을 포함한다.

회개 	**회개의 기도와 함께하는 삶.** 5. 죄를 사하시는 권세가 하나님이심을 온전히 믿지 못함을 회개합니다. 6. 부활의 권세가 하나님이심을 온전히 믿지 못함을 회개합니다. 7. 사탄을 이기실 권세가 하나님이심을 온전히 믿지 못함을 회개합니다. 송영(권세)를 통해 회개를 적용하여 기도하자. ＊ 나의 회개기도는 어떠한가?
전도 	**지상명령 성취는 전도, 선교와 함께하는 삶.** 11. 새시대운동(New age movement)의 특징을 알고 믿음의도(복음)를 지켜야 한다. 　새 시대의 운동은 사단의 타락(창세기 3:4-5, 이사야 14:12)과 고

전도

지상명령성취

대 바벨론 신비주의 영향(창세기10-11장)을 받았다. 함께 동양사상과 철학과 종교에 뿌리를 두고 꽃은 서구 사회의 장(場)을 통해 나타난 일종의 종교와 문화의 통합적인 운동이며 세계 최고의 과학과 문화가 발전된 미국에서 그 영향이 급속히 확산되며 세계에 보급되고 복음 전도를 막고 있다. 영지주의(gnosticism), 초자연주의(transcendentalism), 동양의 전통(oriental traditions)윤회설(reincanation), 심령술(spiritualism), 최면술(mesmerism) 심리학 정신 분석학(psychoanalysis) 이런 모든 통합적 요소들이 극단적 인간(자아) 중심으로 인간이 모든 것이고 모든 것을 할 수 있다고 신의 자리까지 끌어올리고 있다(He is everything을 거꾸로 Every thing is he.로 바꾸고 있다). 새시대운동은(new age movement)과 새 세계 질서(new world order)는 세계 단일 정부를 꿈꾸고 있는 조직이다. 이러한 계획을 실현하기 위해 문화 속에 각양 각종의 위장을 통해 침투하여 기독교 안에서 세속문화(황금만능주의, 3S= Sex, Sport, Screen)에 물들게 하여 믿음의 도(복음)에서 멀어지게 하고 있다. 이러한 현실에서 주기도문 아카데미는 그 사명을 최후승리 얻을 때까지 믿음의 도(복음)를 전해야 할 것이다.

* 전도현장에서 반대 의견으로 당황스러운 일을 만났을 때에도 전도를 해 본 경험이 있는가 있다면 구체적으로 어떠했는가? 전도한 태신자 (이름:)

선교

지상명령성취

믿지 않는 가까운 이웃부터 우리의 선교 대상임을 잊지 말자.

부록〈세계선교지도〉에서 선교 대상지를 정하고 기도 한다. 혹은 담임목사님의 목회방침에 따라 순종하면서 지원하는 선교지를 위해 기도한다. 대한민국의 평화 통일, 혹은 다른 나라들의 기도 제목을 기록하고 기도한다.

* 각자 정해진 선교대상지에 가는 선교사로서 혹은 보내는 선교사로서 어떻게 하는 것이 가장 최선의 방법인가를 검토한다.

은사

성령충만한 삶은 성령의 은사를 실천하는 것이다.

3. 봉사 : 봉사의 사명은 목회자를 협조하고 교회의 구제, 전도, 선교 및 여러 교회 사업에 적극성을 가지고 참여하고 상대방에게 도와드릴게요 염려마세요 하면서 앞장선다.

* 각자의 구제(섬김)의 은사를 적용한 경험을 나누어 보자.

열매

성령충만

성령충만한 삶은 성령의 열매를 실천하는 것이다.

⑥ **양선의 열매** – 착함(良善/goodness) 에베소서 5:9, 로마서 15:14 양선은 가장 고귀한, 도덕적이고 윤리적인 가치관들을 대표하는 말이다. 즉 삯이 나 보상의 기대 없이 선한 마음으로 이웃에게 사랑을 실천함으로 하나님을 기쁘시게 하는 것을 말한다. 양선(Goodness) "바나바는 착한 사람이요 성령과 믿음이 충만한자라"(사도행전 11:24).

* 각자의 오래 참음의 열매를 적용한 경험을 나누어 보기로 하자.

헌신

헌신자의 삶의 특징은 무엇인가?

(7) 헌신은 바울처럼 "나는 항상 하나님과 사람 앞에서 양심에 거리낌이 없기를 힘쓰노라" 양심에 거리낌이 없는 삶을 사는 사람이다(사도행전 24:16).
(8) 헌신자의 삶은 하나님의 뜻을 이루기 위해 항상 기뻐하는 사람이다(데살로니가전서 5:16).

부록 24-1,1. 주기도문 기도하기 4 PMT 에서 헌신은 회개를 통해 마음의 성전이 청결됨을 기본으로 한다.

* 헌신에 대한 부분은 매주일 담임 목사님의 설교를 통해서 한 주간 실천할 내용과 개인적으로 정해진 분량의 성경을 읽고 마음에 감동이 되는대로 실천한다.
* 각자의 헌신의 삶을 적용한 경험을 나누어 보기로 하자.

〈주기도운동〉은 소책자 "기도문으로 기도하기" 4PMT로 이루어간다.
송영(권세)로 적용하여 기도하기

(권세) "(대개) 나라와 권세와 영광이 아버지께 영원이 있사옵나이다(아멘)"라고 기도드리면서 하나님의 자녀로서 하나님의 나라 백성의 권세를 누리며 살지 못하고 사탄의 노예가 되어 하나님의 자녀의 권세를 잃어버리고 하나님의 자녀의 권세를 누리지 못하며 살았던 것을 회개합니다. 하나님의 자녀의 권세를 회복하여 사탄의 유혹(Temptation)에 넘어지지 않도록 말씀으로 승리케 하여주셔서 성령충만한 삶을 살아가도록 결심하게 하여 주시옵소서. 하나님도 모르고 하나님의 자녀의 권세를 누리지 못하고 살고 있는 (전도대상자 OOO 이름을 부르며)그를 전도하여 그와 함께 세상의 나라에서 하나

님의 나라 천국에 갈 때까지 믿음으로 삶을 나누고 주님의 삶을 실천하는 하나님 아버지의 자녀로서 훈련시키며 헌신하게 하여 주시옵소서. 주기도로 기도를 가르쳐 주신 나의 주 하나님 예수 그리스도 이름으로 기도드립니다.

Doxology (Power)

Lord, I repent that I did not live a life worthy the power of your kingdom and for the sin of disobedience, God, though I am praying, "For Thine is the kingdom, and the power, and the glory forever". Instead, I lived as I desired and lost the power of being God's child by following the evil things of the world like a slave to the Satan, which make me to disengage from You!

I recommit my life to You, God, to enjoy the power of child of God by obeying the Word of the Bible and being equipped fully by the Holy Spirit and truth so that I may not fall into the temptations of Satan but overcome all of them and live a Spirit filled life.

Lord, help me to win the one (insert the name) who is living without the power of God's child because of not knowing Jesus Christ as his/her Savior and to share the Christian faith with him/her each other until both of us go to heaven. Help me to be a model of true Christianity to him/her so that he/she also may dedicate his/her life for the kingdom of God.

I pray in the name of Jesus Christ who taught me how to pray through the Lord's prayer. (Amen)

송영(권세)를 4PMT로 적용하며 기도하고 실천하고 있는가?

넷째 : 하나님 나라 부흥은 하하하 하나님 땡큐운동으로!!!

기도	쉬지 말고 기도하라!란 말씀(데살로니가전서 5:17)을 송영 "권세"에 적용하여 말씀 기도하기.

쉬지 말고 기도하라.

사랑의 하나님!! 자녀 삼아 주심을 감사합니다.
홍해를 가르시고 불신 영혼들을 구원하시는 권세가 주님께 있음을 고백합니다.

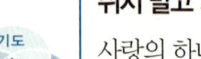

주변에 믿지 않는 영혼들을 위하여 예수님의 이름의 권세를 사용하는 일은 오직 쉬지 않고 기도하는 길 뿐임을 다시금 깨달아 봅니다. 죽을 수밖에 없는 저의 영혼을 살리기 위해 목숨 바쳐 귀한아들 주신 아버지의 심정을 억만 분의 일이라도 헤아리기 위해 무릎 꿇게 하시고 영혼들이 주님께 돌아오기위해 끊임없이 기도하는 권세를 누리는 오늘 되게 하소서.
그래서 주님의 자녀로 주신 권세 아래 응답받는 기도자가 되길 간절히 원하며 예수님의 이름으로 기도드립니다. 아멘

생각나누기 | 송영 "권세"에서 아버지의 자녀로서 기도를 회복하고 성령충만한 삶을 살고있는가?

다섯째 : 주기도로 삶을 사는 하나님의 자녀들의 영적성장 점검표

영적성장 점검표을 통해 영적 성장을 확실하게 경험하자!!

회개 및 간구 : 매일 회개 및 간구한 기도 내용을 기록한다.
성령충만 : 매일 본 교재에서 제시한 열매와 은사 중 실천한 것을 기록한다.
지상명령(전도, 선교) : 전도한 사람의 이름이나 태신자 이름, 기도한 선교 대상지를 기록한다. 전도지를 사람에게 나누어준 명수를 기록한다.
헌신 : 기쁨, 기도, 감사 : 하나님께 영광 돌린 것을 기록한다.
〈하하하 하나님 땡큐〉 하루에 3번 이상 반복하기
성경읽기 : 구약, 신약성경을 매일 3-5장씩 읽은 곳을 기록한다.

주기도 운동 영적 일기 쓰기   20   년   월

요일	회개 및 간구	성령충만(전인격) 성령의 열매	지상명령성취 선교/전도(대상자)	헌신(실천) 기쁨, 기도, 감사	맑씀읽기 말씀요절
월					
화					
수					
목					
금					
토					
일					
평가					

＊영적 점검표는 견본으로 제공하며 복사해서 계속 사용 할 수 있다.

27 파테르라이프50

하나님의 자녀는 어떻게 살아야 합니까?

주기도문 송영(권세) 9-3
나라와 권세와 영광이 아버지께 영원히 있사옵나이다. 아멘
(Doxology)For Thine is the kingdom, and the power, and the glory, forever. Amen.
마태복음 6:13

찬송부르기 : 빛나고 높은 보좌와 (통27)27장, 예수 우리 왕이여 38장
성경읽기 : 로마서 13:1, 마태복음 28:18-19, 마가복음 3:15, 역대상 29:11
묵상하기 : 예수님은 "나는 버릴 권세도 있고, 다시 얻을 권세도 있나니"(요한복음 10:18)
　　　　　 라고 말씀하셨는데 우리의 "권세(능력)"에 대하여 어떻게 생각하고 있는가?

첫째 : 송영에서 권세(權勢-Authority)를 통하여 주시는 메시지

　주기도문의 셋째 청원에서 "주의 뜻이 하늘에서 이룬 것 같이"라는 간구는 송영에서 "권세가 영원히 아버지께 있사옵나이다."라는 찬양과 관련을 가지고 있다. 세상에는 큰 권세, 작은 권세, 선한 권세, 악한 권세, 유익을 끼치는 권세, 해를 끼치는 권세, 위장하는 권세(마태복음 7:23)가 있다. 세상의 모든 어두움의 권세(누가복음 22:53)이다. 세상은 더 힘이 센 자가 나타나면 덧없이 그 자리를 놓고 물러나야 한다. 그러므로 싸워서 얻은 것을 권세가 아니다. 그러므로 우리는 기도할 때나 찬양할 때나 하나님의 권세가 영원함을 고백해야 한다. 그리고 우리 모두가 그 하나님의 권세 아래 있음을 고백해야 한다.

1. 송영(권세)는 어떤 의미는 가지고 있는가?

	보기에서(　　)안에 맞는 단어를 찾고 합당한 성경구절을 기록하자
보기	① 어두움 ② 잘못사용 ③ 참 권세 ④ 원초적 ⑤ 복음 ⑥ 대 위임령

(1)	세상에는 큰 권세, 작은 권세, 선한 권세, 악한 권세, 유익을 끼치는 권세, 해를 끼쳐주는 권세, 위장하는 권세(마태복음 7:23)가 있다. 세상의 모든 (　　)의 권세(누가복음 22:53)이다. 사도 바울은 모든 권세가 하나님으로부터 오는 것을 고백했고 (각 사람은 위에 있는 권세들에게 굴복하라 권세는 하나님께로 나지 않음이 없나니 모든 권세는 다 하나님의 정하신 바라… 롬 13:1), 그러므로 그 권세를 (　　) 하는 자는 "하나님의 심판을 자취하리라"(롬 13:2)고 했다.
(2)	예수님에게만 하나님의 영원한 (　　)가 있다. 죄를 사하는〈권세〉가 그에게 있다(마 9:6). 병 고치는 능력과 권세를 가지셨고 우리에게도 주신다(눅 9:1) 하나님의 자녀가 되는 권세를 주신다(요 1:12). 만민을 다스릴 권세(Authority)의 근본이시다. 그 모든 권세는 성부 하나님과 (　　)으로 동일하시다. 예수 그리스도는 교회의 모든 구원에 반대되는 악한 사탄의 힘을 정복하신다. 권세(Authority)라는 말은 헬라어에서 엑소시아(εχουσια)라는 말이고 영어에서는 EXOSIST 즉 마귀 추방자라는 뜻이다. 예수 그리스도의 권세는 모든 사탄의 힘을 추방시키시는 권세를 가지셨다.
(3)	이러한 권세를 예수 그리스도에게 주신 이유는〈하늘과 땅의 모든 권세(Authority)를 내게 주셨으니… 마 28:18〉모든 족속으로 이 (　　)에 복종케 함에 있고 우리가 이 권세를 주님의 복음을 전하는 지상 (　　)을 수행하도록 하시기 위함이다. 할렐루야! (Praise the Lord!) 여기에 우리가 이 송영에서 "권세가 영원히 아버지께 있사옵나이다."라고 찬양할 이유가 있는 것이다.

둘째 : 삶의 적용을 위한 워크샵(Workshop)
"운명론, 점성술, 사주팔자, 점치는 것, 손금 보는 것, 마술, 접신(사탄숭배)"이란 예로 실천적 삶에 적용

　저는 하나님의 은혜로 루터의 고향과 종교개혁자들이 일했던 당시 행적을 방문해 본 적이 있다. 루터는 마귀와 싸움을 많이 한 사람으로도 유명하다. 잘 알려진 이야기이다.

　루터가 신약성경을 번역하던 왈트 부르크 성은 루터의 잉크 자국으로 유명하다. 루터가 성경을 번역할 때 마귀가 나타나자 그를 쫓기 위해 벽에 잉크 병을 던졌던 일화 때문이다. 관광객들이 그 잉크 자국을 너무 만져 다 닳아 없어질 지경이라고 안내자는 설명했다.

어느 날은 마귀가 루터가 집무하고 있는 서재에 루터의 모든 죄를 소상히 기록한 책을 가지고 왔다고 한다. 그 죄를 보여주며 "너 같은 놈이 무슨 종교개혁을 해"하며 비아냥대었다. 그때 루터가 "이게 다냐?"고 묻자 또 있다고 하며 비슷한 두께의 두꺼운 책을 두 권 더 가지고 왔다. 루터는 아무 말 없이 펜으로 붉은 잉크를 찍어서 한 장 한 장의 페이지마다 다음과 같이 기록했다고 한다. "그 아들 예수의 피가 우리를 모든 죄에서 깨끗하게 하실 것이다"(요일 1:7). 그러자 마귀가 물러갔다고 한다.

마틴 루터는 밤에 잠자리에 들기 전에, "오늘 지은 모든 죄를 용서해 주소서"라고 기도드리고, 아침에 일어나서는 "오늘 유혹에 빠지지 않게 하시고 악에서 구하옵소서"라고 기도했다고 한다. 하루를 시작하면서 드리는 이 기도는 가장 적절한 기도라고 생각한다(에베소서 6:13-18).

1. 성경이 말하는 사탄 마귀는 우리에게 어떤 존재입니까?
   우리의 영을 공격하는 사탄 마귀의 무기는 무엇이라고 생각합니까?

2. 악한 마귀가 우리를 정죄할 때 어떻게 해야 합니까?
   그리스도인들이 악을 이기는 승리의 병기들은 무엇입니까?

3. 세상의 악과 사탄의 힘을 가진 악령은 사람들로 하여금 전에는 전혀 그럴 수 없을 것 같은 일들, 즉 야만적인 행위나 권력에의 망상, 정신병적인 발작 등을 일으킵니다. 예수님의 권세를 통해서 할 일은 무엇입니까?

셋째 : 하나님 나라 부흥은 주기도운동으로!!!

〈주기도운동〉은 "회개, 지상명령 성취, 성령충만, 헌신"의 삶을 포함한다.

회개

회개의 기도와 함께하는 삶.
8. 하나님 자녀답게 권세를 행하지 못하고 살아감을 회개합니다.
9. 하나님 자녀답게 권세를 누리지 못하고 살아감을 회개합니다.
10. 예수님의 이름의 권세를 누리지 못하고 살아감을 회개합니다.
   * 송영(권세)을 통해 회개를 적용하여 기도하자. 나의 회개기도는 어떠한가?

지상명령 성취는 전도, 선교와 함께하는 삶.

12. "내일 지구에 종말이 온다고 해도 나는 한그루의 나무를 심겠다"는 자세로 복음을 전하는 것과 믿음의 도(복음)를 힘써 지키기 위해 싸울 각오가 되어있는가?

전도

지상 명령 성취

1) 영적실체(spritual reality)가 존재함을 인정하고 악한 영과 싸워야 한다. 주기도문 여섯째 간구 "다만 악에서 구하시옵소서"의 기도로 싸워 이겨야 한다.
2) 신령한 일은 신령한 것으로 분별해야 한다(고린도전서 12:3). 영분별의 은사를 구하며 종교다원주의, 영성 다원주의를 분별해야 한다.
3) 하나님께 드리는 진정한 경배의식을 드러내는 바른 말씀전파, 바른 찬양, 바른기도.
4) 건전한 기독교 문화를 정립을 노력하며 믿음의 도(복음)을 힘껏 전하자.

* 전도현장에서 반대 의견으로 당황스러운 일을 만났을 때에도 전도를 해 본 경험이 있는가 있다면 구체적으로 어떠했는가? 전도한 태신자 (이름:)

선교

지상 명령 성취

믿지 않는 가까운 이웃부터 우리의 선교 대상임을 잊지 말자.

부록〈세계선교지도〉에서 선교 대상지를 정하고 기도 한다. 혹은 담임목사님의 목회 방침에 따라 순종하면서 지원하는 선교지를 위해 기도한다. 대한민국의 평화 통일, 혹은 다른 나라들의 기도 제목을 기록하고 기도한다.

* 각자 정해진 선교대상지에 가는 선교사로서 혹은 보내는 선교사로서 어떻게 하는 것이 가장 최선의 방법인가를 검토한다.

은사

성령충만한 삶은 성령의 은사를 실천하는 것이다.

4. 교육(교사)(로마서 12:7, 엡 4:11) 가르치는 자는 가르치는 일로, 가르침을 받는 자는 바른 뜻을 깨닫고 삶에 적용하며 실천한다(히브리서 13:17). "너희를 인도하는자 들에게 순종하고 복종하라... (생략).... 그렇지 않으면 너희에게 유익이 없느니라.

* 각자의 구제(섬김)의 은사를 적용한 경험을 나누어 보자.

| 열매 | 성령충만한 삶은 성령의 열매를 실천하는 것이다. |

성령
충만

⑦ **충성의 열매** – 성실(信實/faithfulness) "맡은 자들에게 구할 것은 충성 이니라" (고린도전서 4:2) 충성은 하나님 앞에서 최선을 다하는 신앙 자세이며 신앙의 가장 중요한 요소 중 하나이다. 사도 바울이야 말로 충성된 종의 모범이라 할 수 있다(디도서 2:10).

* 각자의 오래 참음의 열매를 적용한 경험을 나누어 보기로 하자.

| 헌신 | 헌신자의 삶의 특징은 무엇인가? |

(9) 헌신자의 삶은 하나님의 뜻을 이루기 위해 쉬지 않고 기도하는 사람이다.
(10) 헌신자의 삶은 하나님의 뜻을 이루기 위해 범사에 감사하는 사람이다.
(11) 헌신자의 삶은 "하나님께서 내가 원하는 것을 주시든 안 주시든 관계없이 나는 하나님께서 원하시는 것을 하나님께 드리겠다."라고 순종하는 사람이다.

부록 24-1,2. 주기도문 기도하기 4PMT 에서 헌신은 교회에 대한 바른 이해를 기본으로 한다. 1)주기도문 4PMT의 헌신은 교회(성전)는 예배(λειτουργια)하며 기도하는 집을 통해서 나타난다.

* 헌신에 대한 부분은 매주일 담임 목사님의 설교를 통해서 한 주간 실천할 내용과 개인적으로 정해진 분량의 성경을 읽고 마음에 감동이 되는대로 실천한다.
* 각자의 헌신의 삶을 적용한 경험을 나누어 보기로 하자.

〈주기도운동〉은 소책자 "기도문으로 기도하기" 4PMT로 이루어간다.
송영(권세)로 적용하여 기도하기

(권세) "(대개) 나라와 권세와 영광이 아버지께 영원이 있사옵나이다(아멘)"라고 기도드리면서 하나님의 자녀로서 하나님의 나라 백성의 권세를 누리며 살지 못하고 사탄의 노예가 되어 하나님의 자녀의 권세를 잃어버리고 하나님의 자녀의 권세를 누리지 못하며 살았던 것을 회개합니다. 하나님의 자녀의 권세를 회복하여 사탄의 유혹(Temptation)에 넘어지지 않도록 말씀으로 승리케 하여주셔서 성령충만한 삶을 살아가도록 결심하게 하여 주시옵소서. 하나님도 모

르고 하나님의 자녀의 권세를 누리지 못하고 살고 있는 (전도대상자 OOO 이름을 부르며) 그를 전도하여 그와 함께 세상의 나라에서 하나님의 나라 천국에 갈 때까지 믿음으로 삶을 나누고 주님의 삶을 실천하는 하나님 아버지의 자녀로서 훈련시키며 헌신하게 하여 주시옵소서. 주기도로 기도를 가르쳐 주신 나의 주 하나님 예수 그리스도 이름으로 기도드립니다.

Doxology (Power)

Lord, I repent that I did not live a life worthy the power of your kingdom and for the sin of disobedience, God, though I am praying, "For Thine is the kingdom, and the power, and the glory forever". Instead, I lived as I desired and lost the power of being God's child by following the evil things of the world like a slave to the Satan, which make me to disengage from You!

I recommit my life to You, God, to enjoy the power of child of God by obeying the Word of the Bible and being equipped fully by the Holy Spirit and truth so that I may not fall into the temptations of Satan but overcome all of them and live a Spirit filled life.

Lord, help me to win the one (insert the name) who is living without the power of God's child because of not knowing Jesus Christ as his/her Savior and to share the Christian faith with him/her each other until both of us go to heaven. Help me to be a model of true Christianity to him/her so that he/she also may dedicate his/her life for the kingdom of God.

I pray in the name of Jesus Christ who taught me how to pray through the Lord's prayer. (Amen)

송영(권세)를 4PMT로 적용하며 기도하고 실천하고 있는가?

넷째 : 하나님 나라 부흥은 하하하 하나님 땡큐운동으로!!!

감사	"범사에 감사하라" (데살로니가전서 5:18)을 "송영(권세)"에 적용하여 말씀 기도하기.
	**범사에 감사하라.** 하나님 자녀로 예수님의 이름의 권세를 알게 하심을 감사드립니

다. 이 크고 귀한 권세를 삶에서 사용하지 못함을 회개하는 마음 주옵소서.

주님이 주신 것에 대한 감사가 온전하지 못하고 일시적이며 비교 감사를 할 때가 종종 있습니다.

영적으로 깨어서 어느 순간에서도 자녀 된 권세만으로 만족하며 감사하는 매 순간이 되길 원합니다.

영으로 분별하게 하셔서 진정한 감사가 넘치는 자녀되게 하소서 "하늘과 땅의 모든 권세를 내게 주셨으니" 마 28:18

죄인 된 저를 자녀 삼아주셔서 놀라운 권세를 입혀주시고 권세를 누리게 하심을 늘 감사하며 오늘도 주님 안에서 당당한 자녀의 삶이 되길 원하며 예수님의 이름으로 기도드립니다. 아멘

생각나누기	아버지의 자녀로서 범사에 감사함으로 성령충만한 삶을 살고 있는가?

다섯째 : 주기도로 삶을 사는 하나님의 자녀들의 영적성장 점검표

영적성장 점검표을 통해 영적 성장을 확실하게 경험하자!!

회개 및 간구 : 매일 회개 및 간구한 기도 내용을 기록한다.
성령충만 : 매일 본 교재에서 제시한 열매와 은사 중 실천한 것을 기록한다.
지상명령(전도, 선교) : 전도한 사람의 이름이나 태신자 이름, 기도한 선교 대상지를 기록한다. 전도지를 사람에게 나누어준 명수를 기록한다.
헌신 : 기쁨, 기도, 감사 : 하나님께 영광 돌린 것을 기록한다.
〈하하하 하나님 땡큐〉 하루에 3번 이상 반복하기
성경읽기 : 구약, 신약성경을 매일 3-5장씩 읽은 곳을 기록한다.

주기도 운동 영적 일기 쓰기   20   년   월

요일	회개 및 간구	성령충만(전인격) 성령의 열매	지상명령성취 선교/전도(대상자)	헌신(실천) 기쁨, 기도, 감사	말씀읽기 말씀요절
월					
화					
수					
목					
금					
토					
일					
평가					

＊영적 점검표는 견본으로 제공하며 복사해서 계속 사용 할 수 있다.

28 파테르라이프50

하나님의 자녀는 어떻게 살아야 합니까?

주기도문 송영(영광) 10-1
나라와 권세와 영광이 아버지께 영원히 있사옵나이다. 아멘
Doxology (Glory) For Thine is the kingdom, and the power, and the glory, forever. Amen. 마태복음 6:13

찬송부르기 : 마귀들과 싸울찌라(388)348장, 십자가를 질 수 있나(통519)461장,
　　　　　　나의 영원하신 기업(통492)435장,
성경읽기 : 로마서 8:18-21, 빌립보서 1:11, 고린도전서 10:31, 시편 49:17,
　　　　　　베드로전서 5:10, 에베소서 3:20-21, 시편 90:2, 히브리서 13:8
묵상하기 : 인위적이고, 인본적인 영광일 때 "녹슨 영광"이 될 수 있습니다.
　　　　　　나의 삶이 이러한 영광을 추구하고 있다면 어떻게 해야 할까?

첫째 : 송영에서 영광(Glory)이라는 말씀이 주는 메시지

주기도문의 첫째 청원에서 "이름이 거룩하게 하옵시며"라는 간구는 송영에서 "영광이 아버지께 영원히 있사옵나이다"라는 찬양과 관련을 가지고 있다. 그 영광은 영원히 높임을 받으시고 영원히 경배를 받으시는 그분께만 돌려 드리는 것이다.

영광! 이 말은 하나님께만 사용할 수 있는 단어이다. 하나님이 영광스러운 분이라는 말은 그분은 모든 것이 다 완전하시다는 뜻이다. 하나님은 우리를 그의 영광에 참예하는 자로 부르셨다. 그러므로 우리는 미래의 주실 영광을 바라보며 오늘 하나님의 영광을 위하여 살아가는 자들이 되어야 한다.

1. 송영(영광)은 어떤 의미는 가지고 있는가?

보기에서 ( )안에 맞는 단어를 찾고 합당한 성경구절을 기록하자		
보기	① 영원히 ② 영원히 ③ 완전함 ④ 영광 ⑤ 영광 ⑥ 능력	

(1)	주기도문의 첫째 청원에서 "이름이 거룩하게 하옵시며"라는 간구는 송영에서 "영광이 아버지께 (　) 있사옵나이다"라는 찬양과 관련을 가지고 있다. 그 영광은 (　) 높임을 받으시고 영원히 경배를 받으시는 그분께만 돌려 드리는 것이다.
성경	시편 19:1

(2)	1) 하나님께 관한 영광은 그의 신적 속성과 (　)을 나타내거나 또는 임재의 영광을 나타낸다. ("하늘이 하나님의 영광을 선포하고" 시 19:1) 2) (　)은 영원한 것이며 성도들에게 예정된 것이다. ("하나님의 자녀들의 영광의 자유에 이르는 것이니라" 롬 8:21) (너희를 부르사 자기의 영원한 영광에 들어가게 하신 이가 벧전 5:1)
성경	베드로전서 5:10

(3)	3) 하나님의 영광은 예수 그리스도에게 나타났다. ("… 아버지의 독생자의 영광이요" 요 1:14) 4) 하나님의 (　)은 하나님의 (　)에 의해 나타났다. ("여호와여 주의 오른손이 권능으로 영광을 나타내시니이다." 출 15:6)
성경	로마서 8:21

둘째 : 삶의 적용을 위한 워크샵(Workshop)
"모든 것을 하나님의 영광을 위하라"란 예화로 주기도 실천적 삶에 적용

하나님의 영광만을 위해 찬양을 담은 헨델(Handel)의 오라토리오 중에 「메시아」에 오는 「할렐루야」의 합창을 들으면 하나님께 영광 돌려 드림에 감격하게 된다. 헨델 자신은 이 곡을 작곡하면서 하나님의 영광스러운 계시를 느껴 눈물을 흘리면서 작곡했다고 한다. 이 곡이 영국 황제(George Ⅱ세)가 참석한 1743년 4월 13일 런던 시에서 연주되었을 때 왕은 그 감격에 못 이겨 자리에서 일어났다고 한다. 우리들은 하나님의 「영광」 앞에 다 같이 기립할 수 있는 삶을 이 주기도문 송영을 통해 드릴 수 있어야 한다.

종교 개혁자들의 신앙은 「오직」이란 특색 지은 강령으로 일관한다. 우리의 구원의 길은 「오직 은혜」와 「오직 믿음」(Sola Gratia, Sola Fide)이라고 했다. 또한 우리의 신앙과 행위의 근거를 위해 오직 성경(Sola Scriptura)이라고 했으며 우리의 신앙의 대상(Object of Faith)은 오직 그리스도(Sola Christo)라고 했다.

마지막으로 우리의 삶의 목적(Object of Life)은 오직 하나님의 영광(Soli Deo Gloria)을 위해 살아야 한다고 고백했다.

우리는 주기도문의 송영 속에서 우리의 신앙과 삶의 목적이 어디에 있는지 현주소를 점검해야 한다. 우리는 그 어떤 것과도 하나님께 영광 돌리는 삶과 대치될 수 없다. 사생관(死生觀)도 우주관도 오직 하나님의 영광을 위해 존재해야 한다.

나는 예수 그리스도를 나의 구주(My Lord), 나의 하나님(My God)으로 영접한 이후에 "모든 것을 하나님의 영광을 위해 하라"(Do all to the glory of God.)는 문구를 좋아하여 사무실이나 기도실이나 책상 앞에 써 붙여 놓고 산다.

이 문구를 볼 때마다 하나님의 말씀 안에서 바른 삶과 바른 기도를 드리려고 노력하며 주기도문을 통해 항상 확인하게 된다. 사도 바울은 "생각건대 현재의 고난은 장차 우리에게 나타날 영광과 족히 비교할 수 없도다"(로마서 8:18)라고 고백했다. 이 말씀을 믿음으로 받아들일 때 우리는 주기도문의 송영에서 "영광이 아버지께 영원히 있사옵나이다"라는 찬양을 바로 드릴 수 있다.

1. 하나님의 영광과 교회와는 어떻게 연관이 있는가? 이 하나님의 영광이 하나님의 교회에 어떻게 영향을 미치고 있다고 생각하는가? (시편 102:16)
   하나님의 영광이 나와 무슨 상관이 있는지 말해보자. 나의 삶에 어떤 영향을 미치고 있는가?

2. 인간이 죽음 이후에도 누릴 영광이 있다고 생각하는가? 앞으로 어떻게 살 것인가를 기도하자(시편 49:17). 사도행전 7장 54절에서 60절까지 읽고 하나님께 영광 돌리는 삶과 성령 충만한 삶 사이에는 어떤 관계가 있는지, 또 그리스도인들의 순교와 하나님의 영광에 대하여 생각하고 나눠보자.

셋째 : 하나님 나라 부흥은 주기도운동으로!!!

〈주기도운동〉은 "회개, 지상명령 성취, 성령충만, 헌신"의 삶을 포함한다.

회개의 기도와 함께하는 삶.
1. 영광의 대상이 오직 하나님께만 돌리지 못함을 회개합니다.
2. 영광을 누리고자 마음의 욕심을 회개합니다.
3. 인위적인 영광을 구함을 회개합니다.

송영(영광) 통해 회개를 적용하여 기도 할 수 있다.
예를 들면 개인과 가정, 교회, 세계 여러 나라와 국가 지도자들, 핍박을 받고 있는 지역과 기독교인, 미전도종족, 한국교회와 교단, 한국의 사회악(학교 폭력, 성과 성차별 폭력, 가정 폭력, 언어 폭력) 등을 위하여 기도할 수 있다. 또한 남북이 복음화되고 대한민국의 정치적 발전과 경제적 안정과 평화를 위해 기도할 수 있다.

✽ 나의 회개기도는 어떠한가?

전도

지상 명령 성취

지상명령 성취는 전도, 선교와 함께하는 삶

13. 세상 끝날 까지 전도 할 수 있는 비결

1) 믿음으로 사랑하고
2) 믿음으로 성령 충만해야 하고
3) 최대 소망이 소식인 복음을 전해주자
(베드로전서 3:14, 열왕기하 7:3)

✽ 단순하게 교회로 데려오는 전도를 실천해 본 적이 있는가 있다면 구체적으로 어떠한가? 전도한 태신자 (이름:)

선교

지상 명령 성취

믿지 않는 가까운 이웃부터 우리의 선교 대상임을 잊지 말자.

부록〈세계선교지도〉에서 선교 대상지를 정하고 기도 한다. 혹은 담임목사님의 목회 방침에 따라 순종하면서 지원하는 선교지를 위해 기도한다. 대한민국의 평화 통일, 혹은 다른 나라들의 기도 제목을 기록하고 기도한다.

✽ 각자 정해진 선교대상지에 가는 선교사로서 혹은 보내는 선교사로서 어떻게 하는 것이 가장 최선의 방법인가를 검토한다.

은사

성령충만한 삶은 성령의 은사를 실천하는 것이다.

5. 권유(권면)(요한복음 14:16) 성령님은 "보혜사(保惠師), the comforter"이시다. 인격적인 상담과 격려(encouragement)로 성도 한사람 한 사람이 영적인 원리에 의해 날마다 살아가도록 돕는 것이다. (예 : 이번에 힘드셨지요. 공감해요! 다음에 다시 기회를 갖도록 해요)

✽ 각자의 구제(섬김)의 은사를 적용한 경험을 나누어 보자.

| 열매  성령 충만 | 성령충만한 삶은 성령의 열매를 실천하는 것이다.

⑧ **온유의 열매** – 온유(溫柔/gentleness) 마태복음 5:5, 마태복음 11:2 온유함은 하나님의 뜻에 복종하는 순종의 자세이며, 그 가르침을 잘 따라 행하는 행동을 말한다(에베소서 4:2).

* 각자의 오래 참음의 열매를 적용한 경험을 나누어 보기로 하자. |

| 헌신 | **헌신자의 삶의 특징은 무엇인가?**

(11) 헌신자의 삶은 "하나님께서 내가 원하는 것을 주시든 안 주시든 관계없이 나는 하나님께서 원하시는 것을 하나님께 드리겠다."라고 순종하는 사람이다.
(12) 헌신자의 삶은 "나의 주 하나님 되신 예수님께 내 삶의 주인이 되시도록 맡겨드리고 나의 모든 것을 더 이상 내 것으로 주장하지 않겠습니다. 나는 당신의 것입니다"라는 사람이다.

부록 24-1,2). 주기도문 4PMT의 헌신은 교회의 목적, 교회의 목표, 교회를 다니는 목적을 통해 나타난다.

* 헌신에 대한 부분은 매주일 담임 목사님의 설교를 통해서 한 주간 실천할 내용과 개인적으로 정해진 분량의 성경을 읽고 마음에 감동이 되는대로 실천한다.
* 각자의 헌신의 삶을 적용한 경험을 나누어 보기로 하자. |

〈주기도운동〉은 소책자 "기도문으로 기도하기" 4PMT로 이루어간다.
송영(영광)을 4PMT로 적용하여 기도하기

송영(영광)을 4PMT로 적용하여 기도하기

(영광) "나라와 권세와 영광이 아버지께 영원이 있사옵나이다(아멘)"라고 기도드리면서 하나님 나라의 자녀로서 가장 우선되는 삶의 목적은 "하나님의 영광과 그의 기뻐 하심"을 위해 사는 것을 고백합니다. 그러나 날마다 다른 사람들을 의식하여 주님의 영광을 나의 영광으로 바꾸거나 훔쳤던 죄를 회개하오니 용서하여 주시옵소서. 모든 것을 "하나님의 영광을 위하여 살라(Do all to the glory of God)"는 각오를 가지고 먹든지 마시든지, 무엇을 하든지, 모든 것을 하나

님의 영광을 위해 할 것(고린도전서 10:31)를 결단하오니 성령충만하여 하나님의 말씀을 이루는 삶이 되게 하여 주시옵소서. 하나님의 영광과 기뻐하심을 위하여, 예수님을 알지 못하고 세상의 부귀영화만을 얻기 위해 살아가는 (전도 대상자 OOO 이름을 부르며) 그를 전도하여 그와 함께 이 세상에서 하나님의 나라 천국에 갈 때까지 무엇을 하든 하나님의 영광을 위한 삶을 살게 하시고, 기도하며 섬기고 있는 OOO 에게 그리스도인의 본이 되게 하셔서 OOO 또한 하나님 나라를 위해 헌신하게 도와주시옵소서. 주기도로 기도를 가르쳐주신 나의 주 하나님 예수 그리스도의 이름으로 기도를 드립니다. (아멘)

Doxology(Glory)

As I pray, "For Thine is the kingdom, and the power, and the glory, forever. Amen!", I agree that the top priority of my life as a Christian is to live for Your "glory and joy".

I repent that I exchanged and stole Your glory for my glory, being conscious more of men than of You, Lord. I now recommit myself to you, to live with the resolution to do all to the glory of God whether I eat or drink or whatever I do (1 Corinth. 10:31). So help me Lord to live to fulfill your word in my life by being filled with the Holy Spirit.

Lord, help me to live for Your glory and joy only, and help me to win the one (insert the name) who is seeking solely the glory and wealth of this world so that both of us may live for Your glory in everything we do. Make me a model to the one I am praying for and serving to win his/her soul so that he/she may also dedicate his/her life to You and Your kingdom.

I pray in the name of Jesus Christ who taught me how to pray through the Lord's prayer. (Amen)

송영(영광)을 4PMT로 적용하며 기도하고 실천하고 있는가?

넷째 : 하나님 나라 부흥은 하하하 하나님 땡큐운동으로!!!

| 기쁨 | 항상 기뻐하라! 란 말씀(데살니가전서 5:16)을 "영광" 송영에 적용하여 말씀 기도하기. |

	항상 기뻐하라.
	철없이 신앙생활하는 저에게도 삶의 목적은 주님께 영광돌리는 것이라고 말하며 살아왔는데 그 영광을 다시금 기억하게 하심을 감사드립니다. 진정한 영광의 대상은 오직 하나님 한분이심을 다시금 인식하게 하심을 감사합니다. 부족한 저를 통해 영광 받으시기를 원하시는 주님 헛되고 자랑할 수 없는 인위적인 영광이 아니라 오직 하나님께만 기쁨으로 영광돌리는 오늘 되기를 예수님의 이름으로 기도드립니다. 아멘
생각나누기	송영 "영광"에서 아버지의 자녀로서 기쁨을 회복하고 성령충만한 삶을 살고있는가?

다섯째 : 주기도로 삶을 사는 하나님의 자녀들의 영적성장 점검표

영적성장 점검표를 통해 영적 성장을 확실하게 경험하자!!

회개 및 간구 : 매일 회개 및 간구한 기도 내용을 기록한다.
성령충만 : 매일 본 교재에서 제시한 열매와 은사 중 실천한 것을 기록한다.
지상명령(전도, 선교) : 전도한 사람의 이름이나 태신자 이름, 기도한 선교 대상지를 기록한다. 전도지를 사람에게 나누어준 명수를 기록한다.
헌신 : 기쁨, 기도, 감사 : 하나님께 영광 돌린 것을 기록한다.
〈하하하 하나님 땡큐〉 하루에 3번 이상 반복하기
성경읽기 : 구약, 신약성경을 매일 3-5장씩 읽은 곳을 기록한다.

주기도 운동 영적 일기 쓰기 20   년   월

요일	회개 및 간구	성령충만(전인격) 성령의 열매	지상명령성취 선교/전도(대상자)	헌신(실천) 기쁨, 기도, 감사	말씀읽기 말씀요절
월					
화					
수					
목					
금					
토					
일					
평가					

＊영적 점검표는 견본으로 제공하며 복사해서 계속 사용 할 수 있다.

29 파테르라이프50

하나님의 자녀는 어떻게 살아야 합니까?

주기도문 송영(영광) 10-2
나라와 권세와 영광이 아버지께 영원히 있사옵나이다. 아멘
Doxology (Glory) For Thine is the kingdom, and the power, and the glory, forever. Amen. 마태복음 6:13

찬송부르기 : 마귀들과 싸울찌라(388)348장, 십자가를 질 수 있나(통519)461장,
　　　　　　나의 영원하신 기업(통492)435장,
성경읽기 : 로마서 8:18-21, 빌립보서 1:11, 고린도전서 10:31, 시편 49:17,
　　　　　　베드로전서 5:10, 에베소서 3:20-21, 시편 90:2, 히브리서 13:8
묵상하기 : 인위적이고, 인본적인 영광일 때 "녹슨 영광"이 될 수 있습니다.
　　　　　　나의 삶이 이러한 영광을 추구하고 있다면 어떻게 해야 할까?

첫째 : 송영에서 영광(Glory)이라는 말씀이 주는 메시지

　주기도문의 첫째 청원에서 "이름이 거룩하게 하옵시며"라는 간구는 송영에서 "영광이 아버지께 영원히 있사옵나이다"라는 찬양과 관련을 가지고 있다. 그 영광은 영원히 높임을 받으시고 영원히 경배를 받으시는 그분께만 돌려 드리는 것이다.
　영광! 이 말은 하나님께만 사용할 수 있는 단어이다. 하나님이 영광스러운 분이라는 말은 그분은 모든 것이 다 완전하시다는 뜻이다. 하나님은 우리를 그의 영광에 참예하는 자로 부르셨다. 그러므로 우리는 미래의 주실 영광을 바라보며 오늘 하나님의 영광을 위하여 살아가는 자들이 되어야 한다.

1. 송영(영광)은 어떤 의미는 가지고 있는가?

보기	보기에서(　)안에 맞는 단어를 찾고 합당한 성경구절을 기록하자
	① 순교 ② 교회 ③ 영광 ④ 영화롭게 ⑤ 하나님 중심 ⑥ 아버지 ⑦ 삶의 열매

(1)	5) 하나님의 영광은 성도의 (　)에서 나타난다. ("스데반이… 주목하여 하나님의 영광과… 서신 것을 보고" 사도행전 7:55) 6) 하나님의 (　)에도 그의 영광이 임재한다. ("여호와께서 시온을 건설하시고 영광중에 나타나셨음이라" 시편 102:16) 7) 성도들은 그리스도의 (　)으로 다시 살아난다. ("우리의 낮은 몸을 자기 영광의 몸의 형체와 같이 변케 하시리라" 빌립보서 3:20) 8) 표적과 이적을 주시므로 그 영광을 드러내신다. ("예수께서 이 처음 표적을 갈릴리 가나에서 행하여 그 영광을 나타내시매" 요한복음 2:11
성경	
(2)	하나님의 말씀 성경은 인생의 삶의 목적과 이유를 한 마디로 가르친다. 그것은 하나님을 (　)하고, 그에게만 영광 돌리는 삶을 살아야 하는 것이다. 바울은 고린도 교인들에게 "그런즉 너희가 먹든지 마시든지 무엇을 하든지 다 하나님의 영광을 위하여 하라(고린도전서 10:31)고 하였다. 그리고 로마에 있는 교회에 서신을 보낼 때에는 하나님께 영광 돌리는 삶의 이유로 "만물이 주에게서 나오고 주로 말미암고 주에게로 돌아감이라 영광이 세세에 그에게 있으리로다"(로마서 11:36)라고 하였다. 이 말씀은 우리 인생들의 삶은 (　)이 되어야 하며 우리의 말이나 행동이 하나님의 영광만을 위해서 해야 된다는 데에 그 초점이 있다.
성경	
(3)	예수님은 우리에게 영광을 돌리는 삶을 제자의 삶으로 "너희가 열매를 많이 맺어 내 제자가 되면 이것으로 내 (　)께서 영광을 받으실 것이요" (요한복음 15:8)라고 말씀하셨다. 사도 바울은 빌립보 교인들을 향해 의로운 (　)를 통해 하나님을 영화롭게 하고 영광 돌리며, 살 수 있기를 기대하면서, "의의 열매 가 가득하여 하나님의 영광과 찬송이 되게 하시기를 구하노라"(빌립보서 1:11)고 하였다.
성경	

둘째 : 삶의 적용을 위한 워크샵(Workshop)
"자존감과 유혹의 관계"이란 예화로 주기도 실천적 삶에 적용

그리스도인들도 "나는 기질상 그 부분이 좀 약해", " 나는 결단력이 없어", "나는 분별력이 약해", "나는 참을성이 없어", "나는 가끔 그런 실수를 해"…라고 이런 말을 잘 한다. 이런 표현은 솔직한 감정의 표현일 수도 있지만 사실은 자신의 내면 속에 자리한 낮은 존재감의 표현이기도 하다.

존재감이 낮으면 자신감이 없고, 비판에 민감하고, 쉽게 불편한 마음을 품고 있다가 어느 순간 자신도 모르게 절재하지 못하고 가시돋힌 언어를 쏟아내곤 한다. 내 낮은 자존심 때문에 어떤 계기든지 마음속에 쌓아놓은 분노를 폭발해야 속이 시원하다는 것이다.

어떤 사람은 다른 사람들로부터 인정에 목말라하는 인정 콤플렉스에 잘 걸려들기도 한다. 그래서 "누군가 칭찬해주면 천국에 갔다 온 것 같다가도 조금 비판의 말을 들으면 지옥에 떨어진 것 같다"라고 한다. 이런 사람은 "섭섭 마귀"의 유혹에 잘 걸려들 수 있다.

"누가 그러는데 그 사실이 말이야 그렇고… 그런데 그렇게 된 거래…사실이야!! 정말 이라니까!! 내가 다 들었어… 누군데 나한테만 말해준 그런 사람 있어!!"라고 한 것처럼 다른 사람이 하지도 않은 말을 자기가 말로 꾸며서 말해놓고 다른 어떤 사람들이 그렇게 말하더라고 거짓 증거해서 다른 사람이 말한 것처럼 말하는 것이 습관이 된 사람도 있다.

어떤 사람은 '아니오'와 '예'를 제 때에 잘 못한다. 억눌린 자아로 인해서 자기 의사 표현에 적극적이지 못하고 약하다는 것이다. 이런 경우 본의 아니게 다른 사람에게나 공동체에 피해를 끼치는 경우를 만들기도 한다.

1. 다른 사람은 당신의 장점과 단점을 어떻게 말하고 있습니까?
   당신은 어떤 종류의 유혹에 취약하다고 생각합니까? 혹시 그것이 당신 안의 어떤 존재감과 관계가 있습니까? 있다면 하나님의 영광을 위해 어떻게 극복해야 하는지 고민해 봅시다.

2. 친구를 전도한다고 주일 예배시간에 골프치러 한번 갔는데 그다음 주일에 친구가 지난 주일 골프장에서 주일 예배를 한처럼 또 주일 예배 교회에 가지 말고 골프장으로 가자고 유혹하면 어떻게 할 것인가? 그 친구를 전도하기 위해 또 주일 예배시간에 골프 치러 갈 것 인가? 그것이 하나님께 영광 돌릴 수 있는 삶이 될 수 있는가?

셋째 : 하나님 나라 부흥은 주기도운동으로!!!

〈주기도운동〉은 "회개, 지상명령 성취, 성령충만, 헌신"의 삶을 포함한다.

회개 	**회개의 기도와 함께하는 삶.** 4. 일시적인 영광을 좋아한 것 회개합니다. 5. 헛된 영광에 마음 빼앗긴 것 회개합니다. 6. 온전히 주님께 영광돌리지 못함을 회개합니다. ＊ 송영(영광)을 통해 회개를 적용하여 기도해 보자. ＊ 나의 회개기도는 어떠한가?
전도  지상 명령 성취	**지상명령 성취는 전도, 선교와 함께하는 삶.** 1. 교회출석을 위해 단순하게 데려오는 것도 교회로 인도하는 것이 된다. 교회 출석한 이후에는 양육이 필요하다. 예: 미국에 이민으로 초청해서 데려왔다면 이후에 살아가는 방법도 가르쳐 주어야 한다. 이처럼 교회 출석 인도하여 데려온 이후에는 복음을 구체적으로 제시하고 믿는 방법도 구체적으로 가르쳐 주며 계속해서 양육하고 돌보고 신앙생활의 성장을 도와야 한다. 예: 안드레식 전도에 힘써야 한다(요한복음 1:40-42). ＊ 단순하게 교회로 데려오는 전도를 실천해 본 적이 있는가 있다면 구체적으로 어떠한가? 전도한 태신자 (이름:)
선교  지상 명령 성취	**믿지 않는 가까운 이웃부터 우리의 선교 대상임을 잊지 말자.** 부록〈세계선교지도〉에서 선교 대상지를 정하고 기도 한다. 혹은 담임목사님의 목회 방침에 따라 순종하면서 지원하는 선교지를 위해 기도한다. 대한민국의 평화 통일, 혹은 다른 나라들의 기도 제목을 기록하고 기도한다. ＊ 각자 정해진 선교대상지에 가는 선교사로서 혹은 보내는 선교사로서 어떻게 하는 것이 가장 최선의 방법인가를 검토한다.
은사	**성령충만한 삶은 성령의 은사를 실천하는 것이다.** 6. 구제(섬김)(로마서 12:7) "혹 섬기는 일이면 섬기는 일로…" "서로 돕는 은사" "남을 돕는은사"(헬)- 조력하는 것, 자원하는 것. (베

성령 충만	드로전서 4:11) 하나님의 공급하시는 힘으로 자원하여 즐거운 마음으로 참여한다. * 각자의 구제(섬김)의 은사를 적용한 경험을 나누어 보자.
열매 성령 충만	**성령충만한 삶은 성령의 열매를 실천하는 것이다.** ⑨ **절제의 열매** – 절제(節制/self-control) 베드로후서 1:6, 로마서 8:5 믿는 자가 성령의 은혜에 사로잡혀 자신을 조절(Self Control)하는 것을 의미한다. * 각자의 오래 참음의 열매를 적용한 경험을 나누어 보기로 하자.
헌신 	**헌신자의 삶의 특징은 무엇인가?** (13) 헌신자의 삶 이란 자기를 부인하고 십자가를 지고 주님을 좇는 사람이다(마태복음 18:21-26). (14) 헌신자의 삶이란 하나님 앞에서 행동을 하기 전에 그 하고자 하는 행동의 동기(動機)가 무엇인지를 묻는 사람이다(마가복음 10:18). 부록 24-1,2). (1) 주기도문 4PMT의 요소인 헌신은 성경을 배우고 가르치는 것을 통해서 나타난다. * 헌신에 대한 부분은 매주일 담임 목사님의 설교를 통해서 한 주간 실천할 내용과 개인적으로 정해진 분량의 성경을 읽고 마음에 감동이 되는대로 실천한다. * 각자의 헌신의 삶을 적용한 경험을 나누어 보기로 하자.

〈주기도운동〉은 소책자 "기도문으로 기도하기" 4PMT로 이루어간다.
송영(영광)을 4PMT로 적용하여 기도하기

송영(영광)을 4PMT 로 적용하여 기도하기

(영광) "나라와 권세와 영광이 아버지께 영원이 있사옵나이다(아멘)"라고 기도드리면서 하나님 나라의 자녀로서 가장 우선되는 삶의 목적은 "하나님의 영광과 그의 기뻐 하심"을 위해 사는 것을 고백합니다. 그러나 날마다 다른 사람들을 의식하여 주님의 영광을 나의 영광으로 바꾸거나 훔쳤던 죄를 회개하오니 용서하여 주시옵소서. 모

든 것을 "하나님의 영광을 위하여 살라(Do all to the glory of God)"는 각오를 가지고 먹든지 마시든지, 무엇을 하든지, 모든 것을 하나님의 영광을 위해 할 것(고린도전서 10:31)을 결단하오니 성령충만하여 하나님의 말씀을 이루는 삶이 되게 하여 주시옵소서. 하나님의 영광과 기뻐하심을 위하여, 예수님을 알지 못하고 세상의 부귀영화만을 얻기 위해 살아가는 (전도 대상자 OOO 이름을 부르며) 그를 전도하여 그와 함께 이 세상에서 하나님의 나라 천국에 갈 때까지 무엇을 하든 하나님의 영광을 위한 삶을 살게 하시고, 기도하며 섬기고 있는 OOO에게 그리스도인의 본이 되게 하셔서 OOO 또한 하나님 나라를 위해 헌신하게 도와주시옵소서. 주기도로 기도를 가르쳐주신 나의 주 하나님 예수 그리스도의 이름으로 기도를 드립니다. (아멘)

Doxology(Glory)

As I pray, "For Thine is the kingdom, and the power, and the glory, forever. Amen!", I agree that the top priority of my life as a Christian is to live for Your "glory and joy".

I repent that I exchanged and stole Your glory for my glory, being conscious more of men than of You, Lord. I now recommit myself to you, to live with the resolution to do all to the glory of God whether I eat or drink or whatever I do (1 Corinth. 10:31). So help me Lord to live to fulfill your word in my life by being filled with the Holy Spirit.

Lord, help me to live for Your glory and joy only, and help me to win the one (insert the name) who is seeking solely the glory and wealth of this world so that both of us may live for Your glory in everything we do. Make me a model to the one I am praying for and serving to win his/her soul so that he/she may also dedicate his/her life to You and Your kingdom.

I pray in the name of Jesus Christ who taught me how to pray through the Lord's prayer. (Amen)

송영(영광)을 4PMT로 적용하며 기도하고 실천하고 있는가?

넷째 : 하나님 나라 부흥은 하하하 하나님 땡큐운동으로!!!

기도	쉬지 말고 기도하라! 란 말씀(데살로니가전서 5:17)을 "**영광**"송영에 적용하여 말씀 기도하기.
	쉬지 말고 기도하라. 　마귀가 예수님을 광야에서 유혹할 때 기도로 이기신 주님 쉬지 말고 늘 깨어서 기도하되 주님의 영광을 위한 기도가 되기를 원합니다. 　사탄마귀는 하나님의 영광을 도적질하고 거짓 영광으로 유혹하며 속이지만 늘 말씀 안에서 깨어 분별하되 주님께 영광돌리게 하소서. 　"먹든지 마시든지 하나님의 영광을 위하여 하라"는 바울의 고백처럼 무엇을 하든 나의 안일함과 평안을 위함이 되지 않게 하소서. 　잠시라도 내가 우쭐해지거나 드러나는 모습이 되지 않기를 간절히 원하며 예수님의 이름으로 기도드립니다. 아멘
생각나누기	송영 "영광"에서 아버지의 자녀로서 쉬지 말고 기도함으로 성령충만한 삶을 살고 있는가?

다섯째 : 주기도로 삶을 사는 하나님의 자녀들의 영적성장 점검표

영적성장 점검표을 통해 영적 성장을 확실하게 경험하자!!

회개 및 간구 : 매일 회개 및 간구한 기도 내용을 기록한다.
성령충만 : 매일 본 교재에서 제시한 열매와 은사 중 실천한 것을 기록한다.
지상명령(전도, 선교) : 전도한 사람의 이름이나 태신자 이름, 기도한 선교 대상지를 기록한다. 전도지를 사람에게 나누어준 명수를 기록한다.
헌신 : 기쁨, 기도, 감사 : 하나님께 영광 돌린 것을 기록한다.
〈하하하 하나님 땡큐〉 하루에 3번 이상 반복하기
성경읽기 : 구약, 신약성경을 매일 3-5장씩 읽은 곳을 기록한다.

주기도 운동 영적 일기 쓰기   20   년   월

요일	회개 및 간구	성령충만(전인격) 성령의 열매	지상명령성취 선교/전도(대상자)	헌신(실천) 기쁨, 기도, 감사	말씀읽기 말씀요절
월					
화					
수					
목					
금					
토					
일					
평가					

＊영적 점검표는 견본으로 제공하며 복사해서 계속 사용 할 수 있다.

30 파테르라이프 50

하나님의 자녀는 어떻게 살아야 합니까?

주기도문 송영(영광) 10-3
나라와 권세와 영광이 아버지께 영원히 있사옵나이다. 아멘
Doxology (Glory) For Thine is the kingdom, and the power, and the glory, forever. Amen. 마태복음 6:13

찬송부르기 : 마귀들과 싸울찌라(388)348장, 십자가를 질수 있나(통519)461장,
　　　　　　나의 영원하신 기업(통492)435장,
성경읽기 : 로마서 8:18-21, 빌립보서 1:11, 고린도전서 10:31, 시편 49:17,
　　　　　　베드로전서 5:10, 에베소서 3:20-21, 시편 90:2, 히브리서 13:8
묵상하기 : 인위적이고, 인본적인 영광일 때 "녹슨 영광"이 될 수 있습니다.
　　　　　　나의 삶이 이러한 영광을 추구하고 있다면 어떻게 해야 할까?

첫째 : 송영에서 영광(Glory)이라는 말씀이 주는 메시지

　주기도문의 첫째 청원에서 "이름이 거룩하게 하옵시며"라는 간구는 송영에서 "영광이 아버지께 영원히 있사옵나이다"라는 찬양과 관련을 가지고 있다. 그 영광은 영원히 높임을 받으시고 영원히 경배를 받으시는 그분께만 돌려 드리는 것이다.
　영광! 이 말은 하나님께만 사용할 수 있는 단어이다. 하나님이 영광스러운 분이라는 말은 그분은 모든 것이 다 완전하시다는 뜻이다. 하나님은 우리를 그의 영광에 참예하는 자로 부르셨다. 그러므로 우리는 미래의 주실 영광을 바라보며 오늘 하나님의 영광을 위하여 살아가는 자들이 되어야 한다.

1. 송영(영광)은 어떤 의미를 가지고 있는가?

보기에서 ( )안에 맞는 단어를 찾고 합당한 성경구절을 기록하자	
보기	①영광 ② 수치 ③ 부끄러움 ④ 죽음 ⑤ 자랑 ⑥ 권세

(1)	하나님의 영광을 위한 삶과 세상의 영광을 위한 현세의 영광은 다음과 같이 정의할 수 있다. ① 일시적이다. ("모든 육체는 풀과 같고 그 모든 영광이 풀의 꽃과 같으니"… 베드로전서 1 : 24) ② 현세의 (　)은 마귀의 유혹의 원인이 된다. ("마귀가… 천하만국과 그 영광을 보여"… 마태복음 4 : 8)
(2)	③ (수치)로 변하는 것이다. ("저희는 번성할수록 내게 범죄 하니 내가 저희의 영화를 변하여 욕이 되게 하리라" 호세아 4:7) ④ 사람에게 영광을 구하려 할 때 (　)으로 변한다. ("사람에게 영광을 얻으려고 회당과 거리에서…" 마태복음 6:2, "그 영광은 저희의 부끄러움에 있고 땅의 일을 생각하는 자라." 빌립보서 3:19)
(3)	⑤ 인간의 영광은 (　)과 함께 끝나는 것이다. ("저가 죽으매 가져가는 것이 없고 그 영광이 저를 따라 내려가지 못함이로다" 시편 49:17) ⑥ 인간의 영광은 (　)할 것이 없는 지혜, 부함, (　)이다. "지혜로운 자는 그 지혜를 자랑치 말라. 용사는 그 용맹을 자랑치 말라 부자는 그 부함을 자랑치 말라"(예레미야 9:23), "인생은 하나님 앞에서 자랑할 육체는 아무도 없으며"(고린도전서 1:29), "인간은 헛된 영광을 구하여 서로 격동하고 서로 투기할 수 없는 것이다"(갈라디아서 5:26)

둘째 : 삶의 적용을 위한 워크샵(Workshop)
"자존감과 유혹의 관계"이란 예화로 주기도 실천적 삶에 적용

미국 라스베가스에 가본 적이 있다. 크고 유명한 도박장이 많았다. 그냥 구경하면서 지나가는데 한쪽에서 야단이었다. 왜냐하면 가끔 동전 하나 집어넣고 당기면 어떤 때는 돈이 와르르 쏟아지니 이게 무슨 벼락부자가 되는 것 같은 그런 기분이 든다는 것이다. 그러나 거기서 돈을 따서 행복한 사람은 한 사람도 없다고 한다. 하지만 유혹에 걸리니까 자꾸만 가게 되어 물질적 문제가 생긴다는 것이다.

가령 '이번 달 월급을 타면 빨리 가서 또 땡겨야지. 잘 봐서 확실한 것으로 확 땡겨야지.' 이렇게 하다가 여기에 한번 걸리면 헤어나지 못한다. 그래서 패가망신하게 된다. 자기 스스로도 패가망신한다는 것을 알면서도 계속 거기에 빠져서 헤어날 수가 없게 된다 유혹은 그런 힘이 있다.

마귀는 우리를 유혹하여 우리가 세속과 정욕과 욕심의 노예가 되어 결국 죄를 짓고 멸망당하도록 유혹한다.

1. 장난이나 호기심도 사탄의 유혹이 될 수 있습니까?
   생활속에서 나를 유혹하는 것들은 어떤 것들입니까? 이겨나가며 하나님께 영광 돌리는 삶의 지혜는 무엇입니까?

2. 이미 어떤 것에 중독이 되어 있는 상태라면 스스로의 의지로는 안될 수도 있습니다. 그것을 극복하기 위해서 다른 사람들의 도움을 받아야 합니다. 숨기지 마십시오. 도움을 줄 수 있는 분들이 주안에서 함께 기도하고, 함께 노력해야 승리자가 되어 하나님께 영광 돌릴 수 있는 방법을 말해 보기로 합시다.

셋째 : 하나님 나라 부흥은 주기도운동으로!!!

〈주기도운동〉은 "회개, 지상명령 성취, 성령충만, 헌신"의 삶을 포함한다.

회개의 기도와 함께하는 삶.
7. 삶에서 영광 가린 것 회개합니다.
8. 마음으로 생각으로 영광 가린 것 회개합니다.
9. 행동에서 영광 가린 것 회개합니다.
10. 언어로 영광 가린 것 회개합니다.

* 송영(영광)을 통해 회개를 적용하여 기도해 보자.
* 나의 회개기도는 어떠한가?

지상명령 성취는 전도, 선교와 함께하는 삶.

2. 전도현장에서는 당황스러운 일이 언제든지 일어날 수 있다.
　복음을 증거 할 때에 전도자는 생각지 않는 반대와 답변하기 어려운 질문에 부딪혀 당황하게 된다. 왜냐하면 복음을 듣는 사람은 모두 다른 환경에서 자랐으며 개성이나 인격도 각각 다르기 때문이다.
　오늘처럼 다원화된 복잡한 현대에서는 그들은 한결 같이 해결해야 할 자신의 문제를 안고 있으며 그들 나름대로 고민하고 있다. 여기에 복음이 들어가면 전도자로서 상상히 못한 격렬한 거부 반응을 받거나 심각한 질문을 받게 된다.
　베드로전서 3:15 " 너희 마음에 그리스도를 주로 삼아 거룩하게 하고 너희 속에 있는 소망에 관한 이유를 묻는 자에게는 대답할 것을 항상 예비하되 온유와 두려움으로 하고"......
* 단순하게 교회로 데려오는 전도를 실천해 본 적이 있는가 있다면 구체적으로 어떠한가? 전도한 태신자 (이름:)

선교

지상 명령 성취

믿지 않는 가까운 이웃부터 우리의 선교 대상임을 잊지 말자.

부록〈세계선교지도〉에서 선교 대상지를 정하고 기도 한다. 혹은 담임목사님의 목회 방침에 따라 순종하면서 지원하는 선교지를 위해 기도한다. 대한민국의 평화 통일, 혹은 다른 나라들의 기도 제목을 기록하고 기도한다.

* 각자 정해진 선교대상지에 가는 선교사로서 혹은 보내는 선교사로서 어떻게 하는 것이 가장 최선의 방법인가를 검토한다.

은사

성령 충만

성령충만한 삶은 성령의 은사를 실천하는 것이다.

7. **행정** : (로마서 12:8) 다스리는 은사이며 (헬)– 방향을 제시하고, 진로를 보여주고 지시하는 것. 질서 있는 조직으로 좋은 본보기를 조성하여 교인 각자가 자원하는 마음으로 맡겨진 책임을 수행해야 한다. "앞으로 이렇게 도우면 될거예요".
"저도 돕겠어요" 등의 말로 협력과 소통을 이끌어 낸다.
(예 : 이유를 찾고 해결 방법을 찾아보려고 한다)

* 각자의 구제(섬김)의 은사를 적용한 경험을 나누어 보자.

열매

성령 충만

성령충만한 삶은 성령의 열매를 실천하는 것이다.

① **사랑의 열매** – 인애 (仁愛: Love) 요한일서 4:8, 고린도전서 13장

사랑은 아홉 가지 열매를 모두 포함하는 열매이다. 주기도문의 실천적인 삶은 새계명(마태복음 22:34, 요한복음 13:34)을 지키는 정신으로 몸과 마음을 다하여 위로 하나님을 사랑하고 이웃을 내 몸처럼 사랑하는 것이 성령의 열매를 아름답게 맺는 방법이다.

* 각자의 오래 참음의 열매를 적용한 경험을 나누어 보기로 하자.

헌신자의 삶의 특징은 무엇인가?

(15) 헌신자의 삶은 (디모데전서 6:6 자족하는 마음이 있으면 경건은 큰 이익이 되느니라) 경건한 사람으로 하나님께 드려지고 바쳐진 삶을 통해 더 이상 자신의 뜻이나 세상 흐름에 따라 살지 않고 온전히 하나님의 뜻을 좇아 사는 삶을 사는 사람이다(빌립보서 4:11).

(16) 헌신자의 삶은 하나님을 경외하는 마음에, 예수님의 십자가 속죄에서 나타난 하나님의 나를 향한 사랑을 마음속 깊이 느끼는 감정이 복합되어 사는 사람이다(이사야 26:8-9).

부록 24-1,2) (2) 주기도문 4PMT의 요소인 헌신은 바른 성례식을 준수하고 실행함을 통해서 나타난다.

* 헌신에 대한 부분은 매주일 담임 목사님의 설교를 통해서 한 주간 실천할 내용과 개인적으로 정해진 분량의 성경을 읽고 마음에 감동이 되는대로 실천한다.
* 각자의 헌신의 삶을 적용한 경험을 나누어 보기로 하자.

〈주기도운동〉은 소책자 "기도문으로 기도하기" 4PMT로 이루어간다.
송영(영광)을 4PMT로 적용하여 기도하기

송영(영광)을 4PMT 로 적용하여 기도하기

(영광) "나라와 권세와 영광이 아버지께 영원이 있사옵나이다(아멘)"라고 기도드리면서 하나님 나라의 자녀로서 가장 우선되는 삶의 목적은 "하나님의 영광과 그의 기뻐 하심"을 위해 사는 것을 고백합니다. 그러나 날마다 다른 사람들을 의식하여 주님의 영광을 나의 영광으로 바꾸거나 훔쳤던 죄를 회개하오니 용서하여 주시옵소서. 모든 것을 "하나님의 영광을 위하여 살라(Do all to the glory of God)"는 각오를 가지고 먹든지 마시든지, 무엇을 하든지, 모든 것을 하나님의 영광을 위해 할 것(고린도전서 10:31)을 결단하오니 성령충만하여 하나님의 말씀을 이루는 삶이 되게 하여 주시옵소서. 하나님의 영광과 기뻐하심을 위하여, 예수님을 알지 못하고 세상의 부귀영화만을 얻기 위해 살아가는 (전도 대상자 OOO 이름을 부르며) 그를 전도하여 그와 함께 이 세상에서 하나님의 나라 천국에 갈 때까지 무엇을 하든 하나님의 영광을 위한 삶을 살게 하시고, 기도하며 섬기고 있는 OOO에게 그리스도인의 본이 되게 하셔서 OOO 또한 하나님 나

라를 위해 헌신하게 도와 주시옵소서. 주기도로 기도를 가르쳐주신 나의 주 하나님 예수 그리스도의 이름으로 기도를 드립니다. (아멘)

Doxology(Glory)

As I pray, "For Thine is the kingdom, and the power, and the glory, forever. Amen!", I agree that the top priority of my life as a Christian is to live for Your "glory and joy".

I repent that I exchanged and stole Your glory for my glory, being conscious more of men than of You, Lord. I now recommit myself to you, to live with the resolution to do all to the glory of God whether I eat or drink or whatever I do (1 Corinth. 10:31). So help me Lord to live to fulfill your word in my life by being filled with the Holy Spirit.

Lord, help me to live for Your glory and joy only, and help me to win the one (insert the name) who is seeking solely the glory and wealth of this world so that both of us may live for Your glory in everything we do. Make me a model to the one I am praying for and serving to win his/her soul so that he/she may also dedicate his/her life to You and Your kingdom.

I pray in the name of Jesus Christ who taught me how to pray through the Lord's prayer. (Amen)

송영(영광)을 4PMT로 적용하며 기도하고 실천하고 있는가?

넷째 : 하나님 나라 부흥은 하하하 하나님 땡큐운동으로!!!

감사	범사에 감사하라! 란 말씀(데살니가전서 5:18)을 "영광"송영에 적용하여 말씀 기도하기.

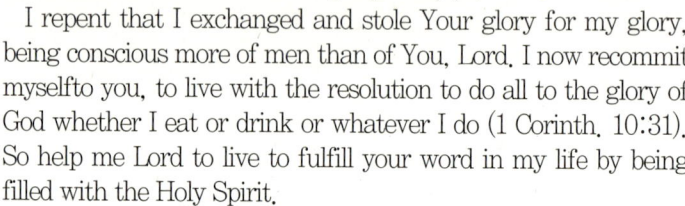

범사에 감사하라

사단 마귀는 잠시라도 불평하기를 원하며 심지어 하나님께 돌려야 할 영광까지도 거짓으로 속이려고 합니다.

이 유혹에 넘어가지 않기 위하여 일부러 감사 억지로라도 매일매일 감사의 훈련을 하게 하심을 감사합니다.

없는 것보다 있는 것 주신 것에 감사하는 입술이 되고 시인하며 고백할 때 하나님께 영광을 돌릴 줄 믿습니다.

또한 행동 하나하나도 하나님의 영광을 가리지 않게 하시고 늘 신경쓰며 주님의 이름에 누가 되지 않기를 노력하는 자녀의 삶이 되길 원하며 예수님의 이름으로 기도드립니다. 아멘

생각나누기	송영 "영광"에서 아버지의 자녀로서 감사를 회복하고 성령충만한 삶을 살고있는가?

다섯째 : 주기도로 삶을 사는 하나님의 자녀들의 영적성장 점검표

영적성장 점검표을 통해 영적 성장을 확실하게 경험하자!!

회개 및 간구 : 매일 회개 및 간구한 기도 내용을 기록한다.
성령충만 : 매일 본 교재에서 제시한 열매와 은사 중 실천한 것을 기록한다.
지상명령(전도, 선교) : 전도한 사람의 이름이나 태신자 이름, 기도한 선교 대상지를 기록한다. 전도지를 사람에게 나누어준 명수를 기록한다.
헌신 : 기쁨, 기도, 감사 : 하나님께 영광 돌린 것을 기록한다.
〈하하하 하나님 땡큐〉 하루에 3번 이상 반복하기
성경읽기 : 구약, 신약성경을 매일 3-5장씩 읽은 곳을 기록한다.

주기도 운동 영적 일기 쓰기   20   년   월

요일	회개 및 간구	성령충만(전인격) 성령의 열매	지상명령성취 선교/전도(대상자)	헌신(실천) 기쁨, 기도, 감사	말씀읽기 말씀요절
월					
화					
수					
목					
금					
토					
일					
평가					

＊영적 점검표는 견본으로 제공하며 복사해서 계속 사용 할 수 있다.

31 파테르라이프50

하나님의 자녀는 어떻게 살아야 합니까?

주기도문 송영(영원히) 11-1
나라와 권세와 영광이 아버지께 영원히 있사옵나이다. 아멘
Doxology (Glory) For Thine is the kingdom, and the power, and the glory, forever. Amen. 마태복음 6:13

찬송부르기 : 나의 영원하신 기업(통492)435장, 구주 예수그리스도(통220)234장
성경읽기 : 에베소서 3:20-21, 시편 90:2, 히브리서 13:8, 다니엘서 4:3
묵상하기 : 땅에 있는 모든 것은 영원할 수 없다. 자신의 영혼의 현주소는 어디인가?

첫째 : 송영에서(영원히)라는 말씀이 주는 메시지

〈영원히〉란 말은, 하나님의 나라와 그 권세와 영광은 영원하시다는 것을 거듭 강조하며 기도의 완전성과, 명확성, 영원성을 뒷받침한다. 이러한 사실에 대하여 벵겔(Bengel)의 말을 빌리면 "하나님의 아들의 전수가 그들 신앙의 편력의 종점에 다 달았을 때 하늘에서 순수한 송영이 일어 날것이다. 우리 하나님의 이름을 찬양할 것이며, 나라는 임하였으며, 뜻이 이루어졌으며, 우리의 죄를 사하셨으며, 시험을 그쳤고, 우리는 악에서 구함을 받았나이다. 나라와 권세와〈영원히〉그의 것이니이다. 그리고 아멘이라고 뒷받침해주고 있다. 땅에 있는 모든 것은 영원할 수 없다. 자신의 영혼의 현주소는 어디인가?

송영(영원)을 기도로서 끝마침과 동시에 완벽한 삶을 헌신하게 한다. 주기도문의 송영(The Doxology)을 받으시는 분은 하나님 아버지이시며 영원토록 하나님의 자녀를 통하여 받으신다. 주기도문 전체의 간구로부터 송영과 상호 연관성을 통하여 주시는 메시지는 무엇인가?

"영원히 있사옵나이다" 하는 말씀으로 기도를 끝마치신 것은 조금도 이상할 것이 없다. 우리 하나님 아버지의 권세와 영광은 항상 그러했고, 앞으로도 그럴 것이기 때문이다. 하나님 우리 아버지께서 그의 자녀인 우리에게 베푸시는 축복은 시작도 없고 끝도 없다. 그리고 하나님의 축복은 매일 새롭다.

1. 송영(영원히)은 어떤 의미를 가지고 있는가?

	보기에서 ( )안에 맞는 단어를 찾고 합당한 성경구절을 기록하자
보기	① 권세 ② 명확성 ③ 총결산 ④ 소망 ⑤ 찬양 ⑥ 이단 ⑦ 형상 ⑧ 사모

(1)	주기도문의 모든 본문은 송영의 마지막 어휘인 "영원히"라는 찬양과 함께 영광을 가진다.〈영원히〉란 말은, 하나님의 나라와 그 ( )와 영광은 영원하시다는 것을 거듭 강조하며 기도의 완전성과, ( ), 영원성을 뒷받침한다. 우리의 기도를 받으시는 영광스러운 분은 "영원부터 영원까지 하나님"이시다. 하나님을 계시하시고 기도의 ( )이요, 모범적인 기도를 가르쳐 주신 예수 그리스도는 "어제나 오늘이나 영원토록 동일하시다".
성경	히브리서 13:8
(2)	〈영원히〉라는 이 어휘는 얼마나 장엄하고, 우주적이고 ( )을 주고 있는가! 〈영원히〉라는 말은 유태인들이 하나님을 ( )하며 자주 사용했는데 영원한 미래의 세대를 부인하는 ( )에 대항하여 사용하기도 했다는 것이다.
성경	시편 90:2
(3)	여호와 하나님은 우리에게 영원을 사모하는 영원의 ( )을 심어 주셨기 때문에 영원을 ( )하는 마음을 가지고 있다. "영원히"라는 의미의 메시지를 통하여 서로의 생각을 나눈다
성경	창세기 1:26

둘째 : 삶의 적용을 위한 워크샵(Workshop)
1) 숙명론, 운명론, 영원하신 하나님의 뜻

크리스천들은 "하나님의 뜻"이란 말을 너무 자주, 너무 쉽게 함부로 쓰는 것 같다. "하나님의 뜻"을 자기 나름대로 해석하고, 자기 뜻대로 말하며, 자기 자신의 목적에 이용하는 것은 하나님의 뜻대로 살려는 사람의 태도가 아니다. 개인의 실수나 실력이 부족해서 입사 시험에 떨어졌을 때, 혹은 사고가 났을 때 자기 잘못으로 인한 교통사고도 "그게 다 하나님의 뜻인가 봅니다" "하나님의 뜻이니 별수 있나요!"

자신의 실력부족을 솔직히 시인하지 아니하고 은근히 그 책임을 "하나님의 뜻"에다 끼워 맞추려고 한다. 이런 경우 크리스천들이라도 "하나님의 뜻"을 숙명론, 운명론에 결부시키려고 하는 의도가 많다고 본다. 모든 일이 잘 풀리고 만족스러우면 하나님의 뜻이 자신과 섬기는 교회에 큰 축복을 주셨다고 감사한다. 그런데 어떤 불행이나 뜻하지 않은 일을 만나면 "하나님의 뜻"을 핑계로 책임 모면을 구하는 구실로 삼으려 한다.

1. 자기 정당화와 "영원하신 하나님의 뜻"을 어떻게 구분하고 사용할 수 있을까요? 혹시 "하나님의 뜻"이란 말을 들으면 불편하지 않은가요?
그 이유는 무엇이라고 생각하십니까?

2. 현재 자신의 질병, 불행을 하나님의 말씀에 불순종한 댓가로 여긴 사례가 있었다면 검토해보고 앞으로 어떻게 기도하며 사는 것이 영원하신 하나님의 뜻을 올바로 이루는 것인지 말해 보기로 합시다.

셋째 : 하나님 나라 부흥은 주기도운동으로!!!

〈주기도운동〉은 "회개, 지상명령 성취, 성령충만, 헌신"의 삶을 포함한다.

회개의 기도와 함께하는 삶.
1. 영원한 주님을 온전히 신뢰하지 못함을 회개합니다
2. 하나님만이 영원의 대상이심을 믿지 못함을 회개합니다
3. 삶에서 영원히 살 것처럼 욕심부린 것 회개합니다.

송영(영원) 통해 회개를 적용하여 기도 할 수 있다.
예를 들면 개인과 가정, 교회, 세계 여러 나라와 국가 지도자들, 핍박을 받고 있는 지역과 기독교인, 미전도종족, 한국교회와 교단, 한국의 사회악(학교 폭력, 성과 성차별 폭력, 가정 폭력, 언어 폭력) 등을 위하여 기도할 수 있다. 또한 남북이 복음화되고 대한민국의 정치적 발전과 경제적 안정과 평화를 위해 기도할 수 있다.
＊ 나의 회개기도는 어떠한가?

전도

지상명령 성취는 전도, 선교와 함께하는 삶.
3. 전도할 때 부딪히는 반대 의견이나 질문의 유형들이 있다.
   1) 믿지 않은 사람들의 운명에 대하여 ;
      복음만 제시하고 구원의 문제는 절대 주권자 하나님께 있음을 설명하고 마무리한다.
   2) 예수 믿는 것만이 하나님께 나아가는 유일한 길이냐고 물을 때 :

지상 명령 성취	복음을 전하고 하나님의 말씀 요한복음 14:6 "나는 길이요 진리요 생명이니 나로 말미암지 않고는 아버지께로 올 자가 없느니라" 설명하고 마무리한다. 3) 기적이란 믿을 수 없다고 했을 때: 자연현상 가운데나 일반적으로 보이지 않지만 일어나는 많은 기적들이 있다. 4) 선행으로 천국 갈 수 있다고 했을 때: 처녀는 결혼을 해야만 정상적으로 아이를 가질 수 있다. 구원을 얻기 위해서는 믿는 자의 행위가 따른다. * 전도는 쉽다: 성령님이 하시기 때문이다. * 전도현장에서 반대 의견으로 당황스러운 일을 만났을 때에도 전도를 해 본 경험이 있는가 있다면 구체적으로 어떠했는가? 전도한 태신자 (이름:)
선교  지상 명령 성취	**믿지 않는 가까운 이웃부터 우리의 선교 대상임을 잊지 말자.** 부록〈세계선교지도〉에서 선교 대상지를 정하고 기도 한다. 혹은 담임목사님의 목회 방침에 따라 순종하면서 지원하는 선교지를 위해 기도한다. 대한민국의 평화 통일, 혹은 다른 나라들의 기도 제목을 기록하고 기도한다. * 각자 정해진 선교대상지에 가는 선교사로서 혹은 보내는 선교사로서 어떻게 하는 것이 가장 최선의 방법인가를 검토한다.
은사  성령 충만	**성령충만한 삶은 성령의 은사를 실천하는 것이다.** **1. 긍휼** : (마태복음 5:7) 교회 교인을 어떻게 격려하고 도와서 그들의 책임을 다해 봉사하도록 하며, 교회 부흥(긍휼은 팔복의 축복중 하나)은 긍휼의 은사를 가진 성도와 비례한다. 언어 사용에 직접적인 영양이 있다. 가령 괜찮아요! 저나 누구나 실수할 수 있지요! 납득하며 용서하며 상대방의 부끄러움을 가리워 준다. * 각자의 긍휼의 은사를 적용한 경험을 나누어 보자.
열매	**성령충만한 삶은 성령의 열매를 실천하는 것이다.** ② **희락의 열매** – 기쁨(喜樂: Joy) 로마서 14:17, 데살로니가전서

성령충만

1:6 주기도문의 실천적인 삶은 항상 기뻐하는 삶(데살로니가전서 5:17-18))을 사는 것이고 주님의 뜻을 이루는 삶이다. 그래서 항상 살아있는 것이 기쁨이고, 돈이 있든지 없든지, 건강하든지 않든지 어떤 상황에서도 긍정적이다. 항상 마음이 편안하고 낙관적이다. 거의 불만을 느끼지 않는다. 주기도문의 뜻에 순종하면서 많은 어려움과 고난 속에서 참된 기쁨을 누리는 것은 바로 성령의 열매를 맺는 방법이다.

＊ 각자의 희락의 열매를 적용한 경험을 나누어 보자.

헌신자의 삶의 특징은 무엇인가?

헌신

(17) 헌신자의 삶은 자신을 하나님께서 기뻐하시는 "너희 몸을 하나님이 기뻐하시는 거룩한 산제사로 드리며" 말씀처럼 몸은 우리의 육체만을 의미하는 것이 아니라 우리 전부를 의미하며, 우리의 마음과 뜻을 따라 행하는 도구로서의 몸을 의미를 실천하며 사는 사람이다(로마서 12:1, 데살로니가전서 5:23, 고린도전서 6:19-20).
(18) 헌신자의 삶은 주기도문의 "하늘에 계신 아버지"를 기도의 대상으로 믿고 기도함으로 기도의 능력을 체험하는 사람이다(마태복음 6:9).

부록 24-1,2) (3) 주기도문 4PMT의 요소인 헌신은 전도(선교 μαρτυρια)을 실행함을 통해서 나타난다.

＊ 헌신에 대한 부분은 매주일 담임 목사님의 설교를 통해서 한 주간 실천할 내용과 개인적으로 정해진 분량의 성경을 읽고 마음에 감동이 되는대로 실천한다.
＊ 각자의 헌신의 삶을 적용한 경험을 나누어 보기로 하자.

〈주기도운동〉은 소책자 "기도문으로 기도하기" 4PMT로 이루어간다.
송영(영원히)을 4PMT로 적용하여 기도하기

송영(영원히)을 4PMT로 적용하여 기도하기

(영원) 나라와 권세와 영광이 아버지께 영원히 있사옵나이다(아멘)라고 기도드리면서 예수님께서는 "어제나 오늘이나 영원토록 동일하신 분"(히브리서 13:8)임 을 믿습니다. 유한한 인간의 짧은 생각과 지혜를 앞세우며 하나님의 영원하신 계획과 뜻대로 순종하지 못하였던

순간들을 진심으로 회개합니다. 결국에는 썩어 없어질 이 땅의 것을 위하여 살지 않고 영원한 하나님의 나라에서 하나님과 함께 살아갈 그 날을 위해 바로 오늘 하나님의 말씀에 순종하며 살 것을 결단합니다. 영원불변하신 주님의 말씀을 믿고 순종함으로써 성령 충만하게 하시고, 결국에는 사라질 세상의 짧은 영화에 만족하며 사는(전도대상자 OOO 이름을 부르며) 그를 전도하여 그와 함께 이 세상에서 하나님의 나라 천국에 갈 때까지 헛된 모든 것을 버리고 오직 영원한 하나님의 나라를 갈망하는 믿음의 삶을 살게 하시고, 기도하며 섬기고 있는 OOO에게 그리스도인의 본이 되게 하셔서 OOO 또한 하나님 나라를 위해 헌신하게 도와주시옵소서. 주기도로 기도를 가르쳐 주신 나의 주 하나님 예수 그리스도 이름으로 기도드립니다. (아멘)

As I pray that "For Thine is the kingdom, and the power, and the glory, forever. Amen!"

I believe Jesus Christ is always the same: yesterday, today, and forever (Hebrews 13:8). I repent that I did not fully obey to Your eternal will and plan by putting man's limited and short ideas and wisdom before Yours. I recommit to You, God, that I will not seek the things of my desires which will ultimately decay but to live from today a life of obedience to the word of God as I await for the day that I will be with You in Your kingdom.

Lord, help me to live the Spirit filled life by believing and obeying the eternal and unchanging Word of God, and help me to share the gospel with the one (for whom I am praying and serving) who is living satisfied with the temporal glory and wealth of this world. Help him/her and me to live a faithful life for Christ by forsaking the things of the world, which will ultimately decay, until we go to heaven. Make me a model Christian to the one (insert the name) so that he/she may also dedicate his/her life for the kingdom of God.

I pray in the name of Jesus Christ who taught me how to pray through the Lord's prayer. (Amen)

송영(영원히)을 4PMT로 적용하며 기도하고 실천하고 있는가?

넷째 : 하나님 나라 부흥은 하하하 하나님 땡큐운동으로!!!

기쁨	항상 기뻐하라! 란 말씀(데살니가전서 5:16)을 송영(영원히)에 적용하여 말씀 기도 하기.
	항상 기뻐하라. 　이 세상에 영원한 것은 없음을 깨닫게 하심을 감사드립니다. 　오직 하나님 한분만 영원하심을 알게 하심을 감사드립니다. 　이 감사가 늘 기쁨이 되게 하셔서 무엇을 하든 영원한 하나님 나라에 소망을 두고 기뻐하는 마음을 허락하옵소서. 　삶을 살아가다보면 눈에 보이는 것들로 인해 마음이 상하고 낙심할 때가 있으나 일시적이고 순간적인 것들로 기쁨을 빼앗기지 않게 하소서. 　진정한 기쁨을 소유한 스데반 선지자처럼 육신으로는 돌에 맞으면서 하나님의 영광과 서신 것을 보며 기뻐하였던 것처럼 온전하고 영원한 나라의 기쁨을 볼 수 있는 영안을 열어주시길 간절히 원하며 예수님의 이름으로 기도 합니다. 아멘
생각나누기	송영 "영원히"에서 아버지의 자녀로서 기쁨을 회복하고 성령충만한 삶을 살고 있는가?

다섯째 : 주기도로 삶을 사는 하나님의 자녀들의 영적성장 점검표

영적성장 점검표을 통해 영적 성장을 확실하게 경험하자!!

회개 및 간구 : 매일 회개 및 간구한 기도 내용을 기록한다.
성령충만 : 매일 본 교재에서 제시한 열매와 은사 중 실천한 것을 기록한다.
지상명령(전도, 선교) : 전도한 사람의 이름이나 태신자 이름, 기도한 선교 대상지를 기록한다. 전도지를 사람에게 나누어준 명수를 기록한다.
헌신 : 기쁨, 기도, 감사 : 하나님께 영광 돌린 것을 기록한다.
〈하하하 하나님 땡큐〉 하루에 3번 이상 반복하기
성경읽기 : 구약, 신약성경을 매일 3-5장씩 읽은 곳을 기록한다.

주기도 운동 영적 일기 쓰기 20   년   월

요일	회개 및 간구	성령충만(전인격) 성령의 열매	지상명령성취 선교/전도(대상자)	헌신(실천) 기쁨, 기도, 감사	말씀읽기 말씀요절
월					
화					
수					
목					
금					
토					
일					
평가					

＊영적 점검표는 견본으로 제공하며 복사해서 계속 사용 할 수 있다.

32 파테르라이프50

하나님의 자녀는 어떻게 살아야 합니까?

주기도문 송영(영원히) 11-2
나라와 권세와 영광이 아버지께 영원히 있사옵나이다. 아멘
Doxology (Glory) For Thine is the kingdom, and the power, and the glory, forever. Amen. 마태복음 6:13

찬송부르기 : 내 영혼의 그윽히 깊은데서 412장(통469), 영원하신 주님의 403장
성경읽기 : 시편 41:13, 시편 107:1, 왕상 8:13
묵상하기 : 땅에 있는 모든 것은 영원할 수 없다. 자신의 영혼의 현주소는 어디인가?

첫째 : 송영에서(영원히)라는 말씀이 주는 메시지

〈영원히〉란 말은, 하나님의 나라와 그 권세와 영광은 영원하시다는 것을 거듭 강조하며 기도의 완전성과, 명확성, 영원성을 뒷받침한다. 이러한 사실에 대하여 벵겔(Bengel)의 말을 빌리면 "하나님의 아들의 전수가 그들 신앙의 편력의 종점에 다 달았을 때 하늘에서 순수한 송영이 일어 날것이다. 우리 하나님의 이름을 찬양할 것이며, 나라는 임하였으며, 뜻이 이루어졌으며, 우리의 죄를 사하셨으며, 시험을 그쳤고, 우리는 악에서 구함을 받았나이다. 나라와 권세와〈영원히〉그의 것이니이다. 그리고 아멘이라고 뒷받침해주고 있다. 땅에 있는 모든 것은 영원할 수 없다. 자신의 영혼의 현주소는 어디인가?

송영(영원)을 기도로서 끝마침과 동시에 완벽한 삶을 헌신하게 한다. 주기도문의 송영(The Doxology)을 받으시는 분은 하나님 아버지이시며 영원토록 하나님의 자녀를 통하여 받으신다. 주기도문 전체의 간구로부터 송영과 상호 연관성을 통하여 주시는 메시지는 무엇인가?

"영원히 있사옵나이다" 하는 말씀으로 기도를 끝마치신 것은 조금도 이상할 것이 없다. 우리 하나님 아버지의 권세와 영광은 항상 그러했고, 앞으로도 그럴 것이기 때문이다. 하나님 우리 아버지께서 그의 자녀인 우리에게 베푸시는 축복은 시작도 없고 끝도 없다. 그리고 하나님의 축복은 매일 새롭다.

1. 송영(영원히)은 어떤 의미를 가지고 있는가?

보기	보기에서 ( )안에 맞는 단어를 찾고 합당한 성경구절을 기록하자
	① 주의 백성 ② 영원히 ③ 구원 ④ 산업 ⑤ 의뢰

(1)	하나님의 영원한 영광을 위해 우리는 삶의 현장에서 어떻게 살아갈 것인지 서로 이야기 나누기로 하자. 주께서 (　　) 이스라엘을 세우사 (　　) 주의 백성으로 삼으셨사오니 여호와여 주께서 그들의 하나님이 되셨나이다.
성경	사무엘하 7:24

(2)	주의 백성을 (　　)하시며 주의 (　　)에 복을 주시고 또 그들의 목자가 되시어 영원토록 그들을 인도하소서. 영원한 천국(天國)의 장소성에 대하여 개인적인 생각은 무엇인가?
성경	시편 28:9

(3)	예수님을 구주와 하나님으로 믿는 자는 누구든지 천국에 영원히 거한다는 예수님의 약속에 대해서 확신이 있으십니까? (예, 아니오)에 대하여 어떻게 기도 하고 있는가? 너희는 여호와를 영원히 (　　)하라.
성경	이사야 26:4

둘째 : 삶의 적용을 위한 워크샵(Workshop)
"악보에 담은 헨델의 오라토리오" 예를 주기도 실천적 삶에 적용하기

'메시아'에 '할렐루야'의 합창을 들으면 하나님께 영광을 돌려 드림에 감사하게 된다. 헨델 자신을 이 곡을 작곡하면서 하나님의 영원한 영광스러운 계시를 느껴 눈물을 흘리면서 작곡했다고 한다. 이 곡이 영국 황제(George 2세)가 참석한 1743년 4월 13일 런던 시에서 연주되었을 때 왕은 그 감격에 못 이겨 자리에서 일어났다고 한다. 우리들은 하나님의 영원한 영광 앞에 다 같이 기립할 수 있는 삶을 이 주기도문 송영을 통해 드릴 수 있어야 한다.

1. 하나님의 영원한 영광을 위해 우리는 삶의 현장에서 어떻게 살아갈 것인지 서

로 이야기 나누기로 하자.

2. 하나님의 영원하심에 어떻게 반응하고 관계하면서 살고 있는가?

셋째 : 하나님 나라 부흥은 주기도운동으로!!!

〈주기도운동〉은 "회개, 지상명령 성취, 성령충만, 헌신"의 삶을 포함한다.

회개 	회개의 기도와 함께하는 삶. 4. 영원한 삶 천국에 대해 증거하지 못함 회개합니다. 5. 영원한 하나님 증거하지 못함 회개합니다. 6. 잠시 살 세상에 더 많이 투자함을 회개합니다. ∗ 송영(영원)을 통해 회개를 적용하여 기도해 보자. ∗ 나의 회개기도는 어떠한가?

전도
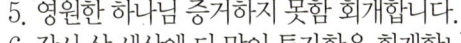
지상
명령
성취
	지상명령 성취는 전도, 선교와 함께하는 삶.
	4. 전도할 때 부딪히는 반대 의견을 효과적으로 다룬다.
	  1) 논쟁을 피하라. 지상명령성취는 전도, 선교를 위한 삶.
	  2) 상대방의 말을 긍정적으로 받아 드리라.
	  3) 문제의 핵심에서 벗어난 질문은 회피하라.
	  4) 제기된 문제를 신속히 처리한 후 전도의 핵심으로 돌아가라.
	  5) 성경말씀으로 답변하도록 노력하라.
	  6) 절대 정직하라 모르는 것은 모른다고 하라.
	∗ 전도현장에서 반대 의견으로 당황스러운 일을 만났을 때에도 전도를 해 본 경험이 있는가 있다면 구체적으로 어떠했는가? 전도한 태신자 (이름:)

선교 지상 명령 성취	믿지 않는 가까운 이웃부터 우리의 선교 대상임을 잊지 말자. 　　부록〈세계선교지도〉에서 선교 대상지를 정하고 기도 한다. 혹은 담임목사님의 목회 방침에 따라 순종하면서 지원하는 선교지를 위해 기도한다. 대한민국의 평화 통일, 혹은 다른 나라들의 기도 제목을 기록하고 기도한다. ∗ 각자 정해진 선교대상지에 가는 선교사로서 혹은 보내는 선교사로서 어떻게 하는 것이 가장 최선의 방법인가를 검토한다.

은사  성령충만	**성령충만한 삶은 성령의 은사를 실천하는 것이다.** **2. 지혜** : (로마서 12:3) 믿음의 분량대로 지혜롭게 생각하며 언어를 사용한다. 가령 "그러셨군요" 등의 인정하는 태도로 앞으로 조심하면 되겠네요. ＊ 각자의 지혜의 은사를 적용한 경험을 나누어 보자.
열매  성령충만	**성령충만한 삶은 성령의 열매를 실천하는 것이다.** ③ **화평의 열매** – 평화(和平: Peace) 로마서 5:1, 고린도전서 14:33 주기도문의 실천적인 삶은 자신과 상대방에게 피스메이커(Peace Maker)가 되는 것이다. 화평이란 말속에는 통일성, 완전성, 쉼, 평안 그리고 안정이란 의미가 포함되어 있다. 산상수훈의 "화평케 하는 자의 복"처럼 주기도문의 "하늘에 계신 우리 아버지"의 자녀로서의 삶에 순종함이 성령의 열매인 화평을 맺는 방법이다. ＊ 각자의 화평의 열매를 적용한 경험을 나누어 보자.
헌신	**헌신자의 삶의 특징은 무엇인가?** (19) 헌신자의 삶는 주기도문의 "이름이 거룩하게 하옵시며"를 하나님의 기뻐하시는 거룩한 산제사를 통해 여호와의 이름을 거룩하게 높이며 사는 사람이다(말라기 1:7-10). (20) 헌신자의 삶은 바울 선교사를 도와 복음전파와 교회개척에 힘쓴 아굴라와 브리스길라 부부의 삶을 사는 사람이다(사도행전 18:1-3 ; 로마서 16:3-5). 부록24-1,2)(4) 주기도문 4PMT의 요소인 헌신은 바른 교육(διδασκαλια)을 통해서 나타난다. ＊ 헌신에 대한 부분은 매주일 담임 목사님의 설교를 통해서 한 주간 실천할 내용과 개인적으로 정해진 분량의 성경을 읽고 마음에 감동이 되는대로 실천한다. ＊ 각자의 헌신의 삶을 적용한 경험을 나누어 보기로 하자.

〈주기도운동〉은 소책자 "기도문으로 기도하기" 4PMT로 이루어간다.
송영(영원히)을 4PMT로 적용하여 기도하기

송영(영원히)을 4PMT로 적용하여 기도하기

(영원) 나라와 권세와 영광이 아버지께 영원히 있사옵나이다(아멘) 라고 기도 드리면서 예수님께서는 "어제나 오늘이나 영원토록 동일하신 분"(히브리서 13:8)임을 믿습니다. 유한한 인간의 짧은 생각과 지혜를 앞세우며 하나님의 영원하신 계획과 뜻대로 순종하지 못하였던 순간들을 진심으로 회개합니다. 결국에는 썩어 없어질 이 땅의 것을 위하여 살지 않고 영원한 하나님의 나라에서 하나님과 함께 살아갈 그 날을 위해 바로 오늘 하나님의 말씀에 순종하며 살 것을 결단합니다. 영원불변하신 주님의 말씀을 믿고 순종함으로써 성령 충만하게 하시고, 결국에는 사라질 세상의 짧은 영화에 만족하며 사는(전도대상자 OOO 이름을 부르며) 그를 전도하여 그와 함께 이 세상에서 하나님의 나라 천국에 갈 때까지 헛된 모든 것을 버리고 오직 영원한 하나님의 나라를 갈망하는 믿음의 삶을 살게 하시고, 기도하며 섬기고 있는 OOO에게 그리스도인의 본이 되게 하셔서 OOO 또한 하나님 나라를 위해 헌신하게 도와주시옵소서. 주기도로 기도를 가르쳐 주신 나의 주 하나님 예수 그리스도 이름으로 기도드립니다. (아멘)

As I pray that "For Thine is the kingdom, and the power, and the glory, forever. Amen!"

I believe Jesus Christ is always the same: yesterday, today, and forever (Hebrews 13:8). I repent that I did not fully obey to Your eternal will and plan by putting man's limited and short ideas and wisdom before Yours. I recommit to You, God, that I will not seek the things of my desires which will ultimately decay but to live from today a life of obedience to the word of God as I await for the day that I will be with You in Your kingdom.

Lord, help me to live the Spirit filled life by believing and obeying the eternal and unchanging Word of God, and help me to share the gospel with the one (for whom I am praying and serving) who is living satisfied with the temporal glory and wealth of this world. Help him/her and me to live a faithful life for Christ by forsaking the things of the world, which will ultimately decay, until we go to heaven. Make me a model Christian to the one (insert the name) so that he/she may also dedicate his/her life for the kingdom of God.

I pray in the name of Jesus Christ who taught me how to pray through the Lord's prayer. (Amen)

송영(영원히)을 4PMT로 적용하며 기도하고 실천하고 있는가?

넷째 : 하나님 나라 부흥은 하하하 하나님 땡큐운동으로!!!

기도	쉬지 말고 기도하라란 말씀(데살로니가전서 5:17)을 송영 "영원히"에 적용하여 말씀기도하기.
	많은 기도를 하지만 정작 주님께 응답받고 주님이 기뻐하시는 기도가 무엇인지를 고민하게 하심을 감사드립니다. 삶의 목적과 목표가 주님 안에 있을 때 흔들리지 않기 위하여 기도를 쉬지 않게 하소서. 깊은 주님과의 만남을 통해 바라볼 것을 바라보게 하시되 일시적인 것이 아닌 영원한 것에 소망 두고 간절히 구하는 모습 되기를 원합니다. 영원한 것을 보지 못한 불신 영혼들에게 영원한 것을 본 자답게 삶으로 보여주는 데 노력하는 오늘 하루가 되기를 간절히 원하며 예수님의 이름으로 기도드립니다. 아멘
생각나누기	아버지의 자녀로서 기도를 회복하고 성령 충만한 삶을 살고있는가?

다섯째 : 주기도로 삶을 사는 하나님의 자녀들의 영적성장 점검표
영적성장 점검표를 통해 영적 성장을 확실하게 경험하자!!

회개 및 간구 : 매일 회개 및 간구한 기도 내용을 기록한다.
성령충만 : 매일 본 교재에서 제시한 열매와 은사 중 실천한 것을 기록한다.
지상명령(전도, 선교) : 전도한 사람의 이름이나 태신자 이름, 기도한 선교 대상지를 기록한다. 전도지를 사람에게 나누어준 명수를 기록한다.
헌신 : 기쁨, 기도, 감사 : 하나님께 영광 돌린 것을 기록한다.
〈하하하 하나님 땡큐〉 하루에 3번 이상 반복하기
성경읽기 : 구약, 신약성경을 매일 3-5장씩 읽은 곳을 기록한다.

주기도 운동 영적 일기 쓰기   20   년   월

요일	회개 및 간구	성령충만(전인격) 성령의 열매	지상명령성취 선교/전도(대상자)	헌신(실천) 기쁨, 기도, 감사	말씀읽기 말씀요절
월					
화					
수					
목					
금					
토					
일					
평가					

＊영적 점검표는 견본으로 제공하며 복사해서 계속 사용 할 수 있다.

33 파테르라이프50

하나님의 자녀는 어떻게 살아야 합니까?

주기도문 송영(영원히) 11-3
나라와 권세와 영광이 아버지께 영원히 있사옵나이다. 아멘
Doxology (Glory) For Thine is the kingdom, and the power, and the glory, forever. Amen. 마태복음 6:13

찬송부르기 : 내 영혼의 그윽히 깊은데서 412장(통469), 영원하신 주님의 403장
성경읽기 : 시편 41:13, 시편 107:1, 왕상 8:13
묵상하기 : 땅에 있는 모든 것은 영원할 수 없다. 자신의 영혼의 현주소는 어디인가?

첫째 : 송영에서(영원히)라는 말씀이 주는 메시지

〈영원히〉란 말은, 하나님의 나라와 그 권세와 영광은 영원하시다는 것을 거듭 강조하며 기도의 완전성과, 명확성, 영원성을 뒷받침한다. 이러한 사실에 대하여 벵겔(Bengel)의 말을 빌리면 "하나님의 아들의 전수가 그들 신앙의 편력의 종점에 다 달았을 때 하늘에서 순수한 송영이 일어 날것이다. 우리 하나님의 이름을 찬양할 것이며, 나라는 임하였으며, 뜻이 이루어졌으며, 우리의 죄를 사하셨으며, 시험을 그쳤고, 우리는 악에서 구함을 받았나이다. 나라와 권세와〈영원히〉그의 것이니이다. 그리고 아멘이라고 뒷받침해주고 있다. 땅에 있는 모든 것은 영원할 수 없다. 자신의 영혼의 현주소는 어디인가?

송영(영원)을 기도로서 끝마침과 동시에 완벽한 삶을 헌신하게 한다. 주기도문의 송영(The Doxology)을 받으시는 분은 하나님 아버지이시며 영원토록 하나님의 자녀를 통하여 받으신다. 주기도문 전체의 간구로부터 송영과 상호 연관성을 통하여 주시는 메시지는 무엇인가?

"영원히 있사옵나이다" 하는 말씀으로 기도를 끝마치신 것은 조금도 이상할 것이 없다. 우리 하나님 아버지의 권세와 영광은 항상 그러했고, 앞으로도 그럴 것이기 때문이다. 하나님 우리 아버지께서 그의 자녀인 우리에게 베푸시는 축복은 시작도 없고 끝도 없다. 그리고 하나님의 축복은 매일 새롭다.

1. 송영(영원히)은 어떤 의미를 가지고 있는가?

보기	보기에서 ( )안에 맞는 단어를 찾고 합당한 성경구절을 기록하자
보기	① 물 ② 영생 ③ 선지자 ④ 만물 ⑤ 능력 ⑥ 신성

(1)	주기도문을 찬양을 부르는 순간 〈영원히〉라는 부분에서 어떤 느낌을 했는가? 내가 주는 ( )을 마시는 자는 영원히 목마르지 아니하리니 내가 주는 물은 그 속에서 ( )하도록 솟아나는 샘물이 되리라.
성경	요한복음 4:14

(2)	하나님이 영원 전부터 거룩한 ( )들의 입을 통하여 말씀하신 바 ( )을 회복하실 때까지는 하늘이 마땅히 그를 받아주리라.
성경	사도행전 3:21

(3)	우리의 기도를 받으시는 분이 "영원부터 영원하시다"라는 확신을 가지고 있는가? 창세로부터 그의 보이지 아니하는 것들 곧 그의 영원하신 ( )과 ( )이 그가 만드신 만물에 분명히 보여 알려졌나니.
성경	로마서1:20

둘째 : 삶의 적용을 위한 워크샵(Workshop)
"기도교, 바른기도" 예화로 주기도 실천적 삶에 적용

　한국의 기독교는 "기도교"라 할 만큼 기도를 열심히 한다는 이 점에 대해서는 모두가 동의할 것이다. 하지만 한국의 기독교인만큼 기도 응답을 잘 받지 못하는 사람들도 없을 것이다. 왜 사람들이 많은 기도를 드리는데 하나님의 응답을 제대로 받지 못하는가? 그것은 기도하는 사람들이 하나님의 뜻이 무엇인지를 묻기보다 자신의 요구 사항만을 일방적으로 하나님께 전달하기 때문이다. 죄를 회개하지 않고 사탄의 뜻을 따라 기도하는 것은 잘못된 기도이다.

　토마스 아켐피스는 '올바른 기도'에 대해서 이렇게 말하고 있다. "오 주여 주님은 무엇이 최선인지 아십니다. 모든 일을 주님의 뜻대로 이루소서 주님이 선택한 것을, 주님이 선택한 양만큼, 주님이 선택한 순간에 주옵소서. 주님이 원하는 곳에 나를 두시고 적당하다고 생각하는 대로 나를 다루소서. 나는 주님의 손안에 있습니다. 주님의 뜻대로 인도하소서. 나는 무슨 일이든 준비된 주님의 종입니다. 나 자신이 아니라 주님만을 위해서 살기 원합니다. 이렇게 완벽하게 살 수 있기를 얼마나 바라는지요!"라고 했다.

무디는 "기도는 내 필요에 의하여 하나님을 내 편으로 만드는 것이 아니라 하나님의 뜻에 나를 조종해 맞추는 일이다"라고 했다(데살로니가전서 5:16-18).

1. 나의 기도 내용을 점검해 보고 어떤 기도제목들이 있으며 그 것들이 "영원하신 하나님의 뜻"과 얼마나 깊은 관련이 있다고 여기십니까? 몇 년 동안 기도하고 있지만 아직 응답이 없는 기도 제목이 있을 수 있다. 이런 류의 기도 제목들 중 공개해도 되는 것들을 서로 나누어 보기로 합시다.

2. 욕심으로 구하고 죄와 잘못된 행실을 회개하지 아니하고 기도 한다면 그 기도를 통해 "하나님의 뜻"이 이루어지지 않습니다. "영원하신 하나님의 뜻"이 이루어 지도록 기도하는 그 기준은 무엇인가요? 어떤 경우가 축복이고 어떤 경우가 불행이라고 보십니까

셋째 : 하나님 나라 부흥은 주기도운동으로!!!

〈주기도운동〉은 "회개, 지상명령 성취, 성령충만, 헌신"의 삶을 포함한다.

회개	**회개의 기도와 함께하는 삶.** 7. 삶에서 영광 가린 것 회개합니다. 8. 마음으로 생각으로 영광 가린 것 회개합니다. 9. 행동에서 영광 가린 것 회개합니다. 10. 언어로 영광 가린 것 회개합니다. ＊ 송영(영원)을 통해 회개를 적용하여 기도해 보자. ＊ 나의 회개기도는 어떠한가?
전도	**지상명령 성취는 전도, 선교와 함께하는 삶.** 5. 전도의 장애물들 　1) 준비부족 2) 두려움 3) 불신가족의 방해 4) 사단의 역사

지상 명령 성취

5) 박해(이방종교, 현대문화와 환경) 6) 성격
7) 외모(옷차림 단정, 입안의 냄새 제거)

* 전도현장에서 반대 의견으로 당황스러운 일을 만났을 때에도 전도를 해 본 경험이 있는가 있다면 구체적으로 어떠했는가? 전도한 태신자 (이름:)

선교

지상 명령 성취

믿지 않는 가까운 이웃부터 우리의 선교 대상임을 잊지 말자.

　부록〈세계선교지도〉에서 선교 대상지를 정하고 기도 한다. 혹은 담임목사님의 목회 방침에 따라 순종하면서 지원하는 선교지를 위해 기도한다. 대한민국의 평화 통일, 혹은 다른 나라들의 기도 제목을 기록하고 기도한다.

* 각자 정해진 선교대상지에 가는 선교사로서 혹은 보내는 선교사로서 어떻게 하는 것이 가장 최선의 방법인가를 검토한다.

은사

성령 충만

성령충만한 삶은 성령의 은사를 실천하는 것이다.

3. 봉사 : 봉사의 사명은 목회자를 협조하고 교회의 구제, 전도, 선교 및 여러 교회 사업에 적극성을 가지고 참여하고 상대방에게 도와드릴게요 염려마세요 하면서 앞장선다.

* 각자의 지혜의 은사를 적용한 경험을 나누어 보자.

열매

성령 충만

성령충만한 삶은 성령의 열매를 실천하는 것이다.

④ 오래 참음의 열매 – 인내(忍耐:Patience, Forbearance)
골로새서 1:11, 베드로후서 1:6 주기도문의 실천적인 삶은 고난을 당할 때나 이웃으로부터 억울한 일을 당할 때 참는 것이 굴욕처럼 여겨질지라도 금방 분노를 드러내지 않고 견디는 것을 말한다. 주기도문의 "시험에 들게하지 마옵소서"라는 기도를 실천하므로 "시험을 참는 자는 복이 있느니라"는 말씀의 축복을 받으며 주기도문은 내 삶의 축복이 되게 하도록 인내의 열매를 맺게 하자.

* 각자의 오래 참음의 열매를 적용한 경험을 나누어 보자

헌신자의 삶의 특징은 무엇인가?

(1) 헌신자의 삶의 관문은 죄인임을 알고 회개가 가능한 사람이어야 한다.
(2) 헌신자의 삶은 하나님의 나라 백성의로 회개(마태복음 4:17, 사도행전 2:28)가 가능한 사람이며 성령 충만하며 성령의 열매가 있는 사람이다(갈라디아 5:22-23).

부록 24-1,2. (5) 주기도문 4PMT의 요소인 헌신은 성령의 은사인 봉사(διακονια)를 통해서 나타난다

헌신

* 헌신에 대한 부분은 매주일 담임 목사님의 설교를 통해서 한 주간 실천할 내용과 개인적으로 정해진 분량의 성경을 읽고 마음에 감동이 되는대로 실천한다.
* 각자의 헌신의 삶을 적용한 경험을 나누어 보기로 하자.

〈주기도운동〉은 소책자 "기도문으로 기도하기" 4PMT로 이루어간다.
송영(영원히)을 4PMT로 적용하여 기도하기

송영(영원히)을 4PMT로 적용하여 기도하기

(영원) 나라와 권세와 영광이 아버지께 영원히 있사옵나이다(아멘)라고 기도드리면서 예수님께서는 "어제나 오늘이나 영원토록 동일하신 분"(히브리서 13:8) 임을 믿습니다. 유한한 인간의 짧은 생각과 지혜를 앞세우며 하나님의 영원하신 계획과 뜻대로 순종하지 못하였던 순간들을 진심으로 회개합니다. 결국에는 썩어 없어질 이 땅의 것을 위하여 살지 않고 영원한 하나님의 나라에서 하나님과 함께 살아갈 그 날을 위해 바로 오늘 하나님의 말씀에 순종하며 살 것을 결단합니다. 영원불변하신 주님의 말씀을 믿고 순종함으로써 성령 충만하게 하시고, 결국에는 사라질 세상의 짧은 영화에 만족하며 사는(전도대상자 ○○○ 이름을 부르며) 그를 전도하여 그와 함께 이 세상에서 하나님의 나라 천국에 갈 때까지 헛된 모든 것을 버리고 오직 영원한 하나님의 나라를 갈망하는 믿음의 삶을 살게 하시고, 기도하며 섬기고 있는 ○○○에게 그리스도인의 본이 되게 하셔서 ○○○ 또한 하나님 나라를 위해 헌신하게 도와주시옵소서. 주기도로 기도를 가르쳐 주신 나의 주 하나님 예수 그리스도 이름으로 기도드립니다. (아멘)

As I pray that "For Thine is the kingdom, and the power, and the glory, forever. Amen!"

I believe Jesus Christ is always the same: yesterday, today, and forever (Hebrews 13:8). I repent that I did not fully obey to Your eternal will and plan by putting man's limited and short ideas and wisdom before Yours. I recommit to You, God, that I will not seek the things of my desires which will ultimately decay but to live from today a life of obedience to the word of God as I await for the day that I will be with You in Your kingdom.

Lord, help me to live the Spirit filled life by believing and obeying the eternal and unchanging Word of God, and help me to share the gospel with the one (for whom I am praying and serving) who is living satisfied with the temporal glory and wealth of this world. Help him/her and me to live a faithful life for Christ by forsaking the things of the world, which will ultimately decay, until we go to heaven. Make me a model Christian to the one (insert the name) so that he/she may also dedicate his/her life for the kingdom of God.

I pray in the name of Jesus Christ who taught me how to pray through the Lord's prayer. (Amen)

송영(영원히)을 4PMT로 적용하며 기도하고 실천하고 있는가?

넷째 : 하나님 나라 부흥은 하하하 하나님 땡큐운동으로!!!

감사	범사에 감사하라!란 말씀(데살로니가전서 5:18)을 송영"영원히"에 적용하여 말씀기도하기.
	범사에 감사하라. 　영원이 무엇인지를 알게 하심을 감사드립니다. 영원한 것을 사모하게 하심을 감사드립니다. 내 영이 영으로 영원한 것을 영원히 사모하게 하소서. 이 땅의 삶이 유한한 것임을 알게 하셨으니 무한한 창조주 하나님과 함께하는 믿음으로 하루하루를 살아가게 하소서. 　큰 것을 본 자답게 사소하고 작은 것들로 인해 마음과 시간을 빼앗기지 않게 하시고 감사하며 한 걸음씩 영혼의 풍성함을 위해 영원한 집에서의 삶을 준비하는 오늘 또 하루의 삶이 되길 원하며 예수님의 이름으로 기도드립니다. 아멘
생각나누기	아버지의 자녀로서 감사를 회복하고 성령 충만한 삶을 살고있는가?

다섯째 : 주기도로 삶을 사는 하나님의 자녀들의 영적성장 점검표
영적성장 점검표을 통해 영적 성장을 확실하게 경험하자!!

회개 및 간구 : 매일 회개 및 간구한 기도 내용을 기록한다.
성령충만 : 매일 본 교재에서 제시한 열매와 은사 중 실천한 것을 기록한다.
지상명령(전도, 선교) : 전도한 사람의 이름이나 태신자 이름, 기도한 선교 대상지를 기록한다. 전도지를 사람에게 나누어준 명수를 기록한다.
헌신 : 기쁨, 기도, 감사 : 하나님께 영광 돌린 것을 기록한다.
〈하하하 하나님 땡큐〉 하루에 3번 이상 반복하기
성경읽기 : 구약, 신약성경을 매일 3-5장씩 읽은 곳을 기록한다.

주기도 운동 영적 일기 쓰기   20   년   월

요일	회개 및 간구	성령충만(전인격) 성령의 열매	지상명령성취 선교/전도(대상자)	헌신(실천) 기쁨, 기도, 감사	말씀읽기 말씀요절
월					
화					
수					
목					
금					
토					
일					
평가					

＊영적 점검표는 견본으로 제공하며 복사해서 계속 사용 할 수 있다.

34 파테르라이프50

하나님의 자녀는 어떻게 살아야 합니까?

주기도문 송영(아멘) 12-1
나라와 권세와 영광이 아버지께 영원히 있사옵나이다. 아멘
For Thine is the kingdom, and the power, and the glory, forever. Amen.
마태복음 6:13

찬송부르기 : 여기에 모인 우리 620장, 내 구주 예수를 더욱 사랑(통511)314장
성경읽기 : 신명기 27:11-26, 고린도후서 1:20, 디모데후서 4:18, 요한계시록 7:12, 요한계시록 22:20-21
묵상하기 : 예수그리스도는 자신이 "아멘 이시요 충성되고 참된 증인(요한계시록 3:14)" 으로 사셨다. 예수님의 삶의 모범이 나에게는 어떤 영향력이 있는가?

첫째 : "송영"(아멘) (마태복음 6:13)에서 열어주는 메시지

　주기도문 송영(The Doxology) 영광송은 주기도문이 단순한 간구로 끝나는 것이 아니라 완벽한 기도로서 끝마침과 동시에 완벽한 삶을 헌신하게 한다. 주기도문의 송영 (The Doxology)을 받으시는 분은 하나님 아버지이시며 영원토록 하나님의 자녀를 통하여 받으신다. 주기도문 전체의 간구로부터 상호 연관성을 통하여 마지막 아멘에서 주시는 메시지는 무엇인가? 주기도문을 '아멘'으로 마치는 것은 계약서를 다 쓰고 사인을 하는 것과 같은 것이다. 사인을 해 놓고도 지키지 않으면 계약 위반이 되는 것이다. 우리는 잊어버리는 데 하나님은 우리 기도를 기억하셨다가 반드시 이루어주신다. 아멘을 얼마나 반복적으로 하느냐가 중요한 것이 아니다. 말씀을 듣고 행하는 자가 되어 뜻이 하늘에서 이루어진 것 같이 이 땅에서 이루어지는 놀라운 기적이 일어나시기를 바란다.

1. 송영(아멘)은 어떤 의미를 가지고 있는가?

보기	보기에서 ( )안에 맞는 단어를 찾고 합당한 성경구절을 기록하자
	① 믿는다 ② 구원 ③ 영광 ④ 은혜 ⑤ 심령

(1)	구약성경에서는 '확실하다' '진실하다'등으로 쓰이던 어휘가 ( ) '동의한다'는 뜻으로 발전하였다. 주기도문의 송영의 괄호 안에 든 간구 마지막에 기록된〈아멘〉이란 어휘는 주기도문의 각 부분과 어귀마다 적용할 수 있다. 즉 "이름이 거룩히 여김을 받으시오며, 아멘", 계속해서 송영에 이르기까지 "나라와 권세와 영광이 아버지께 영원히 있사옵나이다" 아멘 등이며〈아멘〉은 주기도문 본문의 모든 기도와 상관관계를 가진다. *〈아멘〉은 모든 기도의 소원과 믿음의 결단이다.
성경	신명기 27:11-26

(2)	〈아멘〉이란 히브리말에서 "확실하다", "진실하다" 등으로 쓰이던 어휘가 나중에는 "믿는다", "동의한다"는 뜻으로 발전하였다. 그 유래는 구약 성경에 모세와 여호수아 시대로부터 시작된 것으로(신명기 27:11~26) 보인다. 이스라엘 백성이 에발산과 그리심 산에 각각 모여 축복과 저주의 축원을 할 때이다. 모든 백성은 응답하여〈아멘〉하도록 하였다. 주께서 나를 모든 악한 일에서 건져내시고 또 그의 ( )에 들어가도록 구원하시리니 그에게 ( )이 세세 무궁토록 있을 지어다. 아멘.
성경	디모데후서 4:18

(3)	예수그리스도는 자신이 "아멘 이시오 충성되고 참된 증인으로 사셨다. 예수님의 삶의 모범이 나에게는 어떤 영향력이 있는가? 형제들아 우리 주 예수 그리스도의 ( )가 너희 ( )에 있을지어다. 아멘.
성경	요한계시록 3:14

둘째 : 삶의 적용을 위한 워크샵(Workshop)

1) 재림신앙(아멘, 주 예수여 어서 오시옵소서 : 마라나타)이란 예화로 주기도 실천적 삶에 적용하기

어느 날 장로님 한분이 아버지께 미국 선교사가 설교하는 전도집회에 함께 가자고 권유하셨다. 어떻게 된 일인지 아버지는 그 장로님을 따라 집회에 참석하셨고 집에 돌아오신 뒤 교회 전도사에게 심방까지 요청하셨다. 우리 집을 방문한 날 첫 예배에서 아버지는 '찬미하라 복 주신 구세주 예수'를 부르자고 했다. 이 찬송은 내가 집에 있을 때 자주 불렀던 곡이다. 불교와 샤머니즘에 젖어있었던 어머니를 기독교로 개종시키는 것은 참으로 어려웠다. 그때 예배 인도를 위해 오신 목사님은 어머니에게 이같이 이야기하셨다.

"예수님 믿는 사람은 예수님이 다시 오실 것을 기다리는데 오시면 믿는 사람들은 다 살아서 둥둥 떠올라갈 것입니다. 그때 어머니만 땅에서 발을 동동 구르고 계실 것입니다"

어머니는 그 말씀에 충격을 받으신 듯했다. 사랑하는 가족이 예수님을 만나러 둥둥 떠간다는데 자신만 혼자 남아 발을 동동 구르고 영원한 이별을 한다고 하니 기가 막힐 일이었다. 밤에 잠을 자다 깰 때에도 그 말이 귓가에 뱅뱅 돌았고 결국 어머니는 교회로 발길을 옮기셨다. 그리하여 어머니를 마지막으로 모든 가족이 다 예수님을 믿게 된 것이다.

천국은 복음이 전파되는 만큼 확장된다. 어머니는 예수님을 믿음으로 말미암아 하나님의 나라의 한사람이 되었고 하나님의 나라를 확장한 사람이 되었음을 감사했다.

1. 하나님의 나라가 가까이 믿지 않는 가족 친척 이웃들에게 임하길 바라는 기도를 하십니까? 어떻게 그 기도가 이루어지도록 구체적으로 노력하고 있습니까? 예수님의 제자들도 재림을 고대했으며 고난과 핍박도 견디며 순교의 현장에 나아갔고 지금까지 많은 신자들이 재림을 고대하고 있습니다. 예수님의 재림에 대한 나의 신앙관과 이 간구와의 관계는 어떠합니까?

2. 예수님의 재림(다시 오심)에 대한 믿음을 가지고 살아가고 있으며 하나님의 나라가 임하도록 기도 생활을 하고 있습니까? (예, 아니오)
개선할 부분은 무엇입니까? 당신의 계획은 무엇입니까?

셋째 : 하나님 나라 부흥은 주기도운동으로!!!
〈주기도운동〉은 "회개, 지상명령 성취, 성령충만, 헌신"의 삶을 포함한다.

회개	회개의 기도와 함께하는 삶. 1. 아멘의 뜻대로 믿지 못함을 회개합니다. 2. 입술로 아멘 함을 회개합니다. 3. 마음을 담아 믿음으로 하지 않음을 회개합니다. 송영(아멘)을 통해 회개를 적용하여 기도할 수 있다.

예를 들면 개인과 가정, 교회, 세계 여러 나라와 국가 지도자들, 핍박을 받고 있는 지역과 기독교인, 미전도종족, 한국교회와 교단, 한국의 사회악(학교 폭력, 성과 성차별 폭력, 가정 폭력, 언어 폭력) 등을 위하여 기도할 수 있다. 또한 남북이 복음화되고 대한민국의 정치적 발전과 경제적 안정과 평화를 위해 기도할 수 있다.
* 나의 회개기도는 어떠한가?

전도 / 지상명령성취

지상명령 성취는 전도, 선교와 함께하는 삶.

6. 전도하지 않는(못하는) 이유들 (자신에게 묻는다)
1) 자신이 없어서
2) 말이 안 나와서
3) 끊기가 없어서
4) 용기가 없어서
5) 대상자가 없어서
6) 바빠서
7) 예수 믿는 자만 상대하기 때문
8) 목사 신분 노출을 꺼려해서
9) 교회 형편 때문에

* 전도현장에서 반대 의견으로 당황스러운 일을 만났을 때에도 전도를 해 본 경험이 있는가 있다면 구체적으로 어떠했는가? 전도한 태신자 (이름:)

선교 / 지상명령성취

믿지 않는 가까운 이웃부터 우리의 선교 대상임을 잊지 말자.

부록〈세계선교지도〉에서 선교 대상지를 정하고 기도 한다. 혹은 담임목사님의 목회 방침에 따라 순종하면서 지원하는 선교지를 위해 기도한다. 대한민국의 평화 통일, 혹은 다른 나라들의 기도 제목을 기록하고 기도한다.

* 각자 정해진 선교대상지에 가는 선교사로서 혹은 보내는 선교사로서 어떻게 하는 것이 가장 최선의 방법인가를 검토한다.

은사 / 성령충만

성령충만한 삶은 성령의 은사를 실천하는 것이다.

4. 교육(교사) : (로마서 12:7, 엡4:11)가르치는 자는 가르치는 일로, 가르침을 받는 자는 바른 뜻을 깨닫고 삶에 적용하며 실천한다. (히브리서 13:17) "너희를 인도 하는 자들에게 순종하고 복종하라……(생략)…. 그렇지 않으면 너희에게 유익이 없느니라

* 각자의 교육의 은사를 적용한 경험을 나누어 보기로 하자.

열매

성령충만

성령충만한 삶은 성령의 열매를 실천하는 것이다.

⑤ **자비의 열매** – 자비(恩慈:kindness) 디도서 3:4, 디모데후서 2:24
자비는 남을 긍휼히 여기시는 그리스도인의 성품으로, 사람에게 친절을 베푸시는 하나님의 태도를 말한다. 자비 (Kindness) – "그러므로 너희는... 자비와 오래 참음을 옷 입고"(골로새서 3:12)

＊ 각자의 오래 참음의 열매를 적용한 경험을 나누어 보자.

헌신

헌신자의 삶의 특징은 무엇인가?

(3) 헌신자의 삶은 성령 충만한 사람으로 주님의 지상명령 성취(마태복음 28:19-20)에 순종하며 사람이다.
(4) 헌신자의 삶은 마음과 생각은 하나님의 말씀으로 흘러넘치는 사람이다(시편 119:105).

부록 24-1,2) (6) 주기도문 4PMT의 요소인 헌신은 친교(κοινωνια)를 통해서 나타난다.

＊ 헌신에 대한 부분은 매주일 담임 목사님의 설교를 통해서 한 주간 실천할 내용과 개인적으로 정해진 분량의 성경을 읽고 마음에 감동이 되는대로 실천한다.
＊ 각자의 헌신의 삶을 적용한 경험을 나누어 보기로 하자.

〈주기도운동〉은 소책자 "기도문으로 기도하기" 4PMT로 이루어간다.
송영(영광)을 4PMT로 적용하여 기도하기

송영(아멘)으로 적용하여 기도하기

(영원) 나라와 권세와 영광이 아버지께 영원히 있사옵나이다(아멘)라고 기도드리면서 예수님께서는 "어제나 오늘이나 영원토록 동일하신 분"(히브리서 13:8) 임을 믿습니다. 유한한 인간의 짧은 생각과 지혜를 앞세우며 하나님의 영원하신 계획과 뜻대로 순종하지 못하였던 순간들을 진심으로 회개합니다. 결국에는 썩어 없어질 이 땅의 것을 위하여 살지 않고 영원한 하나님의 나라에서 하나님과 함께 살아갈 그 날을 위해 바로 오늘 하나님의 말씀에 순종하며 살 것을 결단합니다. 영원불변하신 주님의 말씀을 믿고 순종함으로써 성령 충만하게 하시고, 결국에는 사라질 세상의 짧은 영화에 만족하며 사는(전도대상자 ○○○ 이름을 부르며) 그를 전도하여 그와 함께 이 세상에서 하

나님의 나라 천국에 갈 때까지 헛된 모든 것을 버리고 오직 영원한 하나님의 나라를 갈망하는 믿음의 삶을 살게 하시고, 기도하며 섬기고 있는 OOO에게 그리스도인의 본이 되게 하셔서 OOO 또한 하나님 나라를 위해 헌신하게 도와주시옵소서. 주기도로 기도를 가르쳐 주신 나의 주 하나님 예수 그리스도 이름으로 기도드립니다. (아멘)

Doxology

Amen

"For Thine is the kingdom, and the power, and the glory, forever. Amen!" Thank you Lord for your help to pray all the petitions of the Lord's Prayer, and for helping me to dedicate my life to You by faith. I repent all my sins that I committed in my thoughts, words, and deeds and all the things I have not obeyed according to the Word of God, unlike Jesus Christ who obeyed even to the point of death on the cross and became the source of Amen! He modeled being filled and guided by the Holy Spirit to all of us.

By trusting You who works for the good in any situation and circumstance for our salvation(Romans. 8:28), let me live a Spirit filled life of Amen by obeying the word of God, and be a witness in life style as God's child to my neighbors so that Your name will be glorified.

Lord, let my life be like one of the early Christians who proclaimed the gospel even to the point of risking their lives for the sake of Jesus Christ and had obeyed the Word of God with a great Amen. Please make my life to be like those who boldly said "amen". And let the "amen" be like the sound of thunders and of many waters in whatever situations I may be. As I pray the doxology of the Lord's Prayer, let me truly believe the Word of God hidden in my heart, filling my mind, and confessing it with my lips as I commit myself to live it out. Help my life to reach the person (the name you are planning to share the gospel) who does not know yet how to live a life of "amen" on the Word of God as he/she does not know Jesus Christ as his/her personal Savior. May it results in, both of us living a true amen life, sharing our lives of faith with others until we enter heaven. Let me be a model to the person (person you are planning to reach with the gospel) for whom I am praying and serving now so that he/she also may dedicate his/her life for the kingdom of God. I pray in the name of Jesus Christ who taught me how to pray through the Lord's Prayer. (Amen)

송영(아멘)을 4PMT로 적용하며 기도하고 실천하고 있는가?

넷째 : 하나님 나라 부흥은 하하하 하나님 땡큐운동으로!!!

기쁨	항상 기뻐하라! 란 말씀(데살로니가전서 5:16)을 "영원"송영에 적용하여 말씀 기도하기.

항상 기뻐하라

　입술로 아멘 하면서 아멘의 뜻대로 살아드리지 못함을 용서하소서. 그럼에도 새로운 마음 주셔서 믿고 동의하는 마음 주셔서 감사합니다. 영으로 그리스도 예수님 안에 긍정적인 삶의 고백이 되게 하심을 기뻐하게 하시니 감사합니다. 하나님과의 약속을 그대로 믿고 따르는 마음으로 조심하여 약속에 대하여 신중하게 하시고 고백한 것에 대해 책임감도 주시되 잊어버리지 않고 기억나게 해 주셔서 기뻐하며 아멘하게 하소서. 예수님의 이름으로 기도 합니다. 아멘

생각나누기	아버지의 자녀로서 기쁨을 회복하고 성령 충만한 삶을 살고 있는가?

다섯째 : 주기도로 삶을 사는 하나님의 자녀들의 영적성장 점검표

영적성장 점검표를 통해 영적 성장을 확실하게 경험하자!!

회개 및 간구 : 매일 회개 및 간구한 기도 내용을 기록한다.
성령충만 : 매일 본 교재에서 제시한 열매와 은사 중 실천한 것을 기록한다.
지상명령(전도, 선교) : 전도한 사람의 이름이나 태신자 이름, 기도한 선교 대상지를 기록한다. 전도지를 사람에게 나누어준 명수를 기록한다.
헌신 : 기쁨, 기도, 감사 : 하나님께 영광 돌린 것을 기록한다.
〈하하하 하나님 땡큐〉하루에 3번 이상 반복하기
성경읽기 : 구약, 신약성경을 매일 3-5장씩 읽은 곳을 기록한다.

주기도 운동 영적 일기 쓰기   20   년   월

요일	회개 및 간구	성령충만(전인격) 성령의 열매	지상명령성취 선교/전도(대상자)	헌신(실천) 기쁨, 기도, 감사	맑씀읽기 말씀요절
월					
화					
수					
목					
금					
토					
일					
평가					

＊영적 점검표는 견본으로 제공하며 복사해서 계속 사용 할 수 있다.

35 파테르라이프50

하나님의 자녀는 어떻게 살아야 합니까?

주기도문 송영(아멘) 12-2
나라와 권세와 영광이 아버지께 영원히 있사옵나이다. 아멘
For Thine is the kingdom, and the power, and the glory, forever. Amen.
마태복음 6:13

찬송부르기 : 여기에 모인 우리 620장, 내 구주 예수를 더욱 사랑(통511)314장
성경읽기 : 신명기 27:11-26, 고린도후서 1:20, 디모데후서 4:18, 요한계시록 7:12, 요한계시록 22:20-21
묵상하기 : 예수그리스도는 자신이 "아멘 이시요 충성되고 참된 증인(요한계시록 3:14)"으로 사셨다. 예수님의 삶의 모범이 나에게는 어떤 영향력이 있는가?

첫째 : "송영"(아멘) (마태복음 6:13)에서 열어주는 메시지

주기도문 송영(The Doxology) 영광송은 주기도문이 단순한 간구로 끝나는 것이 아니라 완벽한 기도로서 끝마침과 동시에 완벽한 삶을 헌신하게 한다. 주기도문의 송영(The Doxology)을 받으시는 분은 하나님 아버지이시며 영원토록 하나님의 자녀를 통하여 받으신다. 주기도문 전체의 간구로부터 상호 연관성을 통하여 마지막 아멘에서 주시는 메시지는 무엇인가? 주기도문을 '아멘'으로 마치는 것은 계약서를 다 쓰고 사인을 하는 것과 같은 것이다. 사인을 해 놓고도 지키지 않으면 계약 위반이 되는 것이다. 우리는 잊어버리는 데 하나님은 우리 기도를 기억하셨다가 반드시 이루어주신다. 아멘을 얼마나 반복적으로 하느냐가 중요한 것이 아니다. 말씀을 듣고 행하는 자가 되어 뜻이 하늘에서 이루어진 것 같이 이 땅에서 이루어지는 놀라운 기적이 일어나시기를 바란다.

1. 송영(아멘)은 어떤 의미를 가지고 있는가?

보기	보기에서 ( )안에 맞는 단어를 찾고 합당한 성경구절을 기록하자
보기	① 동의 ② 맹세 ③ 충성과 헌신 ④ 약속 ⑤ 응답 ⑥ 마칠 때

(1)	구약성경에 나타나는 〈아멘〉 1) 〈아멘〉은 여호와께 대한 답변으로, 다른 사람의 의견에 ( )한다는 표현으로 상대방의 정당성을 인정하고 자신이 공감하였을 때 사용하였다. 2) 〈아멘〉은 유대교나 기독교의 종교적 용어로써 여호와께 대한 사람의 기도를 개인적으로 공중으로 그 기도에 동의한다는 의미로, 여호와께 대한 찬미를 화답하여 드릴 때 사용했다.
성경	예레미야 28:6
(2)	3) 〈아멘〉은 하나님께 대한 법령을 준수하겠다는 서약과 위반할 때는 처벌을 받겠다는 ( )로서 사용했다. 4) 〈아멘〉은 ( )을 표현할 때 사용했다.
성경	신명기 27:15
(3)	신약 성경에 나타나는 〈아멘〉 1) 하나님을 통하여 그리스도의 ( )에 대한 응답 (고린도후서 1:20) 2) 기도에 대한 ( ) … 네 감사에 어찌 아멘 하리요 (고린도전서 14:16). 3) 기도를 끝 ( ) 사람과 함께 계실지어다 아멘 (로마서 15:33) 4) 송영의 처음과 마지막에 5) 서신(書信)의 끝 부분에
성경	요한계시록 22:21

둘째 : 삶의 적용을 위한 워크샵(Workshop)

1) 재림신앙(아멘, 주 예수여 어서 오시옵소서 : 마라나타)이란 예화로 주기도 실천적 삶에 적용하기

하나님의 나라에는 하나님이 세우시는 법과 질서가 있다. 이 법을 지키며 사는 사람의 모습을 상상해 봅시다. 이 법을 누군가 지키지 않는다면 어떤 일이 일어날 것입니까? 이스라엘 나라 백성들에게 하나님은 말라기 3:9 "너희 곧 온 나라가 나의 것을 도적질 하였으므로 너희가 저주를 받았느니라" 말씀하고 있습니다. 여기 '나의 것'은 무엇입니까? 이로 인하여 저주를 받는다면 어떻게 하는 것이 하나님의 것을 도적질 하지 않고 사는 것이며 어떻게 자녀들을 어떻게 기도하고 양육하며 가르쳐야 할 것입니까?

1. 하나님의 나라에는 하나님이 세우시는 법과 질서가 있다. 이 법을 지키며 사는 사람들의 모습을 상상해 봅시다. 이 법을 누군가 지키지 않는다면 어떤 일이 일어날 것입니까? 이스라엘 나라 백성들에게 하나님은 말라기 3:9 "너희 곧 온 나라가 나의 것을 도적질 하였으므로 너희가 저주를 받았느니라" 말씀하고 있습니다. 여기 '나의 것'은 무엇입니까? 이 일로 인하여 저주를 받는다면 어떻게 하는 것이 하나님의 것을 도적질 하지 않고 사는 것이며 어떻게 자녀들을 어떻게 기도하고 양육하며 가르쳐야 할 것입니까?

2. 이스라엘 나라 하나님의 백성들에게 하나님은 말라기 3:9 "너희 곧 온 나라가 나의 것을 도적질 하였으므로 너희가 저주를 받았느니라" 말씀하고 있다. 여기 '나의 것'은 무엇인가? 어떻게 이스라엘이 하나님의 것을 훔쳤다고 생각하는가? 내가 얻는 교훈은 무엇인가?

셋째 : 하나님 나라 부흥은 주기도운동으로!!!

〈주기도운동〉은 "회개, 지상명령 성취, 성령충만, 헌신"의 삶을 포함한다.

회개

회개의 기도와 함께하는 삶.
4. 아멘 후의 삶이 거짓됨을 회개합니다.
5. 사람에게 아멘함을 회개합니다.
6. 분위기를 위해 아멘함을 회개합니다.
송영(아멘)을 통해 회개를 적용하여 기도하자.

＊ 나의 회개기도는 어떠한가?

전도

지상명령 성취는 전도, 선교와 함께하는 삶.
7. 전도할 수 없다고 말할 수 없는 이유
   1. 하나님의 명령이기 때문이다
      1) 최후 지상 명령 (마태복음 28:19-20)
         너희는 가서 모든 족속으로 제자를 삼아 아버지와 아들과 성령

전도  지상 명령 성취	의 이름으로 세례를 주고 내가 너희에게 분부한 모든 것을 가르쳐 지키게 하라. 볼지어다! 내가 세상 끝 날까지 너희와 항상 함께 있으리라! 2) 바울이 디모데에게 권함.(디모데후서 4:2) 　　너는 말씀을 전파하라! 때를 얻든지 못 얻든지 항상 힘쓰라 ! 3) 전도는 일이기 때문이다. 4) 전도자에게는 상급이 있기 때문이다.(디모데후서 4:6-8) "의의 면류관" 5) 종말의 때가 가까웠기 때문이다.(디모데후서 4:3) 　　"때가 이르리니…… 쫓으리라" 9) 교회 형편 때문에 ＊ 전도현장에서 반대 의견으로 당황스러운 일을 만났을 때에도 전도를 해 본 경험이 있는가 있다면 구체적으로 어떠했는가? 전도한 태신자 (이름:　　　)
선교  지상 명령 성취	**믿지 않는 가까운 이웃부터 우리의 선교 대상임을 잊지 말자.** 　　부록〈세계선교지도〉에서 선교 대상지를 정하고 기도 한다. 혹은 담임목사님의 목회 방침에따라 순종하면서 지원하는 선교지를 위해 기도한다. 대한민국의 평화 통일, 혹은 다른 나라들의 기도 제목을 기록하고 기도한다. ＊ 각자 정해진 선교대상지에 가는 선교사로서 혹은 보내는 선교사로서 어떻게 하는 것이 가장 최선의 방법인가를 검토한다.
은사  성령 충만	**성령충만한 삶은 성령의 은사를 실천하는 것이다.** **5. 권유(권면)** (요한복음 14:16) 성령님은 "보혜사(保惠師), the comforter 이시다. 인격적인 상담과 격려(encouragement)로 성도 한 사람 한 사람이 영적인 원리에 의해 날마다 살아가도록 돕는 것이다. (예: 이번에 힘드셨지요? 공감해요! 다음에 다시 기회를 갖도록 해요) ＊ 각자의 권유의 은사를 적용한 경험을 나누어 보기로 하자
열매	**성령충만한 삶은 성령의 열매를 실천하는 것이다.** ⑥ **양선의 열매** – 착함(良善/goodness) 에베소서 5:9, 로마서 15:14 양선은 가장 고귀한, 도덕적이고 윤리적인 가치관들을 대표하는 말

이다. 즉 삯이나 보상의 기대 없이 선한 마음으로 이웃에게 사랑을 실천함으로 하나님을 기쁘시게 하는 것을 말한다. 양선(Goodness) "바나바는 착한 사람이요 성령과 믿음이 충만한 자라"(사도행전 11:24).

✻ 자의 양선의 열매를 적용한 경험을 나누어 보기로 하자.

헌신자의 삶의 특징은 무엇인가?

(5) 헌신자는 섬김을 배우는 종으로 살려는 사람이다(마가복음 10:35-45).

(6) 헌신은 교만한 자의 자리에서 겸손으로 살려는 사람이다(잠언 18:12).

부록 24-1,2) (7) 주기도문 4PMT의 요소인 헌신은 바른 교회론을 통해서 나타난다.

✻ 헌신에 대한 부분은 매주일 담임 목사님의 설교를 통해서 한 주간 실천할 내용과 개인적으로 정해진 분량의 성경을 읽고 마음에 감동이 되는대로 실천한다.
✻ 각자의 헌신의 삶을 적용한 경험을 나누어 보기로 하자.

〈주기도운동〉은 소책자 "기도문으로 기도하기" 4PMT로 이루어간다.
송영(아멘)을 4PMT로 적용하여 기도하기

송영(아멘)으로 적용하여 기도하기

(아멘) 나라와 권세와 영광이 아버지께 영원이 있사옵나이다(아멘)"으로 주기도문 모든 간구의 소원을 주님께 올려 드리고, 믿음의 결단을 하게 하심을 감사드립니다. 예수님께서 오직 성령의 충만함과 인도함을 받아, 십자가에 죽기까지 하나님 아버지의 말씀에 순종하심으로, **아멘의 근원**이 되시고 본이 되어 주셨음에도 불구하고 하나님의 말씀에 순종하지 못했던 우리의 언행심사를 회개합니다.

어떠한 상황과 형편 속에서도 우리의 구원을 위해 모든 것이 합력하여 선을 이루시는(로마서 8:28) 하나님을 신뢰함으로, 항상 하나님의 말씀에 순종하는 아멘의 신앙을 통하여 성령 충만한 삶이 되게 하시고 삶의 현장 속에서 하나님께 순종하는 하나님의 자녀 된 모습을 이웃들에게 증거함으로써 하나님의 영광이 드러나게 하옵소서. 초대 교회 성도들이 죽음도 두려워하지 않고 예수 그리스도의 복음을 외치며 하나님의 말씀에 아멘으로 순종했던 그 모습이 오늘의 나의 삶이 되게 하시고, 매일 매 순간 바다의 파도와 우레 소리같이 아멘을 선포하며 살아가게 하여 주시옵소서. 하나님의 말씀을 마음으로 믿고, 생각에 채우고, 입술로 고백하고, 삶으로 살아가는 아멘의 신앙을 주기도 송영과 함께 드리게 하옵소서.

예수님을 알지 못하여 하나님의 말씀에 순종하는 아멘 신앙으로 살지 못하는(전도대상자 ○○○ 이름을 부르며) 그를 전도하여 그와 함께 진실된 **아멘의 삶**을 살게 하시고, 이 세상에서 하나님의 나라 천국에 갈 때까지 오직 아멘으로 살아가는 믿음의 삶을 나누게 하시고, 기도하며 섬기고 있는 ○○○에게 그리스도인의 본이 되게 하셔서 ○○○ 또한 하나님 나라를 위해 헌신하게 하여 주시옵소서.

주기도로 기도를 가르쳐 주신 나의 주 하나님 예수 그리스도 이름으로 기도드립니다. (아멘)

Doxology(Amen)

"For Thine is the kingdom, and the power, and the glory, forever. Amen!" Thank you Lord for your help to pray all the petitions of the Lord's Prayer, and for helping me to dedicate my life to You by faith. I repent all my sins that I committed in my thoughts, words, and deeds and all the things I have not obeyed according to the Word of God, unlike Jesus Christ who obeyed even to the point of death on the cross and became the source of Amen! He modeled being filled and guided by the Holy Spirit to all of us.

By trusting You who works for the good in any situation and circumstance for our salvation(Romans. 8:28), let me live a Spirit filled life of Amen by obeying the word of God, and be a witness in life style as God's child to my neighbors so that Your name will be glorified.

Lord, let my life be like one of the early Christians who proclaimed the gospel even to the point of risking their lives for the sake of Jesus Christ and had obeyed the Word of God with a great Amen. Please make my life to be like those who boldly said "amen". And let the "amen" be like the sound of thunders and of many waters in whatever situations I may be. As I pray the doxology of the Lord's Prayer, let me truly believe the Word of

God hidden in my heart, filling my mind, and confessing it with my lips as I commit myself to live it out. Help my life to reach the person (the name you are planning to share the gospel) who does not know yet how to live a life of "amen" on the Word of God as he/she does not know Jesus Christ as his/her personal Savior. May it results in, both of us living a true amen life, sharing our lives of faith with others until we enter heaven. Let me be a model to the person (person you are planning to reach with the gospel) for whom I am praying and serving now so that he/she also may dedicate his/her life for the kingdom of God. I pray in the name of Jesus Christ who taught me how to pray through the Lord's Prayer. (Amen)

송영(아멘)을 4PMT로 적용하며 기도하고 실천하고 있는가?

넷째 : 하나님 나라 부흥은 하하하 하나님 땡큐운동으로!!!

기도	쉬지 말고 기도하라!란 말씀(데살로니가전서 5:17)을 "송영" 아멘에 적용하여 말씀기도하기.
	공식적으로나 말씀을 들을 때 동의의 의미로 고백하게 하심을 감사드립니다. 여호와께 대한 찬미를 화답할 때도 아멘하게 하심을 감사드립니다. 기도 마지막에 충성 헌신을 결심하게 하심도 감사드립니다. 기도할 수 있을 때 믿음으로 기도하게 하시고 다른 이의 기도에도 아멘으로 반응하는 믿음을 주옵소서. 성령충만을 유지하기 원하며 주님과의 깊은 교제를 통해 응답받는 기도의 삶이되기를 원합니다. 하나님의 약속의 말씀을 붙들고 기도할 때 신실하시고 변함없으신 주님을 의지하며 흔들리지 않는 기도하게 하소서. 예수님의 이름으로 기도드립니다. 아멘.
생각나누기	아버지의 자녀로서 기도를 회복하고 성령 충만한 삶을 살고 있는가?

다섯째 : 주기도로 삶을 사는 하나님의 자녀들의 영적성장 점검표

영적성장 점검표을 통해 영적 성장을 확실하게 경험하자!!

회개 및 간구 : 매일 회개 및 간구한 기도 내용을 기록한다.
성령충만 : 매일 본 교재에서 제시한 열매와 은사 중 실천한 것을 기록한다.
지상명령(전도, 선교) : 전도한 사람의 이름이나 태신자 이름, 기도한 선교 대상지를 기록한다. 전도지를 사람에게 나누어준 명수를 기록한다.
헌신 : 기쁨, 기도, 감사 : 하나님께 영광 돌린 것을 기록한다.
〈하하하 하나님 땡큐〉 하루에 3번 이상 반복하기
성경읽기 : 구약, 신약성경을 매일 3-5장씩 읽은 곳을 기록한다.

주기도 운동 영적 일기 쓰기 20   년   월

요일	회개 및 간구	성령충만(전인격) 성령의 열매	지상명령성취 선교/전도(대상자)	헌신(실천) 기쁨, 기도, 감사	말씀읽기 말씀요절
월					
화					
수					
목					
금					
토					
일					
평가					

＊영적 점검표는 견본으로 제공하며 복사해서 계속 사용 할 수 있다.

36 파테르라이프50

하나님의 자녀는 어떻게 살아야 합니까?

주기도문 송영(아멘) 12-3
나라와 권세와 영광이 아버지께 영원히 있사옵나이다. 아멘
For Thine is the kingdom, and the power, and the glory, forever. Amen.
마태복음 6:13

찬송부르기 : 여기에 모인 우리 620장, 내 구주 예수를 더욱 사랑(통511)314장
성경읽기 : 신명기 27:11-26, 고린도후서 1:20, 디모데후서 4:18, 요한계시록 7:12, 요한계시록 22:20-21
묵상하기 : 예수그리스도는 자신이 "아멘 이시요 충성되고 참된 증인(요한계시록 3:14)"으로 사셨다. 예수님의 삶의 모범이 나에게는 어떤 영향력이 있는가?

첫째 : "송영"(아멘) (마태복음 6:13)에서 열어주는 메시지

주기도문 송영(The Doxology) 영광송은 주기도문이 단순한 간구로 끝나는 것이 아니라 완벽한 기도로서 끝마침과 동시에 완벽한 삶을 헌신하게 한다. 주기도문의 송영 (The Doxology)을 받으시는 분은 하나님 아버지이시며 영원토록 하나님의 자녀를 통하여 받으신다. 주기도문 전체의 간구로부터 상호 연관성을 통하여 마지막 아멘에서 주시는 메시지는 무엇인가? 주기도문을 '아멘'으로 마치는 것은 계약서를 다 쓰고 사인을 하는 것과 같은 것이다. 사인을 해 놓고도 지키지 않으면 계약 위반이 되는 것이다. 우리는 잊어버리는 데 하나님은 우리 기도를 기억하셨다가 반드시 이루어주신다. 아멘을 얼마나 반복적으로 하느냐가 중요한 것이 아니다. 말씀을 듣고 행하는 자가 되어 뜻이 하늘에서 이루어진 것 같이 이 땅에서 이루어지는 놀라운 기적이 일어나시기를 바란다.

1. 송영(아멘)은 어떤 의미를 가지고 있는가?

보기에서 ( )안에 맞는 단어를 찾고 합당한 성경구절을 기록하자	
보기	① 적용 ② 증인 ③ 진실 ④ 보증 ⑤ 확실성

(1)	넷째 : 〈아멘〉과 예수 그리스도에 대하여 1) 〈아멘〉의 기원은 예수 그리스도이시고 그의 이름 (호칭)이기도 하다. 2) 〈아멘〉은 예수 그리스도 자신이 곧 "진실"이 되심에 적용하신다. 3) 〈아멘〉은 예수 그리스도께서 함께 계심에 대한 응답으로 ( )되었다. 4) 〈아멘〉은 예수 그리스도의 증인으로의 예수 그리스도께 고백하는 것이다. 예수 그리스도는 자신이 "아멘이시오, 충성되고 참된 증인"으로 사셨다. 참된 증인을 따르는 ( )의 삶은 〈아멘〉으로 살아야 한다.
성경	고린도후서 1:20

(2)	아멘의 삶은 예수 그리스도 안에서 긍정적인 삶의 태도를 가지게 한다. 「아멘」은 주기도문 본문과 송영을 "( )로 그러합니다", "그렇게 이루어 주소서"라고 기도 할 수 있도록 기도의 확신을 준다. 〈아멘〉은 신앙의 참된 고백을 기도 속에 담아 드리는 ( )이 된다.
성경	베드로전서 4:19

(3)	아멘의 삶은 하나님의 약속을 그대로 믿고 따르는 신앙이다. 하나님께 전 삶의 영역에서 영광을 돌리며 살아간다. 〈아멘〉은 하나님의 응답의 ( ) 우리의 간구나 소원에 대하여 우리 자신이 느끼고 품고 생각하는 것 이상으로 우리의 청원에 대해서 더 큰 확실성을 하나님께 갖도록 한다.
성경	고린도후서 1:20

둘째 : 삶의 적용을 위한 워크샵(Workshop)
"땅에서는 아멘으로 믿어 구원 ,하늘에서는 영생"이란 예화를 주기도 실천적 삶에 적용하기

　지금은 육신의 아버지 어머니가 없는 고아와 같다. 아버지는 장로로 어머니는 권사로 예수 잘 믿으셨고 어머니는 아버지보다 6년 더 사시다가 천국에 가셨으니 감사할

일이다.

두 분의 천국 환송 예배 때 가족 대표로 인사할 때 나는 "잘 가세요(Good bye)"라고 하지 않고 "천국에서 다시 뵙겠습니다(See you again in Heaven.)"라고 했다.

나의 인생에 영향력을 주신 두 분이 있는데 그분들의 공통점은 모두 하나님의 나라를 위해 사셨고 지금은 모두 천국에 가셨다. 한분은 한국 충현교회 김창인 목사로 그분을 통해서 영력(靈力)과 "오직 하나님 앞에서 "라는 철저한 하나님의 주권 신앙과 믿음의 담대함, 은혜로운 설교등 목회자의 자질을 키울 수 있는 기회를 얻었다.

다른 한분은 CCC(CRU) 설립자이신 빌 브라이트 박사로서 그분을 통해서 영적 리더로서의 자질과 비전(꿈)을 배우면서 교회와 선교단체가 상생하는 리더로서 훈련받을 수 있는 기회 얻었다.

1. "땅에서는 구원, 하늘에서는 천국 혹은 영생"이라는 말이 하나님 나라가 이루어지는 것과 어떤 관계가 있으며 나와는 어떤 관계가 있겠습니까? 아멘의 생활을 실천과의 관계를 생각해 봅시다.

2. 하나님의 나라가 임하기를 간구하면서 혹시 "죽음 후에 어떤 일이 일어날까" 하며 근심하고 두려워해 본 경험이 있습니까?

셋째 : 하나님 나라 부흥은 주기도운동으로!!!

〈주기도운동〉은 "회개, 지상명령 성취, 성령충만, 헌신"의 삶을 포함한다.

회개의 기도와 함께하는 삶.
7. 순종하는 신앙이 되지 못함을 회개합니다.
8. 약속에 대한 신뢰 없이 아멘함을 회개합니다.
9. 삶의 전 영역에서 아멘 하지 못함을 회개합니다.
송영(아멘)을 통해 회개를 적용하여 기도하자.

* 나의 회개기도는 어떠한가?

지상명령 성취는 전도, 선교와 함께하는 삶.
8. 이렇게 전도할 수 있다.
  방법: 1) 항상 힘쓰라   2) 범사에 오래 참으라
      3) 가르침으로   4) 경책하면서

지상명령성취

5) 경계하면서 전하라

디모데후서 4:2 "너는 말씀을 전파하라 때를 얻든지 못 얻든지 항상 힘쓰라 범사에 오래 참음과 가르침으로 경책하며 경계하며 권하라"

* 전도현장에서 반대 의견으로 당황스러운 일을 만났을 때에도 전도를 해 본 경험이 있는가 있다면 구체적으로 어떠했는가? 전도한 태신자 (이름:)

선교

지상명령성취

믿지 않는 가까운 이웃부터 우리의 선교 대상임을 잊지 말자.

부록〈세계선교지도〉에서 선교 대상지를 정하고 기도 한다. 혹은 담임목사님의 목회 방침에 따라 순종하면서 지원하는 선교지를 위해 기도한다. 대한민국의 평화 통일, 혹은 다른 나라들의 기도 제목을 기록하고 기도한다.

* 각자 정해진 선교대상지에 가는 선교사로서 혹은 보내는 선교사로서 어떻게 하는 것이 가장 최선의 방법인가를 검토한다.

은사

성령충만

성령충만한 삶은 성령의 은사를 실천하는 것이다.

6. 구제(섬김) (로마서 12:7) "혹 섬기는 일이면 섬기는 일로…" "서로 돕는 은사" "남을 돕는 은사" (헬)– 조력하는 것, 자원하는 것. (베드로전서 4:11) 하나님의 공급하시는 힘으로 자원하여 즐거운 마음으로 참여한다.

* 각자의 구제의 은사를 적용한 경험을 나누어 보기로 하자.

열매

성령충만

성령충만한 삶은 성령의 열매를 실천하는 것이다.

⑦ **충성의 열매** – 성실(信實/faithfulness) "맡은 자들에게 구할 것은 충성 이니라" (고린도전서 4:2) 충성은 하나님 앞에서 최선을 다하는 신앙 자세이며 신앙의 가장 중요한 요소 중 하나이다. 사도 바울이야말로 충성된 종의 모범이라 할 수 있다(디도서 2:10).

* 각자의 충성의 열매를 적용한 경험을 나누어 보기로 하자.

헌신자의 삶의 특징은 무엇인가?

(7) 헌신은 바울처럼 "나는 항상 하나님과 사람 앞에서 양심에 거리낌이 없기를 힘쓰노라" 양심에 거리낌이 없는 삶을 사는 사람이다(사도행전 24:16).
(8) 헌신자의 삶은 하나님의 뜻을 이루기 위해 항상 기뻐하는 사람이다(데살니가전서 5:16).
(9) 헌신자의 삶은 하나님의 뜻을 이루기 위해 쉬지 않고 기도하는 사람이다(데살니가전서 5:17).

부록 24-1,2) (7) 주기도문 4PMT의 요소인 헌신은 바른 교회론을 통해서 나타난다.

* 헌신에 대한 부분은 매주일 담임 목사님의 설교를 통해서 한 주간 실천할 내용과 개인적으로 정해진 분량의 성경을 읽고 마음에 감동이 되는대로 실천한다.
* 각자의 헌신의 삶을 적용한 경험을 나누어 보기로 하자.

헌신
✝
헌신

〈주기도운동〉은 소책자 "기도문으로 기도하기" 4PMT로 이루어간다.
송영(아멘)을 4PMT로 적용하여 기도하기

송영(아멘)으로 적용하여 기도하기

(아멘) 나라와 권세와 영광이 아버지께 영원이 있사옵나이다(아멘)"으로 주기도문 모든 간구의 소원을 주님께 올려 드리고, 믿음의 결단을 하게 하심을 감사드립니다. 예수님께서 오직 성령의 충만함과 인도함을 받아, 십자가에 죽기까지 하나님 아버지의 말씀에 순종하심으로, **아멘의 근원**이 되시고 본이 되어 주셨음에도 불구하고 하나님의 말씀에 순종하지 못했던 우리의 언행심사를 회개합니다.
어떠한 상황과 형편 속에서도 우리의 구원을 위해 모든 것이 합력하여 선을 이루시는(로마서 8:28) 하나님을 신뢰함으로, 항상 하나님의 말씀에 순종하는 아멘의 신앙을 통하여 성령 충만한 삶이 되게 하시고 삶의 현장 속에서 하나님께 순종하는 하나님의 자녀 된 모습을 이웃들에게 증거함으로써 하나님의 영광이 드러나게 하옵소서. 초대교회 성도들이 죽음도 두려워하지 않고 예수 그리스도의 복음을 외치며 하나님의 말씀에 아멘으로 순종했던 그 모습이 오늘의 나의 삶이 되게 하시고, 매일 매 순간 바다의 파도와 우레소리같이 아멘을 선

회개

포하며 살아가게 하여 주시옵소서. 하나님의 말씀을 마음으로 믿고, 생각에 채우고, 입술로 고백하고, 삶으로 살아가는 아멘의 신앙을 주기도 송영과 함께 드리게 하옵소서.

예수님을 알지 못하여 하나님의 말씀에 순종하는 아멘 신앙으로 살지 못하는(전도대상자 OOO 이름을 부르며) 그를 전도하여 그와 함께 진실된 **아멘의 삶**을 살게 하시고, 이 세상에서 하나님의 나라 천국에 갈 때까지 오직 아멘으로 살아가는 믿음의 삶을 나누게 하시고, 기도하며 섬기고 있는 OOO에게 그리스도인의 본이 되게 하셔서 OOO 또한 하나님 나라를 위해 헌신하게 하여 주시옵소서.

주기도로 기도를 가르쳐 주신 나의 주 하나님 예수 그리스도 이름으로 기도드립니다. (아멘)

Doxology(Amen)

"For Thine is the kingdom, and the power, and the glory, forever. Amen!" Thank you Lord for your help to pray all the petitions of the Lord's Prayer, and for helping me to dedicate my life to You by faith. I repent all my sins that I committed in my thoughts, words, and deeds and all the things I have not obeyed according to the Word of God, unlike Jesus Christ who obeyed even to the point of death on the cross and became the source of Amen! He modeled being filled and guided by the Holy Spirit to all of us.

By trusting You who works for the good in any situation and circumstance for our salvation(Romans. 8:28), let me live a Spirit filled life of Amen by obeying the word of God, and be a witness in life style as God's child to my neighbors so that Your name will be glorified.

Lord, let my life be like one of the early Christians who proclaimed the gospel even to the point of risking their lives for the sake of Jesus Christ and had obeyed the Word of God with a great Amen. Please make my life to be like those who boldly said "amen". And let the "amen" be like the sound of thunders and of many waters in whatever situations I may be. As I pray the doxology of the Lord's Prayer, let me truly believe the Word of God hidden in my heart, filling my mind, and confessing it with my lips as I commit myself to live it out. Help my life to reach the person (the name you are planning to share the gospel) who does not know yet how to live a life of "amen" on the Word of

God as he/she does not know Jesus Christ as his/her personal Savior. May it results in, both of us living a true amen life, sharing our lives of faith with others until we enter heaven. Let me be a model to the person (person you are planning to reach with the gospel) for whom I am praying and serving now so that he/she also may dedicate his/her life for the kingdom of God. I pray in the name of Jesus Christ who taught me how to pray through the Lord's Prayer. (Amen)

송영(아멘)을 4PMT로 적용하며 기도하고 실천하고 있는가?

넷째 : 하나님나라 부흥은 하하하 하나님 땡큐운동으로!!!

감사	범사에 감사하라! 란 말씀(데살로니가전서 5:18)을 "송영" 아멘에 적용하여 말씀 기도하기.
기도 / 기쁨 / 감사	영원히 죽을 목숨 변화시켜주셔서 아멘의 뜻으로 입술로 고백하는 영혼되게 하심을 **감사**드립니다. 하나님의 말씀을 통해 아멘하게 하시고 찬양할 때 믿음으로 아멘하게 하시고 기도할 때 신실한 믿음의 아멘의 고백이 되게 하소서 영혼들을 위해 목숨 주신 예수님의 사랑으로 저 또한 주변의 불신 영혼들에게 주님의 사랑을 전하고 새로운 영혼들이 입술로 아멘의 고백이 되는 변화의 모습을 기대하게 하소서 마음으로 품고 입으로 주님을 고백하고 시인하기 위해 오늘도 영혼들을 위해 간절히 기도하며 한 영혼 한 영혼이 천하보다 귀함을 감사하는 하루되게 하소서 주님의 눈으로 영혼에게 다가가는 간절한 하루되기를 기도하며 예수님의 이름으로 기도드립니다. 아멘.
생각나누기	아버지의 자녀로서 감사를 회복하고 성령 충만한 삶을 살고 있는가?

다섯째 : 주기도로 삶을 사는 하나님의 자녀들의 영적성장 점검표

영적성장 점검표를 통해 영적 성장을 확실하게 경험하자!!

회개 및 간구 : 매일 회개 및 간구한 기도 내용을 기록한다.
성령충만 : 매일 본 교재에서 제시한 열매와 은사 중 실천한 것을 기록한다.
지상명령(전도, 선교) : 전도한 사람의 이름이나 태신자 이름, 기도한 선교 대상지를 기록한다. 전도지를 사람에게 나누어준 명수를 기록한다.
헌신 : 기쁨, 기도, 감사 : 하나님께 영광 돌린 것을 기록한다.
〈하하하 하나님 땡큐〉 하루에 3번 이상 반복하기
성경읽기 : 구약, 신약성경을 매일 3-5장씩 읽은 곳을 기록한다.

주기도 운동 영적 일기 쓰기   20   년   월

요일	회개 및 간구	성령충만(전인격) 성령의 열매	지상명령성취 선교/전도(대상자)	헌신(실천) 기쁨, 기도, 감사	말씀읽기 말씀요절
월					
화					
수					
목					
금					
토					
일					
평가					

＊영적 점검표는 견본으로 제공하며 복사해서 계속 사용 할 수 있다.

파테르라이프50
(πάτερ LIFE 50)

부 록

부록 사용법

1. 주기도문으로 기도하기 4PMT(회개, 지상명령, 성령충만, 헌신) 도표
   사용법 : 그림 설명은 주기도문 기도하기 4PMT 소책자 25 쪽을 읽어가며 회개, 성령충만, 지상명령성취, 헌신까지 점검한다.
2. 주기도문으로 기도하기 4PMT 소책자와 사도행전적 적용 도표
   (주기도문 기도하기 소책자 3~4쪽, 25~26쪽 참조)
   사용법: 부록1. 도표 1번과 병행하여 같은 방법으로 점검한다.
3. 주기도문으로 기도하기 4PMT 사용 설명과 도표
   사용법: 도표 1번 2번 설명을 참조한다.
4. 하하하 하나님 땡큐 기도방법 사용설명(데살로니가전서 5:16-19)
   사용법: 주기도문 기도하기 소책자의 성령충만 그림 사용설명을 따라서 읽어가며 점검한다. (주기도문 기도하기 소책자 26쪽 참조)
5. 주기도문 기도운동 기도하기 영적점검표
   사용법: "세계 주기도 운동영적 일기쓰기 20   년   월   일"에 해당 주간의 시작 날짜를 기록한다. 각 부분은 본인만이 이해할 수 있는 글로 회개 및 간구부터 우측으로 기록한다. 매일 매주 사용 추가 부분은 복사해서 사용해도 된다.
6. 주기도문 지상명령 성취를 위한 전도(선교)할 수 있는 기회를 제공해 주는 계층들
7. 주기도문 지상명령 성취를 위한 전도(선교)할 수 있는 기회를 제공해 주는 관계들
   사용법: 계층들이나 관계들 안에 전도 대상자를 기록한다. 선교지역을 위해 기도로 파송한다.
8. 성령충만을 위한 성령의 은사 적용법(에베소서 4:12 – 교회 성장 접목)도표
8-1. 성령충만을 위한 은사 사용법(에베소서 4:12)
9. 성령충만을 위한 성령의 열매 적용법(갈라디아 5:22, 23접목)도표
   사용법: 성령충만하여 성령의 열매들을 주기도문의 실천적 접목을 위해 사용한다.

9-1. 성령충만을위한 성령의 열매 사용법
10. 주기도문 기도운동 국제기도공동체 기도신학, 아카데미, 실천적적용
11. 주기도문 기도신학과 삼위일체
12. 주기도문과 구원론 성령론, 죄론, 인간론과의 관계도표
    사용법: 주기도문 아카데미 훈련된 교사들에 의해 교육받을 수 있다.
13. 주기도문 기도현상 연구를 위한 설문지
    사용법: 설문 처음부터 문답형식으로 읽고 해당된 답에 표한다. 표한 답의 번호를 맨 아래 빈칸에 문제 번호를 따라 선택한 번호를 답으로 기록한다. 주관식란은 본인의 글로 기록한다.
14. 주기도문 기도운동 승법번식 (Multiplication): 전도(선교), 육성, 파송
14-1. 주기도문 기도운동 승법번식(Multiplication): 복음의 4세대
15. 주기도문 실천운동 설문지
    사용법: 설문 처음부터 문답형식으로 읽고 해당된 답에 표한다.
16. 주기도문으로 기도하기(예 1)
    사용법: 주기도문으로 기도하기 예문을 통해 각자가 기도문을 작성해 본다.
17. 주기도문으로 기도하기(예 2)
18. 주기도문 기도운동 부흥회 강의안
19. 주기도문 기도하기 소책자 장점과 검증 사례
20. 주기도문 각 간구에 적용 할 수 있는 주기도문 회개기도
21. 주기도문과 함께 효과적인 전도를 어떻게 할 수 있는가?
21-1. 주기도문과 함께 효과적인 선교는 어떻게 할 수 있는가?
22. 스마일(Smile)전도지 (전면)
22-1. 스마일(Smile)전도지 (후면)
23. 세계지도(선교기도용)
24. 주기도문 기도하기와 헌신의 특징
24-1 주기도문 기도하기 헌신과 교회
25. 주기도문에 대한 성가해설(Albert Hay Malotte 작곡)
26. 주기도문 아카데미 파테르라이프50 수료증(교회용)

부 록

1. 주기도문으로 기도하기 4PMT(회개, 지상명령, 성령충만, 헌신) 도표
2. 주기도문으로 기도하기 4PMT 소책자 사도행전적 적용 도표
3. 주기도문으로 기도하기 4PMT 사용 설명과 도표
4. 하하하 하나님 땡큐 기도방법 사용설명(데살로니가전서 5:16-19)
5. 주기도문 기도운동 기도하기 영적점검표
6. 주기도문 지상명령 성취를 위한 전도(선교)할 수 있는 기회를 제공해 주는 계층들
7. 주기도문 지상명령 성취를 위한 전도(선교)할 수 있는 기회를 제공해 주는 관계들
8. 주기도문 성령충만을 위한 성령의 은사 적용(교회성장접목)도표
8-1. 성령충만을 위한 은사 사용법(에베소서 4:12)
9. 주기도문 성령충만을 위한 성령의 열매 적용(개인성장접목)도표
9-1. 성령충만을위한 성령의 열매 사용법
10. 주기도문 기도운동 국제기도공동체(GPS)의 신학과 실천적 적용
11. 주기도문 기도신학과 삼위일체
12. 주기도문과 구원론 성령론, 죄론, 인간론과의 관계
13. 주기도문 기도현상 연구를 위한 설문지
14. 주기도문 기도운동 승법번식(Multiplication): 전도(선교), 육성, 파송
14-1 주기도문 기도운동 승법번식(Multiplication): 복음의 4세대
15. 주기도문 실천운동 설문지
16. 주기도문으로 기도하기(예 1)
17. 주기도문으로 기도하기(예 2)
18. 주기도문 기도운동 부흥회 강의안
19. 주기도문으로 기도하기 소책자의 장점과 검증된 사례
20. 주기도문 각 간구에 적용 할 수 있는 주기도문 회개기도

21. 주기도문과 함께 효과적인 전도를 어떻게 할 수 있는가?

21-1. 주기도문과 선교의 관계성

22. 스마일(Smile) 전도지

23. 세계선교지도

24. 주기도문 기도하기와 헌신의 특징

24-1 주기도문 기도하기 헌신과 교회

25. 주기도문에 대한 성가해설(Albert Hay Malotte 작곡)

26. 주기도문 아카데미 수료증(교회용)

부록 1. 주기도문으로 기도하기 4 PMT(4피엠티) 도표

항상 기뻐하라 "하하하"는 기뻐 웃을때
쉬지 말고 기도하라 "하나님"은 기도의 대상이시며
범사에 감사하라 "땡큐"는 감사하는 영어 표현입니다
이것이 그리스도 예수 안에서
너희를 향하신 하나님의 뜻이니라

데살로니가전서 5장 16-18절

부록 2. 주기도문으로 기도하기 4PMT 소책자와 사도행전적 적용 도표

도표설명서론	주기도 내용구분	주기도 4PMT	사도행전적접목
예수운동 (용서와사랑) **주기도문 기도운동** **주기도문 기도하기**	기도의 대상 하늘에 계신 우리 아버지여.	* **회개**: 하늘에 계신 우리 아버지여 마태복음 4:17, 마가복음 1:15, 역대하 7:14	**회개행전** 사도행전 2:38
아름다운삶운동 (예주아 올림픽) **말씀기도** 히브리서 4:12 **새계명** 마태복음 22:34, 요한복음 13:34 **십자가** 마태복음 16:24	***하나님께 대한 기도** **십자가의 종적인 부분** 첫째 : 이름이 거룩히 여김을 받으시오며 둘째 : 나라가 임하옵시며 셋째 : 뜻이 하늘에서 이루어진 것 같이 땅에서도 이루어지이다.	* **지상명령(전도, 선교)** 첫째 : 이름이 거룩히 여김을 받으시오며 둘째 : 나라가 임하옵시며 셋째 : 뜻이 하늘에서 이루어진 것 같이 땅에서도 이루어지이다. 마태복음 28:19-20, 사도행전 1:8, 디모데후서 4:2	**전도행전** (전도, 선교) 사도행전 2:38-47
제자도 마태복음 8:21 **승법번식** 디모데후서 2:2 **선한 청지기로 세워가는 삶(교회)** 베드로전서 4:7-11	**인간에 대한 기도** **십자가의 횡적인 부분** 넷째: 오늘날 우리에게 일용할 양식을 주시옵고 다섯째: 우리가 우리에게 죄 지은자를 사하여 준 것 같이 우리 죄를 사하여 주시옵고, 여섯째: 우리를 시험에 들게 하지 마옵시고 다만 악에서 구하시옵소서.	**성령충만 (성령의열매)** 넷째: 오늘날 우리에게 일용할 양식을 주시옵고 다섯: 우리가 우리에게 죄 지은자를 사하여 준 것 같이 우리 죄를 사하여 주시옵고, 여섯: 우리를 시험에 들게 하지 마옵시고 다만 악에서 구하시옵소서. 갈라디아서 5:22-23, 출애굽기 31:3-5, 에베소서 5:18	**성령행전** 사도행전 2:38-47
주기도문 아카데미 (LPGA) **주사모** 주기도문을 사랑하는 사람들의 모임	***송영** (대개) 나라와 권세와 영광이 아버지께 영원히 있사옵나이다. 아멘	***헌신** (대개) 나라와 권세와 영광이 아버지께 영원히 있사옵나이다. 아멘 고린도전서 6:19-20, 에베소서 4:11-13	**헌신행전: 3R** 회개: Repentance 화해: Reconciliation 재헌신: Rededication

부록 3. 주기도문으로 기도하기 4 PMT (회개, 지상명령, 성령충만, 헌신)

도표 사용설명과 예문 (주기도문 기도하기 소책자 25쪽 참조)

주기도문 기도운동은 예수님께서 가르쳐주신 하나님의 말씀으로 **말씀기도**(히브리서 4:12)하는 것이고, 예수님께서 우리들을 사랑하신 것 같이 우리도 서로 사랑하라는 **새 계명**(요한복음 13:34-35, 마태복음 22:34-40)을 날마다 내 몫의 **십자가**(마태복음 16:24-28)로 삶 속에 실천하는 것이며, **하나님 나라**(마가복음 4:26-32) 확장을 위해 하나님나라 백성들(제자)을 위한 **승법번식**(디모데후서 2:2)운동입니다. 또한 주님의 몸된 교회에 선한 청지기들을 세우고 그들의 삶을 육성해 가는 운동입니다.

주기도문 기도운동은 4PMT(4 Prayer Movement Time)의 요소인 **회개, 지상명령**(선교,전도), **성령충만, 헌신**을 실천하는 주기도문 기도운동이고 주기도문 아카데미입니다.

4PMT의 네가지 요소의 구체적인 내용은 다음과 같습니다.

회개 : 주기도의 주제는 '하나님 나라'이고, 하나님 나라 백성의 자격은 하나님의 말씀대로 살지 못한 것을 회개하는 사람이어야 합니다. (마태복음 4:17, 사도행전 2:38) 회개는 하나님 아버지께로 나아가는 유일한 길인 예수 그리스도의 이름으로, 기도의 대상 되시는 하나님께 드린다는 것을 도표1에서 화살표로 표현하고 있습니다. **(회개행전)**

지상명령 : 주기도의 전반부는 첫째 간구부터 셋째 간구로, 하나님의 나라가 이 땅에 성취되는 주님의 지상명령(마태복음 28:19-20)을 위한 내용을 포함하며, 도표1에서 왼쪽에 지구 그림과 확장되는 방향 표시로 표현하고 있습니다. **(전도행전)**

성령충만 : 주기도의 후반부는 넷째 간구부터 여섯째 간구로, 하나님 나라 백성

들의 성령충만(고린도전서 2:15-16, 갈라디아서 5:22-23, 사도행전 2:38-47)한 삶을 통해 실천될 수 있는 내용을 포함하며, '기쁨''기도''감사'라는 3개의 원이 곧 하나님의 뜻(데살로니가전서 5:16-18)이라는 것을 도표1에서 표현하고 있습니다. **(성령행전)**

헌신 : 주기도문의 송영에서 '영광'이라는 단어는 하나님 나라 백성으로서의 가장 근본적인 삶의 목적을 의미합니다. 나 자신이 성령이 거하는 전으로서의 교회(고린도전서 6:19)이면서 동시에 예수 그리스도를 믿는 교회 공동체의 일원으로서 주님의 몸 된 교회를 이루는 것(에베소서 4:3-12)이 하나님의 영광을 위하여 부름 받은 청지기적 사명을 감당하는 것이라고 할 수 있습니다. 이것을 도표의 아래 중앙에 교회 그림으로 도표1에서 표현하고 있습니다. **(헌신행전)**

> **예문: 기도의 대상**
>
> '**하늘에 계신 우리 아버지**'께서 나의 모든 삶의 일거수일투족을 지켜보심에도 불구하고, 그 하나님 아버지 앞에서 합당하게 살지 못한 것을 구체적으로 **회개**합니다.
> 내가 원하는 대로 사는 것이 아니라 이제는 하늘에 계신 아버지께서 내 삶의 주인이 되셔서 매 순간 **성령충만**한 삶을 통해 성령의 열매를 맺으면서 살기를 결단합니다.
>
> 하늘에 계신 하나님의 자녀로 예비하신 (전도 대상자 OOO 이름을 부르며) 그 영혼을 **전도**하여 그와 함께 천국에 갈 때까지 성령님을 의지하는 믿음의 삶을 나누게 하여 주시옵소서. 기도하며 섬기고 있는 OOO 에게 그리스도인의 본이 되게 하셔서, 하나님 아버지의 나라를 세상에 확장시켜 가도록 예수 그리스도의 제자로서 훈련시키며 **헌신**하게 하여 주시옵소서. 주기도로 기도를 가르쳐주신 나의 주 하나님 예수 그리스도의 이름으로 기도드립니다. (아멘) 주기도문 기도하기 소책자 3-4쪽

부록 4. 하하하 하나님 땡큐 기도방법
(주기도문 기도하기 소책자 26쪽 참조)

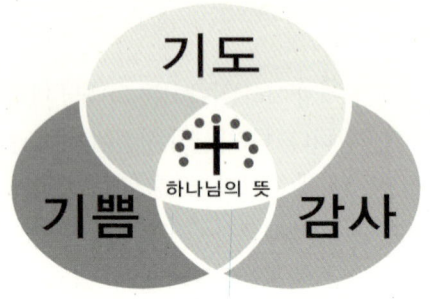

하하하 하나님 땡큐
쉬지 말고 기도하라 범사에 감사하라 이것이 그리스도 예수 안에서 너희를 향하신 하나님의 뜻이니라 (데살로니가전서 5장 16-18절)

소책자 표지에 있는 주기도문 기도운동 4 PMT 적용 기도문 도표에 포함된 **"하하하 하나님 땡큐"** 방법은 데살로니가전서 5:16-18 말씀에 대한 적용입니다. '항상 기뻐하라(하하하), 쉬지 말고 기도하라(하나님), 범사에 감사하라(땡큐) 이것이 그리스도 예수 안에서 너희를 향하신 하나님의 뜻이니라"이 말씀을 "하하하 하나님 땡큐"로 기억하고 적용해서 기도하면 **하나님의 뜻**을 이루는 기도와 삶을 실천할 수 있습니다.

주기도로 하나님께 기도하려는 그리스도인은 예수님을 나의 구주와 하나님으로 마음으로 믿고 입으로 시인하는 사람이어야 합니다. 이 사람은 마음의 왕좌에 예수님을 자신의 주인으로 모신 믿는 사람이어야 하며 성령 충만한 사람(고린도전서 2:15)이어야 합니다. **성령충만한 사람은 성령의 열매**(갈라디아서 5:22)를 맺으며 살아야 합니다.

"하하하 하나님 땡큐" 도표의 중앙 오른쪽 성령 충만 그림에서 **세 개의 원**(기쁨, 기도, 감사) 안에 있는 중앙의 **십자가는 마음의 주인이신 예수님**을 표현하고 있으며 아홉 개의 붉은 점은 성령충만한 사람의 삶을 통한 아홉가지 **성령의 열매**(사랑, 희락, 화평, 오래참음, 자비, 양선, 충성, 온유, 절제, 사,희,화,오,자,양,충,온,정)를 의미합니다. 십자가 밑에 있는 "하나님의 뜻"은 데살로니가전서 5:16-18 말씀에 기록되어 있습니다. 개인적으로나 혹은 그룹모임에서 주기도문 각 간구의 말씀을 "하하하 하나님 땡큐" 기도방법과 4PMT의 요소인 〈회개, 지상명령(전도, 선교), 성령충만, 헌신〉과 함께 기도 할 수 있습니다.

또한 "하하하 하나님 땡큐"로 기도하고 4PMT 요소로 기도하는 것이 생활화되고 익숙해지면 천국에 갈 때까지 기도응답을 받는 삶이 될 것입니다.
(김석원 목사 저서 "주기도문은 내 삶의 축복이다"에 구체적인 기도문들이 있습니다.)

부록 5. 주기도문 기도하기 영적성장 점검표

주기도로 삶을 사는 하나님의 자녀들의 영적성장 점검표
영적성장 점검표를 통해 영적 성장을 확실하게 경험하자!!

회개 및 간구 : 매일 회개및 간구한 기도 내용을 기록한다.
성령충만 : 매일 본 교재에서 제시한 열매와 은사중 실천한 것을 기록한다.
지상명령(전도, 선교) : 전도한 사람의 이름이나 태신자 이름, 기도한 선교 대상지를 기록한다. 전도지를 사람에게 나누어준 명수를 기록한다.
헌신 : 기쁨, 기도, 감사 : 하나님께 영광 돌린것을 기록한다.
〈하하하 하나님 땡큐〉 하루에 3번이상 반복하기
성경읽기 : 구약, 신약성경을 매일 3-5장씩 읽은 곳을 기록한다.

주기도 운동 영적 일기 쓰기 20   년   월

요일	회개 및 간구	성령충만(전인격) 성령의 열매	지상명령성취 선교/전도(대상자)	헌신(실천) 기쁨, 기도, 감사	맑씀읽기 말씀요절
월					
화					
수					
목					
금					
토					
일					
평가					

＊영적 점검표는 견본으로 제공하며 복사해서 계속 사용 할 수 있다.

부록 6. 전도할 수 있는 기회를 제공해 주는 계층들

*기도로 전도대상자를 마음에 품고 각 원안에 제한없이 사람들의 이름을 기록한다.

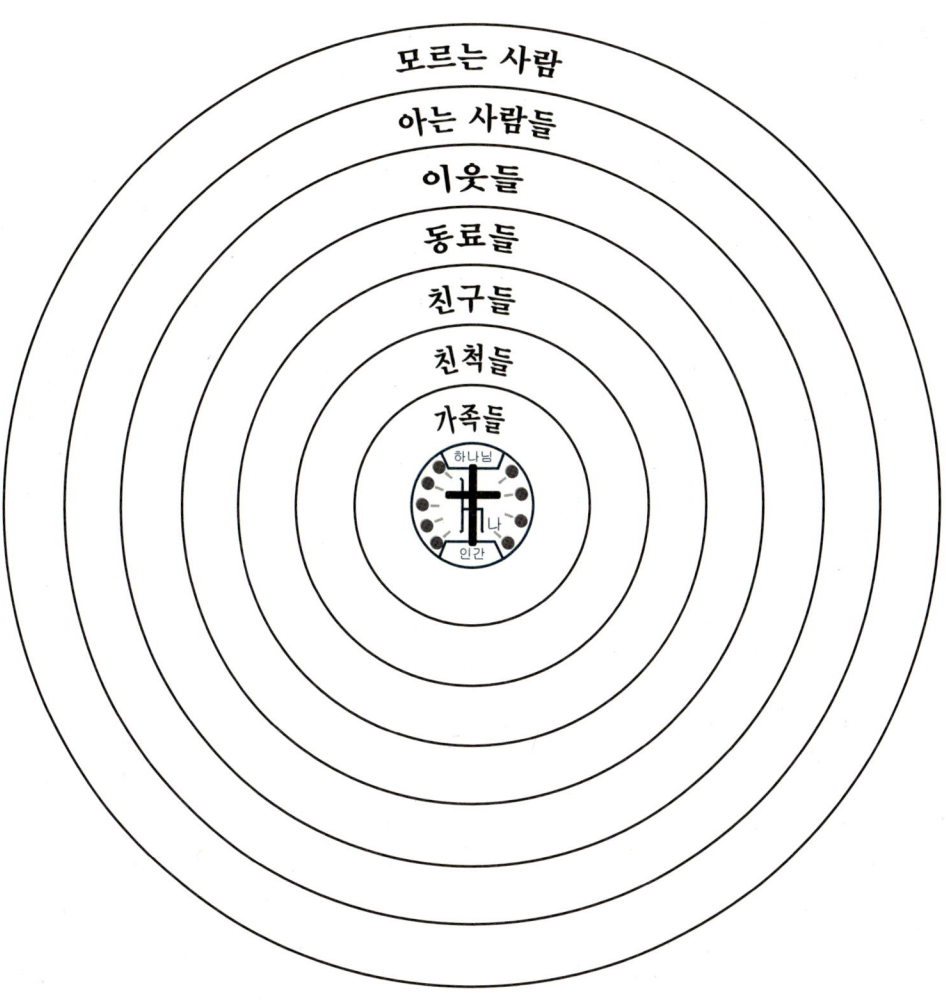

부록 7. 전도 할수 있는 기회를 제공해주는 관계들

*기도로 전도대상자를 마음에 품고 각 빈칸에 제한 없이 사람들의 이름을 기록한다.

관심 대상	이 름	순위	관심대상	이 름	순위
아버지			이동통신직원		
어머니			빵가게주인		
남 편			빵가게직원		
아 내			은행원		
아 들			우체국직원		
사 위			백화점직원		
딸			슈퍼직원		
며느리			헬스직원		
자 매			택시기사		
형 제			의 사		
사 촌			치과의사		
처 남			간호사		
처 제			병원 직원		
시아버지			약 사		
시어머니			검안사		
할아버지			미용사		
할머니			식당주인		
외할아버지			식당배달원		
외할머니			분식집주인		
숙 모			치킨점주인		
조 카			치킨점배달원		
남자친구			편의점직원		
여자친구			결혼대상자		
사 장			학교 친구		
상 사			학교선생님		
직장동료			교수님		
함께일하는사람			사업가 CEO		
함께일하는사람			우유배달원		
조기축구모임			아이뵈주는분		
운동모임			아이들선생님		
아이들선생님			검 찰		
이발사			변호사사무실		
경 찰			공무원		
이 웃(1)			비행기승무원		
이 웃(2)					

부록 8. 성령충만을 위한 은사 적용법(에베소서 4:12)

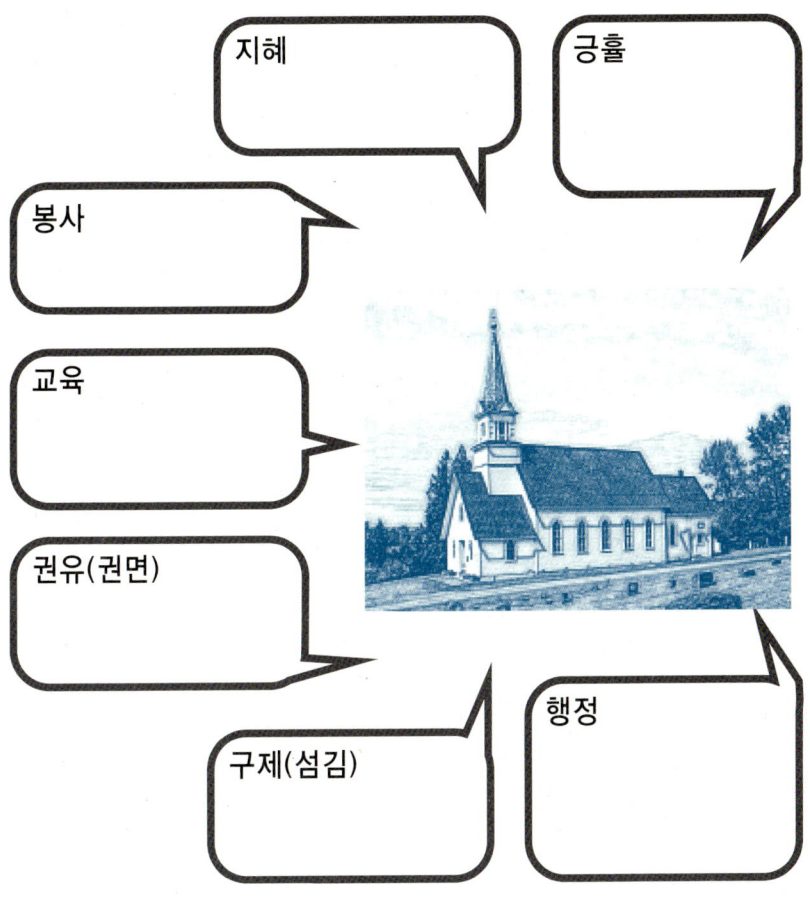

부록 8-1. 성령충만을 위한 은사 사용법(에베소서 4:12)

은사의 특징과 정의

*주기도문으로 기도하는 신자는 성령충만을 위한 은사 적용을 해야 한다.

1. 은사는 선물로 각자에게 주신 것이며 그리스도의 몸인 교회를 통해 은사는 인간의 몸처럼 작동한다. 주께서 주신 선물인 은사는 다르기 때문에 서로 경시할 수 없다. 미성숙한 신자들은 받은 은사 때문에 싸운다. (고린도전서 12:14-21)

2. 은사는 최소한 한가지 이상 받았으며 각자 받은 재능(달란트)을 성령의 힘으로 전환시켜 영적인 선물로 사용해야 한다.

3. 은사의 근원은 삼위일체 하나님으로부터 시작된다.
하나님: 은사활동의 근원, 예수님: 은사를 감당케하심, 성령님: 은사주심 그러므로 개인이 받은 바른 은사의 진단은 삼위일체 하나님께 영광 돌려 드리고 개인 신앙의 유익과 교회 공동체에 덕이 되어야 한다.

긍휼 : (마태복음 5:7)교회 교인을 어떻게 격려하고 도와서 그들의 책임을 다해 봉사하도록 하며, 교회 부흥(긍휼은 팔복의 축복중 하나)은 긍휼의 은사를 가진 성도와 비례한다. 언어사용에 직접적인 영향이 있다. 가령 괜찮아요! 저나 누구나 실수할 수 있지요! 용납하여 용서하며 상대방의 부끄러움을 가리워 준다.

지혜 : (로마서 12:3)믿음의 분량대로 지혜롭게 생각하며 언어를 사용한다. 가령 "그러셨군요"! 등의 인정하는 태도로 앞으로 조심하면 되겠네요.

봉사 : 봉사의 사명은 목회자를 협조하고 교회의 구제, 전도, 선교 및 여러 교회 사업에 적극성을 가지고 참여하고 상대방에게 도와드릴께요 염려마세요 하면서 앞장선다.

교육 (교사) : (로마서 12:7, 에베소서 4:11)가르치는 자는 가르치는 일로, 가르침을 받는 자는 바른뜻을 깨닫고 삶에 적용하며 실천한다. (히브리서 13:17) "너희를 인도 하는자 들에게 순종하고 복종하라 …..(생략)… .그렇지 않으면 너희에게 유익이 없느니라

권유 (권면) : (요한복음 14:16) 성령님은 "보혜사(保惠師), The Comforter이시다. 인격적인 상담과 격려(Encouragement)로 성도 한사람 한사림이 영적인 원리에 의해 날마다 살아가도록 돕는 것이다.(예 : 이번에 힘드셨지요.공감해요! 다음에 다시 기회를 갖도록 해요)

구제 (섬김) : (로마서 12:7) "혹섬기는 일이면 섬기는 일로…" 서로 돕는 은사 "남을 돕는 은사" (헬)- 조력하는 것, 자원하는 것. (베드로전서 4:11)하나님의 공급하시는 힘으로 자원하여 즐거운 마음으로 참여한다.

행정 : (로마서 12:8)다스리는 은사이며 (헬)- 방향을 제시하고, 진로를 보여주고 지시하는것. 질서있는 조직으로 좋은 본보기를 조성하여 교인 각자가 자원하는 마음으로 맡겨진 책임을 수행해야 한다. "앞으로 이렇게 도우면 될거예요".
"저도 돕겠어요" 동의하는 말로 협력과 소통을 이끌어 낸다.
(예: 이유를 찾고 해결 방법을 찾아 보려고 한다)

부록 9. 성령충만을 위한 성령의 열매 적용법
(갈라디아서 5:22, 23)

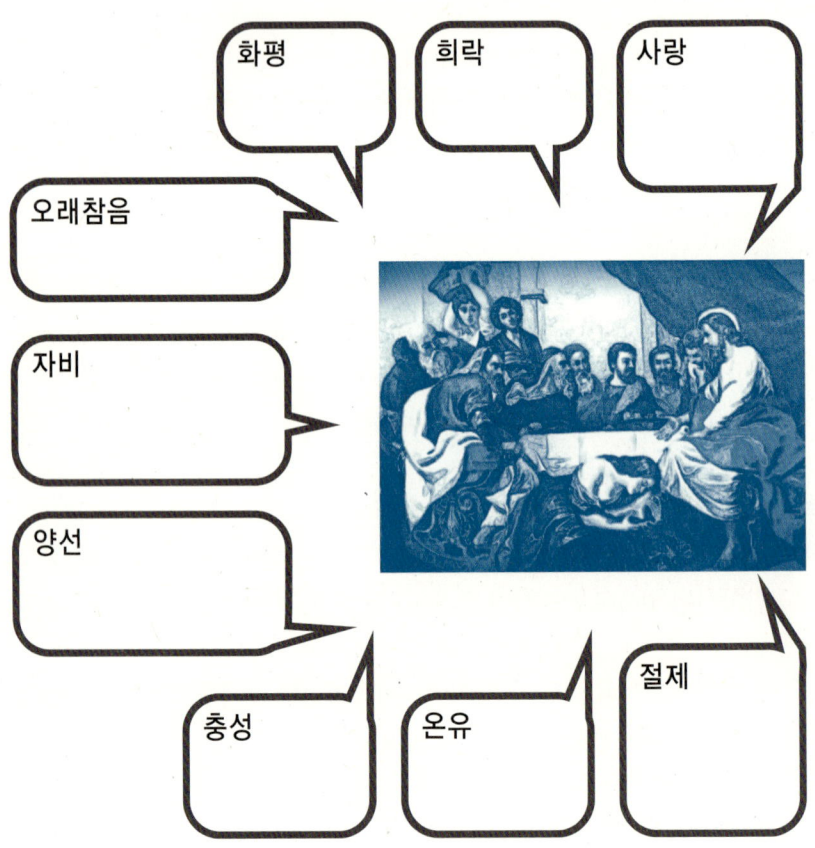

- 화평
- 희락
- 사랑
- 오래참음
- 자비
- 양선
- 충성
- 온유
- 절제

9-1. 주기도문과 함께 성령충만을 위한 성령의 열매적용법 (갈라디아서 5:22-23)

주기도문과 함께 갈라디아서 5장 22-23절에 언급된 9가지 성령의 열매는 직접적인 관계가 있다. 주기도문의 삶은 곧 예수 그리스도의 인격이자 성품이며, 그리스도인의 성장, 성화(聖化, Sanctification)와 관련되어 있다. 성령께서 우리 생활을 지배하실 때 그분은 우리 속에서 다음과 같은 열매를 맺게 해주신다.

원어에는 열매란 단어는 복수가 아니라 단수이다. 성령의 열매가 9가지라는 뜻이라기 보다는 성령충만할 때 신자의 한 인격속에서 교체적으로 나타날 수 있어야 한다.(The fruit of the Holy Spirit).

① **사랑의 열매** – 인애 (仁愛 : Love) 요한일서 4:8, 고린도전서 13장
사랑은 아홉가지 열매를 모두 포함하는 열매이다. 주기도문의 실천적인 삶은 새 계명(마태복음 22:34, 요한복음 13:34)을 지키는 정신으로 몸과 마음을 다하여 위로 하나님을 사랑하고 이웃을 내 몸처럼 사랑하는 것이 성령의 열매를 아름답게 맺는 방법이다.

② **희락의 열매** – 기쁨(喜樂 : Joy) 로마서 14:17, 데살로니가전서 1:6
주기도문의 실천적인 삶은 항상 기뻐하는 삶(데살로니가전서 5:17-18)을 사는 것이고 주님의 뜻을 이루는 삶이다. 그래서 항상 살아있는 것이 기쁨이고, 돈이 있든지 없든지, 건강하든지 않든지 어떤 상황에서도 긍정적이다. 항상 마음이 편안하고 낙관적이다. 거의 불만을 느끼지 않는다. 주기도문의 뜻에 순종하면서 많은 어려움과 고난 속에서 참된 기쁨을 누리는 것은 바로 성령의 열매를 맺는 방법이다.

③ **화평의 열매** – 평화(和平 : Peace) 로마서 5:1, 고린도전서 14:33
주기도문의 실천적인 삶은 자신과 상대방에게 피스메이커(Peace Maker)가 되는 것이다. 화평이란 말 속에는 통일성, 완전성, 쉼, 평안 그리고 안정이란 의미가 포함되어 있다. 산상수훈의 "화평케하는 자의 복" 처럼 주기도문의

"하늘에 계신 우리 아버지"의 자녀로서의 삶에 순종함이 성령의 열매인 화평을 맺는 방법이다.

④ **오래참음의 열매** – 인내(忍耐 : Patience, Forbearance)
골로새서 1:11, 베드로후서 1:6

주기도문의 실천적인 삶은 고난을 당할때나 이웃으로부터 억울한 일을 당할때 참는 것이 굴욕처럼 여겨질찌라도 금방 분노를 드러내지 않고 견디는 것을 말한다. 주기도문의 "시험에 들게하지 마옵소서"라는 기도를 실천하므로 "시험을 참는 자는 복이 있느니라"는 말씀의 축복을 받으며 주기도문은 내삶의 축복이 되게 하도록 인내의 열매를 맺게 하자.

⑤ **자비의 열매** – 자비(恩慈 : Kindness) 디도서 3:4, 디모데후서 2:24

자비는 남을 긍휼히 여기시는 그리스도인의 성품으로, 사람에게 친절을 베푸시는 하나님의 태도를 말한다. 자비 (Kindness)– "그러므로 너희는… 자비와 오래참음을 옷입고" (골로새서 3:12)

⑥ **양선의 열매** – 착함(良善 : Goodness) 에베소서 5:9, 로마서 15:14

양선은 가장 고귀한, 도덕적이고 윤리적인 가치관들을 대표하는 말이다. 즉 삯이 나 보상의 기대 없이 선한 마음으로 이웃에게 사랑을 실천함으로 하나님을 기쁘시게 하는 것을 말한다. 양선(Goodness) "바나바는 착한 사람이요 성령과 믿음이 충만한자라" (사도행전 11:24).

⑦ **충성의 열매** – 성실(信實 : Faithfulness) "맡은 자들에게 구할 것은 충성 이니라" (고린도전서 4:2) 충성은 하나님 앞에서 최선을 다하는 신앙 자세이며 신앙의 가장 중요한 요소 중 하나이다. 사도 바울이야말로 충성된 종의 모범이라 할 수 있다(디도서 2:10).

부록10. 주기도문 기도운동 국제 기도공동체 기도신학, 아카데미, 실천적적용

 GPS(Global Prayer Society)Ministry 국제 기도공동체
LPG 24-365 Prayer Movement (주기도문 기도운동)
LPGA(The Lord's Prayer Global Academy) 주기도문 아카데미

하나님 나라 - 하나님 중심 - 하나님께 영광
(Kingdom of God)   (GOD CENTERED)   (Glory to God)

LPG24-365 Prayer Movement
주기도문 아카데미

1. 주기도문 기도신학 교과과정
   기도와 전도(Prayer & Evangelism)= WIN
   기도와 양육(Prayer & Discipleship)= BUILD
   기도와 파송(Prayer & Leadership)= SEND
2. 주기도문 기도신학 구성요소
   주기도문 기도신학 아카데미 교장 : 예수님
   주기도문 기도신학 아카데미 교재 : 성경, 주기도문
   주기도문 기도신학 아카데미 학생 : 기독교인 연줄하면 무
   주기도문 기도신학 아카데미 교실 : 교회,가정,각계각층
3. 주기도문 기도신학 영성개발원 도서관
   포럼, 심포지엄, 세미나, 메시지, 출판, 매스미디어
4. 주기도문 기도신학 승법번식(Multiflication)딤후2:2
   1세대-2세대-3세대(충성된사람들)-4세대(또다른사람들)
5. 주기도문 아카데미 나눔 : 3,3,3,3,3,3(분,시간,일,달,년)
   설교, 세미나, 영적부흥, 아카데미1, 아카데미2, 매일, 파송

LPG24-365 Prayer Movement
주기도문 기도운동

LPG24는 Lord's Prayer Global 24의 약자입니다.
365는 1년 365일을 뜻합니다.
데살로니가전서 5:17"쉬지말고 기도하라"는 말씀처럼 주기도문을 통해 항시(恒時)기도하고 혹은 시간을 정하고 금식하며 회개기도를 (역대하7:14) 하는것입니다.
하나님 나라의 백성들이 청결운동과 섬김운동을 선행하여 기도의 불길을 일으키고자 하는 영적 각성 운동이며 성령 충만함으로 섬김 (나눔)에 헌신하여 사랑을 실천하며 지상명령 성취가 기도운동의 절대적인 사명입니다. 주기도문 기도운동은 국제 기도 공동체 (Global Prayer Society)의 핵심운동 입니다.
1. 개인적으로(살전5:17)
2. 두사람 이상으로(마태18:19-20)
3. 각계 각층으로
4. 지역, 국가 세계단위로 연합하여(컨퍼런스)
5. 지구촌 온세상에 주기도문 기도운동 동역자들을 세우며 사이버 기도운동을 동시에 일으킵니다.

LPG24-365 Prayer Movement
주기도문 실천운동

주기도문 주신 예수님을 나의구주 하나님으로 고백한 하나님나라 백성들이 구원 (요5:24,고전12:12) 이후 현재 성화 (Sanctification)의 과정에서 " 주기도문을 통해 거룩한 삶의 축복의 페러다임을 바로 세우는것이 주기도문 실천운동이며 주님 다시 오실날을 준비하며 천국에 입성 하는날 삶의 간증이 되도록 믿는자들의 신앙의 성숙과 교회를 섬기면서 교회 성장의 활성화를 위해 헌신하는 운동입니다. 4PM(4 Prayer Movement)을 실천 하는 것이고
4PM 내용은
첫째: 회개(마태4:17, 마가1:15, 대하7:14)
둘째: 성령충만한 삶 (출애31:3-5, 행2:4, 마가1:15, 엡5:18)
셋째: 지상명령 성취의 순종(마태28:19-20, 행1:8, 딤후4:2)
넷째: 헌신적으로 섬김과 나눔의 실천 (마태6:2-4)
■ 주기도문 실천운동은 구체적으로
1) 사도행전적인 교회성장을 위한 운동 입니다.
2) 사회악 근절과 거룩한 문화를 위한 운동입니다.
3) 평화적인 복음 통일을 원하는 운동입니다.

http://thegps.kr
http://thegps.kr.app-shop.co.kr

하나님 나라 - 교회 중심 - 하나님께 영광
(Kingdom of God)   (CHURCH CENTERED)   (Glory to God)

부록 11. 주기도문 기도신학과 삼위일체

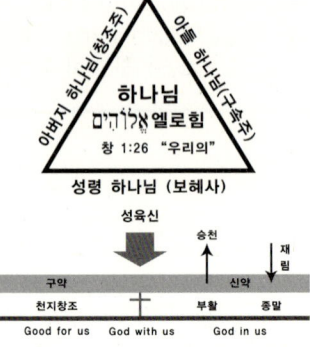

거룩한 하나님의 나라 세우자

마28:19~20
지상명령
(5대명령)
*가서,
*제자삼아라,
*세례를 주고,
*가르치고,
*지키게하라

아버지와 아들과
성령의 이름으로

성령 하나님 (보혜사)
성육신 / 승천 / 재림
구약 | 신약
천지창조 / 부활 / 종말
Good for us   God with us   God in us

하나님의 신의감동
(성령충만)
출애굽기 31:3-5

성령내주 예수(로마서 8:34)=보좌
성령충만
다른 보혜사(요한복음14:16)
알론 파라크레이톤(αλλον παράκλητον)
성령(로마서 8:26)=마음

바라엘로힘 (בָּרָא אֱלֹהִים)
(창조주 하나님)

요멜엘로힘 (יֹאמֶר אֱלֹהִים)
(가라사대 하나님)

루하엘로힘 (רוּחַ אֱלֹהִים)
(하나님 신)

요 1:1 말씀 - 가라사대

요 1:14 Incarnation
성육신(成肉身)

기도의 중보자 (예수)

가인,아벨 | 아담,하와
(창4:13)   (창3:6,8)
기도는 대화

바벨탑사건 (창11:5)

오순절성령강림 (행2:1~13)

천국복음이 모든민족과
온세상에 전파
(마24:14)

구속사 + 개혁주의
(창3:15)

기도는 하나님과
화목(화해)

Church(교회)
Para
Church(선교단체)

주기도문1~3간구
지상명령성취

주기도문4~6간구
성령충만

◆ 국제기도공동체(GPS Ministry) 기도신학 + 무릎신학
  (살전 5:17~18 하하하, 하나님, 탱큐) = 주기도문은 내 삶의 축복이다.
◆ 4PM = [회개(대하7:14),삭개오회개(눅19:1~10)],[성령충만],[지상명령성취],[헌신(섬김,실천)]
◆ 주기도문 기도운동(LPG24-365 Prayer Movement)
  세븐 3 전략 = Seven 3,3,3,3,3,3,3
  3원 전략 = 주기도문아카데미, 주기도문기도운동, 주기도문실천운동
◆ 주기도문 기도운동 적용을 매일마다 천국 갈때까지(영적일기쓰기)

– 국제기도공동체 대표 김석원 목사 제공 –
E-mail : cccj2k@hotmail.com

부록 12. 주기도문과 구원론 성령론, 죄론, 인간론과의 관계

시제	특징	구원론	성령론	죄론	인간론	구원과상급
과거 요5:24	부분적 동시적 교체적 얻은구원 기본구원	소명(召命) 회개(悔改) 신앙(信仰) 중생(重生) 양자(養子) 칭의(稱義) Justification	성령내주 성령충만	원죄 자범죄	새생명 자녀됨	십자가를 통해
현재	점진적 연속적 얻은구원 생활구원	견인(堅忍) 성화(聖化) Sanctification	성령충만	자범죄	하나님의 형상 자녀다운삶	주님의몸 (교회)을 통해
미래	순간적 영원함 얻을구원 완전구원	안식(安息) 영화(榮華) Glorification	X	X	영원한 변화 천국에서	천국에서 감사 찬양과함께

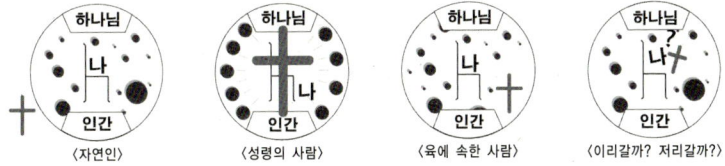

성령이 내주 되었다고 항상 성령충만 할 수는 없다

영적어린아이로 태어나서 영적인 성인으로 성장

	지(知)	정(情)	의(意)	
성령충만				축복(주기도문)
마귀충만				저주

그러므로 지,정,의(知,情,意) - [전인격-(全人格)]을 동원해서 하나님께 영광을 돌리자. 그렇지 아니할때 성령이 내주된 사람도 믿음의 연조에 관계없이 인간적인 언행 심사에 빠지고(악한행동을 하고)만다.
그리고 교회에서 신자들에게 실망을 안겨준다.

부록 13. 주기도문 기도 현상 연구 설문지

1. 주기도문이 기록된 성경은 어느 곳입니까?
   ① 마태복음 ② 누가복음 ③ 마태, 누가복음 ④ 모르겠다
2. 주기도문을 완전히 암기하고 있습니까?
   ① 예 ② 아니오 ③ 암기 중이다 ④ 생각 없다
3. 주기도문을 일반기도와 함께 언제(When) 사용하십니까?
   ① 기도 시작 전 ② 기도 중간 ③ 기도 마칠 때 ④ 아무 때나 필요할 때
4. 주기도문을 어디서(Where) 사용하십니까?
   ① 개인 기도 시 ② 그룹 모임 ③ 공적 예배 ④ 아무 곳에서나
5. 주기도문을 하루에 몇 번 사용하여 기도하십니까?
   ① 1회 ② 2회 ③ 3회 이상 ④ 가끔한다 ⑤ 안 한다
6. 주기도문이 일반기도의 끝부분에 사용되는 이유는 무엇입니까?
   ① 일반기도의 빈약성 때문에 ② 습관적으로 ③ 응답의 확실을 위해서
   ④ 마감기도로 보기 때문에 ⑤ 심리적 이유 때문에 ⑥ 모르겠다
7. 주기도문이 모든 기도의 모범으로 본다면 기도할 때 왜 다른 내용의 기도를 많이 하게 됩니까?
   ① 주기도문이 전체 기도의 만족을 주지 못한다고 생각되기 때문에
   ② 기도는 필요한 것을 구체적으로 구해야 하기 때문에
   ③ 잘 모르겠다

8~17. 주기도문으로 기도할 때 나의 마음은 어떠합니까?

8. 경건한 마음으로 합니다. ①예 ②아니오 ③가끔
9. 진정한 신앙의 고백을 드리는 것처럼 합니다. ①예 ②아니오 ③가끔
10. 내 인격 전체를 기도에 담아서 합니다. ①예 ②아니오 ③가끔
11. 하늘에 계신 하나님의 자녀처럼 합니다. ①예 ②아니오 ③가끔
12. 거룩하신 이름과 영광이 드러나도록 합니다. ①예 ②아니오 ③가끔
13. 하나님의 나라가 임하도록 기도합니다. ①예 ②아니오 ③가끔
14. 하나님의 뜻이 이루어지도록 기도합니다. ①예 ②아니오 ③가끔
15. 일용할 양식을 주시기를 원하며 기도합니다. ①예 ②아니오 ③가끔
16. 죄 용서를 구하며 합니다. ①예 ②아니오 ③가끔
17. 시험과 악을 이기는 권세를 위해 기도합니다. ①예 ②아니오 ③가끔

제공 : 국제기도공동체 (GPS : Global Prayer Society)
www.thegps.kr www.facebook.com/thegps.kr

문제	1	2	3	4	5	6	7	8	9	10	11	12	13	14	15	16	17
답																	

부록 14. 주기도문 기도운동과 승법 번식 : 전도(선교), 육성, 파송

GPS(Global Prayer Society)Ministry 국제 기도 공동체
LPG 24-365 Prayer Movement 주기도문 기도운동
LPGA(The Lord's Prayer Global Academy)주기도문 아카데미
승법번식 (Multiplication)

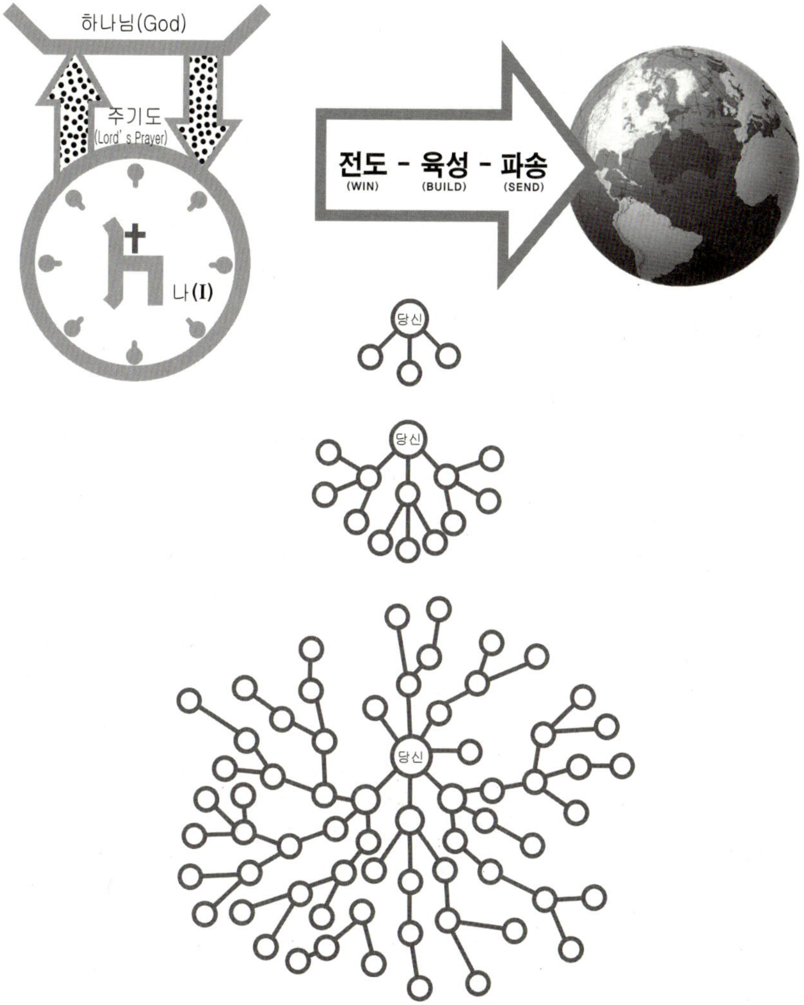

제공 : 김석원목사 (GPS Ministry : 국제 기도공동체 설립자 및 대표, www.thegps.kr

14-1. 주기도문 기도운동 승법번식(Multiplication): 복음의 4세대

★지혜 있는 자는 궁창의 빛과 같이 빛날 것이요 많은 사람을 옳은 데로 돌아오게 한 자는 별과 같이 영원토록 빛나리라.
[Those who are wise will shine like the brightness of the heavens, and those who lead many to right-eousness, like the stars for ever and ever.]
(다니엘12:3)

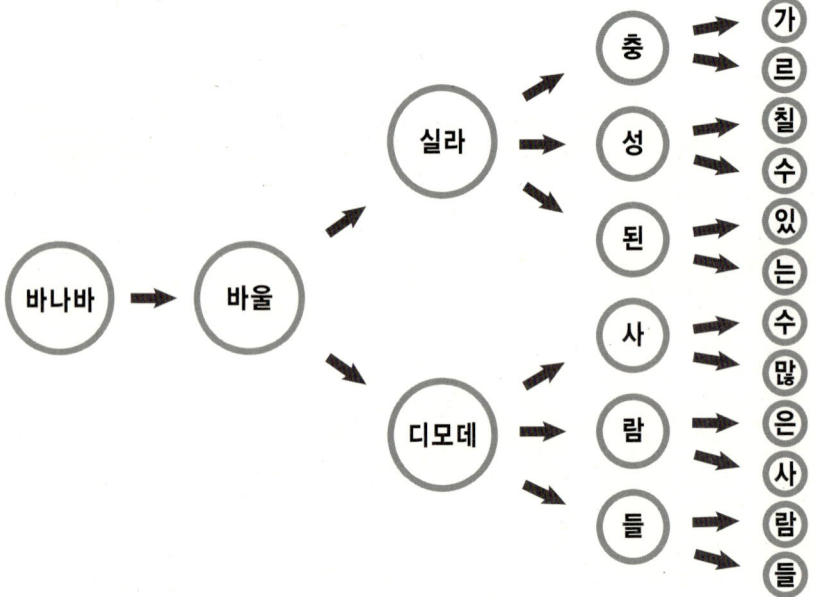

★또 네가 많은 증인 앞에서 내게 들은 바를 충성된 사람들에게 부탁하라 그들이 또 다른 사람들을 가르칠 수 있으리라.
[And the things you have heard me say in the presence of many witnesses entrust to reliable men who will also be qualified to teach others.]
너는 그리스도 예수의 좋은 병사로 나와 함께 고난을 받으라.
[Endure hardship with us like a good soldier of Christ Jesus.]
(디모데후서 2:2~3)

부록 15. 주기도문 실천운동 설문지

*주기도를 통해 실천운동인 4PMT(회개, 지상명령, 성령충만, 헌신)에 대한 경험을 말해봅시다.
1. 주기도 각 간구로 기도를 드릴 때마다 회개하게 되었습니까?　　①예 ②노력했다 ③가끔 ④아니요
2. 주기도 각 간구로 기도를 드릴 때마다 전도하게 되었습니까?　　①예 ②노력했다 ③가끔 ④아니요
3. 주기도 각 간구로 기도를 드릴 때마다 성령충만하게 되었습니까?　①예 ②노력했다 ③가끔 ④아니요
4. 주기도 각 간구로 기도를 드릴 때마다 헌신하게 되었습니까?　　①예 ②노력했다 ③가끔 ④아니요

*전도한 사람을 구체적으로 기록해 봅시다.
5. 주기도로 기도하는 실천을 하고 있습니까?　　　　　　　　　　①예 ②노력했다 ③가끔 ④아니요
6. 주기도 기도운동 영적 일기 쓰기를 실천 작성해 보셨습니까?　　①예 ②노력했다 ③가끔 ④아니요

*주기도를 통해 삶에서 바른 축복이 되도록 "하하하 하나님 땡큐" 방법으로 기도하셨습니까?
" 항상 기뻐하라 쉬지 말고 기도하라 범사에 감사하라 이는 그리스도 예수 안에서 너희를 향하신 하나님 뜻이니라"
(데살로니가전서 5:16-18)
7. "하하하 하나님 땡큐"방법으로 기뻐하며 기도했습니까?　　　　①예 ②노력했다 ③가끔 ④아니요
8. "하하하 하나님 땡큐"방법으로 감사하며 기도했습니까?　　　　①예 ②노력했다 ③가끔 ④아니요
9. "하하하 하나님 땡큐"방법으로 항상 기도했습니까?　　　　　　①예 ②노력했다 ③가끔 ④아니요

*주기도를 통해 주께 영광돌리며 하나님의 나라(주기도의 주제) 백성으로서 자세는 어떠합니까?
10. 주기도를 주신 주님을 나의 주 하나님으로 영접하였습니까?　 ①예 ②노력했다 ③가끔 ④아니요
11. 주기도를 드릴 때 믿음으로 기도하고 있습니까?　　　　　　　①예 ②노력했다 ③가끔 ④아니요
12. 주기도로 기도하며 천국소망으로 살아가고 있습니까?　　　　①예 ②노력했다 ③가끔 ④아니요
13. 주기도로 임종을 맞이할 수 있도록 준비하고 있습니까?　　　①예 ②노력했다 ③가끔 ④아니요
14. 주기도로 자신의 삶이 하나님께만 영광되기를 원하십니까?　 ①예 ②노력했다 ③가끔 ④아니요
15. 주기도문 4PMT 의 헌신을 통해 청지기 삶을 결심하십니까?　①예 ②노력했다 ③가끔 ④아니요
 (각 간구에 물질과 시간의 십일조를 통한 축복된 삶을 적용)

*주기도문 아카데미 훈련을 승법법식(Multiflication)으로 다른 사람에게도 전수해보신 경험이 있으십니까? (성명 :　　　　　　　)

*주기도문 아카데미 훈련을 통하여 얻으신 교훈과 유익이 있었다면?

*주기도문 아카데미 훈련을 받으시고 아쉬운 점이 있었다면?

*"주기도로 기도하고 싶다" 주기도로 기도하기 예문을 써 보도록 합시다.

　　　* 스마트폰과 SNS를 통해 국제기도공동체 사역에 동역해 주실 수 있습니다.
　　　* 홈페이지와 모바일 연결을 위해 www.thegps.kr 에 접속할 수 있습니다.

문제	1	2	3	4	5	6	7	8	9	10	11	12	13	14	15
답															

* 제공 : 주기도문은 내삶의 축복 저자 김석원목사 제공 copyright

부록 16. 주기도문으로 기도하기   예문 1 : ○○○ 장로 주일예배 기도문

영원히 살아 역사하시며 영원한 생명으로 우리들을 인도해 주시는 하나님 아버지, 영광과 존귀와 찬양을 드립니다. 영광 홀로 받아 주옵소서. 거룩하신 하나님 아버지, 오늘 이 거룩한 주님의 날 허락하셔서 우리 모두 건강하게 주님 앞에 나아와 예배하게 하시니 참 감사합니다.

은혜가 풍성하신 하나님 아버지, 은혜로 택하시고 부르시어 하나님의 자녀된 우리들의 구별된 삶을 통하여 하나님 아버지의 이름이 거룩히 여김 받으시기를 간절히 기도합니다.

또한 세상의 빛으로 세우신 우리교회와 우리들의 증인된 삶을 통하여, 오늘날의 이 자기중심적이고 이기적인 권력과 물질을 향한 계속되는 세상의 다툼들이 살아지게 해 주시옵고, 오직 공의롭고 정의로운 사랑의 하나님 나라가 이 땅 이 나라 위에 임하게 하여 주옵소서.

하나님 아버지!

이를 위해 부름받아 하나님의 자녀된 우리들이 늘 기쁨으로 예배하게 하옵시고 오직 하나님 말씀으로, 선하신 하나님의 뜻을 잘 이루어 갈 수 있는, 작은 예수로서의 삶을 살아가게 해 주옵소서. 하나님 아버지, 생명을 내어주신 우리 주님 십자가의 그 사랑으로 용서받아 죽음의 길에서 구원받은 저희들이, 범사에 감사하지 못하고, 더욱이 이웃을 사랑하지도, 용서하지도 못하고 살아온 삶을 회개합니다.

또한 우리들에게 상처와 고통을 준 모든 이들에게도 철저히 회개하게 하셔서, 이들의 그 죄악과 허물도 불쌍히 여겨, 용서해 주옵소서. 그리하여 우리 모두가 함께, 하나님의 용서하심을 받아 모든 죄악의 매임에서 벗어나 예수 그리스도 안에서 자유함을 누리며 하나 되어 살아가기를 원하오니 하나님 도와주옵소서.

하나님 아버지, 죄악이 난무하는 이 시대 많은 매체들을 통한 악한 문화들이 우리들의 눈과 마음과 영혼을 빼앗아 가고 있습니다.

하나님 아버지 우리들을 그 악에서 구해 주시옵고, 오직 선으로 모든 악을 이기게 해 주옵소서. 또한 암울한 오늘의 이 세상을 밝힐 수 있는 유일한 빛이요 능력이신 주님의 복음, 그 복음 들고서 우리 주님 명하신 지상명령, 전도와 선교 그 사명을 잘 감당 할 수 있는 우리 교회가 되게 하여 주옵소서 특별히 우리 OO 교회에 허락하신 OO 비전을 조금도 흔들림 없이 의롭게 잘 이루어 갈 수 있도록 하나님 도와주옵소서.

하나님 아버지 2016년 금년도에 맡기신 우리 교회의 각 기관 부서의 귀한 일꾼들을 끝까지 도와 주셔서 남은 사역들을 잘 감당하게 하옵시고 다가오는 2017년에는 더 새로운 꿈을 담은 귀한 사역들을 잘 준비하게 해 주옵소서.

하나님 아버지, 이 시간 말씀 전하실 우리 담임목사님, 영육의 강건함과 성령 충만함을 허락하셔서 우리들의 영의 양식과 영육간에 치유가 될 수 있는 능력의 말씀들을 담대히 전할 수 있게 해 주옵소서.

또한 이시간 정성을 다해 준비한 OOO 찬양대의 찬양을 하나님께서 기뻐 받아 주시옵고, 모든 대원들 오직 하나님의 은혜 가운데 더욱 강건하여 더 귀하게 쓰임 받을 수 있게 하여 주옵소서.

하나님 나라와 권세와 영광이 영원히 하나님께 있음을 믿음으로 고백하오며, 예수 그리스도의 이름으로 기도드립니다. 아멘

주기도문 기도하기를 통하여 가장 많이 사용된 단어를 공표하시고 순위대로 기록해 주시고 몇 번 사용했는지 기록해 주시기 바랍니다.
그리고 자주 사용된 이유는 무엇인지 생각해 보시기 바랍니다. 1.   2.
* 제시한 주기도문 기도하기처럼 각자의 기도문을 만들어 보시기 바랍니다.
(교회, 가정, 국가, 기타 여러 상황에 적용하여 각자의 기도문을 만들어 봅시다)

부록 17. 주기도문으로 기도하기   예문 2

하늘에 계신 우리 아버지 은혜로 부르시고 택하신 하나님의 자녀들의 구별된 삶을
통하여 하나님 아버지의 이름이 거룩히 여김을 받으시기를 원하나이다.
또한 세상의 빛으로 부르신 모든 그리스도인들의 증인된 삶을 통해
온 땅 구석구석에 하나님의 나라가 임하길 기도합니다.
그리하여 하나님의 뜻이 하늘에서 이루어진 것 같이 온 열방 가운데서 이루어지게
하사 주께로 말미암은 모든 만물이 주께로 돌아가게 하옵소서.
이를 위해 부름 받은 하나님의 자녀들과 특별히 택하심을 받은 사역자들이
부르신 곳에서 예배하며 하나님의 선하신 뜻을 이루어 드리는 작은 예수로 살게 하옵소서.

하나님 아버지!
오늘 믿음의 순례길을 걸어가는 우리에게 영육간 일용할 양식을 주시고
특별히 세계선교의 마지막 주자로 주님의 재림을 준비해야 할 이민족의 경제를
다시 한번 부흥시켜 주셔서 복음과 함께 풍성한 양식을 나누어 주는
선교 한국의 사명을 감당케 하옵소서.
하나님 아버지!
예수님의 생명을 내어주신 큰 사랑과 용서로 죽음의 길을 벗어나
아버지 품에 안긴 우리 그리스도인들이 감사치 않고, 더욱이 이웃을 용서하며
살지 못한 죄악을 용서하여 주시고, 우리에게 상처와 고통을 주는 모든 이들의 악과
허물을 불쌍히 여기며 용서함으로 우리의 죄와 허물도 하나님께 불쌍히
여김을 받고 모든 매임에서 자유케 하소서.
하나님 아버지!
하나님의 자녀된 우리 그리스도인들이 시험에 들지 않게 하시고
악에 빠지지 않게 하소서. 이 시대는 불법이 성행하고 성적 타락과 죄악이 관영한
시대입니다. TV, 스마트폰, 영화 등을 통해 맹렬히 몰려오는 죄악문화가

우리 그리스도인들의 눈과 마음을 빼앗아 가려합니다.
아버지! 우리와 우리의 자녀들을 악에서 구해 주시고 선으로
악을 이기게 하소서. 특별히 동성애 이슬람 신천지 등의 영적 공격 앞에서
하나님의 교회가 깨어 일어나 영혼을 변화시키고 타락한 세상을 고칠
유일한 능력인 복음증거의 사명을 감당하게 하시고, 하나님의 말씀으로
문화의 변혁을 이뤄가게 하소서.
하나님의 나라와 권세와 영광이 아버지께 영원히 있사옵나이다.
이 모든 말씀 만왕의 왕 되시고 만주의 주 되신
우리 구주 예수 그리스도의 이름으로 기도드립니다. 아멘

주기도문 기도하기를 통하여 가장 많이 사용된 단어를 공표하시고 순위대로 기록해 주시고 몇 번 사용했는지 기록해 주시기 바랍니다.
그리고 자주 사용된 이유는 무엇인지 생각해 보시기 바랍니다. 1.   2.
* 제시한 주기도문 기도하기처럼 각자의 기도문을 만들어 보시기 바랍니다.
(교회, 가정, 국가, 기타 여러 상황에 적용하여 각자의 기도문을 만들어 봅시다)

부록 18. 주기도문 기도운동 부흥회 강의안

서론

하나. 주기도문에 대한 입장 및 태도 (적극적, 소극적, 관심, 무관심)는 다양
예) 가르치는 사람, 목회자, 신자들, 일반적인 경우
예) 언제, 어디서, 어떻게, 얼마나 사용하는지(설문지 사용)
예) 주기도문에 대한 코드

둘. 주기도문으로 기도 할 수 있는 사람
1) 죄인임을 회개하고 믿음으로 사도신경 고백을 구원받은 자의 고백으로 받아드리는 사람
2) 성령충만하여 지상교회를 섬기며 성령의 열매를 맺는 사람
   (네 종류의 사람도표 +4 피엠티 도표)
3) 전도(선교)를 삶에 생활화할 수 있는 신자
4) 하나님의 영광을 위해 사는 것을 인생의 삶의 목표로 삼고 헌신하는 그리스도인

셋. 주기도문으로 기도해야 할 이유
1) 진짜 기도(근본적인 기도 : Radical)
2) 초대교회 성도들의 소망
3) 종교개혁자들의 삶과 신앙고백 (마틴 루터, 칼빈)
   (1)기도중에 기도 (2) 복음중의 복음 (3) 복음의 요약
4) 주기도문의 우월성(문화관, 세계관, 우주관 등)
5) 유사기독교 및 이단 대책
5) 종교다원주의. 영적 다원주의, 샤머니즘, 신사도 배격
6) 예수님께서 주기도를 주셨고 주신 주기도의 모범을 보이심
   (1) 세례 요한 운동 : 심판과 회개
   (2) 예수 운동 : 사랑과 용서와 하나님 나라 백성의 삶의 모범

넷. 왜 주기도문으로 기도하기 4PMT(4피엠티)소책자가 필요한가?

1) 주기도문으로 기도하기 소책자의 내용을 언제든지 사물 연상법으로 적용할 수 있기 때문이다.
4피엠티(회개, 성령충만, 지상명령성취, 헌신) 원리가 의식화되고 생활화 할 수 있게 하는 것이다.

2) 주기도의 생활화는 일거양득(一擧兩得)의 축복을 가져다 주기 때문이다.
주일예배나 교회의 생활을 마친 후 집과 가정으로 돌아간 신자들이 다시 교회 오기 전까지 삶과 기도하는 내용은 자기 뜻대로 기도하고 살고 돌아오게 되는 경우가 대부분이다. 그러나 주기도문으로 기도하기 소책자는 교인들이 교회문을 나선 후 가정과 세상에서 삶을 사는 동안 주기도문 소책자로 기도하며 아침을 시작하고, 살아가며, 하루의 삶을 마치고 잠자리에 까지 주기도 기도하기 소책자의 각 간구를 따라 기도하며 회개할 부분은 회개하고 성령 충만하고 지상명령성취(전도, 선교)의 사명을 완수하려고 헌신하는 그리스도인의 삶이 구현되게 할 수 있다(따라서 목사님은 교인들에게 주기도로 기도하기 소책자를 읽게 하고 기도하도록 강조하며 매일 주기도 영적점검표를 사용하게 하면 교인들의 영적상태를 효과적으로 관리할 수 있다). 성실하게 주기도문 기도하기 영적 점검표를 관리할 때 개개인의 영적 성장과 부흥을 기대할 수 있을 것이다.

3) 주기도문을 살리는 주기도문 기도운동이 일어날 수 있기 때문이다.
마틴 루터는 주기도문은 최대의 순교자라 했다. 그러나 그는 하루 3번씩 주기도문으로 기도했다. 루터가 이 시대에 다시 한번 반박문을 붙인다면 어떤 내용일까?(미 트리니티 신대원 교수 존 우드브리지)의 말을 인용하면 "주기도문의 정신이 매일의 삶 속에서 구현돼야 한다고 주장할 것입니다. 기독교 신앙은 개념이 아니라 삶에서 구체화돼야 합니다. 한국 교회나 미국교회나 하나님을 향한 첫사랑을 회복하고 성경의 기본으로 돌아가라고 요구할 것입니다(국민일보 미션라이프 3월 21일)".

결론

한국 교회와 세계교회가 이 소책자에서 소개하는 주기도 기도운동을 통해 제2종교 개혁이 다시 시작되기를 원한다. 이 소책자가 겨자씨가 되어 30배 60배 100배 열매를 맺고, 누룩처럼 온 세상에 퍼져 나아가 먼저 한국교회 성도들 모두의 손에 들려지기를 바라고 남북통일후에는 북한땅에도 보급이 되고 또한 이 소책자가 다양한 언어로 번역(영어 번역본 출간)되어 복음 전파와 세계선교 현장에 귀한 도구가 되기를 기도한다. 하나님께서 축복하시고 세계복음화에 사용되는 도구가 되어 지기를 바란다 주기도 기도운동은 또 하나의 교회 프로그램이 아니다. 한국교회가 주기도의 말씀 기도운동으로 돌아간다면 매일의 삶에서 하나님의 나라가 구현되어 주기도문이 생활화되고 하나님의 뜻을 이루어가며 부활하신 주님, 하늘에 오르시고 다시 오실 주님께 나라와 권세와 영광을 돌릴 수 있게 될 것이다.

부록 19. 주기도문 기도하기 소책자 장점과 검증사례

1) 주기도문 기도를 삶에 구현하고 생활화하기 위해 구체적으로 열한 개의 기도문을 소개하고 있다.
2) 주기도의 기도가 생활속에 "쉬지 말고 기도하라"는 말씀이 구현되도록 했다 (5분 이상, 1시간 이상도 기도 할 수 있다).
3) 교회를 이탈한 신자들의 신앙생활의 회복을 기대하고 있다.
4) 목회현장, 그룹성경공부 및 기도회, 개인기도 및 금식기도 시 사용할 수 있다.
5) 기독교인의 천국을 준비하는 길잡이로서 역할과 땅에서 천국생활을 구현하기를 기대하고 있다.
6) 주기도 말씀기도 운동이 범 교회적으로 범 국민적으로 일어나서 온 세상에 확대될 수 있기를 기대한다.

주기도 기도하기 소책자를 통해서 주기도의 생활화가 검증이 되고 있고 열매 맺고 있다.

예1) 10주의 아카데미를 통한 검증이 여러 곳에서 일어나고 있다. "성령충만(내 마음의 왕좌에 주님께서 좌정)" "전도, 선교와 헌신 "기도시간이 5분 정도였는데 몇 시간씩 기도할 수 있었다.
예2) 암 투병하는 지인에게 주기도문 소책자를 전하여 하루 4번 기도하며 치유 받기를 기대.
예3) 아침저녁, 출퇴근 전후 주기도 소책자로 기도한다.
예4) 불신자들에게 전도용으로도 사용하고 있다.
    (1) 자동차 수리 후 정비소 점장에게 건네준 소책자를 점장이 손님들에게 소개함
    (2) 기독교인 택시기사가 승객에게 소책자를 손님들에게 소개함
예5) 타지에 있는 교회 안 나가는 지인에게 보내준 소책자가 다른 교회 안 나가는 사람들에게 소개되고 선물로 구입하여 전하고 있다.
예6) 기독교 단체나 소그룹 모임에서 이 소책자를 통해 한 시간씩 간혹은 그 이상 주기도문 세미나 및 부흥회를 인도하게 된다.

예7) 주기도문 소책자를 성경읽기표와 함께 성경 책 안에 넣어 개인 경건시간에 편리하게 사용하고 있다.

예8) 주기도로 기도하기 운동을 통해 교회가 성장한 사례들이 늘어나고 있다. (농어촌교회가 10여 명에서 60명으로 증가한 사례, 점검표, 계수기, 매주일 간증)

예9) 예배 중 주기도문 멜롯의 찬양을 부르는 교회가 늘어나고 있고 주기도문 찬양을 부르는 동안 눈물을 흘리며 은혜받는 성도들이 있다.

예10) 목회현장, 그룹성경공부 및 기도회, 제자훈련 개인기도 및 금식기도 적용이 효과적으로 활성화(생활화)되고 있다.

부록 20. 주기도문 각 간구에 적용 할 수 있는 주기도문 회개기도

주기도문 회개기도

*각 간구별로 개인적인 회개 내용을 추가 할 수 있다.

기도의 대상 : 하늘에 계신 우리 아버지여
1. 하늘에 계신 아버지로 인정해드리지 못했음을 회개합니다
2. 가정에서 아버지로 인정해 드리지 못함을 회개합니다
3. 직장에서 아버지로 인정해 드리지 못함을 회개합니다
4. 나라의 아버지되심을 인정해 드리지 못함을 회개합니다
5. 하늘에만 계신다고 한정지음을 회개합니다
6. 나의 아버지 되심을 인정해 드리지 못함을 회개합니다
7. 우리 아버지 되심을 인정해 드리지 못함을 회개합니다
8. 필요만 채워주시는 아버지로 인식함을 회개합니다
9. 급할때만 아버지를 찾음을 회개합니다

첫 번째 간구 : 이름이 거룩히 여김을 받으시오며
1. 이름을 거룩히 여기지 못함을 회개합니다
2. 아버지 이름보다 나의 이름이 먼저 높아지길 원했음을 회개합니다
3. 여호와의 이름을 드러내지 못함을 회개합니다
4. 거룩하지 못함을 회개합니다
5. 여호와의 이름을 욕되게 함을 회개합니다
6. 나 스스로도 여호와를 소홀히 했음을 회개합니다
7. 여호와 한분만을 높이지 못함을 회개합니다

두 번째 간구 : 나라가 임하시오며
1. 아버지 나라가 임하길 고대하지 못함을 회개합니다
2. 아버지 나라에 대한 기대보다 세상을 즐긴 것 회개합니다
3. 아버지 나라에 대한 소망을 적게 둔것을 회개합니다

4. 이땅에서 아버지 나라되게 살지못함을 회개합니다
5. 먼저 믿은 나를 통하여 하나님나라 보여주지 못함을 회개합니다
6. 하나님 나라가 이땅에 임하길 소망하지 못함을 회개합니다

세 번째 간구 : 뜻이 하늘에서 이루어진 것 같이 땅에서도 이루어지이다
1. 아버지 뜻대로 살지 못함을 회개합니다
2. 아버지 뜻을 바로 알려고 하지 않음을 회개합니다
3. 아버지 뜻보다 내 마음대로 먼저 움직임을 회개합니다
4. 모든일 행하기전에 아버지 뜻을 먼저 간구하지 못함을 회개함
5. 아버지 뜻 알면서도 행하지 못함을 회개합니다
6. 아버지께 기쁨되기 보다는 내 기쁨을 먼저 추구함을 회개합니다
7. 아버지의 뜻이 제가 사는 이곳에서 이루어지지 않음을 회개합니다
8. 가정안에서 아버지 뜻 간구하지 않음을 회개합니다
9. 직장안에서 아버지 뜻 간구하지 않음을 회개합니다
10. 나라위해 아버지 뜻 간구하지 않음을 회개합니다

네 번째 간구 : 오늘 우리에게 일용할 양식을 주시옵고
1. 일용할 양식 주심을 감사하지 못함을 회개합니다
2. 욕심으로 구함을 회개합니다
3. 주신 양식 나누지 못함을 회개합니다
4. 일용할 양식 주신 분이 하나님이심을 드러내지 못함을 회개합니다
5. 공급자이시고 주관자이신 하나님 의지하지 못함을 회개합니다
6. 주시는분도 거두시는 분도 아버지 이심을 인정해드리지 못함을 회개 합니다.
7. 우리에게 주신 것을 나만을 위해 악용함을 회개합니다
8. 우리공동체를 돌아보지 못함을 회개합니다

다섯 번째 간구 : 우리가 우리에게 죄 지은 자를 사하여 준 것 같이
우리 죄를 사하여 주시옵고
1. 나의 죄를 회개합니다
2. 죄짓고 온전한 회개를하지 못함을 회개합니다

3. 죄에 대하여 무감각함을 회개합니다
4. 같은죄를 계속 반복함을 회개합니다
5. 입술로만 회개한 것 회개합니다
6. 내 죄를 사하여 주심을 믿지 못함을 회개합니다
7. 우리에게 잘못한 사람을 용서하지 못한 것 회개합니다
8. 미움의 마음을 말끔히 회개하지 못함을 회개합니다
9. 내 죄보다 남의 죄를 더 정죄한 것 회개합니다
10. 사하여 주시는 분이 하나님이심을 인정해 드리지 못함을 회개 합니다.

여섯 번째 간구 : 우리를 시험에 들게 하지 마옵시고 다만 악에서 구하시옵소서

1. 시험에 빠진 것 회개합니다
2. 시험을 분별하지 못한 것 회개합니다
3. 시험을 말씀으로 이기지 못한 것 회개합니다
4. 악의 도구로 사용된 것 회개합니다
5. 악의 무리속에 있음을 회개합니다
6. 악은 모양이라도 버리라고 하셨는데 그 모양을 흉내낸 것 회개합니다
7. 악인줄 알면서도 거절하지 못한것 회개 합니다
8. 악인과 함께 있으면서 겉으로 아닌 척 행동한 것 회개합니다

나라와 권세와 영광이 아버지께 영원히 있사옵나이다 아멘

1. 나라가 아버지께 있음을 인정하지 못함을 회개합니다
2. 권세가 아버지께 있음을 인정하지 못함을 회개합니다
3. 영광이 아버지께 있음을 인정하지 못함을 회개합니다
4. 영원하심이 아버지께 있음을 인정하지 못함을 회개합니다
5. 가정에서 아버지께 영광 돌려드리지 못함을 회개합니다
6. 직장에서 아버지께 영광 돌려드리지 못함을 회개합니다
7. 교회에서 아버지께 영광 돌려드리지 못함을 회개합니다
8. 영광의 대상이 아버지 이심을 잊고 살아온 것을 회개합니다
9. 순간순간 생각가운데 내 자신이 영광 받아온 것 회개합니다

권세
1. 하나님의 권세를 삶속에서 인정해드리지 못함회개합니다
2. 세상을 더 높이는 마음이 있었음을 회개합니다
3. 눈에 보이는 권세자들에게 더 마음을 둔거 회개합니다
4. 하나님이 기적의 권세자이심을 온전히믿지 못함회개합니다
5. 죄를 사하시는 권세가 하나님이심을 온전히 믿지 못함을 회개합니다
6. 부활의 권세가 하나님이심을 온전히 믿지 못함을 회개합니다
7. 사탄을 이기실 권세가 하나님이심을 온전히 믿지 못함을 회개합니다
8. 하나님 자녀답게 권세를 행하지 못하고 살아감회개합니다
9. 하나님 자녀답게 권세를 누리지 못하고 살아감회개합니다
10. 예수님의 이름의 권세를 누리지 못하고 살아감회개합니다

영광
1. 영광의 대상이 오직 하나님께만 돌리지 못함을 회개합니다
2. 영광을 누리고자 마음의 욕심을 회개합니다
3. 인위적인 영광을 구함을 회개합니다
4. 일시적인 영광을 좋아한 것 회개합니다
5. 헛된 영광에 마음 빼앗긴거 회개합니다
6. 온전히 주님께 영광돌리지 못함을 회개합니다
7. 삶에서 영광가린 것 회개합니다
8. 마음으로 생각으로 영광 가린 것 회개합니다
9. 행동에서 영광가린 것 회개합니다
10. 언어로 영광가린 것 회개합니다

영원
1. 영원한 주님을 온전히 신뢰하지 못함을 회개합니다
2. 하나님만이 영원의 대상이심을 믿지 못함을 회개합니다
3. 삶에서 영원히 살 것처럼 욕심부린거 회개합니다
4. 영원한 삶 천국에 대해 증거하지 못함 회개합니다
5. 영원한 하나님 증거하지 못함 회개합니다

6. 잠시 살 세상에 더 많이 투자함을 회개합니다
7. 마음을 영원한 곳에 두지 못함을 회개합니다
8. 매순간 일시적인것에 마음 빼앗긴거 회개합니다
9. 영원한 삶에 대해 준비하지 못함을 회개합니다
10. 영원한 것에 크게 마음두며 살지 못함을 회개합니다

아멘

1. 아멘의 뜻대로 믿지못함을 회개합니다
2. 입술로 아멘 함을 회개합니다
3. 마음을 담아 믿음으로 하지 않음을 회개합니다
4. 아멘 후의 삶이 거짓됨을 회개합니다
5. 사람에게 아멘함을 회개합니다
6. 분위기를 위해 아멘함을 회개합니다
7. 순종하는 신앙이되지 못함을 회개합니다
8. 약속에 대한 신뢰 없이 아멘함을 회개합니다
9. 삶의 전 영역에서 아멘 하지 못함을 회개합니다

*우크라이나 성당벽의 주기도문

하늘에 계신... 하지 말아라. 세상일에 빠져 있으면서.
우리... 하지 말아라. 너 혼자만 생각하며 살아가면서.
아버지... 하지 말아라. 아들, 딸로써 살지 않으면서.
아버지의 이름이 거룩히 빛나시며... 하지 말아라.
자기 이름을 빛내기 위하여 안간힘을 쓰면서.
아버지의 나라가 오시며... 하지 말아라
물질만능의 나라를 원하면서.
아버지의 뜻이 하늘에서와 같이 땅에서도 이루어지소서... 하지 말아라.
내 뜻대로 되기를 기도하면서.
오늘 저희에게 일용할 양식을 주시며...하지 말아라.
가난한 이들을 본체 만체 하고 자신을 위해 죽을 때까지 먹을 것을 쌓으려 하면서.
저희에게 잘못한 이를 저희가 용서하오니 저희 죄를 용서하시고... 하지 말아라.
죄지을 기회를 찾아다니면서...
악에서 구하소서... 하지 말아라.
악을 보고도 아무런 양심의 소리를 듣지 않으면서.
아 멘... 하지 말아라.
주님의 기도를 진정 나의 기도로 바치지 않으면서

부록 21. 효과적인 전도를 어떻게 할 수 있는가?

＊21세기는 말세의 종말을 고하는 많은 징조들이 있다. 예수님 당시와 사도들이 복음 전하던 시기와 지금은 상상할 수 없는 인간 만능주의로 현대의 바벨탑이 하나님의 진노를 쌓고 있다. 교회의 쇠퇴와 타락은 끝없이 앞이 보이지 않는다. 이 시대에 주기도문 아카데미를 통해 믿음의 도를 전하는 전도자의 삶을 회복하기를 기대하며 주기도문 기도하기 4PMT(피엠티)중심 실천요소에서 지상명령성취를 효과적으로 감당 할 수 있기를 바란다.(부록 참조)
(주기적으로 전문적인 전도 훈련을 교회에서는 실시 할 수 있을 것이다)

나의 전도는 어떠한가? 내가 전도하지 못하는 이유는 무엇인가?
우리는 언제까지 전도 할 것인가?
로마서 16:25-27, 요한일서 1:40-41, 베드로전서 3:15

로마서는 16장까지 기록되었다. 우리의 영적 앨범은 어떻게 기록 되어져야 하는가? 그것은 복음을 위해 사는 자들의 앨범 이어야 한다(로마서 16:25-27). 복음을 위해 사는 삶은 전도하는 일이고 그 일을 위해서 나의 시간과 나의 몸을 드려 헌신하는 것이다. 어떻게 전도하면서 복음 안에서 살아갈 것인가? 주기도문 아카데미를 통해 더욱 구체적으로 헌신하는 전도자의 삶을 훈련하도록 한다.

전도 1. 단순하게 교회로 데려오는 것도 전도하는 것이 된다.
교회 출석한 이후에는 양육이 필요하다.
(예) 가족이나 친척을 미국에 이민으로 초청해서 데려왔다면 미국에서 살아가는 방법도 가르쳐 주어야 한다. 이처럼 교회로 데려온 이후에는 복음을 구체적으로 제시하고 믿는 방법도 구체적으로 가르쳐 주며 계속해서 양육하고 돌보고 신앙생활의 성장을 도와야 한다.
예: 안드레식 전도에 힘써야 한다(요한복음 1:40-42).

전도 2. 전도현장에서는 당황스러운 일이 언제든지 일어 날 수 있다.
 복음을 증거 할때에 전도자는 생각지 않은 반대와 답변하기 어려운 질문에 부딪혀 당황하게 된다. 왜냐하면 복음을 듣는 사람은 모두 다른 환경에서 자랐으며 개성이나 인격도 각각 다르기 때문이다.

오늘처럼 다원화된 현대에서는 사람들은 대부분 해결해야 할 자신의 문제를 안고 있으며 그들 나름대로 고민 하고 있다. 여기에 복음이 들어가면 전도자로서 상상치 못한 격렬한 거부 반응을 받거나 심각한 질문을 받게 된다.

베드로전서 3:15 "너희 마음에 그리스도를 주로 삼아 거룩하게 하고 너희 속에 있는 소망에 관한 이유를 묻는 자에게는 대답할 것을 항상 예비하되 온유와 두려움으로 하고"

전도 3. 전도할 때 부딪히는 반대 의견이나 질문의 유형들이 있다.

1) 믿지 않은 사람들의 운명에 대하여 :
   복음만 제시하고 구원의 문제는 절대 주권자 하나님께 있음을 설명하고 마무리한다.
2) 예수 믿는 것만이 하나님께 나아가는 유일한 길이냐고 물을때 :
   복음을 전하고 하나님의 말씀 요한복음 14:6 "나는 길이요 진리요 생명이니 나로 말미암지 않고는 아버지께로 올자가 없느니라"를 설명하고 마무리한다.
3) 기적이란 믿을 수 없다고 했을때 :
   자연 현상가운데나 일반적으로 보이지 않지만 일어나는 많은 기적들이 있다.
4) 선행으로 천국 갈 수 있다고 했을때 :
   처녀는 결혼을 해야만 정상적으로 아이를 가질 수있다.
   구원을 얻기 위해서는 반드시 예수님을 믿어야 한다.
* 전도는 쉽다 : 성령님이 하시기 때문이다.
   "전도는 성령님의 인도하심으로 복음만 전하고 그 결과는 하나님께 맡긴다"
   (빌브라일박사)

전도 4. 전도할 때 부딪히는 반대 의견을 효과적으로 다룬다.

1) 논쟁을 피하라
2) 상대방의 말을 긍정적으로 받아 드리라
3) 문제의 핵심에서 벗어난 질문은 회피하라

4) 제기된 문제를 신속히 처리한후 전도의 핵심으로 돌아가라
5) 성경말씀으로 답변하도록 노력하라
6) 절대 정직하라 모르는 것은 모른다고 하라

전도 5. 전도의 장애물들
1) 준비부족   2) 두려움   3) 불신가족의 방해   4) 사단의 역사
5) 박해(이방종교, 현대문화와 환경)   6) 성격
7) 외모(옷차림 단정, 입안의 냄새 제거)   8) 기도부족

전도 6. 전도하지 않는(못하는) 이유들 (자신에게 묻는다)
1) 자신이 없어서   2) 말이 안 나와서
3) 끊기가 없어서   4) 용기가 없어서
5) 대상자가 없어서   6) 바빠서
7) 예수님을 믿는 자만 상대하기 때문   7) 목사신분 노출을 꺼려해서
8) 교회 형편 때문에

전도 7. 전도할 수 없다고 말할 수 없는 이유
1. 하나님의 명령이기 때문이다
1) 최후 지상 명령(The Great Commission 마태복음 28:19-20)이기 때문이다.
   너희는 가서 모든 족속으로 제자를 삼아 아버지와 아들과 성령의 이름으로 세례를 주고 내가 너희에게 분부한 모든 것을 가르쳐 지키게 하라 볼지어다! 내가 세상 끝날까지 너희와 항상 함께 있으리라
2) 바울이 디모데에게 권함(디모데후서 4:2)
   너는 말씀을 전파하라! 때를 얻든지 못 얻든지 항상 힘쓰라!
3) 전도는 일이기 때문이다.
4) 전도자에게는 상급이 있기 때문이다.(디모데후서 4:6-8)
   "나의 달려갈 길을 마치고 믿음을 지켰으니 이제 후로는 나를 위하여 의의 면류관이 예비되었으므로 주 곧 의로우신 재판장이 그 날에 내게 주실 것이며 내게만 아니라 주의 나타나심을 사모하는 모든 사에게 도니라"
5) 종말의 때가 가까웠기 때문이다.

(디모데후서 4:3) "때가 이르리니 사람이 바른 교훈을 받지 아니하며 귀가 가려워서 자기의 사욕을 따를 스승을 많이 두고 또 그 귀를 진리에서 돌이켜 허탄한 이야기를 좇으리라"

전도 8. 이렇게 전도 할 수 있다.
방법 : 1) 항상 힘쓰라　　2) 범사에 오래 참으라
　　　 3) 가르침으로　　　4) 경책하면서
　　　 5) 경계하면서 전하라

디모데후서 4:2 "너는 말씀을 전파하라 때를 얻든지 못 얻든지항상 힘쓰라 범사에 오래 참음과 가르침으로 경책하며 경계하며 권하라"

전도 9. 전도는 언제까지 해야 하는가? 세상 끝날 까지 해야 한다.
세상 끝날은 언제인가? 그날을 소망하며 증거자의 삶에 대해 점검하자.
(마태복음 24:14) 이 천국 복음이 모든 민족에게 증거 되기 위하여 온 세상에 전파되리니 그제야 끝이 오리라

전도 10. 세상 끝날이 오기전에 모습을 깨달아야한다(마태복음 24:6-12).
1. 미혹자가 많아진다.
　　1) 여호와의 증인　　　2) 신흥종교들
　　3) 뉴에이지 운동　　　4) 신천지
2. 재난이 심해진다(마태복음 24:7).
　　1) 대지의 징조들　　　2) 지구의 사막화
　　3) 살인더위　　　　　4) 물난리(식수난의 위기)
　　5) 수퍼전염병
3. 사랑이 식어진다.

전도 11. 새시대운동(New age movement)의 특징을 알고 믿음의도(복음)를 지켜야 한다.
새시대의 운동은 사단의 타락(창세기 3:4-5, 이사야 14:12)과 고대 바벨론 신비주의 영향(창세기 10-11장)을 받았다. 함께 동양사상과 철학과 종교에 뿌리를

두고 꽃은 서구 사회의 장(場)을 통해 나타난 일종의 종교와 문화의 통합적인 운동이며 세계 최고의 과학과 문화가 발전된 미국에서 그 영향이 급도록 확산되며 세계에 보급되고 복음 전도을 막고 있다.

영지주의(Gnosticism), 초자연주의(Transcendentalism), 동양의전통(Oriental traditions), 윤회설(Reincanation), 심령술(Spiritulism), 최면술(Mesmerism) 심리학 정신 분석학(Psychoanalysis) 이런 모든 통합적 요소들이 극단적 인간(자아) 중심으로 인간이 모든 것이고 모든 것을 할 수 있다고 인간을 신의 자리 까지 끌어 올리고 있다(He is everything을 거꾸로 Every thing is he로 바꾸고 있다).

새시대운동은(New age movement)과 새세계 질서(New world order)는 세계단일 정부를 꿈꾸고 있는 조직이다. 이러한 계획을 실현하기위해 문화 속에 각양각종의 위장을 통해 침투하여 기독교안에서 세속문화(황금만능주의, 3S= Sex, Sports, Screens)에 물들게 하여 믿음의 도(복음)에서 멀어지게 하고 있다. 이러한 현실에서 주기도문 아카데미는 최후승리 얻을 때까지 믿음의 도(복음)를 전해야 함을 강조 할 것이다.

전도 12. "내일 지구에 종말이 온다고 해도 오늘 나는 한 구루의 나무를 심겠다"는 자세로 복음을 전하는 것과 믿음의 도(복음)를 힘써 지키기 위해 싸울 각오가 되어있는가?

1) 영적실체(Spritual reality)가 존재함을 인정하고 악한 영과 싸워야한다(에베소서 6:12). 주기도문 여섯째간구 "다만 악에서 구 하시옵소서"의 기도로 싸워 이겨야 한다.
2) 신령한 일은 신령한 것으로 분별해야한다(고린도전서 12:3).
   영분별의 은사를 구하며 종교다원주의, 영성 다원주의를 분별해야 한다.
3) 하나님께 드리는 진정한 경배의식을 드러내는 바른 말씀전파, 바른 찬양, 바른기도를 해야 한다.
4) 건전한 기독교 문화 정립을 노력 하며 믿음의 도(복음)를 힘껏 전하자

전도 13. 세상 끝날까지 전도 할 수 있는 비결
1) 믿음으로 사랑하고

2) 믿음으로 성령 충만 해야 하고
3) 인류 최대소망이 소식인 복음을 전해주자.
   (베드로전서 3:14, 열왕기하 7:3)

(디모데후서 4:2-8) 너는 말씀을 전파하라 때를 얻든지 못 얻든지 항상 힘쓰라 범사에 오래 참음과 가르침으로 경책하며 경계하며 권하라 때가 이르리니 사람이 바른 교훈을 받지 아니하며 귀가 가려워서 자기의 사욕을 따를 스승을 많이 두고 또 그 귀를 진리에서 돌이켜 허탄한 이야기를 따르리라 그러나 너는 모든 일에 신중하여 고난을 받으며 전도자의 일을 하며 네 직무를 다하라 전제와 같이 내가 벌써 부어지고 나의 떠날 시각이 가까웠도다 나는 선한 싸움을 싸우고 나의 달려갈 길을 마치고 믿음을 지켰으니 이제 후로는 나를 위하여 의의 면류관이 예비되었으므로 주 곧 의로우신 재판장이 그 날에 내게 주실 것이며 내게만 아니라 주의 나타나심을 사모하는 모든 자에게 도니라.

부록 21-1. 주기도문과 선교의 관계성

F.T.T. Movement (Finishing The Task) 자료에 의하면 인구 25,000이상 종족 가운데 아직 복음을 듣지 못했을 뿐 아니라 한 사람의 선교사도 없는 미 접촉 종족(Unengaged People Groups)이 682종족이 있는데 그들 인구가 424,876,390(약 4억 2천500만)이라고 한다(2014년 8월). 이러한 통계는 주님의 지상명령(전도, 선교) 성취는 앞으로도 계속되어야 한다는 것을 보여주고 있는 것이다. 주기도문 기도운동은 주님의 지상명령 성취가 계속되도록 주기도문 아카데미를 통해 이 일을 성취해 나가려는데 그 목적이 있다. 주님께서 가르쳐주신 기도인 주기도(The Lord's Prayer)는 기도의 원형(Prototype)이며 기도 중에 기도라 할 수 있다.

교부 터툴리안은 주기도문을 "요약된 복음"(The Gospel Abbreviated)이라 했듯이 하나님의 은혜의 복음〈그리스도의 영광스러운 복음〉이 땅끝까지 전파되는 일을 위해 주님이 가르쳐주신 주기도문을 바로 배우고 가르칠 때 교회와 온 세상에 바른 선교적 사명을 감당할 수 있을 것이다. 선교의 실패는 바른 기도를 실패할 때 일 것이다. 바른 기도를 위해서 바른 기도의 모범이 되는 주기도문을 선교의 현장에서 바로 가르치고 실천할 때 성공적인 선교가 되어질 것이라 확신한다. 이 글에서는 선교의 방대하고 역사적인 전문적인 지식이나 전략은 언급할 수 없다. 그러나 본질적인(Radical) 기도인 주기도에서 나타나는 하나님의 나라 완성의 목표인 예수님의 선교전략으로 실용적이고 실천적 접근의 필요성을 접목하려는 것이다. 주기도의 선교적 관계성은 성경의 광범위한 주제는 "하나님의 나라"이고 주기도문의 두 번째 간구인 "하나님의 나라"라는 관점에서 다루어야 한다. 하나님의 나라 확장을 위한 실천적인 선교적 관점은 네가지 관계적인 구성요소를 통해서 세워져 갈 수 있다. 〈주기도문 아카데미〉 부록 21-1 "주기도문과 선교의 관계성"은 〈주기도문 아카데미〉 교재 전체를 통해서 상호 유기적이고 통합적으로 구체적인 이해를 할 수 있을 것이다.

첫 번째 : 주기도와 선교의 관계성은 회개를 통해서 세워져 나간다.
주기도문으로 기도하기 4PMT(피엠티)에서는 첫 번째로 회개를 강조하고 있다.

선교는 하나님의 나라 (The Kingdom of God)를 선포하고 그리스도의 복음의 능력으로 잃어버린 영혼이 구원 얻는 일이다. 예수님께서 사역을 시작하시면서 선포하신 첫 번째 말씀인 마가복음 1:15 에서는 "때가 찼고 하나님의 나라가 가까 왔으니 회개하고 복음을 믿으라", 마태복음 3:2 에서는 "회개하라 천국이 가까이 왔다"고 하셨다. 하나님의 나라와 복음 선포가 주님의 지상 사역의 주제였지만 회개가 선행되어야만 한다. 하나님의 나라 백성이 되려면 복음을 듣고 천국을 입성하려면 회개하는 첫 관문을 통과해야 한다.

사도행전 2:38 에서는 "베드로가 이르되 너희가 회개하여..." 라고 회개할 것을 베드로의 설교를 통해서 첫 메시지로 선포하였다. 이 메시지는 주기도가 회개행전이고 선교행전이며 복음전파의 시작의 의미를 담고 있음을 볼 수 있다. 청교도 신학자 〈퍼킨스〉는 주기도문 강해에서 주기도문과 선교의 관계성을 강조하면서 주기도문의 "나라가 임하옵시며" 간구를 통해 "주님, 주님의 나라가 임하옵시며" 라고 기도해야 할 때라고 가르쳤다. 〈헨리〉는 그리스도로 말미암아 구원이 모든 이에게 전해져야 하며, 불신앙과 회개치 않음에 대하여 경고하였다. (Taking Hold of God 211-212쪽)

주기도의 각 간구를 회개의 눈물로 기도할 때 주기도는 하나님 나라 백성들을 위한 선교의 도구로 사용 되어질 것 이고, 주기도를 통해 효과적인 선교와 21세기의 복음적인 선교 부흥(1907년 평양의 부흥)과 개혁과 변화를 기대할 수 있을 것이다. 우리는 선교현장에서 주기도를 통해 구체적이고 철저한 회개 운동을 일으키는 21세기 선교 부흥을 일으키는 주인공들이 되어야 할 것이다.

두 번째 : 주기도와 선교의 관계성은 성령님과 함께 성령충만을 통해서 세워져 나간다.

주기도문으로 기도하기 4PMT(피엠티)에서 두 번째로 성령충만을 강조하고 있다. 주기도의 중심 주제는 하나님 나라이고 성령은 하나님 나라의 실행가이시다.

교회는 성령의 능력에 의하여 주기도문의 "뜻이 하늘에서 이룬 것 같이 땅에서도 이루어지이다"라는 간구처럼 하나님의 뜻을 가지고 교회와 세상을 섬기도록 부르심을 받았다. 여기에는 주님이 이 땅에 오신 목적과 뜻에 전도와 선교가 포함되는 것이 하나님의 뜻을 전제로 하고 있다(주기도문으로 기도하기 4피엠티 요소인 지상명령 참조). 주님은 지상명령성취 사역을 성령님께 위임한 것이다. 그러므로 전도나 선교는 성령의 능력으로만 가능했다. 사도행전 1:4, 1:8 말씀은 선교는 성령의 능력으로 완성된다는 말씀이다. 예수님이 보여주신 모든 기도(누가복음 3:21-22, 마태복음 4:1-2, 누가복음 5:15-16, 마태복음 26:36-46)는 기도하면서 성령강림을 기다리라는 것이었다. 성령의 능력이 없이는 선교가 불가능하기 때문이었다. 그러므로 주님의 명령을 들은 120여 명은 함께 모여 성령강림 할 때까지 함께 모여 전혀 기도에 힘썼다고 했다. (사도행전 1:14) 오순절 성령강림 후 교회는 급속도로 확장되었다. 금식하며 기도하는 초대 안디옥 교회에 성령께서 선교를 시작하게 하셨다. (사도행전 13:2). 오순절 성령강림 때의 방언은 언어들(languages)이였고 예루살렘에 절기를 지키기 위해 방문한 디아스포라들이 자기들이 거주하는 나라의 언어로 알아 들었던 순간은 기도 선교가 시작된 날이었을 것이다. 120여 명이 모여서 무슨 기도를 했으며 참석한 디아스폴라들은 무슨 기도를 듣고 배워 각 나라로 돌아갔을까? 예루살렘 다락방에 모인 120명은 각자 자기의 뜻대로 구한 기도가 아니라 하나님이신 예수님을 십자가에 내어준 죄를 회개하며 평소에 주님을 따르며 배웠던 주님께서 가르쳐주신 기도가 기도의 핵심 내용이었을 것이다. 주기도의 각 간구를 회개의 눈물로 기도할 때 성령충만하게 된 것이다. 오순절의 역사처럼 성령충만은 하나님 나라 백성들을 위한 선교의 도구로 사용 되어질 것이다. 우리는 선교현장에서 주기도를 통해 성령충만함으로 21세기 선교 부흥을 일으키는 주역들이 되어야 할 것이다.

결론

2000년 기독교 역사에 나타난 부흥운동은 회개기도를 통한 성령의 능력이었고 성령 충만의 결과였다. 1700년대에 일어났던 미국의 대각성운동 (The Great Awakening Movement), 1904년에 있었던 영국 웨일즈 부흥운동 그리고 1907년 평양 대부흥 운동 이 여러 부흥운동은 결국 회개 기도운동으로 일어났던 성령의 역사로 성령충만한 수많은 사람들이 주님께로 돌아온 대 전도 운동이었고 선교운동으로 이어졌다. 독일 1727년 헤른후트, 모라비안들은 성령 충만함이 넘쳐 아이 어른 할 것 없이 참여하는 24시간 연속 기도회가 시작되어 100년 동안 지속되었을 뿐만 아니라, 이른바 근대 세계 선교 운동이 출범되었다. 이모임의 열매로 한국에 온 첫 번째 개신교 선교사 독일인 칼 귀츨라프는 조선인에게 한문 주기도문을 써 주었다. 선교현장에서 복음의 확산을 위해 영향력 있는 도구로 역사적 사건이고 한국교회에 주기도문과 선교의 관계성을 이어주는 고리가 되었다. 조용중(KWMA 한국 세계 선교회 사무총장)은 "이 마지막 시대에 긴급한 선교전략은 기도운동입니다. 기도운동은 곧 성령운동이며 선교는 기도운동에서 시작되고 성령의 역사로 완성되는 것입니다. 저는 지금 〈기도가 선교입니다〉(Prayer is Mission) 이 말을 줄여서 〈PASSION : 열정〉이라는 기도운동을 시작하고 있습니다. 이 시대에 가장 긴급한 일은 기도운동인 것입니다"라고 언급했다. 이 시대 한국교회는 주기도문 기도운동을 통해 주기도문 아카데미가 수천 수 만개가 세워져 온 세상에 새로운 선교의 장이 열려질 수 있기를 기대한다.

마지막으로 주기도문과 선교의 관계성을 실천하는 예를 소개한다. 주기도문과 선교의 관계성을 통한 실제적인 결과는 주기도문의 모든 간구로 기도할 때 각 간구마다 실천하지 못한 것을 구체적으로 회개한 후 또한 각 간구마다 성령 충만한 삶을 실천하며 살아갈 때 능력 있는 기도의 응답이 있고 지상명령 성취를 위해 세계선교를 향한 능력을 체험할 것이며 선교의 새로운 동력을 얻어 헌신(주기도문으로 기도하기 4피엠티 요소인 헌신 참조)하며 하나님의 나라 주인이신 주기도문을 주신 주님께 영광을 돌리게 될 것이다.

부록 22. 스마일(Smile) 전도지(전면)

1. 한국의 동화단지는 영이고 일본은 엔이다. 그렇다면 호주의 동화단위는?
2. 이 세상에서 가장 추운 바다는?
3. 이 세상에서 가장 더운 바다는?
4. 이 세상에서 가장 착한 사자는?
5. 재수가 없는 개는?
6. 힘이 다하여 쓰러졌는데 사람들은 다이아몬드가 몰려서 이야기만 들었다. 이러한 상황을 뭐라고 하는가?
7. 세상에서 가장 큰 파리는?
8. 모래가 울 때 내는 소리는?
9. 초코릿가루 몸에 내는 소리는?
10. 형을 좋아하는 동생을 세 글자로 하면?
11. 빵이 시름을 간 이유는?
12. 경석 많은 가수 '비'가 모자처럼 쓴 물건 한 닢은?
13. 여름 때의 가수 '비'는?
14. 비오니 내가 웃옷에서 소를 센다면?
15. 세상에서 가장 싫은 숫자는?
16. 꽃집 주인이 가장 싫어하는 도시는?
17. 세상에서 가장 행복한 바다는?
18. 남마다 때 돈 받는 사람은?

19. 신께서 자기소개를 할 때 뭐라고 하는가?
20. 사람의 몸무게가 가장 많이 나갈 때는?
21. 도둑이 훔친 돈은?
22. 노인들이 가장 좋아하는 폭포는?
23. 성경은 구약과 신약으로 모두 66권입니다. 그렇다면 성경은 모두 몇 권이일까요?
24. 사우디아라비아에서 가장 훌륭한 교자의 이름은?
25. 병균 중에 제일 계급이 높은 병균은?
26. 오랜 봉사활동을 하다가 마침내 벗을 보는 사람은?
27. 탤런트비가 가장 좋아하는 알파벳은?
28. 모들 두근거리는 여자를 다섯 글자로 표한다면?
29. 도둑이 가장 싫어하는 아이스크림은?
30. 운전할 때 가장 주의해야 할 것은?
31. 세상에서 가장 예쁜 개는?

32. 당황할 때 가장 먼저 찾는 것은?
33. 삼가지 않고 반드시 뿅아야 하는 약은?
34. 단체생활을 방해하는 가장 큰 잭은?
35. 모든 사람들의 얼굴을 찌푸리게 하는 선은?
36. 공부해서 남 주는 사람은?
37. 물고기 중에서 남 힘들이 좋은 물고기는?
38. 바다가 에서는 해도 되는 물은?
39. 모든 사람들이 가장 싫어하는 거리는?
40. '양'의 자석을 세 글자로 하면?
41. 먹고 살기 위하여 누구나 한 가지씩 꼭 해야 하는 숨은?
42. 시람들이 가장 좋아하는 물은?
43. 세상에서 제일 큰 코는?

〈정답 3대 법칙〉
1. 아인슈타인 법칙 : 잠잘 자면 시간이 빨라진다.
2. 뉴턴의 관성 법칙 : 한번 자면 계속 자고 싶다.
3. 도미노 법칙 : 옆 사람이 자면 나도 자고 싶다.

〈답문〉
1호주머니, 2상흔해, 3영부다(얼방이) 4자장밥(사자가죽고) 한 6호텔 없는세상7 고르소, 파괴 8, 흑흑흑몰 다다 초고침7 10형광팬 11소시소개 12비닐은일 13이비비래 14내리나, 스사시 15.19000000(삶구삭) 16시도시 17.사랑해 18우주의 주인 19.사사비나 20월둘때 21.슬고도니 22.니아가리 가라 23.두대성경24.아리비어 25.대리양26소등남(생김이 안 지 27. 디이가 좋아 28.옷두룩본주연한다 28.누가가까요 30.고골경촬 31.무지 개 32.안겨풀 33.로(약34) 35.주름살 37,고등어 38.무서 수옥 39.결경거리 40,100이(구이 구이) 41.기술 42.선물 45.멕시코

부록 22-1. 스마일 (Smile) 전도지 (후면)

1. 운전사

한 운전사가 경찰관에게 검문을 당했습니다. 그가 알기로는 그는 좋은 운전사였고 잘못된 것이 아무것도 없었습니다.

경찰관은 "내가 당신을 세운 것은 당신이 학교지역에서 80km로 운전하고 있기 때문입니다. 이 근처에는 10개의 이곳이 학교지역이니까 20km로 운행해야 한다는 10개의 경고표지를 세웠습니다. 당신은 그 모두를 무시했습니다."라고 말했습니다.

그 운전사에게 10개의 경고표지판이 있었던 것처럼 하나님께서 우리에게 10개의 확실한 싸인을 성경에 주셨습니다. 그것을 십계명이라고 부릅니다.

당신은 단 한번이라도 거짓말을 했거나, 무엇인가를 훔쳤거나, 하나님의 이름을 망령되이 부른 적이 있습니까? 당신이 나와 같다면 그 질문에 대한 대답은 "예"일 것입니다.

성경에서 무엇이라고 말씀하는지 들어 보시겠습니까?

"누구든지 온 율법을 지키다가 그 하나를 범하면 모든 법한 자가 되나니(야고보서 2:10)."

하나님께서는 우리가 한 가지 명령만 어겨도 죄를 범한 것이고 모든 명령 즉 간음과 살인된 자까지도 어기는 것으로 간주하고 죄를 묻는다고 하셨습니다.

"우리 죄에 대한 하나님의 심판은 사형입니다." (하나님은 죄를 용납하실 수 없으시기 때문에 지옥에서 영원한 형벌을 받아야 됩니다.(로마서 6:27 상반절)"

만약에 이야기가 여기서 끝난다면 우리에게는 아무런 희망이 없습니다.

2. 유죄판결

한 결백한 사람이 재판정에게 다가와서 살인죄를 지어 사형선고를 받은 사람을 대신하여 자기가 죽겠다고 지원을 했습니다. 그 다음 날 재판장이 그 살인죄를 지은 사람에게 결정해야 할 일이 있다고 말했습니다.

"한 결백한 사람이 당신을 대신하여 사형을 당했습니다. 그 사람이 당신을 대신하여 죄의 값을 치른 것을 당신이 받아들이기만 하면 당신은 자유인이 되며, 당신이 이 선물을 선택하지 않으면 당신은 자신의 죄값을 치러 그 사람이 이루어 놓은 것을 받아들이지 않는 다면 당신은 당신의 죄 값없이 죄 사람으로 받게 될 것입니다. 어느 쪽을 선택하시겠습니까?

하나님의 아들이신 예수 그리스도는 죄가 없으신 분이었지만 스스로 당신의 저와 죄의 대가를 지불하시려고 생명을 바치셨습니다.(우리의 죄에 대한 하나님의 심판은 사형입니다.) 그리고 삼일 만에 살아나셨습니다.

"우리가 아직 죄인 되었을 때에 그리스도께서 우리를 위하여 죽으심으로 하나님께서 우리에 대한 자기의 사랑을 확증하셨느니라(로마서 5:8)" "하나님의 은사는 그리스도 예수 우리 주 안에 있는 영생이니라(로마서 6:23 후반절)"

당신 대신에 예수님께서 죽으신 결과로 당신에게는 두 개의 선택이 주어졌습니다. 하나는 당신의 죄를 회개하고, 당신의 죄에 대한 하나님의 용서와 영원한 생명을 받아들이는 (친인)것을 인정하고 죄로부터 돌아서려는 열망을 가지고, 예수그리스도를 완전히 신뢰하는 믿는 것입니다. 다른 하나는 예수님을 믿으면 하나님께 나아갈 수 있고 하나님의 죄 용서와 영원한 생명을 가질 수 있지만 그것을 재버리고 다른 사람이나 다른 어떤 것을 믿음으로 당신 자신이 하나님의 벌을 받는 것입니다.

"아들을 믿는 자는 영생이 있고 아들에게 순종하지 아니하는 자는 영생을 보지 못하고 도리어 하나님의 진노가 그 위에 머물러 있느니라.(요한복음 3:36)."

당신이 예수님에 대해서 알고 있다고 해서 예수님을 믿는 것은 아닙니다.

3. 스카이다이버

스카이다이버들은 그들이 (비행기) 안에서 뛰어 내릴 때, 그들이 입은 낙하산이 자신들을 보호해 줄 수 있다는 믿음을 증명해 보입니다. 예수님을 따르는 사람들은 하나님이 그들의 생각과 삶의 방식에 변화시켜 주셨을 때 그 생명에서 확실히 예수님을 믿는 것을 보여줍니다.

"그런즉 누구든지 그리스도 안에 있으면 새로운 피조물이라 이전 것은 지나갔으니 보라 새 것이 되었도다(고린도후서 5:17)" "또 새 영을 너희 속에 두고 새 마음을 너희에게 주되 너희 육신에서 군은 마음을 제거하고 부드러운 마음을 줄 것이며"(에스겔 36:26)

스카이다이버가 정비소에 들어갔다고 해서 당신이 자동차가 되는 것이 아닌 것처럼, 교회에 다닌다고 해서 기독교인이 되는 것은 아닙니다. 하나님께서 당신의 죄를 용서해 주시고 영원한 생명을 주시는 것을 믿고 받아들이는 다음과 같은 기도를 드리시기 권합니다.

"예수님, 저는 당신께서 십자가에 돌아가셨을 때 죽음에서 모든 죄값을 다 지불하신 것을 믿습니다. 그리고 죽음에서 다시 살아나신 것을 믿습니다. 저는 저의 죄로부터 돌아서서 예수님을 나의 주님으로 영접합니다. 저의 남은 평생 동안 주님을 따르기를 원합니다. 영원한 생명을 주셔서 감사합니다. 예수님 이름으로 기도 드립니다. 아멘"

"누구든지 주의 이름을 부르는 자는 구원을 받으리라" (로마서 10:13).

예수님을 진정으로 따르기 원하는 사람들은 다음과 같은 열망을 가집니다. 하나님과 주님의 뜻에 합당한 삶을 살기를 원합니다. 모든 일에서 주님을 기쁘시게 해드리기 원합니다. 모든 좋은 일에 열매를 맺기를 원합니다. 하나님을 아는 지식이 성장하기를 원합니다. (골로새서 1:10)

www.on-tract.com/korean.html

부록 23. 세계 지도(선교 기도용)

부록 24. 주기도문 기도하기와 헌신의 특징

1. 헌신(獻身)은 "몸과 마음을 바쳐 있는 힘을 다하는 것"이라 사전에 기록한다.

헌신이라는 말을 쓰면 쓸수록 그 말의 의미와 그 말의 참된 뜻을 잘 알고 사용해야한다. 기독교 안에서 말하는 '헌신'이란 도대체 무엇을 말하는 것인가? 헌신에 대하여 추상적인 개념으로만 이해하고 신앙생활을 하고 있었거나, 모든 교리나 그와 관련된 용어들을 추상적으로만 이해할 수 만은 없다. 또한 헌신은 교회의 성장을 위해 또는 선교를 위해 물질을 내어놓는 정도 것이 아니다. '헌신'에 대한 우리의 고정관념을 주기도문으로 조명하여 하나님의 나라 확장과 하나님께 영광의 자리로 나아가게 해야 할 것이다. 제자들은 예수님께 기도를 가르쳐 달라고 "너희는 이렇게 기도하라" 라고 말씀하셨다. 이 말씀에는 헌신을 강조하는 "너희는 이렇게 살라"는 헌신자의 삶의 의미가 포함되어 있다.

주기도문을 통하여 헌신을 강조하려면, "너 자신을 죽이라. 네 자존심까지도 모두 죽여라, 네 가진 모든 것을 포기하라" 라는 말을 할 것이 아니라, 주기도문에서 가르쳐 주신 "예수님의 말씀을 따르라(살아라)"라는 말씀을 삶 속에 실천해야 한다.

예수님께서 우리들을 사랑하신 것 같이 우리도 서로 사랑하라는 새계명(요한복음 13:34-35, 마태복음 22:34-40)을 날마다 내 몫에 십자가(마태복음 16:24-28)로 십자가만 삶 속에 자랑(갈라디아 6:14)하며 실천하는 것이며, 하나님의 나라(마가복음 4:26-32) 확장을 위해 하나님 나라 백성들(제자)을 세워 나가는 승법번식(디모데후서 2:2)을 신약교회 제자들의 헌신처럼 모범적으로 살아드리며, 또한 주님의 몸된 교회에서 선한청지기로서 삶을 살아가는 것이 헌신의 자세이다.

2. 헌신자의 삶의 특징은 무엇인가?

(1) 헌신자의 삶의 관문은 죄인임을 알고 회개가 가능한 사람이어야 한다.
(2) 헌신자의 삶은 하나님의 나라 백성으로 회개(마태복음 4:17, 사도행전 2:28)가 가능한 사람이며 성령 충만하며 성령의 열매가 있는 사람이다(갈라디아

5:22-23).
(3) 헌신자의 삶은 성령 충만한 사람으로 주님의 지상명령 성취(마태복음 28:19-20)에 순종하며 사람이다.
(4) 헌신자의 삶은 마음과 생각은 하나님의 말씀으로 흘러넘치는 사람이다(시편 119:105).
(5) 헌신자는 섬김을 배우는 종으로 살려는 사람이다(마가복음 10:35-45).
(6) 헌신은 교만한 자의 자리에서 겸손으로 살려는 사람이다(잠언 18:12)
(7) 헌신은 바울처럼 "나는 항상 하나님과 사람 앞에서 양심에 거리낌이 없기를 힘쓰노라" 양심에 거리낌이 없는 삶을 사는 사람이다(사도행전 24:16).
(8) 헌신자의 삶은 하나님의 뜻을 이루기 위해 항상 기뻐하는 사람이다(데살로니가전서 5:16).
(9) 헌신자의 삶은 하나님의 뜻을 이루기 위해 쉬지 않고 기도하는 사람이다(데살로니가전서 5:17).
(10) 헌신자의 삶은 하나님의 뜻을 이루기 위해 범사에 감사하는 사람이다(데살로니가전서 5:18).
(11) 헌신자의 삶은 "하나님께서 내가 원하는 것을 주시든 안주시든 관계없이 나는 하나님께서 원하시는 것을 하나님께 드리겠다."라고 순종하는 사람이다(창세기 28:20-22).
(12) 헌신자의 삶은 "나의 주 하나님 되신 예수님께 내 삶의 주인이 되시도록 맡겨드리고 나의 모든 것을 더 이상 내 것으로 주장하지 않겠습니다. 나는 당신의 것입니다"라는 사람이다.
(13) 헌신자의 삶 이란 자기를 부인하고 십자가를 지고 주님을 좇는 사람이다(마태복음 18:21-26).
(14) 헌신자의 삶이란 하나님 앞에서 행동을 하기 전에 그 하고자 하는 행동의 동기(動機)가 무엇인지를 묻는 사람이다(마가복음 10:18).
(15) 헌신자의 삶은 (디모데전서 6:6 자족하는 마음이 있으면 경건은 큰 이익이 되느니라) 경건한 사람으로 하나님께 드려지고 바쳐진 삶을 통해 더 이상 자신의 뜻이나 세상 흐름에 따라 살지 않고 온전히 하나님의 뜻을 좇아 사는 삶을 사는 사람이다(빌립보서 4:11) (빌 4:11).
(16) 헌신자의 삶은 하나님을 경외하는 마음에, 예수님의 십자가 속죄에서 나타

난 하나님의 나를 향한 사랑을 마음속 깊이 느끼는 감정이 복합되어 사는 사람이다(이사야 26:8-9).

(17) 헌신자의 삶은 자신을 하나님께서 기뻐하시는 "너희 몸을 하나님이 기뻐하시는 거룩한 산 제사로 드리며" 말씀처럼 몸은 우리의 육체만을 의미하는 것이 아니라 우리 전부를 의미하며, 우리의 마음과 뜻을 따라 행하는 도구로서의 몸을 의미를 실천하며 사는 사람이다(로마서 12:1, 데살로니가전서 5:23, 고린도전서 6:19-20).

(18) 헌신자의 삶은 주기도문의 "하늘에 계신 아버지"를 기도의 대상으로 믿고 기도함으로 기도의 능력을 체험하는 사람이다(마태복음 6:9).

(19) 헌신자의 삶는 주기도문의 "이름이 거룩하게 하옵시며"를 하나님의 기뻐하시는 거룩한 산제사를 통해 여호와의 이름을 거룩하게 높이며 사는 사람이다(말라기1:7-10).

(20) 헌신자의 삶은 바울 선교사를 도와 복음전파와 교회개척에 힘쓴 아굴라와 브리스길라 부부의 삶을 사는 사람이다(사도행전 18:1-3; 로마서 16:3-5).

3. 성경의 원어를 통해 나타나는 헌신의 의미는 무엇인가?

성경에 나타난 '헌신'에 대한 용어는 구약에는 구체적으로 '헌신'을 지칭하는 단어가 있고 간접적으로 의미를 파악할 수 있는 용어가 있다. 신약에는 직접적으로 언급한 '헌신'이라는 단어는 없지만 문맥을 통해서 뜻을 해석할 수 있는 구절이 있다.

구약원어에서 나타난 헌신의 의미들

(1) 네다바(자원한 예물이란뜻)

"주의 권능의 날에 주의 백성이 거룩한 옷을 입고 즐거이 헌신하니(네다바), 새벽 이슬 같은 주의 청년들이 주께 나오는도다"(시편 110:3). 여기서 히브리어 '네다바'는 '자원함', '기꺼이 드림', '즐거운 마음으로 드리는 예물'이란 의미다.

(2) 밀루 예드켐(힘을 다하는 행위라는 뜻)

"모세가 이르되 각 사람이 그 아들과 그 형제를 쳤으니 오늘날 여호와께 헌신(밀루 예드켐)하게 되었느니라 그가 오늘날 너희에게 복을 내리시리라"(출애굽기 32:29) 여기에서 "여호와께 헌신하게 되었느니라"는 히브리어로 '밀루 예드켐 라아도나이'인데, 직역하면 "여호와를 위해 너희 손을 가득 채우다"란 뜻이다.

(3) 아바드(자신을 드려 예배함이란 뜻)

"네가 백성을 애굽에서 인도하여 낸 후에 너희가 이 산에서 하나님을 섬기리니(아바드)"(출애굽기 3:12) '아바드'는 섬기다, 일하다, 수고하다, 헌신하다는 의미를 갖고 있다. 특히 '아바드'는 대개 육체적인 노동을 통해 일하는 것을 말하며 동시에 종의 위치에서 섬기는 헌신을 의미한다.

(4) 헤렘(바쳐진 거룩한 신분이란 뜻)

히브리어에서 헌신을 명사로 사용할 때는 '헤렘'을 쓴다. '헤렘'의 의미는 '바쳐진 것', '헌신하다'로 번역된다. (레위기 27:28)에 의하면 하나님께 바쳐진 것은 모두가 거룩하다. 따라서 개인이 함부로 사용할 수 없었다(신명기 13:17).

신약에 나타난 헌신

(1) 파리스타네테(아낌없이 드리다 라는 뜻)

신약 성경에는 헌신이란 직접적인 용어가 나타나지 않는다. 그러나 헌신과 유사한 의미를 지닌 몇 가지 용어는 등장한다. 먼저는 '파리스타네테'(로마서 6:13)다. 이 단어는 '곁에 둔다,' '준비한다' '처분에 맡긴다', '드린다' 혹은 '바친다' 라는 뜻을 가지고 있다.

(2) 뒤시안 조산 (산 제사를 드리다 라는 뜻)

"… 너희를 권하노니 너희 몸을 하나님이 기뻐하시는 거룩한 산 제사(뒤시안 조산,)로 드리라 이는 너희의 드릴 영적 예배니라"(롬 12:1) 여기서 '뒤시안'은 '희생' 또는 '제물'을 의미하며, '조산'은 '산,' '살아 있는'의 뜻을 가진다. 우리는 예수의 영적 사랑에 접촉된 사람으로 그를 사랑하고 또 그가 살아가시던 삶을 살아간다.

4. 성경 전체에 헌신을 의미하는 성경 말씀들

1) 내 마음이 이스라엘의 방백을 사모함은 그들이 백성 중에서 즐거이 헌신하였음이라 여호와를 찬송하라(이사야 5:9).
2) 주님께서는 주님께 헌신하는 사람을 각별히 돌보심을 기억하여라. 주님께서

는 내가 부르짖을 때에 들어 주신다(시편 4:3).
3) 누구든지 제 목숨을 구원코자 하면 잃을 것이요 누구든지 나를 위하여 제 목숨을 잃으면 찾으리라(마태복음 16:25).
4) 누구든지 제 목숨을 구원코자 하면 잃을 것이요 누구든지 나(예수 그리스도)와 복음을 위하여 제 목숨을 잃으면 구원하리라(마가복음 8:35).
5) 예수께서 베다니 문둥이 시몬의 집에서 식사하실 때에 한 여자가 매우 값진 향유 곧 순전한 나드 한 옥합을 가지고 와서 그 옥합을 깨뜨리고 예수의 머리에 부으니(마가복음 14:3).
6) 내가 진실로 진실로 너희에게 이르노니 한 알의 밀이 땅에 떨어져 죽지 아니하면 한 알 그대로 있고 죽으면 많은 열매를 맺느니라 자기 생명을 사랑하는 자는 잃어버릴 것이요 이 세상에서 자기 생명을 미워하는 자는 영생하도록 보존하리라(요한복음 12: 24, 25).
6) 우리는 기도하는 일과 말씀을 섬기는 일에 헌신하겠습니다(사도행전 6:4).
7) 바울이 대답하되 너희가 어찌하여 울어 내 마음을 상하게 하느냐 나는 주 예수의 이름을 위하여 결박 받을 뿐아니라 예루살렘에서 죽을 것도 각오하였노라 하니(사도행전 21:13).
8) 내가 증거하노니 저희가 하나님께 열심이 있으나 지식을 좇은 것이 아니라 (로마서 10:2).
9) 부지런하여 게으르지 말고 열심을 품고 주를 섬기라(로마서 12:11).
10) 우리가 살아도 주를 위하여 살고 죽어도 주를 위하여 죽나니 그러므로 사나 죽으나 우리가 주의 것이로다(로마서 14:8).
11) 내가 하나님의 열심으로 너희를 위하여 열심 내노니 내가 너희를 정결한 처녀로 한 남편인 그리스도께 드리려고 중매함이로다(고린도후서 11:2).
12) 또 너희가 열심으로 선을 행하면 누가 너희를 해하리요(베드로전서 3:13).
13) 무릇 내가 사랑하는 자를 책망하여 징계하노니 그러므로 네가 열심을 내라 회개하라(요한계시록 3:19).
출처: 인터넷 로고스

〈헌신에 관한 명언〉
1) 신앙은 곧 헌신이요, 헌신은 내가 하는 일의 모든 것을 하나님 위주로 행하는

것이며 하나님의 뜻이 내 일생의 중심선이 되게 하는 것이다.
2) 나의 예수, 나의 왕, 나의 생명, 나의 전체이시여! 나는 다시 한 번 내 전 생애를 주님께 드리나이다.(리빙스톤)
3) 나는 하나님이 완전히 헌신한 사람을 쓰셔서 일하시는 것을 보고 싶다.(무디)
4) 견고한 헌신은 땅밑을 흐르는 강물과 같다. 그것은 하나님의 시선을 끌기 위하여 세상의 눈을 속인다. 우리가 세상에서 가장 알지 못한 헌신이 하늘에서는 가장 많이 알려져 있곤 한다.(카우신)
5) 타인의 고통을 구하기 위하여 너의 일신을 헌신하라.(스탄데)

출처: 인터넷 로고스

〈헌신의 예화〉

한 집안에서 태어난 리빙스턴은 10세 때 학업을 중단하고 노동을 해야만 했습니다. 그러나 17세 때 강력한 소명을 받고 의학과 신학을 공부하면서 중국 선교에 관심을 갖게 되고 아프리카 선교사였던 모팻을 만난 후 그의 딸과 결혼하여 1840년 아프리카로 떠나기에 이릅니다. 그렇게 30여 년이 지났습니다. 1871년 그의 몸이 많이 쇠약해졌다는 소식을 접한 영국 왕실과 그의 친구들은 그에게 은퇴를 종용했습니다.

그러자 그는 은둔해 버렸고, 이에 그를 사랑하던 사람들은 탐험가 스탠리를 동원하여 그를 찾게 했습니다. 리빙스턴을 만난 스탠리는 은퇴 후 좋은 조건에서 살 수 있도록 준비해 두었다는 영국 왕실의 전언을 전하며 "30년 동안 헌신하셨으니 이제 그만 헌신의 삶을 끝내고 고국으로 돌아갑시다"라고 권하자, 리빙스턴은 이렇게 말했습니다.

"아프리카 선교는 헌신이 아닙니다. 하나님께서 주신 은혜에 대한 보잘 것 없는 보답입니다. 차라리 이것은 특권이며 영광스러운 내일을 기대하는 희망입니다. 현재의 고난은 장차 나타날 영광과 비교할 때 아무것도 아닙니다." 리빙스턴의 자신의 헌신을 주님께 '해 주는' 것이 아닌 '드리는' 개념으로 생각했습니다. (매시지)헌신을, 주님께 좋은 것을 얻어내기 위한 마음이 아니라 이미 주신 것에 감사하며 보답하는 마음으로 하십시오. 주님, 받기 위함이 아닌 받은 것에 감사하는 신앙을 주소서.

인생의 일부가 아닌 전부를 통해 하나님의 은혜에 보답하십시오.

부록 24-1. 주기도문 기도하기 헌신과 교회

주기도문 기도하기 4 PMT 에서 헌신은 교회와의 관계성을 가진다.
마가복음 11:17 "기록된바 내 집은 만민의 기도하는 집이라 칭함을 받으리라고 하지 아니하였느냐
이사야 56:7 "내가 곧 그들을 나의 성산으로 인도하여 기도하는 내 집에서 그들을 기쁘게 할 것이며 그들의 번제와 희생을 나의 제단에서 기꺼이 받게 되리니 이는 내 집은 만민이 기도하는 집이라 일컬음이 될 것임이라"

교회가 하는 일들을 흔히 '사역'(使役, ministry, 헬라어의 διακονο)이라 한다.
교회의 주인이신 그리스도께서 시켜서 하는 일이라는 뜻이다.
사역자는 종(διακονια), 그리스도의 지시에 따라 수행하는 섬김을 의미한다.
'건강한 교회, 성숙한 교회, 참된 교회'는 균형 잡힌 교회이다.
주님께서 교회를 세우신 의도대로 움직이는 교회이다.
제도적 교회는 주님의 요구에 순응하는 절대적 헌신이 필요하다.
하나님의 나라 교회를 통해 권세와 영광이 드러나는 헌신이 필요하다.

1. 주기도문 기도하기 4 PMT 에서 헌신은 회개를 통해 마음의 성전이 청결됨을 기본으로 한다.

각 개인의 마음에 성전을 인식하고 믿어야 하며, 예수님께서 직접 행동으로 보여주신 것처럼, 그 성전을 청결하게 하는 열심히 있어야 한다. 하나님께서 계신 우리 마음의 성전은 거룩한 곳이기 때문에, 성결하고 거룩해야 하는 것이다.

'너희가 하나님의 성전인 것과 하나님의 성령이 너희 안에 거하시는 것을 알지 못하느뇨 누구든지 하나님의 성전을 더럽히면 하나님이 그 사람을 멸하시리라. 하나님의 성전은 거룩하니 너희도 그러하리라.' (고린도전서 3:16-17)

즉 우리들 각자는 하나님께서 친히 사용하시는 성전이다. 거룩한 지체들인 것이다. 그러므로 우리들은 거룩한 존재로 보존되어야 한다. 그러므로 거룩하게 지어

진 우리들을 우리 스스로 하나님의 계명을 어겨서 더럽혀서는 안된다.

예수님께서 예루살렘성전에 장사하는 사람들을 쫓아내신 것처럼, 우리들도 우리 마음의 성전에 하나님 외에 다른 우상(세상이 재물, 출세에 대한 욕심, 이생의 자랑을 위한 명예욕, 일신의 편안함을 위한 욕심, 낭만과 희락의 추구 등)이 있는지 돌아보고, 혹시 있다면 예수님께서 하셨던 것처럼, 우리들도 하나님의 성전을 청결하게 하는 결단이 있어야 하겠다.

2. 주기도문 기도하기 4 PMT 에서 헌신은 교회에 대한 바른 이해를 기본으로 한다.

1) 주기도문 4PMT의 헌신은 교회(성전)는 예배(λατουργια)하며 기도하는 집을 통해서 나타난다.

선지자 이사야는 "이는 내 집은 만민의 기도하는 집이라 일컬음이 될 것임이라"(이사야 56:7). 내 집은 만민이 기도하는 집이라 칭함을 받으리라고 하지 아니하였느냐 너희는 강도의 소굴을 만들었도다"(마가복음 11:15-17). 기도하는 집은 하나님께 예배하는 집이기도 하다. 예배는 구약시대의 제사(祭祀)의 목적이 죄 사함을 받고 하나님을 만나게 하는 것이라면, 신약시대의 예배(禮拜)의 목적은 주님의 부활을 기념하고 축하하고, 찬양하기 위한 것이다.

주기도문의 헌신의 삶은 예배 할 때 이다(각종 예배에 대한 성실하고 충실한 참석) 사도행전 2장 42절에 따르면, 교회가 존재하는 목적은 기도이다. 교회는 기도를 도모하고, 기도를 가르치며, 기도를 실행하는 장소가 되어야 한다. 그래서 바른 기도, 근본적인 기도, 기도중의 기도인 주기도문을 교회 예배모범에 실천해야 한다.(많은 교회들이 예배모범에 주기도문을 생략하고 있는 현상은 바람직하지 않다)

(1) 개인적 예배 – 생활 속에서 하나님을 섬겨야 합니다. 삶의 예배가 필요하다 (로마사 12:1,2)
(2) 공적 예배 – 예배를 위해, 설교자를 위해, 예배에 참여할 지체들을 위해 기도해야 한다.
(3) 은혜를 사모하는 마음으로 참석해야 한다.
(4) 예배를 관람하는 것이 아니라 능동적으로 참여하는 주체가 되어야 한다.

(5) 헌금은 미리 준비해두는 것이 중요하다.
　　물질을 드림으로 우리는 전인격적인 예배를 경험한다.
(6) 하나님을 경배하는 찬송과 기도와 말씀이 포함되어야한다.

2) 주기도문 4피엠티의 헌신은 교회의 목적, 교회의 목표, 교회를 다니는 목적을 통해 나타난다.

사도행전 2장 42절은 교회의 존재 목적을 언급하는 구절로 간주될 수 있다. "저희가 사도의 가르침을 받아 서로 교제하며 떡을 떼며 기도하기를 전혀 힘쓰니라." 이 구절에 따르면, 교회의 목적과 활동을 통해 주기도문의 헌신의 삶을 경험 하게 된다.

(1) 주기도문 4피엠티의 요소인 헌신은 성경을 배우고 가르치는 것을 통해서 나타난다.

교회는 우리가 믿음에 굳건히 설 수 있도록 성경의 교훈을 가르치고 배워야 한다. 에베소서 4장 14절은 "이는 우리가 이제부터 어린 아이가 되지 아니하여 사람의 속임수와 간사한 유혹에 빠져 온갖 교훈의 풍조에 밀려 요동하지 않게 하려 함이라"고 말한다. 주기도문을 하나님의 말씀으로 가르치고 배우고 순종하게 해야 한다.

각 연령층에 맞는 교회 주일 학교 출석은 교회부흥을 위한 헌신의 삶을 사는 것이다.

(2) 주기도문 4피엠티의 요소인 헌신은 바른 성례식을 준수하고 실행함을 통해서 나타난다.

성례식은 성찬과 세례(침례)이다.

이두가지 예식은 교회나 인간이 해도 되고 안해도 되는 선택 사항이 아니다. 주님이 행하셨던 것처럼 실행해야 하는 규례(Ordinace)로서 주님 오실 날까지 실행해야 한다, 교회는 신자들이 우리를 대신하여 죽으시고 피 흘리신 그리스도를 기억하면서 성찬을 준수할 수 있는 장소가 되어야 한다(고린도전서 11:23-26). "떡을 뗌"(사도행전 2:42)이라는 개념은 함께 음식을 먹는다는 의미도 지닌다. 이것은 교회가 교제를 촉진하는 장소인 것을 보여주는 또 다른 사례이기도 하다.

(3) 주기도문 4피엠티의 요소인 헌신은 전도(선교 μαρτυρια)을 실행함을 통해서 나타난다.

전도와 선교(=케리그마) – 전도와 선교는 예수 그리스도를 통한 구원의 복음을 선포하는 것이다. 예수님의 십자가와 부활을 전파하는 것이고, 예수님의 지상명령이다(마태복음 28:18~20, 마가복음 16:15, 누가복음 24:47). 교회는 말과 행동을 통해 복음을 나누는 일에 충성하라고 부르심을 받았다. 교회는 사람들에게 우리의 주요 구세주이신 예수 그리스도를 알려주면서 지역사회의 빛과 소금이 되고 어두운 곳에 등대가 되어야 한다. 교회는 복음을 전파할 뿐만 아니라 복음 선포를 위해 교인들을 준비시켜야 한다(베드로전서 3:15). 하나님께서 교회를 세우신 분명한 목적은 복음을 전파하여 잃어버린 영혼을 찾아 구원하기 위해서다.

전도하지 않는 교회는 참교회가 아니며 전도하지 않는 교인은 참 교인이 아니다. 복음은 잃어버린 영혼들에게 전해야 하며(누가복음 15:1-32), 소외된 영혼들과 (누가복음 18:9-14), 불쌍한 죄인들에게 반드시 전파되어야 합니다. 전도는 선택 문제가 아니라 복음전도를 우선순위를 두고 나아가야 하는 주님의 분부이다. 주님은 '하늘과 땅의 모든 권세'를 가지고 전도자들을 후원하시며 어명(하늘나라 왕의 명령)이다(마태복음 28:20).

전교인 전도헌신은 필연적으로 교회 부흥을 가져온다.

(4) 주기도문 4피엠티의 요소인 헌신은 바른 교육 (διδασκαλια)을 통해서 나타난다.

교육(=디다케) – 교육은 성경을 배워서 확신한 일에 거하게 한다. 교육의 목표는 하나님의 사람으로 성숙하게 하고, 완전에 까지 이르도록 하기 위함이다.(디모데후서 3:17)

교회의 기능은 믿는 자들을 양육하고 인도하는데 있다. 예수님은 그가 승천하시기 이전에 이 교회의 설립을 위한 기초작업을 완성하셨다.

케리그마(kerygma) 말씀의 가르침과 복음전도(사도행전5:42)로서 케리그마는 교회의 가장 핵심적인 기능이다. 말씀이 시들고 복음전파가 사라진 교회는 더 이상 교회가 아니다.

가르침(Teaching)이 교회 공동체 내부의 성장과 성숙을 위한 것이라면 복음 선포(Preaching)는 교회 공동체 밖에 있는 사람들을 교회로 이끌어 들이기 위한 것이다.

기독교 교육이란

(1) 신앙의 성장을 돕고,
(2) 신앙공동체인 교회 생활에 적응하게 하고,
(3) 기독교 문화를 창달하여 그 문화를 후세대에 전달하게 하고,
(4) 하나님의 계시인 말씀을 통해 전적으로 타락하고 무능한 인간의 모습을 발견케 하여 주님을 의지하고 사는 삶과 그 방법을 가르쳐 주는 것이라 할 수 있다. 건강한 교회 안에는 안으로의 가르침과 밖으로의 외침이 왕성한 것이 특징이다. 건강한 교회는 전교회 주일 학교화와 전교인 주일 학생화 뒷받침 되어야 한다.

(5) 주기도문 4피엠티의 요소인 헌신은 성령의 은사인 봉사(διακονια)를 통해서 나타난다.

봉사, 섬김(=디아코니아) – 섬김은 주님을 따르는 제자의 도리이다.

예수님께서 잡히시던 날 밤에 제자들의 발을 닦아주시면서 섬김의 모범을 보이시고 서로 섬기라고 부탁하신 것이다(요한복음 13:12-5). 섬김은 성령께서 은사를 주신 목적이다.

야고보서 1장 27절에 "하나님 아버지 앞에서 정결하고 더러움이 없는 경건은 곧 고아와 과부를 그 환난중에 돌보고 또 자기를 지켜 세속에 물들지 아니하는 그것이니라." 교회는 도움이 필요한 사람들을 섬기는 일을 해야 한다. 이 일은 복음을 전하는 것뿐만 아니라 필요에 따라 적절하게 육체적인 필요(생활 필수품 제공)를 공급하는 것을 포함한다. 교회는 또한 신자들이 그리스도 안에서 죄를 극복하고 세상의 오염에 물들지 않도록 그들에게 필요한 도구들을 갖추어 주어야 한다. 이는 성경의 교훈과 그리스도인의 교제를 통해 이루어진다. 예수님은 가난한 자들과 사회적으로 소외된 자들에게 깊은 관심을 가지셨다. 선한 사마리아인의 비유를 말씀하시며 선행을 강조하셨다. 절대적 헌신은 예수님의 삶을 실천하는 것이고 교회 부흥의 열매를 맺게된다.

(6) 주기도문 4피엠티의 요소인 헌신은 친교(κοινωνια)를 통해서 나타난다.

교제=코이노니아란(koinonia) '모든 것을 공동으로 소유 한다'는 뜻으로서 성도의 나눔과 교제(사도행전 2:42)를 의미합니다. 코이노니아는 교회의 일원들인

성도들 간의 사랑이라는 수평적인 차원(horizontal dimension)에서 만이 아니라 성 삼위일체 하나님과의 영적인 사귐과 교통이라는 수직적인 차원 (vertical dimension)에서 모두 추구되어야 한다. 이러한 교통을 원활히 이루게 하시는 분이 바로 성령님이시다(고린도후서 13:13).

교회가 코이노니아의 기능을 다하려며 늘 성령과 동행하는 모습을 잃지 말아야 한다. 교제의 목적은 그리스도를 본받아 살 수 있도록 양육하는데 있다. 교제의 방법은 돌봄(caring)과 나눔(sharing)이다. 사귐은 성령의 교통하심에 근거한다. 성령님은 하나님과 성도들을 친밀하게 교통하게 하고, 성도들을 친밀하게 교통하게 하신다. 교회는 그리스도인들이 서로 교제의 장소가 되어야 한다. 서로를 존중하며(로마서 12:10), 서로에게 친절하며 긍휼을 베풀며(에베소서 4:32), 서로가 격려하고(데살로니가전서 5:11), 그리고 가장 중요하게는, 서로 사랑할 수 있는(요한일서 3:11) 교제의 장소가 되어야 합니다. 진정한 헌신이 성령 충만한 성령의 은사들로 성도들간에 교제로 나타날 때 그러한 헌신적 수고가 교회를 부흥하게 한다.

(7) 주기도문 4피엠티의 요소인 헌신은 바른 교회론을 통해서 나타난다.

인간이 성령에 의하여 예수 그리스도와 상호관계를 맺음으로 그곳에서 보이는 교회는 생성된다. 모든 교회는 주님의 지체로써 "사도적 교회(Ecclesia Apostolic)"이다. 이 사도적 교회의 속성은 무엇인가?

① 사도성 : 교회의 토대는 사도들의 신앙과 전통이다. 교회는 사도의 증언에 기초되고 이 증언을 듣고 계승하여 왔다. 초대 교회는 사도들의 신앙고백과 증언을 토대로 성경을 정경(正 經)으로 선택하였다.

② 통일성 : 전 세계에 퍼져있는 교회는 예수 그리스도의 몸으로 한몸을 이룬 통일체이다. 전통과 교리와 조직은 다를지라도 예수 그리스도를 주로 고백하는 사도적 신앙고백 위에 서 있는 교회는 하나이다.

③ 보편성 : 하나님이 어디에나 다 계신 분인 것처럼 교회는 어느 시대, 어느 곳에나 존재한다. 유형적(類型的) 교회는 없을지라도 무형적(無形的) 교회는 모든 시대와 모든 지역 속에 존재하고 있다.

④ 거룩성 : 모든 교회는 그리스도의 몸으로써 거룩하다. 따라 서, 모든 교회의 직제와 교리, 조직과 건물은 거룩해야한다. 성령의 역사는 항상 교

회를 새롭게 갱신하며 거룩하게 한다.

주기도문 기도하기 4 PMT에서 헌신과 교회와의 관계성을 가진다는 글은 인터넷에 올라온 〈교회론, 교회 5대 기능〉에 관한 글의 일부를 인용하였다.

부록 25. 주기도문에 대한 성가해설(Albert Hay Malotte 작곡)

맑고 밝은 상쾌한 어느 날 부드럽게 굽은 산등성이를 배경으로 예수님은 말씀을 들으러 모인 무리에게 기도하는 법을 가르쳐 주셨습니다. 기도하는 자는 많은데 옳게 기도하는 자가 드물었기 때문이었습니다. "그러므로 너희는 이렇게 기도하라. 하늘에 계신 우리 아버지여 이름이 거룩히 여김을 받으시오며…"(마태복음 6:9~13). 잔잔한 파도와 같이 부드러우며 또한 어느 곳에서도 들어 볼 수 없는 주님의 음성이 갈급한 무리들의 영혼 속을 파고들었습니다.

주님이 가르쳐주신 귀한 기도는 이천 년이 흐르는 동안 변함없이 성도들의 신앙생활의 길잡이가 되고 있습니다.

Malotte 작곡의 주기도문은 이 귀한 기도를 더욱 은혜롭고 깊은 감동의 세계로 이끌기에 합당한 찬송입니다.

이 곡은 기도문의 내용에 따라 세 부분으로 나누어집니다.

Lento religioso(아주 느리고 경건하게)로 되어 있는 악상 기호는 어지러운 세상을 떠나 나만의 깊은 영적 세계로 들어가 오직 살아계신 하나님과 교제를 할 수 있는 좋은 분위기를 만들어 내고 있습니다.

첫 번째 부분은 하늘에 계신 아버지를 찬양하는 부분입니다. 4/4박자로 되어 있는 이 부분에 작곡자는 곳곳에 많은 늘임표(farmata)를 사용하여 곡은 마치 이 세상의 기산을 떠나 시간이 정지된 아니 영원한 나라에서 조심스럽게 한 발 한 발을 내딛는 것 같습니다. "하늘에"의 가사로 번역된 처음 세 음표는 음정의 변화가 없는 같은 음정으로 영어가사는 조용히 아버지를 부르는 호격(呼格, Vocative)으로 되어 있습니다("Our Father"). 첫째 부분은 음악 미학적으로 가장 적절한 곳("임하시고, Thy will be done")에 Climax를 이루고 조용히 끝맺음을 하고 있습니다.

둘째 부분은 우리의 기본적인 간구들이 들어 있는 부분입니다. 작곡자는 악곡의 박자를 4/4에서 9/8로 바꿈으로 기도의 내용에 맞추어 곡의 분위기를 다르게 하고 있습니다.

곡은 첫째 Part와 달리 분명한 Rhythm감과 Tempo감을 갖고 있습니다. 그래서 무엇인가 움직이며 발전해 나가서 어떤 목표를 추구하는 것 같은 음악적 분위기를 자아내고 있습니다. 또한 웃 으뜸음(찬송가 183장의 경우 C음)의 계속적인 #의 사용과 팔분쉼표의 잦은 사용으로 음악은 계속 해결되지 못한 음으로 잘게 끊어져 어느 정도 불안한 상태마저 갖게 하고 있습니다.

이 미연의 불안감은 '대개 주의 나라'로 시작되는 셋째 부분에서 아침 햇살에 안개가 사라지듯 없어지며 12/8로 다시 바뀌는 '영광, 영원히'의 장쾌한 Climax를 향해 힘차게 발전해 나가고 있습니다.

이 찬송은 음악적으로 어려운 기교가 많아서 대중용 찬송으로는 잘 불려지지 않던 곡입니다. 그러나 워낙 감동적인 곡이어서 오늘날 성가대나 그리스도인들이 기도하는 마음으로 많이 부르고 있습니다.

부록 26. 주기도문 아카데미 파테르라이프50 이수자 수료증

제   호 (학생용)

주기도문 아카데미
파테르라이프50 수료증

이름
직분

　귀하는 「주기도문 기도신학 연구를 통한 지도자 양성 프로그램」으로 국제기도공동체 주기도문 아카데미와 ○○○ 교회 주기도문 아카데미에서 요구하는 전 과정을 이수하였으며 앞으로 주님의 몸 된 교회의 선한 청지기로서의 사명을 성실하게 감당하실 것을 기대하며 이 수료증을 드립니다.
　이 사실을 입증하기 위하여 우리의 서명과 주기도문 아카데미의 날인(씰)을 부착합니다.

년   월   일

대한 ○○ 교 ○○ 회○○○교회
주기도문 아카데미
학장 ○○○ 담임목사 및 싸인

세계주기도문기도운동연합
세계주기도문아카데미연합

파테르라이프50
(πάτερ LIFE 50)

발행일_ 2019년 1월 30일
지은이_ 김석원
펴낸곳_ 국제기도공동체
연락처_ 010-6870-4685
E-mail_ cccj2k@hotmail.com
https://www.thegps.kr
ISBN: 979-11-961677-6-9

「주기도문 아카데미」에 실린 모든 자료의 저작권은 국제기도공동체에 있으므로,
사전 동의 없이 무단 사용 및 복제를 금합니다.